Anonymous

Das Königreich Württemberg

Eine Beschreibung von Land, Volk und Staat

Anonymous

Das Königreich Württemberg
Eine Beschreibung von Land, Volk und Staat

ISBN/EAN: 9783743631694

Hergestellt in Europa, USA, Kanada, Australien, Japan

Cover: Foto ©Suzi / pixelio.de

Weitere Bücher finden Sie auf **www.hansebooks.com**

Das
Königreich Württemberg.

Eine Beschreibung

von

Land, Volk und Staat.

Herausgegeben

von dem

Königlichen statistisch=topographischen Bureau.

Zweiten Bandes zweite Abtheilung.
Buch IV. Der Staat.

Stuttgart.
Druck und Verlag von W. Kohlhammer.
1884.

Inhalts-Verzeichnis des zweiten Bandes zweiter Abtheilung.

Viertes Buch.
Der Staat.
(Präsident Dr. v. Riecke.)

		Seite
I.	Das Staatsgebiet	4
II.	Die Verfassung	12
III.	Die Gesetzgebung und die Verwaltung	27
IV.	Der König und das Königliche Haus	46
V.	Die Staatsbürger	62
VI.	Die Landstände	85
VII.	Die Staatsdiener	97
VIII.	Die Staatsbehörden	128
IX.	Der Staatshaushalt	168
X.	Die Gemeinden und Amtskörperschaften	221
XI.	Staat und Kirche	229
XII.	Staat und Schule	256
Anhang: Die Beziehungen zum Deutschen Reich		278
Personenregister		283

Nachträge und Berichtigungen.

Das vierte Buch „der Staat" wurde als Lieferung 4 des Gesammtwerks vor dessen drittem Buch und zwar im Frühjahr 1882 gedruckt, im Sommer gleichen Jahres ausgegeben. So kommt es, daß in demselben die neueste Literatur, wie z. B. Bitzer, Regierung und Stände in Württemberg, Stuttgart 1882, nur noch in einzelnen Abschnitten, andere aber, wie P. Fr. Stälin, Geschichte Württembergs, I. Bd. 1. Hälfte, Gotha 1882, ferner O. v. Sarwey, Das Staatsrecht des Königreichs Württemberg, 2 Bände, Tübingen 1883, dann A. E. Adam, Das Untheilbarkeitsgesetz im württembergischen Fürstenhause, Württ. Vierteljahrshefte 1883 S. 161 ff. und besonders erschienen — überhaupt nicht mehr berücksichtigt werden konnte. Aus demselben Grunde schließt auch mit dem Jahr 1881 die benützte Gesetzgebung ab, ist der letzte für das vierte Buch verwertete Hauptfinanzetat derjenige, welcher die Finanzperiode vom 1. April 1881—83 umfaßt.

Zu berichtigen ist

S. 5 Linie 18 und 19 von unten, wo der ganze Satz: „wohl als Erben des Remsthalgaugrafen Weruher von Grüningen" wegfällt; vgl. P. Stälin, Geschichte Württembergs I 1 S. 371 Anm. 1.

Ferner

S. 43 Linie 14 von unten, wo die Jahreszahl 1883 zu streichen, dagegen nach 1871 einzufügen ist 1875.

S. 111 im Kopf der Tabelle ist statt „1853" zu setzen „1858".

175 vorletzte Linie von unten ist statt „77 970" zu setzen „77 870".

176 bei Ziff. 7 Spalte „Brutto-Budget" erste Zahl von oben statt „253 983" ist zu setzen: 258 986.

178 bei lit. B Summe A ist statt „Eisenbahnen" zu setzen „Verkehrsanstalten".

188 in Ziff. 11 Linie 3 ist statt „97,0 km" zu setzen: „87 qkm"

„ „ „ 12 „ 3 „ „ „52,0 km" „ „ „52 qkm".

271 Linie 10 von unten ist zu setzen: „1 mit 5 Klassen".

Viertes Buch.

Der Staat.

Der Staat.

Literatur.

A. L. Reyscher, Vollständige, historisch und kritisch bearbeitete Sammlung der württembergischen Gesetze. Stuttgart und Tübingen 1828 ff., und zwar

Band I—III Staatsgrundgesetze, herausgegeben und geschichtlich eingeleitet von Reyscher;

Band IV—VII Gerichtsgesetze, herausgegeben von Chr. H. Riecke und Kappler;

Band VIII—X Kirchengesetze, herausgegeben und geschichtlich eingeleitet von Eisenlohr und Lang;

Band XI Schulgesetze, herausgegeben und geschichtlich eingeleitet von Eisenlohr und Hirzel;

Band XII—XV Regierungsgesetze, herausgegeben von Zeller und Mayer;

Band XVI—XVIII Finanzgesetze, herausgegeben und geschichtlich eingeleitet von Hoffmann und Moser;

Band XIX Kriegsgesetze, herausgegeben und geschichtlich eingeleitet von Kapff;

Anhang: Sammlung der württembergischen Gesetze in Betreff der Israeliten von J. F. Mayer. Tübingen 1847; Sammlung der württembergischen Gesetze in Betreff des Post- und Landbotenwesens von J. F. Mayer. Tübingen 1847.

A. L. Reyscher, Publicistische Versuche. Stuttgart 1832.

Ludwig Timotheus Freiherrn von Spittlers vermischte Schriften über wirtembergische Geschichte, Statistik und öffentliches Recht. 2 Bände. Stuttgart und Tübingen 1837; bilden den XII. und XIII. Band der von Karl Wächter herausgegebenen Sammlung der Werke Spittlers.

Karl Georg Wächter. Handbuch des im Königreiche Württemberg geltenden Privatrechts. Erster Band, auch unter dem Titel: Geschichte, Quellen und Literatur des Württembergischen Privatrechts. Erste Abtheilung. Stuttgart 1839. Zweite Abtheilung. Stuttgart 1842.

Robert von Mohl, Das Staatsrecht des Königreichs Württemberg. Zweite Auflage. 2 Bände. Tübingen 1840.

Christoph Friedrich Stälin, Wirtembergische Geschichte. 4 Theile. Stuttgart und Tübingen 1841—1873.

A. L. Reyscher, Württembergische Geschichte und Uebersicht seiner Verfassung und Gesetzgebung (aus Weiske's Rechtslexikon abgedruckt). Leipzig 1861.

Rümelin, Altwürttemberg im Spiegel fremder Beobachtung. Württemb. Jahrbücher 1864 S. 262 ff. — jetzt im Auszug neu überarbeitet in „Reden und Aufsätze" II S. 406 ff. unter dem Titel: „Altwürttembergisches".

Geschichte der Verfassung Württembergs. Im Auftrag des ständischen Ausschusses verfaßt von Carl Victor Fricker und Theodor von Geßler. Stuttgart 1869.

Vielfach wurden benützt: die von Regierungsdirektor **Müller** und von Regierungsrath R. **Gaupp** besorgten 2 Handausgaben der Verfassungsurkunde für das Königreich Württemberg vom 25. September 1819; sowie das Hof- und Staatshandbuch des Königreichs Württemberg, letzte Ausgabe von 1881.

Endlich darf der Verfasser vielleicht, als auf Vorarbeiten für das Folgende, noch verweisen auf die von ihm an verschiedenen Orten veröffentlichten Aufsätze: über die Entstehung des württembergischen Staatsgebiets (Württ. Vierteljahrshefte für Landesgeschichte 1879 S. 1), Verfassung und Landstände (Württ. Jahrbücher für Statistik und Landeskunde 1879 S. 1), die Gesetzgebung Württembergs im 19. Jahrhundert (Jahrb. 1875 I S. 41), die Gesetzgebung Württembergs seit dem Regierungsantritt des Königs Karl (Jahrb. 1880 I S. 209, 1881 I S. 497), die Statistik des öffentlichen Dienstes (Jahrb. 1873 I S. 18), die Württemb. Finanzen (Jahrb. 1861 H. 2), die Ergebnisse der Finanzverwaltung von 1820 bis 1870 (Jahrb. 1872 II S. 68), die Verwaltung der sog. Wirthschaftsabgaben (Jahrb. 1871 S. 165), die direkten Steuern (Württ. Jahrb. 1879 I S. 71), das evangelische Kirchengut des vormaligen Herzogthums Württemberg (besond. Beilage des Staatsanzeigers für Württemberg 1876 Nr. 7, 9 und 11) und die Statistik der Universität Tübingen (Jahrb. 1877 III).

I. Das Staatsgebiet.

„Auf einem rebenumkränzten Bergvorsprunge bei dem Dorfe Rothenberg über dem fruchtbaren Neckarthal zwischen Eßlingen und Cannstatt erhob sich die Burg, von der sich die Grafen von Württemberg benannten". Stammverwandte aller Wahrscheinlichkeit nach der oberschwäbischen Geschlechter der Grafen von Nellenburg und von Veringen, erscheinen sie zuerst gegen das Ende des elften Jahrhunderts zugleich mit den Herren von Beutelsbach, wohl als Erben des Remsthalgaugrafen Wernher von Grüningen.

Die ältesten Besitzungen waren: das Stammschloß auf dem Rothen Berg, dann Cannstatt, Stuttgart, Waiblingen, Beutelsbach, Schorndorf, Waldhausen, Neckarrems, Leonberg, einzelne Güter in Göppingen, Eislingen, Betzgenrieth, in Brache bei Asperg, Elfingen. Als württembergische Klostervogteien werden zuerst genannt die über Lorch und Denkendorf. Dazu die oberschwäbischen Besitzungen in den Oberämtern Riedlingen, Ehingen, Laupheim mit der Burg Grüningen, der Feste Landau, den Höfen Marbach, Waldhausen, Warmthal, ferner der Ort Altshausen, OA. Saulgau; die Burg Altveringen, später hohenzollerisch.

„Wie geringen Umfang aber auch der ursprüngliche Besitz des württembergischen Hauses im Neckar- und Remsthal haben mochte, so reihte sich doch eine Erwerbung um die andere als glücklicher Zuwachs an denselben an. Viel wirkte hiebei kluger Haushalt, politischer Verstand, Ansehen beim kaiserlichen Hofe, welcher durch Gunstbezeugungen der Anhänglichkeit der Grafen sich versicherte, sodann die Uebernahme einträglicher Vogteien, Sparsamkeit in Schenkungen an die Geistlichkeit, wie denn in der ganzen hohenstaufischen Zeit keine Klostergründung und nur eine einzige geistliche Stiftung, das Stift zum heiligen Kreuz in Beutelsbach, lange

Zeit württembergisches Erbbegräbnis, von ihnen ausgieng" (nach C. F. Stälin, welchem auch das erste Citat entnommen wurde). Mit den Hohenstaufen neigte es sich zum Ende: Friedrich II. starb 1250, Konrad IV. 1254, Konradin 1268; andere große Herrengeschlechter in Schwaben: die Herzoge von Teck, die Pfalzgrafen von Tübingen, die Grafen von Calw, von Urach u. a. waren im Erlöschen oder genöthigt, ihrer Besitzungen sich zu entäußern, — als stetig und sicher der Stern des Hauses Württemberg emporstieg. 1½ Jahrhunderte, von 1238 bis 1392, dauerte die Regierungszeit der ersten sechs Grafen, von denen vier starke Mehrer des Landes waren, die beiden anderen überhaupt nur als Mitregenten neben ihren bedeutenderen Brüdern aufgetreten und bälder vom Schauplatze wieder verschwunden sind. Des ersten Grafen, Ulrichs des Stifters, Urenkel Eberhard II., der Greiner oder der Rauschebart, schloß unter Vermittlung des Kaisers Karl IV. mit seinem Bruder Ulrich IV. am 3. Dezember 1361 den Nürnberger Vergleich, das erste Hausgesetz über die Untheilbarkeit und Unveräußerlichkeit des Landes.

Die Grafen von Württemberg hatten ursprünglich über ihre Vasallen die Rechte des Lehensherrn, über die Ministerialen die Rechte des Dienstherrn, über die Hörigen und die Hintersaßen nach ihren verschiedenen Verhältnissen und Abstufungen die Rechte des Leibherrn, Vogtherrn (im alten Sinne des Worts) und Grundherrn, über die freien Landsaßen, sowie über alle Insaßen überhaupt die von Kaiser und Reich abgeleiteten Rechte des Grafen, namentlich Gerichtsbarkeit und Heerbann. Ihre wenigen Beamten waren Hausdiener, ihre Räthe bestanden aus Vasallen oder anderen Rittern und Edlen und aus Geistlichen, die sie in ihren persönlichen Dienst nahmen oder die sich eben an ihrem Hof aufhielten. Die Abgaben, die sie erhoben, waren, außer den auf den Heerbann, die Gerichtsbarkeit und Schutz und Schirm sich beziehenden und einigen vom Kaiser eingeräumten nutzbaren Regalien, privatrechtliche Leistungen oder freiwillige Gaben.

Auf Eberhard II., den Greiner, folgte als siebenter Graf dessen Enkel, Eberhard III., der Milde, 1392 bis 1417, welcher durch den am 13. November 1397 abgeschlossenen Ehevertrag seines damals erst zweijährigen Sohnes, Eberhards IV., mit Henriette von Mömpelgard dem Hause Württemberg in der Freigrafschaft ein reiches Erbe erwarb, den einzigen bedeutenderen Besitz, der durch Heirat an Württemberg gekommen ist. Nach dem frühen Tode Eberhards IV. im Jahr 1419 übernahm Henriette die Vormundschaft. Ein aus dieser Zeit herrührendes Verzeichnis der württembergischen Lehen- und Eigenbesitzungen gibt ein Bild davon, welche Ausdehnung bis dahin der württembergische Besitz schon erlangt hatte.

Neben der Grafschaft zu Württemberg selbst, mit Stuttgart, Cannstatt, Leonberg, Waiblingen und Schorndorf, gehörten jetzt dazu: das Herzogthum Teck, die Pfalzgrafschaft Tübingen, die Grafschaften Aichelberg, Neuffen, Urach, Calw, Vaihingen, Asperg — die Herrschaften Magenheim, Waldhausen, Nagold, Irslingen

u. s. w. — mit andern Worten ein Gebiet, dessen Grenze im Remsthal über Schorn=
dorf hinaus, im Filsthal über Göppingen hinaus reichte, dann über Weilheim und
Kirchheim der Neckarseite der Schwäbischen Alb sich zuwandte, dieser bis Tübingen
folgte, dann den Schönbuch noch umfassend, vom Schwarzwald Nagold, Zavelstein,
Calw, Wildbad, Neuenbürg in sich begriff, über Vaihingen a. E. ins Zabergäu
hinüberreichte, und über das Bottwarthal und den Welzheimer Wald zum Ausgangs=
punkt zurückkehrte. Vorgeschobene Posten bildeten am unteren Neckar Lauffen, im
Remsthal Lauterburg und der Rosenstein, zwischen Rems und Fils der Hohenstaufen,
auf der Alb Münsingen und Lichtenstein, an der Südseite der Alb Sigmaringen,
ferner auf der Wasserscheide Ebingen, im Nordwesten der Alb Balingen, dann Rosen=
feld, Oberndorf, im Süden Tuttlingen, im Schwarzwald Dornhan, Schiltach, im
Breisgau Sponeck, jenseits des Rheins außer Mömpelgard Reichenweier u. s. w.

  In den Jahren 1441 und 1442 kam es nun auch, glücklicherweise
nur vorübergehend, zu einer Theilung. Von den Söhnen Eberhards IV.
erhielt der jüngere Ulrich V., oder der Vielgeliebte, den Neuffener oder
Stuttgarter Theil, Ludwig I. den Uracher Theil, Einzelnes blieb gemein=
schaftlich. Die Trennung währte nur 41 Jahre. Das Verdienst, sie
wieder aufgehoben, das Getrennte vereinigt zu haben, gebührt dem zweiten
Sohn Ludwigs, Eberhard im Bart, welcher 1445 geboren, als Graf der
fünfte seines Namens war, dann für Württemberg den Herzogshut erlangte,
und im Liede heute noch als der durch die Liebe und Treue seines Volks
„reichste Fürst" gefeiert ist, 1450 bis 1496, — unvergeßlich auch als Stifter
der Universität Tübingen. Die wichtigen unter Eberhard im Bart zu
Stande gekommenen Familiengesetze und Hausverträge, durch welche die
Untheilbarkeit des Landes eingeführt und zunächst die Senioratserbfolge
festgestellt wurde, waren der Uracher Vertrag vom 12. Juli 1473, der
Reichenweier Vertrag vom 26. April 1482, vor allem der Münsinger
Vertrag vom 14. Dezember 1482, dann der Stuttgarter Vertrag vom
22. April 1485, der Frankfurter Entscheid vom 30. Juli 1489 und der
Eßlinger Vertrag vom 2. September 1492. Der Münsinger Vertrag ins=
besondere, zwischen Eberhard im Bart und seinem Vetter Eberhard dem
Jüngeren, Ulrichs des Vielgeliebten Sohn, bestimmte, daß beider Grafen
Land von nun an in ewige Zeiten ungetheilt als ein Wesen und ein Land
bleiben sollen. Der Herzogsbrief vom 21. Juli 1495, zugleich unver=
brüchliches Reichsgesetz für die Untheilbarkeit des Landes, brachte noch
das Erstgeburtsrecht.

  Des Reiches Abgang an Herzogthümern zu ersetzen, erhob Kaiser
Maximilian I. den Grafen Eberhard zum Herzog, erklärte damit aber auch
Württemberg zu einem Reichsmannlehen. Und als nun nach dem Tode
Eberhards I. (1496) und nach der freiwilligen Entsagung seines gleichfalls
kinderlosen Vetters, jenes Eberhard des Jüngeren, 1498 der Herzogshut
an den Enkel des Grafen Ulrich des Vielgeliebten von dessen zweitem
Sohne Heinrich, an Herzog Ulrich, gelangt war, da schien es bald um

Haus und Land Württemberg schlimm zu stehen. Wohl gewann dieser Herzog, 1498 bis 1550, im Anfang seiner Regierung durch kühne Eroberungen rasch große Bezirke, — mehr als die württembergischen Grafen und sonstigen Herzoge überhaupt in Kriegszügen für die Vergrößerung ihres Landes erreichten:

Die Herrschaft Heidenheim — unter Altwürttemberg bis zuletzt ein isolirter Besitz; die Schutzherrschaft über die Klöster Anhausen, Herbrechtingen und Königsbronn; die Städte und Aemter Möckmühl, Neuenstadt, Weinsberg, die Stadt Besigheim, die Grafschaft Löwenstein, das Schloß Stettenfels mit Gruppenbach und fast den ganzen Zehnten in Heilbronn, die Lehensherrschaft über Gochsheim und die Schutzherrschaft über Kloster Maulbronn; zu Mömpelgard die angrenzende Herrschaft Blamont; dann auf friedlichem Weg, zu den Besitzungen im Elsaß, Hörschweiler, Niederhofen und Dietersweiler; endlich neben anderen kleineren Besitzungen Hohentwiel im Hegau.

Dann aber mußte Ulrich, durch den Aufstand des „Armen Konrad" und durch Schulden hart bedrängt, unter kaiserlicher und anderer Vermittlung sich zum Abschlusse des Tübinger Vertrags vom 8. Juli 1514 gegenüber von Prälaten und Landschaft verstehen, und wenige Jahre später, 1519, durch den Schwäbischen Bund vertrieben, im Jahr 1522 das Herzogthum dem Erzherzog Ferdinand von Oesterreich, dem Bruder Karls V., überlassen. Zwar wurde Ulrich in Folge der Schlacht von Lauffen am 13. Mai 1534 wieder Herr seiner Erblande, die er übrigens nach dem Vertrag von Kaaden vom 29. Juni 1534 zunächst nur als Afterlehen von Oesterreich zurückerhielt; er erwarb auch später noch einige kleine Besitztheile dazu. Seine unglückliche Betheiligung an dem Schmalkaldischen Kriege gefährdete jedoch auf's neue das Ganze ernstlich, und sein Sohn, Herzog Christoph, hatte nach des Vaters Tode, 1550, große Mühe, sich nur in jener Form durch den Passauer Vertrag vom 6. August 1552 das Herzogthum zu erhalten. Erst Herzog Friedrich I. gelang es 50 Jahre später, in dem Prager Vertrag vom 24. Januar 1599, das Lehensverhältnis durch die Einräumung eines Anwartschaftsrechts auf das Herzogthum an Oesterreich zu beseitigen.

Aus den den Grafen vom Kaiser verliehenen Rechten und ihrem schutzherrlichen und patrimonialen Verhältnisse hatten sich allmählich immer mehr Herrscherrechte entwickelt; die Besitzungen und Erwerbungen des Württembergischen Hauses bildeten nun einen Staat, den zuletzt schon die Grafen und dann die Herzoge mit den Rechten eines Monarchen regierten. Nur waren sie beschränkt auf der einen Seite durch die Landstände, auf der anderen Seite durch das Verhältnis zu Kaiser und Reich. Dagegen hatte der Herzog als Reichsstand auch wieder 2 Stimmen auf der Fürstenbank, eine Stimme auf der schwäbischen und einen Antheil an zwei Stimmen auf der fränkischen Grafenbank.

Nach Ulrich kam es in der herzoglichen Periode zu größeren Gebietsveränderungen nicht mehr. Staats- und Familiengut aber waren in dieser ganzen Zeit noch ungetrennt. Das Gesetz der Untheilbarkeit, Unveräußerlichkeit, der Vererbung nach dem Erstgeburtsrecht galt auch für das Kammergut. Einer ausnahmsweisen Behandlung unterlagen nur die überrheinischen Besitzungen. Auch verblieben neue Erwerbungen und deren Ertrag dem Herzog zu seiner freien Verfügung, solange sie nicht dem Lande und dem Kammergut inkorporirt waren.

Derartige Inkorporirungen werden zuerst im Anfang des 17. Jahrhunderts ausdrücklich erwähnt. Andere Besitzungen blieben aber schon damals in dem Privateigenthum des regierenden Herrn zurück. Als dann die durch den dreißigjährigen Krieg verursachte Entwerthung des Grundeigenthums H. Eberhard III., 1628 bis 1674, Gelegenheit gab, zahlreiche Erwerbungen zu machen, wurde von diesen nur ein Theil der Landschaft einverleibt. Den größeren Theil vereinigte Eberhard zu einem fideikommissarischen Komplex, dem sogenannten Kammerschreibereigut, das nun als reines Privateigenthum der fürstlichen Familie angesehen und bewirthschaftet wurde. Eine besondere Stiftungsurkunde liegt nicht vor. Das Wort „Cammerschreiberey" findet sich zuerst in dem vierten Punkt des Testaments von Eberhard III. aus dem Jahr 1664. Die fideikommissarische Bestimmung derselben und das Nutzungsrecht des Regenten aus dem fürstlichen Hause läßt sodann Punkt 3 des Kodizills von 1674 ersehen.

Eberhard III. ereilte während des dreißigjährigen Kriegs das gleiche Schicksal, welches schon seine Ahnen, den Grafen Eberhard den Erlauchten von 1311 bis 1315 und den Herzog Ulrich von 1519 bis 1534, getroffen hatte: er mußte von 1634 bis 1638 im Exil leben. Doch gieng dem fürstlichen Hause und dem Lande in dieser schlimmen Zeit nicht ein Bauernhof verloren, und in seinem Testament von 1664 konnte Eberhard III. ein weiteres Grundgesetz für die Untheilbarkeit und Unveräußerlichkeit des Herzogthums, des Kammerguts und des Kammerschreiberguts, sowie für die Vererbung nach der Erstgeburt hinterlassen.

Auch die Verheerungen und Brandschatzungen unter dem „Mordbrenner" Melac 1688 und unter dem Dauphin 1693, später im spanischen Erbfolgekrieg und durch Villars im Jahr 1707 brachten zwar dem Lande großen Schaden, und viel war außerdem zu tragen unter der verschwenderischen und gewaltthätigen Regierung der Herzoge Eberhard Ludwig, 1677 bis 1733, Karl Alexander 1733 bis 1737, und Karl Eugen 1737 bis 1793. Aber selbst in diesen oft sehr schweren Zeiten ist doch von dem Landesterritorium nie etwas weggegeben worden; im Gegentheil wurde immer wieder einiges dazu erworben, auch, wie hundert Jahre früher Freudenstadt, so 1704 die zweite Residenzstadt Ludwigsburg gegründet. Das Testament Karl Alexanders von 1737 stellte Kammergut und Kammerschreibereigut aufs neue sicher. Von größerer Bedeutung für die Verfassung des Landes aber war der Erbvergleich zwischen Herzog Karl und den Ständen vom 21. Februar und 2. März 1770, mit welchem nun auch eine der glücklichsten Zeiten für das Herzogthum angebrochen ist. Der fürstbrüderliche Vergleich vom 11. Februar 1780 endlich zwischen Herzog Karl Eugen und seinen beiden Brüdern und späteren Regierungsnachfolgern befestigte abermals die Rechtsverhältnisse des Kammerguts und des Kammerschreibereiguts.

Auf Karl Eugen folgte dessen Bruder Ludwig Eugen, 1793 bis 1795. Während der gleichfalls kurzen Regierung des dritten der Brüder, Friedrich Eugen, 1795 bis 1797, begannen die neuen Heimsuchungen Württembergs durch die Franzosen unter Moreau, sowie durch die österreichischen Einquartierungen, und in dem am 7. August 1796 erkauften Frieden giengen die überrheinischen Besitzungen Württembergs verloren.

Am 23. Dezember 1797 gelangte der älteste Sohn Friedrich Eugens, Friedrich II., zur Regierung. Er mußte im Frühjahr 1800 einem neuen Einfall der Franzosen weichen und kehrte erst nach Abschluß des Lüneviller Friedens vom 9. Februar 1801, welcher die Verluste jenseits des Rheins besiegelte, in die Heimat zurück. Die geplante Auflösung des Herzogthums abzuwenden, schloß Friedrich am 20. Mai 1802 zu Paris einen besonderen Vertrag mit Frankreich und erlangte darauf nach dem Reichsdeputationshauptschluß vom 25. Februar 1803 in dem sogenannten Neuwürttemberg Ersatz für die gehabten Verluste und zugleich die Kurwürde.

Schon drei Jahre später, mit dem 1. Januar 1806, wurde Württemberg ein Königreich mit neuem Gebietszuwachs in den oberschwäbischen und fränkischen Landestheilen, auf Grund des Brünner Staatsvertrags vom 12. Dezember, eines von Schönbrunn aus datirten Tagesbefehls Napoleons vom 19. Dezember und des Preßburger Friedens vom 26. Dezember 1805. Und weitere für Württemberg meist vortheilhafte Territorialveränderungen bewirkten darauf noch die Rheinische Bundesakte vom 12. Juli 1806, Staatsverträge mit Bayern vom 13. Oktober und mit Baden vom 17. Oktober und 13. November 1806, ein Tagesbefehl Napoleons vom 24. April 1809, der Wiener Frieden vom 14. Oktober 1809, der Vertrag zu Compiegne vom 24. April und der Staatsvertrag mit Bayern vom 18. Mai 1810.

Am 30. Dezember 1805 wurde die alte Verfassung aufgehoben, Alt- und Neuwürttemberg unter dem Scepter der unumschränkten Gewalt vereinigt und am 18. März 1806 eine neue Organisation des Landes verkündigt.

Friedrich hatte über ein Land von nicht 200 Quadratmeilen und etwa 650 000 Einwohnern die Regierung angetreten; bei seinem Tod umfaßte der Staat ca. 350 Quadratmeilen mit 1 400 000 Einwohnern. Faßt man die Erwerbungen von 1803 an in das Auge, so vereinigten sie in sich die verschiedenartigsten politischen

Zustände. Freie Reichsstädte, Landstädte mit sehr freier Verfassung (z. B. die Donaustädte), geistliche Herrschaften, Klöster, Besitzungen einzelner Reichsritter, theils nach beschränkenden Verfassungen, theils, soweit es der deutsche Reichsverband zuließ, unbeschränkt regierte Fürstenthümer und Grafschaften u. s. w. kamen, großentheils mit den früheren Herren selbst, unter württembergische Herrschaft.

Erworben wurden insbesondere bleibend: Von Oesterreich: die obere und untere Grafschaft Hohenberg, die Landvogtei Altdorf, die Stadt und Herrschaft Ehingen, Schellklingen, die fünf Donaustädte: Munderkingen, Riedlingen, Mengen, Saulgau und Walbsee; — von Bayern: 1806 Wiesensteig, Wiblingen; 1810 Tettnang, Buchhorn, Wangen, Ravensburg, Leutkirch, Söflingen, Geißlingen, Alpeck, Crailsheim, die Stadt Ulm u. s. w., überhaupt alle Besitzungen und Rechte, welche westlich einer vom Bodensee bis zur Markung Walbmannshofen O.A. Mergentheim gezogenen Grenzlinie liegen; — von Baden: die ehemalige Reichsstadt Biberach mit Gebiet, die Herrschaft Konzenberg im Oberamt Tuttlingen u. s. w.; — vom Johanniter-Orden: die Kommenthureien Affaltrach und Hall, Dätzingen und Rohrdorf, Rottweil, Hemmendorf und Rexingen; — vom Teutsch-Orden: am Neckar die Aemter Gundelsheim, Heilbronn, Heuchlingen, Kirchhausen, Neckarsulm und Stocksberg, ferner die Kommenden Kapfenburg und Althausen, endlich die Aemter Mergentheim, Neuhaus, Wachbach und, soweit nicht an Baden gekommen, Balbach.

Weiter wurden einverleibt: 1803 die gefürstete Probstei Ellwangen, die Reichsabtei Zwiefalten, die Frauenklöster Heiligkreuzthal, Rottenmünster und Margrethenhausen, das Ritterstift Komburg, die Abtei Schönthal, das adelige Damenstift Oberstenfeld; sodann die 9 Reichsstädte Hall, Rottweil, Gmünd, Eßlingen, Reutlingen, Heilbronn, Aalen, Weil der Stadt, Giengen; — 1806 die Hohenlohischen Fürstenthümer mit Ausnahme von Schillingsfürst (1810 von Bayern noch Hohenlohe-Kirchberg), die Besitzungen der Fürsten und Grafen Truchseß von Walbburg, ein Theil der Besitzungen des Fürsten von Thurn und Taxis, die noch nicht württembergischen Theile der Grafschaft Limpurg; ferner die ehemaligen Reichsstifte Ochsenhausen, Weingarten, Schussenried, Weißenau, Roth, Gutenzell (dem Grafen Törring zugetheilt), Heggbach und Baindt; — sodann die Herrschaft Warthausen u. s. w. der Grafen von Stadion, die Grafschaft Königsegg-Aulendorf, die Herrschaften des Fürsten von Fürstenberg in Gundelfingen O.A. Münsingen und Neufra O.A. Riedlingen, die auf der linken Seite der Jagst gelegenen Besitzungen von Salm-Krautheim, die Grafschaft Eglofs O.A. Wangen des Fürsten von Windischgrätz, die Grafschaft Isny, früher Reichsstadt und Abtei, jetzt dem Grafen Quadt-Isny zugefallen, die Herrschaft Thannheim, O.A. Leutkirch, dem Grafen Schaesberg gehörig, die Herrschaft Mietingen und Sulmingen der Grafen von Plettenberg im O.A. Laupheim, früher bei der Abtei Heggbach; die Herrschaft Neuravensburg O.A. Wangen der Fürsten von Dietrichstein, vormals dem Kloster St. Gallen gehörig.

Zu diesen Erwerbungen kamen endlich die sämmtlichen Besitzungen der im Umkreis des jetzigen Königreichs begüterten Reichsritterschaft.

Nach dem Jahre 1810 sind weitere Gebietsveränderungen kaum mehr zu verzeichnen. König Friedrich, welcher 1811 Friedrichshafen gründete, erwarb noch 1813 von Hohenzollern die Herrschaft Hirschlatt.

Der durch den Pariser Frieden vom 30. Mai 1814, Art. 6, und die Deutsche Bundesakte vom 8. Juni 1815 begründete Deutsche Bund veränderte den Umfang des Staatsgebiets des Königreichs Württembergs nicht weiter.

Unter Friedrichs Sohn, König Wilhelm, wurden dann nur noch einige Kondominate einverleibt, gegen Abtretung anderer kleiner Gebietstheile an Baden.

Die von König Wilhelm mit den Ständen vereinbarte Verfassungsurkunde vom 25. September 1819 enthält über das Staatsgebiet folgende Bestimmungen:

<small>Nach §. 1. sind und bleiben sämmtliche Bestandtheile des Königreichs zu Einem unzertrennlichen Ganzen und zur Theilnahme an Einer und derselben Verfassung vereinigt; nach §. 2 soll ferner ein etwaiger neuer Landeszuwachs, welchen das Königreich in der Folgezeit durch Kauf, Tausch oder auf andere Weise erhalten würde, in die Gemeinschaft der Staatsverfassung gleichfalls aufgenommen werden, wogegen, wenn ein unabwendbarer Nothfall die Abtretung eines Landestheils unvermeidlich machen möchte, wenigstens dafür zu sorgen wäre, daß den Eingesessenen des getrennten Landestheils eine hinlängliche Frist gestattet würde, um sich anderwärts im Königreich niederlassen zu können, ohne in Veräußerung ihrer Liegenschaften übereilt oder durch eine auf das mitzunehmende Vermögen gelegte Abgabe oder sonst auf andere Weise belästigt zu werden.</small>

Der weisen, versöhnlichen Regierung des Königs Wilhelm, welche nach dem Urtheil von Karl Georg Wächter eine auffallende Parallele zu den Zeiten des Herzogs Christoph bildet, ist es beschieden gewesen, unter möglichster Schonung der Stammeseigenthümlichkeiten die Gegensätze allmählich auszugleichen, die bei der gewaltsamen Vereinigung der neuen Gebietstheile mit Altwürttemberg von vornherein sich bilden mußten und leicht sich hätten verbittern können.

In gleichem Geist und Sinne wirkt seit dem 25. Juni 1864 die milde, den Frieden liebende Regierung des Königs Karl, im Einverständnisse mit den Landständen, welche in ihren Verhandlungen den Verhältnissen Rechnung zu tragen, Schroffheiten überall zu vermeiden wissen. Noch heute gilt darum der alte Spruch: „Hie gut Württemberg allweg!"

Und auch die Stellung zu Deutschland ist in unsern Tagen aufs neue gefunden worden. Am 6. August 1806 hatte Kaiser Franz auf die deutsche Wahlkrone verzichtet; der am 8. Juni 1815 errichtete Deutsche Bund war am 10. Juni 1866 durch den Austritt Preußens gelöst worden; die Verträge vom 13. August 1866 und 8. Juli 1867 hatten erst nur eine Anlehnung an die anderen deutschen Staaten, noch nicht wieder eine wahrhaft organische Verbindung mit denselben gebracht; — da beschleunigte der große Krieg mit Frankreich, während dessen Württemberg „furchtlos und treu" seine Verpflichtungen gegen das große deutsche Vaterland erfüllt hat, in den Verträgen vom 21. und 25. November 1870 den Beitritt zu dem mit dem 1. Januar 1871 beginnenden neuen Deutschen Bund, der am 18. Januar 1871 als Deutsches Kaiserreich feierlich proklamirt ward. Nach Art. 1 der mit Reichsgesetz vom 16. April 1871 verkündeten Verfassungsurkunde für das Deutsche Reich bildet das Königreich Württemberg einen integrirenden Bestandtheil des deutschen Bundesgebiets.

II. Die Verfassung.

Literatur, außer der im Eingang erwähnten:

Uebelen, Entstehung der Landstände des ehemaligen Herzogthums Württemberg. Leipzig 1818.

Spittler, Entwurf einer Geschichte des engeren landschaftlichen Ausschusses. Sämmtliche Werke XIII S. 15 ff.

J. C. Pfister, Geschichte der Verfassung des Württembergischen Hauses und Landes, herausgegeben von Jäger. Heilbronn 1838.

Robert von Mohl. Die Geschichte der württembergischen Verfassung von 1819. Tübinger Zeitschrift für die gesammte Staatswissenschaft. 1850. S. 49 ff.

C. V. Frider, Die Entstehung der württembergischen Verfassung von 1819. Tübinger Zeitschrift ꝛc. 1862 S. 172 ff.

C. V. Frider, Die Verfassungsurkunde für das Königreich Württemberg vom 25. September 1819 mit dem offiziellen Auslegungsmaterial herausgegeben. Tübingen 1865.

1. Die Verfassung unter den Grafen und Herzogen.

„Württemberg wiegt nur leicht im Gleichgewicht der Mächte, aber sehr anziehend ist die Geschichte dieses Landes. Keines von den Gemeinwesen alter oder neuerer Zeiten, mit deren Namen wir so viele Begriffe von Volksfreiheit verbinden, genoß einer glücklicheren Regierungsverfassung als das herzogliche Württemberg, und seine wenig bekannten Annalen sind nicht unwerth, den Bänden, worin der Ursprung der Freiheiten der Niederlande, der Schweiz, Englands oder Amerikas aufgezeichnet ist, zur Seite gestellt zu werden. — Einst äußerte Fox, es gebe in Europa nur zwei Konstitutionen, die britische und die württembergische."

Eine gewisse Wahrheit kommt diesem Ausspruche eines Fremden immerhin zu. Bereits in den Zeiten der Grafen von Württemberg begegnet man den Keimen einer ständischen Verfassung. Spittler bemerkt schon 1787: „In wenigen deutschen Staaten kann man die ganze Landesverfassung in ihre ersten Bestandtheile so historisch genau auflösen, das ganze Verhältnis zwischen Landesherrn und Ständen so ruhig beleuchten und das Verhältnis der Stände unter einander selbst so klar machen, als in dem Staatsrechte des Herzogthums Württemberg."

Als in den Zeiten der Grafen die ersten Hausverträge zum Abschlusse kamen, hatte sich die Gruppirung der Bevölkerung in Adel, Klöster und Landschaft bereits vollzogen. Den Adel bildeten die Lehens- und Dienstleute, welche man in der Umgebung, dem Rath, dem Kriegsgefolge der Grafen frühe findet. Die Klöster waren in Besitz von Land und Leuten und vermochten sich schon aus diesem Grunde der Schirmvogtei, der Jurisdiktion, Aufsicht und Besteuerung, zuletzt überhaupt der Landeshoheit jener Grafen nicht zu entziehen. Den weitaus größten Bestandtheil der gräflichen Herrschaft aber und den mächtigsten durch die Vereinigung in einer Hand bildete die Landschaft. Je eine Stadt war mit den umliegenden Dörfern zu einem selbständigen Körper (Stadt und Amt) verbunden. So umfaßte das ganze Land von vornherein eine feste Organisation, der sich auch der Regent gegenüber gestellt sah.

Auf diesen Elementen beruhte die erste Theilnahme einer Art von Ständen schon bei verschiedenen wichtigeren Regierungsakten im 14. und noch mehr im 15. Jahrhundert, zu denen namentlich Vormundschaftsstreitigkeiten die Veranlassung gegeben hatten, so z. B. bei dem Leonberger Landtag von 1457. Den Münsinger Vertrag vom 14. Dezember 1482, durch welchen das getheilte Württemberg wieder vereinigt und Untheilbarkeit, Unveräußerlichkeit und Senioratserbfolge grundgesetzlich bestimmt wurde, schloßen die beiden Grafen mit Rath von Prälaten, Ritterschaft und Landschaft. Aber nur die letztere leistete auch Erbhuldigung.

Am 21. Juli 1495 wurde Württemberg zu einem Herzogthum erhoben. Im März 1498, zwei Jahre nach dem Tod des ersten Herzogs Eberhard im Bart, konnten Landhofmeister, Kanzler, Räthe, Prälaten, Ritter und Landschaft es wagen, dem unfähigen Eberhard II. die Regierung aus der Hand zu nehmen und einen Regierungsrath zu errichten, bestehend aus dem Landhofmeister und je 4 Vertretern der Prälaten, der Räthe und der Landschaft.

Ein Jahrzehnt aber, nachdem Herzog Ulrich die Regierung selbst übernommen hatte, handelte es sich abermals um die Erledigung und Abstellung einer großen Zahl von Beschwerden. Es wurde ebenso über die große Verschwendung am herzoglichen Hofe, als die überschwengliche Schuldenlast und schlechte Wirthschaft im Ganzen Klage geführt. Der in Folge dessen erhöhte „Landschaden" und das neu eingeführte „Ungeld" mit Verringerung von Maß und Gewicht bei Fleischern, Bäckern, Müllern und Weinschenken wurden beanstandet. Endlich war gegenüber von dem Aufstande des „Armen Konrad" Stellung zu nehmen. Abgeordnete von 14 Städten des Landes unter der Steig versammelten sich zu Marbach und bereiteten dort 41 Artikel zur Vorlegung auf den nächsten Landtag vor. Dieser ward in Gegenwart einer kaiserlichen Gesandtschaft und im Beisein von Abgeordneten benachbarter Reichsstände zu Tübingen abgehalten. Dabei waren 15 Prälaten und je 2 Abgeordnete von 52 Städten, je einer vom Gericht, einer von der Gemeinde, anwesend. Die Ritterschaft aber fehlte. Im Streben nach der Reichsunmittelbarkeit, die sie dann im Augsburger Religionsfrieden von 1555 und, speziell die fränkische und schwäbische Ritterschaft, vermöge der kaiserlichen Privilegien vom 26. Juli und 9. August 1559 wirklich erlangte, und bei ihrer Abneigung gegen die Uebernahme von Steuern glaubte dieselbe schon hier sich zurückhalten zu können. Durch den gütlichen Spruch der beigezogenen Vermittler kam am 8. Juli 1514 zwischen dem nothgedrängten Herzog einerseits und den Prälaten und der Landschaft andererseits jener Tübinger Vertrag nebst Neben= abschied zu Stande, in welchem die Grundzüge der altwürttembergischen Verfassung gegeben waren:

Zwischen dem Herzog und dem Volk ein Vertragsverhältniß; Erbhuldigung durch letzteres erst, wenn der Herzog die Grundgesetze und Rechte des Landes be= schworen hatte; Verpflichtung der Unterthanen nur zu verfassungsmäßigem Gehor= sam. Der Württemberger konnte nur durch Urtheil und Recht und nur von dem ordentlichen Richter verhaftet und gestraft werden; das Eigenthum war unverletzlich; Monopole sollten nicht bestehen; die Gemeinden hatten den freien Salzhandel; nur die mit den Ständen verabschiedeten Steuern durften bezahlt, nur die gesetz= und lagerbuchmäßigen Frohnen geleistet werden; jeder Bürger hatte das Recht, Waffen zu tragen, durfte aber zum Waffendienst nur mit Bewilligung der Stände und auf die Dauer des Kriegs ausgehoben werden; im Frieden bestand die bewaffnete Macht nur aus geworbenen Freiwilligen; unbeschränkte Auswanderungsfreiheit für alle, selbst die Leibeigenen; eine freie Gemeindeverfassung. Und als Hort dieser Rechte die Landschaft. (Robert Mohl, Theilnahme Friedrichs des Großen an den Streitig= keiten zwischen Herzog Karl von Württemberg und den Ständen des Landes. Tübingen 1831. S. 3 ff.)

Nach dem Ausscheiden der Ritterschaft und nachdem es dem Kloster Zwiefalten gelungen war, sich unabhängig zu behaupten, bestand die Land= schaft noch aus den Prälaten von 14 württembergischen Klöstern und aus den Abgeordneten von 5 Dutzend Städten und Aemtern.

Die Prälaten, „dieses Fürstenthums Kleinod", wie sie wiederholt genannt werden, bekleideten jetzt neben dem kirchlichen Auftrag auch ein landesherrliches Amt. Im Landtage aber vertraten sie zugleich die Klosterhintersaßen und hießen deshalb auch wohl „der andere Landstand" (Abschied von 1565).

Der zweite Bestandtheil der altwürttembergischen Volksvertretung, die Landschaft im engeren Sinn, — die Abgeordneten der Städte und Aemter wurden nicht direkt vom Volk, sondern von den Amtsversamm= lungen, aus der Mitte der Stadtmagistrate gewählt. Meist waren es die Bürgermeister selbst, und auch die fürstlichen Amtleute kürzere Zeit hindurch zugelassen. Aus jeder Amtsstadt kam ein Abgeordneter, später erschienen auch wohl aus der einen oder anderen, namentlich von Stutt= gart und Tübingen, 2, welche jedoch zusammen nur eine Stimme führten. Die Abgeordneten waren an die Instruktionen ihrer Amtsversammlungen gebunden. Sie bezogen auch Gehalt von ihren Bezirken, ebenso wie die Prälaten ihre Landtagsdiäten aus dem Kirchengut erhielten. Diese Aus= gabe wurde für die ärmeren und kleineren Aemter oft drückend und gab dann zu Stimmenübertragung oder auch zum Wegbleiben der Abgeordneten Anlaß.

Die Landtage verliefen in der Regel einer wie der andere: Geld wurde gefordert und auch bewilligt, jedoch unter der Bedingung der Beseitigung der fast ständigen Landesgravamina. Schließlich kam in den Landtagsabschied der Inhalt dessen, worüber man sich verständigt hatte. Es bildeten sich die sog. Landeskompaktaten, welche, in vielen, früher sehr geheim gehaltenen Urkunden zerstreut, zusammen die Landesverfassung ausmachten.

Die Steuerbewilligung war schon durch den Tübinger Vertrag als Recht der Stände anerkannt. Wohl hatte der Herzog zunächst sein Kammergut und sollte mit dessen Ertrag nicht blos für die eigenen Bedürfnisse und diejenigen seines ganzen Hofhalts, sondern auch für die Kosten der Verwaltung des Landes, die Gehalte der Räthe u. s. w. aufkommen. Bald jedoch war dies nicht mehr möglich, für das Fehlende, das zunächst durch Schuldenaufnahme gedeckt worden war, mußte zu Steuerumlagen geschritten werden, und hier begegnete man nun seit dem Tübinger Vertrag von 1514 dem Rechte der Stände zur Steuerbewilligung, welche aber insbesondere auch dem Betrage nach eine bestimmt begrenzte blieb. Die vom Herzog aufgenommenen Schulden wurden von der Landschaft übernommen, zu deren Deckung Steuern bewilligt. Hieraus entwickelte sich das Selbstbesteuerungsrecht des Landes und die ständische Steuerkasse. Bis 1565 wurden die Einnehmer der Steuerkasse von den Ständen gemeinschaftlich mit dem Herzog, seit jener Zeit von den ersteren allein bestellt und entlassen. Die Steuer ruhte im Wesentlichen auf Grundeigenthum, Gebäuden und Gewerben. Sie wurde zuerst auf die einzelnen Aemter, innerhalb dieser auf die einzelnen Orte und hier auf die einzelnen Besitzer umgelegt; der landschaftlichen Steuerkasse hafteten dafür allein die Aemter. Als weitere, indirekte, Steuer floß sodann seit Beginn des 17. Jahrhunderts noch die Accise in jene Kasse, als Extraordinarimittel für die Landesdefension, wogegen die übrigen indirekten Abgaben, insbesondere das Ungeld oder Umgeld, zum Vermögen des Kammerguts gehörten.

Der Schwerpunkt der ständischen Vertretung wurde indeß auch in Württemberg bald in den ständischen Ausschuß verlegt, und zwar begegnet man den ersten Schritten in dieser Richtung schon 1521 in der österreichischen Zeit. In feste Form aber wurde das Ausschußwesen unter Herzog Christoph, dem Sohne Ulrichs, durch den Ausschußstaat vom 8. Januar 1554 gebracht. Es sollte ein kleiner oder engerer Ausschuß bestehen, gebildet aus 2 Prälaten und 6 Abgeordneten, — frommen, tapfern, verständigen Männern aus der Landschaft, die zuversichtlich zu dem Fürstenthum eine Neigung haben und vorhin zu den Landtagen gebraucht, der

Landschaft anliegender Händel und Sachen erfahren, auch eines solchen Ansehens und Vermögens seien, daß sie der Landschaft Sachen anhangen mögen. Dieser Ausschuß hatte das Selbstergänzungsrecht, wobei die Bestimmung, daß ein Ausschußmitglied zu den Landtagen vorhin schon gebraucht gewesen, bald in Vergessenheit geriet. Der engere Ausschuß zunächst hatte die Verwaltung der landschaftlichen Steuerkasse innerhalb der Verabschiedung und die Sorge für die richtige Bezahlung der vom Lande übernommenen herzoglichen Schulden. Er hatte das Recht, an den Herzog Anbringen zu machen, und die Pflicht, für das allgemeine Wohl, auch während der Landtag nicht versammelt war, einzustehen. Selbst eines der wichtigsten Rechte der Landstände, bei der Gesetzgebung mitzuwirken, wurde in seine Hände gelegt. In wichtigeren Fällen konnte der engere Ausschuß auf die Einberufung des gesammten Landtags oder auch des größeren Ausschusses antragen. Der letztere, der große oder weitere Ausschuß, bestand aus den Mitgliedern des engeren und aus weiteren 2 Prälaten und 6 Abgeordneten. Er konnte aber nöthigenfalls noch durch mehr Mitglieder verstärkt werden. Das fühlbare Bedürfnis, einen Rechtsgelehrten zur Seite zu haben, führte schon unter Herzog Christoph zu der nachher ständig gewordenen Beiziehung eines Landschaftsadvokaten.

Die Ausschußsitzungen fanden anfänglich auf dem Rathhaus zu Stuttgart statt, bis die Landschaft 1564 dem Kammersekretär Franz Kurz sein Anwesen abkaufte — den Komplex, auf welchem noch heute die ständischen Gebäude stehen. Im Hof befand sich noch zu Anfang dieses Jahrhunderts die Landschaftsküche, in den Nebengebäuden wohnten die landschaftlichen Einnehmer, Konsulenten und Sekretäre und waren Stallungen für die Pferde.

Selbst während des Landtags dauerte der Ausschuß fort und wurde auf demselben in der Regel als einzige Kommission benützt, ja ganz gewöhnlich — der kleine oder der große Ausschuß — von einzelnen Aemtern mit dem Abgeordnetenmandate selbst betraut. Je seltener dann die Landtage überhaupt berufen wurden, um so mehr wuchs thatsächlich die Bedeutung des Ausschusses, namentlich die des engeren; denn solange man blos zum Zuschuß gehörte, saß man nach der Ansicht Spittlers noch im Vorhof der Heiden.

„Die jahrelange geheimnisvolle Thätigkeit des engeren Ausschusses, — lesen wir in der Geschichte der Verfassung von Fricker und Geßler S. 133 — die Macht, die er seit Friedrich I. durch die „„geheime Truhe"" in der Hand hatte, gaben ihm ein steigendes Uebergewicht über den Landtag selbst, der zu Ende des 18. Jahrhunderts nach vielen Zeugnissen auch in seinen Mitgliedern in der Regel höchst unbedeutend gewesen zu sein scheint. Hiezu kommt endlich noch die Bedeutung der Beamten des

Ausschusses, des Landschaftsadvokaten, der Konsulenten und Sekretäre. Sie alle hatten im Ausschuß die eigentliche Geschäftsbehandlung einschließlich der Kassenleitung in der Hand und sie waren zugleich die Beamten der vollen Ständeversammlung. Namentlich eignete sich zuletzt der Landschaftsadvokat die Leitung und Beherrschung des Ganzen an; einen (gewählten) Präsidenten gab es nicht, die Präsidialgeschäfte vertheilten sich unter diese Beamten und der Landschaftsadvokat nahm das Wichtigste an sich. So darf es nicht Wunder nehmen, wenn innerhalb der ständischen Organisation nicht geringere Mißbräuche sich festsetzten, als bei der Regierung; wußte man sich nur mit dieser zu einigen, so war kein Hindernis im Wege. Die Verwaltung der ständischen Kasse diente hiezu vor allem. Eine wirkliche Kontrole fehlte ganz. Der Ausschuß wurde zur engherzigen Familienaristokratie, die oft in selbstsüchtigster Weise über die Mittel in ihrer Hand verfügte."

Diese Macht des Ausschusses, der Mangel einer bestimmten Landtags-, Wahl- und Steuerperiode, der Mangel der Oeffentlichkeit waren nun allerdings politische Fehler von größter Bedeutung, wozu noch die Wahl der Abgeordneten durch die Amtsversammlungen aus der Mitte der sich selbst ergänzenden Magistrate hinzukommt. „Von Herzog Christoph bis zu König Friedrich — sagt Rümelin in dem Aufsatze: Altwürttemberg im Spiegel fremder Beobachtung. Württ. Jahrb. 1864 S. 343 — trägt die innere Entwicklung des Württembergischen Staats und Volks den Charakter der Stagnation, sie zeigt uns das System einer gegenseitigen Lahmlegung der leitenden Kräfte. Man sucht vergeblich nach einer staatsrechtlichen Fortentwicklung der gegebenen Grundlage."

Gleichwohl würde man Unrecht haben, wenn man der Verfassung Württembergs unter den Herzogen jeden Werth bestritte. In dieser Beziehung wird in der „Geschichte der Verfassung" S. 134 f. und 141 gesagt: „Es darf doch nicht vergessen werden, daß trotz allem und allem die ständische Organisation allezeit kräftig und fähig blieb, der Willkür der Regenten mit Macht und Zähigkeit entgegenzutreten. Der Absolutismus konnte doch niemals zur Ruhe und Anerkennung gelangen; sein Gang war immer begleitet von Kampf, und die ständische Organisation, so verkommen sie war, hat doch immer wieder dem Absolutismus Niederlagen bereitet und dem Lande seine Verfassung gerettet. Zum leeren Worte ist diese nie herabgesunken, und sie konnte auch, sobald ein frischerer Geist das Volk erfüllte, etwas Tüchtiges leisten, wie denn noch in den neunziger Jahren des vorigen Jahrhunderts diese selbe unveränderte Organisation zum Instrument eines neuen politischen Geistes geworden ist."

Als die letzte ausführlichere Bestätigung der Landesverfassung unter den Herzogen kann der Erbvergleich vom $\frac{27.\text{ Februar}}{2.\text{ März}}$ 1770 zwischen Herzog

Karl und den Ständen gelten. Nach den sechs Klassen der vorgebrachten Beschwerden ordnete dieser Erbvergleich aufs neue die Landes- und die Kirchenverfassung, das Militärwesen, die Verwaltung des Kammerguts, das Forst- und Jagdwesen, und suchte derselbe endlich in Klasse VI auch den sog. vermischten Beschwerden, z. B. in Hinsicht auf die Selbständigkeit der Gemeinden, gerecht zu werden.

Daß in die Verfassungsurkunde von 1819 abermals Einrichtungen, wie die ständische Staatsschuldenverwaltung, die Steuererhebung durch körperschaftliche Organe, die Oberamtspfleger, und, wenn schon in modifizirter Form, doch wieder die beiden ständischen Ausschüsse, sowie die besondere ständische Sustentationskasse haben Aufnahme finden können, — dafür wird in dem Vorstehenden schon eine Erklärung gegeben sein. Die Verfassungskämpfe im zweiten Jahrzehnt dieses Jahrhunderts drehten sich zum großen Theil auch um diese Fragen.

2. Die Verfassung unter den Königen.

Die von 1803 bis 1805 gemachten Erwerbungen waren dem Lande zunächst nicht einverleibt, sondern zu einem besondern Staatsganzen unter dem Namen Neuwürttemberg vereinigt worden. Die Regierung des letzteren war eine absolute. Als dann der Preßburger Friede vom 26. Dezember 1805 Württemberg die Königswürde und volle Souveränität brachte, ließ König Friedrich am 30. Dezember 1805 die Kassen und das Archiv der Stände in Beschlag nehmen, die Aemter zur unbedingten Unterordnung unter die Organe der Regierung und zur Ablieferung der Steuern an dieselben anweisen. Damit war die altwürttembergische Verfassung gewaltsam aufgehoben. Durch das Organisationsmanifest vom 18. März 1806 wurde Alt- und Neuwürttemberg zu Einem „Reiche" vereinigt. Wie im Umfange, so änderte sich jetzt auch gar manches in den inneren Verhältnissen. Bei der Nothwendigkeit, die großen Verschiedenheiten zwischen den nunmehr vereinigten Landestheilen zu einer Ausgleichung zu bringen, war vorübergehend eine Diktatur nicht zu vermeiden. Schon nach einem Jahrzehnt aber drängte alles zu verfassungsmäßigen Einrichtungen hin. Indessen dauerten die darüber geführten Verhandlungen doch volle 4½ Jahre, vom 28. März 1815 bis 25. September 1819.

Auf dem Wiener Kongreß noch hatte Württemberg gegen die nachher in Art. 13 der Bundesakte übergegangene Bestimmung, nach welcher in allen Bundesstaaten eine landständische Verfassung stattfinden soll, energisch Widerspruch erhoben. Gleichwohl war König Friedrich einer der ersten unter den deutschen Fürsten, welche die Einführung einer ständischen Verfassung in ihren Staaten zu bewerkstelligen suchten. Wenige Tage nach seiner frühzeitigen Rückkehr von Wien erließ er eine Bekanntmachung (11. Januar 1815) des Inhalts: Von dem Augenblicke an, da gebieterische politische Verhältnisse die Staatsveränderung vom Jahr 1806 herbeigeführt haben, sei es sein fester Entschluß gewesen, sobald ein fester Stand der Dinge eingetreten sein werde, dem Königreich eine den Rechten der Einzelnen und den Bedürfnissen des Staats angemessene Repräsentation zu geben; dieser Zeitpunkt sei nun gekommen; er finde sich daher bewogen, seinem Volke die ihm bestimmte Wohlthat nicht länger vorzuenthalten und dadurch den öffentlichen Beweis abzulegen, wie nicht eine äußere Nothwendigkeit oder eine gegen andere übernommene Verpflichtung, sondern die Ueberzeugung von dem Bedürfnisse einer ständischen Verfassung für das Interesse des Staats und der Wunsch ihn geleitet habe, auch hieburch das Glück seines Volkes für die künftigen Generationen dauernd zu begründen. — Auf diese Bekanntmachung folgte den 29. Januar 1815 ein Reskript des Staatsministeriums, worin mit Beziehung auf den bevorstehenden Zusammentritt einer allgemeinen Ständeversammlung Näheres über die Zusammensetzung der letzteren und über die Wahlen der Abgeordneten des dritten Standes erlassen wurde (vergl. das Mitgliederverzeichnis in den Württ. Jahrbüchern 1879 I S. 35 ff.). Wirklich ward unter der unmittelbaren Aufsicht und Einwirkung des Königs eine Verfassungsurkunde ausgearbeitet und den auf den 15. März einberufenen Ständen als ein Geschenk von königlicher Huld mitgetheilt.

Eine solche Regelung des Verfassungswerks befriedigte jedoch nach keiner Seite hin, weder an sich, noch nach dem Inhalte der einzelnen Bestimmungen. „Das altwürttembergische Volk," bemerkt Rümelin a. a. O. S. 354, „hätte den ausgeprägtesten Grundzug seines Charakters, seine ganze Vorgeschichte verleugnen müssen, wenn es nicht auch bei der Gründung des neuen Verfassungswerks vor allem an der Forderung der Rechtskontinuität und der Vertragsform festgehalten hätte." — Ob aber „die neue Verfassung ihrem Inhalte nach dadurch gewonnen hat, daß man immer auf rückwärts liegende Vorgänge und Anschauungen blicken mußte und von dem privatrechtlichen Charakter eines Landschaftsrechts sich nicht lostrennen konnte", ob nicht „eine tabula rasa und ein Blick in die Zukunft statt in die Vergangenheit" in mancher Beziehung förderlicher gewesen wäre, solche Fragen dürfen mit Recht aufgeworfen werden.

Näheres über den Verfassungskampf ist nachzulesen bei Fricker und Geßler, Geschichte der Verfassung Württembergs. 1869. S. 150—239.

„Nur nach langen Verhandlungen, während deren Dauer mehr als einmal die Erreichung des Ziels sehr in Frage gestellt war, kam das Verfassungswerk zu seinem endlich befriedigenden Abschluß." Drei Abschnitte lassen sich unterscheiden:

„1. Die Zeit vom Januar 1815 bis zum 28. Juli (beziehungsweise 15. Oktober) 1815. Der König, entschlossen, dem Lande eine Verfassung von sich aus — ohne Nöthigung von außen, insbesondere durch Beschlüsse des Wiener Kongresses — zu geben, erließ eine Verfassung als ein abgeschlossenes Ganzes, gegenüber von welcher die auf Grund derselben berufene Ständeversammlung nur das Recht haben sollte, Aenderungen als Wünsche dem Könige vorzutragen. Diese Verfassung war nicht eine Wiederherstellung der altlandständischen überhaupt oder derselben mit den durch die eingetretenen politischen Aenderungen, insbesondere durch den Hinzutritt Neuwürttembergs gebotenen Modifikationen, sondern beinahe durchaus auf neue Grundlagen gebaut.

„Das Vorgehen in dieser Weise fand fast allseitigen Widerspruch, insbesondere von der Ständeversammlung selbst, welche in ihrer ersten Sitzung die alte Verfassung als noch zu Recht bestehende Grundlage verlangte.

„Wurden Versuche zur Erzielung eines gemeinschaftlichen Einverständnisses durch Aufstellung königlicher und ständischer Kommissäre gemacht, so konnte doch eine Einigung über die von ständischer Seite aufgestellten sechs Präliminarpunkte nicht erreicht werden.

„Die Unterhandlungen erfuhren einen vollkommenen Abbruch, als Seitens der Regierung eine Vertagung der Ständeversammlung für angemessen erachtet wurde und beide Theile sich nicht über die Art der Vertretung der Stände während der Zeit der Vertagung einigen konnten.

„Der König hielt die von ihm erlassene Verfassung als eine auch für die Zukunft verbindliche fest; ein Anerkenntnis derselben als solcher durch die Stände war aber nicht gegeben.

„2. Der Zeitraum vom 15. Oktober 1815 bis 5. Juni 1817. Die Regierung, welche sich die Einberufung der Ständeversammlung nach stattgehabter Untersuchung der über die Staatsverwaltung erhobenen Beschwerden vorbehalten hatte, näherte sich nach wieder erfolgter Einberufung insoweit der Auffassung der Ständeversammlung, als jene die neu gegebene Verfassung nicht mehr als ohne Weiteres verbindlich geltend machte, die innere Giltigkeit der alten Landesverträge für Altwürttemberg nicht in Zweifel zog und für den Fall der Nichteinigung mit den Ständen die alte Verfassung mit ihrer herkömmlichen Repräsentation für das Stammland, eine auf wahrhafte Nationalrepräsentation gegründete, die früheren Verhältnisse berücksichtigende Verfassung für die neuen Lande in Aussicht stellte. Die Regierung bezeichnete auch 14 Punkte als Fundamentalpunkte für die Verhandlungen.

„Nach längeren Erörterungen fertigte ein von den Ständen niedergesetztes Instruktionskomite den Entwurf einer Verfassung, welchem der am 30. Oktober 1816 zur Regierung gelangte König Wilhelm einen Entwurf gegenüberstellen ließ.

„Eine Kommission der Stände legte für fünf Hauptpunkte: die Verantwortlichkeit der Staatsdiener, die Form der Repräsentation, die Permanenz derselben, die Sicherstellung der Stände bei Erfüllung ihres Berufs, die Finanzrechte der Stände, — ihre wesentlich abweichende Auffassung dar. Die Regierung bewilligte hinsichtlich dieser Punkte einige Aenderungen ihres Entwurfs, verlangte aber binnen acht Tagen von Eröffnung ihrer Entschließung an endliche Beschlußfassung über die Annahme des so geänderten Entwurfs.

„Mit 67 gegen 42 Stimmen beschloß die Versammlung Ablehnung des Entwurfs, und erfolgte sofort die Auflösung der Ständeversammlung.

„3. Der Zeitraum vom 5. Juni 1817 bis 25. September 1819. Der König ertheilte dem Verfassungsentwurf, soweit derselbe sich nicht auf eine landständische Repräsentation bezog, sofortige Wirksamkeit und gab auch die Annahme des Entwurfs durch die Amtsversammlungen oder Magistrate anheim. Von mehreren derselben wurden Erklärungen in solchem Sinne abgegeben, allein eine Annahme konnte hierauf nicht gestützt werden. Eine umfassende Thätigkeit in Gesetzgebung wie Verwaltung trat von Seiten der Regierung ein. Der in der Einberufung einer neuen Ständeversammlung auf den 13. Juli 1819 kundgegebene Entschluß des Königs, das Verfassungswerk zur Vollendung zu bringen, fand ein williges Entgegenkommen der Stände. Der Zusammentritt von beiderseitigen Kommissarien erfolgte am 22. Juli und führte am 2. September zu dem Abschlusse eines gemeinsamen Entwurfs. Die Verhandlungen der Stände ergaben nicht viele und nicht tief eingreifende Aenderungen, über welche die Königliche Entschließung am 22. September mitgetheilt wurde. Die Versammlung erklärte sich am 23. desselben Monats einstimmig für die Annahme der Verfassung; der König und die Versammlung bestätigten dieselbe in feierlicher Sitzung am 25. September 1819."

Begreiflich gehen die Urtheile über das Verhalten der Parteien in diesem langen Verfassungskampfe sehr auseinander. Während bei den Zeitgenossen namentlich Ludwig Uhland in seinen Liedern vom alten guten Recht die Auffassung der Mehrheit der Stände mit Erfolg vertrat und ein anderes einflußreiches Mitglied der letzteren, Vizepräsident Dr. Zahn, in der Skizze einer Geschichte des Verfassungswerks, Württ. Jahrbücher 1820 und 1821, S. 254 ff., deren Standpunkt rückblickend nochmals gerechtfertigt hat, bekannte sich schon im Jahr 1817 unser berühmter Landsmann Hegel in den Heidelberger Jahrbüchern in sehr entschiedener Weise zu der entgegengesetzten Ansicht. Die letztere hat in neuerer Zeit wenigstens bei Nichtwürttembergern die Oberhand gewonnen, so bei Gervinus, Geschichte des 19. Jahrhunderts II S. 446—484, bei Treitschke, Historische und politische Aufsätze 1865 S. 214 ff. über Karl August von Wangenheim, S. 301 ff. über Ludwig Uhland.

Aber auch diese Kritik der außer den Verhandlungen Stehenden und der Nichtwürttemberger sucht die Erklärung für das Verhalten der Stände theils in der Reaktion gegen den Druck der vorangegangenen zehn Jahre eines überaus harten Regiments, theils überhaupt in dem Charakter des schwäbischen Volks, welches an einmal gewohnten Einrichtungen festhält, gegen Neues zunächst kritisch und eher ablehnend sich verhält und Mißtrauen namentlich dann zeigt, wenn ihm das Neue durch Fremde, wie den Thüringer Wangenheim, entgegengebracht wird. Für das Zutreffendste mag das Urtheil gelten, welches in der Geschichte der Verfassung, 1869, S. 238 ausgesprochen wird: „Diese Verhandlungen tragen entschieden das Gepräge des Charakters des schwäbischen Volksstamms. Die Form derselben schreitet allmählich von dem schwerfälligen schleppenden Gang des Vorlesens geschriebener Reden, des Wechsels von Schriften, der weitläufigen ins Kleinlichste ausgesponnenen Erörterungen fort zu freier Diskussion, zu kürzeren sachgemäßeren Berichterstattungen, zu einer Beschränkung auf das für eine Verfassung Wesentliche. Das starre Festhalten an dem Alten, das Mißtrauen gegen neue Grundsätze, die ängstliche Gewissenhaftigkeit, welche über dem Bestreben nach der möglichsten Vollkommenheit sich nicht zur Annahme eines Theils entschließen kann, weicht einem weiteren Blicke, welcher die Verschiedenheit der nunmehr zu lösenden Aufgabe erkennt und sich von Einseitigkeiten befreit. Das Vertrauen zu den neuen Grundsätzen steigt in dem Maße, als ein Theil derselben, bereits in das Leben getreten, sich durch die Erfahrung erprobt und hier, wie sonst, ein ernstlicher Wille des Regenten sich bethätigt hat, die Verwaltung im Geiste einer Verfassung zu führen, deren leitender Grundsatz Redlichkeit, deren Charakter Oeffentlichkeit ist. Die Pflichttreue erkennt als geboten an, das zur Zeit Erreichbare, auch wenn dasselbe nicht das ganze Ziel der Wünsche ist, nicht zurückzuweisen, dasselbe vielmehr, auch wenn es nur einen Keim der Fortentwicklung für jenes Ziel bilden kann, zu achten und zu pflegen. — Gewiß war für Regierung wie Stände und mittelbar auch für das Volk dieser Zeitraum eine tüchtige Schule der politischen Erziehung, welche dem Lande neben der reiferen Frucht einer Verfassung zugleich auch insoweit Gewinn brachte."

Die Verfassungsurkunde vom 25. September 1819 ist nicht nach einer bestimmten konstitutionellen Schablone abgefaßt. Bereits oben wurde nachgewiesen, wie einzelne ihrer Bestimmungen aus der altwürttembergischen Verfassung herübergenommen und somit historisch zu erklären sind. Robert von Mohl hat weiter ausgeführt, wie andere Bestimmungen auf den Erfahrungen und Einrichtungen der Versammlungen seit 1815 beruhen, wieder andere darauf berechnet sind, die Wiederkehr derjenigen Regierungsmaßregeln und Härten zu verhindern, welche die Regierung des Königs Friedrich zu einer so schweren Zeit für Württemberg gemacht hatten, wie endlich ein allerdings bedeutender Rest der Bestimmungen unmittelbar aus der Theorie der Einherrschaft mit Volksvertretung herrührt, so wie sich diese durch die französische Charte von 1814 ausgebildet hatte.

Die neue Verfassung wurde von allen Seiten mit aufrichtiger Freude begrüßt und mit frohen Hoffnungen aufgenommen. Selbst Uhland hielt mit seiner Anerkennung nicht zurück:

— Mitten in der wild verworrnen Zeit
Ersteht ein Fürst, vom eignen Geist bewegt,
Und reicht hochherzig seinem Volk die Hand
Zum freien Bund der Ordnung und des Rechts.
Heil diesem König, diesem Volke Heil!

Die Verfassung von 1819 hat sich im Großen und Ganzen genommen auch erprobt und ebenso die Stürme von 1848 und 1849 überdauert, wie der Neugestaltung der Verhältnisse im Deutschen Reich sich eingefügt. Meinungsverschiedenheiten zwischen Regierung und Ständen von solcher Bedeutung, daß sie entweder Minister zum Rücktritt oder die Abgeordnetenkammer zur Auflösung gebracht hätten, traten nur in seltenen Fällen hervor. Reformen einzelner Bestimmungen und Abschnitte der Verfassungsurkunde haben stattgefunden und sollen nach der Thronrede vom 20. Juni 1874 im Wege stetigen und besonnenen Fortschritts auch fernerhin durchgeführt werden.

Die Verfassungsurkunde vom 25. September 1819 zerfällt in zehn Kapitel:

I. Von dem Königreiche (§§. 1—3);
II. Von dem Könige, der Thronfolge und der Reichsverwesung (§§. 4—18);
III. Von den allgemeinen Rechtsverhältnissen der Staatsbürger (§§. 19—42);
IV. Von den Staatsbehörden:
   A. Allgemeine Bestimmungen (§§. 43—53);
   B. Von dem Geheimen Rath und den Verwaltungs-Departements (§§. 54—61);
V. Von den Gemeinden und Amtskörperschaften (§§. 62—69);
VI. Von dem Verhältnisse der Kirchen zum Staat (§§. 70—84);
VII. Von der Ausübung der Staatsgewalt (§§. 85—101);
VIII. Von dem Finanzwesen (§§. 102—123);
IX. Von den Landständen (§§. 124—194);
X. Von dem Staatsgerichtshof (§§. 195—205).

Im Lauf der Zeiten erlitt dieselbe nun allerdings einzelne Abänderungen. Die Verfassungsurkunde bestimmt hierüber in §. 176: Wenn von Abänderung irgend eines Punktes der Verfassung die Rede ist, so ist die Beistimmung von zwei Dritttheilen der anwesenden Mitglieder in beiden Kammern nothwendig. Ferner in §. 15: Jede während einer Reichsverwesung verabschiedete Abänderung eines Verfassungspunkts gilt nur für die Dauer der Regentschaft.

Verfassungsänderungen unter König Wilhelm:

in §. 97 (Begnadigungs= und Abolitionsrecht) durch Art. 366 der Strafprozeßord=
nung vom 22. Juni 1843;

in §. 115 (Umlage der verwilligten Steuern) durch Art. 11 des Gesetzes über die
Ausdehnung des Amts= und Gemeindeverbands auf sämmtliche Theile des
Staatsgebiets, vom 18. Juni 1849;

in §. 27 Absatz 2 und §. 135 durch das Gesetz, betreffend die Unabhängig=
stellung der staatsbürgerlichen Rechte von dem religiösen Bekenntnisse, vom
31. Dezember 1861;

in §. 72 durch das Gesetz, betreffend die Regelung des Verhältnisses der Staats=
gewalt zur kathol. Kirche vom 30. Januar 1862, Art. 1, — während Art. 5
dieses Gesetzes zugleich

die §§. 47 und 48, sowie konsequenter Weise den §. 59 Ziff. 2 der Verfassungsurkunde
für katholische Kirchendiener außer Kraft setzte.

Zahlreicher sind die Abänderungen der Verfassungsurkunde unter der Regie=
rung von König Karl.

Ausdrücklich als Verfassungsgesetze wurden bezeichnet die beiden Gesetze
vom 26. März 1868 und 23. Juni 1874, betreffend einige Abänderungen des IX.
Kapitels der Verfassungsurkunde (f. o.), das erstere ergänzt durch das Gesetz vom
gleichen Tag, betreffend die Wahlen der Städte und Oberamtsbezirke für den Landtag;

ferner das Verfassungsgesetz vom 1. Juli 1876, betreffend die Bildung eines
Staatsministeriums, durch welches die §§. 38, 54, 56, 58, 59 Ziff. 1 u. 4, 126,
160, Abs. 2 u. 4, 172 Abs. 2 abgeändert wurden.

Der Entwurf eines vierten Verfassungsgesetzes über den Staatsgerichtshof,
eingebracht am 25. Januar 1876, scheiterte am Widerspruch der Kammer der Standes=
herren (22. Juni 1876).

Durch die Thronrede vom 4. Februar 1880 wurde in Aussicht gestellt, behufs
thunlichster Uebereinstimmung mit den Vorschriften für die Reichstagswahlen das
Gesetz über die Landtagswahlen einer Revision zu unterwerfen.

Mehrfach berührt wird sodann die Verfassungsurkunde vom 25. September
1819 durch die abweichenden Bestimmungen der Reichsverfassung vom 16. April
1871 und durch einzelne Reichsgesetze, welche nach Art. 2 der Reichsverfassung den
Landesgesetzen überall vorgehen, so in den §§. 3, 19, 23, 28, 30—35, 44, 62, 70,
92, 99—101.

Endlich haben auch einzelne Bestimmungen der Landesgesetze Ab=
änderungen der Verfassungsurkunde noch zur Folge gehabt:

in den §§. 46—49, dann in §. 59 Ziff. 2 (Versetzung, Suspension, Entlassung der
öffentlichen Diener), — das Gesetz, betreffend die Rechtsverhältnisse der Staats=
beamten, sowie der Angestellten an den Latein= und Realschulen, vom 28. Juni
1876; — ferner das Gesetz, betreffend die Rechtsverhältnisse der Volksschul=
lehrer, vom 30. Dezember 1877;

in §. 57 Abs. 2 und 3 (Pensionen der Minister und Geheimerathsmitglieder) — zu=
nächst das Gesetz vom 7. September 1819 Art. 4 und 5, dann das Gesetz
vom 29. März 1865 Art. 3, jetzt das Beamtengesetz vom 28. Juni 1876 Art. 48;

in §. 59 Ziff. 3 (Entscheidung von Kompetenzkonflikten) — zunächst die Straf=
prozeßordnung vom 17. April 1868, dann Art. 3 des Gesetzes vom 4. März
1879, betreffend die Ausführung der Reichsstrafprozeßordnung, endlich das
Gesetz, betreffend die Entscheidung von Kompetenzkonflikten, vom 25. August
1879;

in §. 60 Ziff. 1 und 2 — das Gesetz über die Verwaltungsrechtspflege vom 16. Dezember 1876;

in §. 107 Abs. 3 — das Gesetz, betreffend die Aufhebung des Lehenverbands, vom 8. Oktober 1874.

Zum Schutze der Verfassung hat die Verfassungsurkunde vom 25. September 1819 in Kapitel X den

Staatsgerichtshof

vorgesehen. Die wesentlichsten Bestimmungen sind folgende:

§. 195. Zum gerichtlichen Schutze der Verfassung wird ein Staatsgerichtshof errichtet. Diese Behörde erkennt über Unternehmungen, welche auf den Umsturz der Verfassung gerichtet sind, und über Verletzung einzelner Punkte der Verfassung.

§. 196. Der Staatsgerichtshof besteht aus einem Präsidenten, welcher vom König aus den ersten Vorständen der höheren Gerichte ernannt wird, und aus zwölf Richtern, wovon der König die Hälfte aus den Mitgliedern jener Gerichte ernennt, die Ständeversammlung aber die andere Hälfte nebst drei Stellvertretern im Zusammentritte beider Kammern außerhalb ihrer Mitte wählt — und zwar zufolge des Gesetzes vom 6. Juni 1855 mit relativer Stimmenmehrheit. — Unter den ständischen Mitgliedern müssen wenigstens zwei Rechtsgelehrte sein, welche auch, mit Vorbehalt der Einwilligung des Königs, aus Königlichen Staatsdienern gewählt werden können. Außerdem müssen die Mitglieder alle zur Stelle eines Ständemitgliedes erforderlichen Eigenschaften haben.

§. 197. Sämmtliche Richter werden für diesen ihren Beruf besonders verpflichtet, und können gleich den übrigen Justizbeamten nur durch Urtheilsspruch ihrer Stelle als Mitglieder dieses Gerichtshofes entsetzt werden. Nimmt jedoch ein ständischer Richter ein Staatsamt an, so hört er dadurch auf, Mitglied dieser Stelle zu sein, kann aber von der Ständeversammlung wieder gewählt werden. Ebenso tritt ein vom König ernanntes Mitglied aus dem Gericht, wenn es aufhört, sein richterliches Hauptamt zu bekleiden.

§. 198. Das Gericht versammelt sich auf Einberufung durch den Präsidenten, welche von diesem sogleich geschehen muß, wenn er dazu einen von dem Justizminister kontrasignirten Befehl des Königs oder eine Aufforderung mit Angabe des Gegenstandes von einer der beiden Kammern durch deren Präsidenten erhält. — Das Gericht löst sich auf, wenn der Prozeß geendigt ist. Der Präsident hat für die Vollziehung der Beschlüsse zu sorgen, und in Anstandsfällen das Gericht wieder zu versammeln.

§. 199. Eine Anklage vor dem Staatsgerichtshof wegen der oben (§. 195) erwähnten Handlung kann geschehen von der Regierung gegen einzelne Mitglieder der Stände und des Ausschusses, und von den Ständen sowohl gegen Minister und Departementschefs, als gegen einzelne Mitglieder und höhere Beamte der Ständeversammlung. Andere Staatsdiener als Minister und Departementschefs können vor diesem Gerichte nicht angeklagt werden, außer wegen Uebertretung der in §. 53 enthaltenen Vorschrift.*) — Anklage und Vertheidigung geschieht öffentlich. Die

---

*) Zunächst wird in §. 52 der Verfassungsurkunde bemerkt, daß jeder Departements-Minister oder -Chef für dasjenige verantwortlich ist, was er für sich verfügt, oder was ihm vermöge des ihm zugewiesenen Geschäftskreises zu thun oder zu verfügen obliegt. Darauf heißt es in §. 53 weiter: „Auf gleiche Weise sind auch die

Protokolle werden mit den Abstimmungen und Beschlüssen durch den Druck bekannt gemacht.

§. 200. Wenn es erforderlich ist, Inquirenten zu bestellen, so wählt der Gerichtshof dieselben aus den Räthen der Kriminalgerichte.

§. 201. Es werden jedesmal zwei Referenten bestellt. Ist der erste Referent ein königlicher Richter, so muß der Korreferent ein ständischer sein, und umgekehrt.

§. 202. Bei jedem Beschlusse muß eine gleiche Zahl von königlichen und ständischen Richtern anwesend sein. Doch darf die Zahl der Richter nie unter zehn sein. — Dem Präsidenten steht keine Stimme zu; im Falle der Stimmengleichheit entscheidet die für den Angeklagten günstige Meinung.

§. 203. Die Strafbefugnis des Gerichtshofes erstreckt sich nur auf Verweise und Geldstrafen, auf Suspension und Entfernung vom Amt, auf zeitliche oder immerwährende Ausschließung von der Landstandschaft.

Wenn dieses Gericht die höchste in seiner Kompetenz liegende Strafe erkannt hat, ohne eine weitere ausdrücklich auszuschließen, so bleibt den ordentlichen Gerichten vorbehalten, gegen den Verurtheilten ein weiteres Verfahren von Amtswegen eintreten zu lassen.

§. 204. Gegen den Ausspruch des Staatsgerichtshofes findet keine Appellation statt, sondern nur das Rechtsmittel der Revision und der Wiedereinsetzung in den vorigen Stand.

§. 205. Der König wird nicht nur die Untersuchung niemals hemmen, sondern auch das ihm zustehende Begnadigungsrecht nie dahin ausdehnen, daß ein von diesem Gerichte in die Entfernung vom Amte verurtheilter Staatsdiener in seiner bisherigen Stelle gelassen, oder daß derselbe in einem anderen Justiz- oder Staatsverwaltungsamte angestellt würde, es wäre denn, daß in Rücksicht auf Wiederanstellung das gerichtliche Erkenntnis einen ausdrücklichen Vorbehalt zu Gunsten des Verurtheilten enthielte.

Seit dem Bestehen der Verfassung von 1819 kam der Fall einer Anklage vor dem Staatsgerichtshof nur ein einziges mal vor, im Jahr 1850, wo Namens der zweiten verfassungsberathenden Landesversammlung die Entfernung des provisorischen Chefs des Departements der auswärtigen Angelegenheiten Freiherrn von Wächter-Spittler wegen Verletzung

---

übrigen Staatsdiener und Behörden in ihrem Geschäftskreise verantwortlich; sie haben bei eigener Verantwortlichkeit nur die ihnen von den geeigneten Stellen in der ordnungsmäßigen Form zukommenden Anweisungen zu beobachten. — Sind sie im Zweifel, ob die Stelle, welche ihnen einen Auftrag ertheilte, dazu kompetent sei, so haben sie darüber bei ihren vorgesetzten Behörden anzufragen, so wie ihnen auch obliegt, wenn sie bei dem Inhalt einer höheren Verfügung Anstände finden, solche auf geziemende Weise und unter Vermeidung jeder nachtheiligen Verzögerung der verfügenden Stelle vorzutragen, im Falle eines beharrenden Bescheides aber die Verfügung zu befolgen."

Verfehlungen gegen diese Bestimmungen des §. 53 der Verfassungsurkunde fallen übrigens unter den §. 199 selbstverständlich nur dann, wenn die Voraussetzungen des §. 195 zutreffen sollten.

des §. 85 der Württembergischen Verfassung*) gefordert, in der Sitzung vom 9. September 1850 aber das Urtheil dahin verkündet worden ist, daß die erhobene Klage als unbegründet verworfen sein solle. (Verhandlungen des Staatsgerichtshofes des Königreichs Württemberg in Betreff der Anklage der II. außerordentlichen Landesversammlung gegen den Staatsrath Freiherrn v. Wächter-Spittler u. s. w. wegen Verfassungsverletzung. Stuttgart 1850).

Unter den **Garantien der Verfassung** ist früher neben dem Staatsgerichtshof noch das Verhältnis Württembergs zum Deutschen Bund angeführt worden (vgl. Mohls Staatsrecht I. S. 822).

Die Reichsverfassung (Gesetz vom 16. April 1871) bestimmt jetzt in dieser Beziehung nach Artikel 76 Abs. 2 Folgendes:

Verfassungsstreitigkeiten in solchen Bundesstaaten, in deren Verfassung nicht eine Behörde zur Entscheidung solcher Streitigkeiten bestimmt ist, hat auf Anrufen eines Theils der Bundesrath gütlich auszugleichen, oder, wenn das nicht gelingt, im Wege der Reichsgesetzgebung zur Erledigung zu bringen.

III. Die Gesetzgebung und die Verwaltung.
1. Unter den Herzogen und unter König Friedrich.

Die erste für die **Gesetzgebung** bedeutsame Periode in der vaterländischen Geschichte ist die Regierungszeit des **Herzogs Christoph** (6. November 1550 bis 28. Dezember 1568). Unter den Grafen hatte man zwar mit der Aufzeichnung einzelner Stadt- und Dorfrechte begonnen und aus den Tagen der ersten Herzoge datiren schon einzelne Ordnungen: die ersten Landes- und Hofgerichts-Ordnungen, die erste Zollordnung, die ersten Wirthschaftsabgabengesetze u. a. Unter Herzog Christoph aber ward die politische und kirchliche Verfassung des alten Herzogthums in der Weise fest begründet und ausgebildet, wie sie sich bis in den Beginn des 19. Jahrhunderts erhalten hat. Herzog Christoph war der Schöpfer des einheitlichen Landrechts, welches die Dorf- und Stadtrechte, die alten Weisthümer der einzelnen Landestheile u. s. w. zu ersetzen bestimmt war und im übrigen seine Ergänzung in dem gemeinen Römischen Rechte fand. Er zuerst sorgte für gleiches Maß und Gewicht im Herzogthum. Der Unterstützung Christophs erfreute sich die Landwirthschaft, der Weinbau, die Forstverwaltung, Jagd und Fischerei, Bergbau und Schiffahrt. Seine eingehende Fürsorge für Sicherheits- und Wohlfahrtspolizei bekunden die von ihm erlassenen Landesordnungen. Unvergeßlich für alle Zeiten bleibt, was er für

---

*) Durch Unterzeichnung des Beitritts der Württembergischen Staatsregierung zu dem Wiener Vertrag vom 30. September 1849 über Errichtung einer neuen provisorischen Centralgewalt des Deutschen Bundes und zu der Münchener Uebereinkunft vom 27. Februar 1850 über Grundzüge für eine neue deutsche Verfassung.

Kirche und Schule gethan hat. Die vom Vater begonnene Kirchenreformation führte Christoph in schonenderen Formen durch. Seine Große Kirchenordnung vom 15. Mai 1559 erlangte fast symbolisches Ansehen. Seiner Gewissenhaftigkeit und edlen Uneigennützigkeit allein ist die Erhaltung des aus den Lokalpfarrdotationen und Klostergütern gebildeten großen Kirchenguts zu danken. Er ordnete in allen Gemeinden deutsche, in allen Städten lateinische Schulen an, gab den aufgehobenen Klöstern die Bestimmung als Anstalten für die Vorbildung zu Dienern der evangelischen Kirche und erweiterte das von Herzog Ulrich gegründete theologische Stift bei der Landesuniversität.

Von den Gesetzen der auf Christoph folgenden Herzoge sind hervorzuheben: das dritte Landrecht von 1610, die Forstordnung von 1614, die Landesordnung von 1621, die Hofgerichtsordnung von 1654, die Bauordnung von 1654, die Ehe- und Ehegerichtsordnung von 1687, die Handwerkerordnungen und die Kommunordnung von 1758, die Wechselordnung von 1759, die in dem Sammelwerk „allerhand Ordnungen" zuerst 1654 und in der IV. Ausgabe 1767 wieder herausgegebenen Zehnt-, Wilderer- u. s. w. Ordnungen, die Zoll-, Umgelds-, Accise-, Taxordnungen u. s. w. Dazu eine Masse von Generalerlassen, deren Zahl am Schlusse des 18. Jahrhunderts sich auf 14 000 belaufen haben soll. Im Ganzen gilt aber von der ganzen herzoglichen Periode nach Christoph die Bemerkung C. G. Wächters: „Die Gesetzgebung stagnirte bald und von einer aus wahrem Interesse für Befestigung des Rechts und für umsichtige Vervollkommnung und Sicherung des rechtlichen Zustandes hervorgehenden Thätigkeit finden sich nur wenige Spuren. Soweit eine gesetzgeberische Thätigkeit doch sich äußerte, gieng dieselbe von einer übergroßen, der freien Entwicklung der Privatrechte des Bürgers ungünstigen polizeilichen Ueberwachung und Bevormundung der Unterthanen aus, die, mehr einem patriarchalischen Regimente angemessen, in einem Rechtsstaate in dieser Art nicht hätte bestehen und durchgeführt werden sollen."

Auf dem Gebiet der Verwaltung waren die Organisationen Christophs grundlegend. Unter ihm erhielt der ständische Ausschuß eine feste Gestalt, trat, wenn auch nicht dem Namen nach, als oberste Staatsbehörde der Geheime Rath, bestehend aus Landhofmeister, Kanzler, Vizekanzler und bald auch einem vierten Rath, in Thätigkeit, wurde die dreitheilige Kanzlei: der Oberrath (später auch Regierungskollegium oder Regierungsrath genannt, Regierungs- und Justizbehörde zugleich), die Rentkammer (an Stelle des früheren Landschreibers) und der Kirchenrath (die Visitation) gebildet. Selbst ein Kabinetschef, Kammersekretär, fehlte nicht. Beweis dafür, welchen unmittelbaren persönlichen Antheil Herzog Christoph fortgesetzt an der Verwaltung genommen hat, sind die vielen noch vorhandenen Randbemerkungen von seiner Hand in den Akten aus jener Zeit.

Der Landhofmeister war stets von Adel, doch wurde die Stelle von 1668 an nicht mehr besetzt, nur der Titel lebte zu den Zeiten der Grävenitz wieder auf. Umgekehrt bekleidete die Stelle eines Kanzlers mit ganz wenigen Ausnahmen ein Bürgerlicher. Seit 1668 hatte der Kanzler den Vorsitz im Oberrath, welchen er aber im 18. Jahrhundert an den adeligen Regierungspräsidenten abgeben mußte. Zu einer bleibenden Institution wurde der Geheime Rath im Jahr 1629 mit der Aufgabe, nicht blos der Herrschaft, sondern auch der allgemeinen Landschaft Nutzen zu schaffen und Schaden zu wenden; zuerst unter dem Präsidium des Landhofmeisters, später unter einem eigenen Geheimerathspräsidenten. In der Kanzleiordnung von 1660 kommt erstmals der Name des Tutelarraths vor. Im Jahre 1698 wurde der Kirchenrath oder die Visitation in Konsistorium und Kirchenrath (für die Verwaltung des Kirchenguts) getrennt. 1704 und später wieder 1737 ward der Kriegsrath, 1734 das Sanitätskollegium errichtet. Daneben standen anderen Verwaltungszweigen besondere Deputationen vor. Justiz und Verwaltung blieben ungetrennt. Nur in der Appellationsinstanz fungirte neben dem Kanzleigericht als reine Justizbehörde noch das 1514 nach Tübingen verlegte Hofgericht.

Je Stadt und Land zusammen bildete schon unter den Grafen die politische Einheit der Bezirke. Dem Bezirk stand der Vogt oder Amtmann vor, zugleich Vorstand des Stadtgerichts, zu dem im übrigen Beisitzer vom Handwerkerstand, Weingärtner u. dgl. zählten, und bei dem in Folge dessen bald der Stadtschreiber die Hauptperson wurde. Die Obervögte wurden als überflüssig schon im J. 1755 wieder aufgehoben. Im 16. Jahrhundert begegnet man zuerst dem Titel Oberamtmann, der dann von 1759 an allgemein gebraucht wurde. Die Finanzbeamten der Bezirke hießen Keller und, soweit sie dem Kirchenrath untergeordnet waren, geistliche Verwalter, Stifts- und Klosterverwalter. Die Forstverwaltung besorgten die Förster und Oberforstmeister. Früh schon ward auch unterschieden zwischen dem Land ob der Steig und unter der Steig.

Abgeordnete von 14 Städten des Landes unter der Steig beriethen zu Marbach die 41 Artikel, welche für den Tübinger Vertrag von 1514 die Grundlage wurden. Für die Durchführung der Reformation in seinem wiedergewonnenen Herzogthum berief 1534 Herzog Ulrich in das Land ob der Steig den Ambrosius Blarer von Konstanz, in das Land unter der Steig den Heilbronner Erhard Schnepf von Marburg. Dort hatte der Pädagogarch von Tübingen, hier der von Stuttgart die Visitation der Lateinschulen zu besorgen. Ebenso war das Medizinalvisitationswesen abgetheilt. Oberhöfe für Berufungen in Untergangssachen waren für das Ober- und das Unterland die Stadtgerichte Tübingen, beziehungsweise Stuttgart; diese überhaupt für die Städte ob und unter der Steig Appellationsinstanz. Ut taceam, sagt Breyer in den Elementa juris publ. W. §. 56, alterum carnificem Stuttgardiae, alterum Tubingae locatum esse. Die Grenze bildeten die Berge bei Stuttgart: Bopser, Hasenberg, Weinsteige, daher der Name. Eine eigentliche Theilung in zwei Verwaltungsbezirke lag jedoch der Unterscheidung des Landes ob und unter der Steig nicht zu Grunde.

Am 23. Dezember 1797 folgte seinem Vater Friedrich Eugen als der letzte Herzog Friedrich II. in der Regierung, 1803 Kurfürst, mit dem 1. Januar 1806 als Friedrich I. der erste König von Württemberg. Als Herzog und Kurfürst war Friedrich auf dem Gebiete der Gesetzgebung noch nicht so thätig wie später; zu erwähnen aus dieser Zeit sind nur ein Hausgesetz und Maßregeln für Gleichstellung der Rechte der verschiedenen Glaubensbekenntnisse und wider die Intoleranz gegen die nicht-lutherischen Religionsgenossen. Mit Aufhebung der ständischen Verfassung Altwürttembergs am 30. Dezember 1805 aber fiel der wesentliche Grund weg, weshalb zwischen inkorporirten und nicht inkorporirten Landestheilen, weshalb seit 1803 zwischen Alt- und Neuwürttemberg unterschieden worden war, und konnte das ganze Land, jetzt ein Königreich, unter gleiches Recht und Gesetz gebracht, unter dieselben Centralbehörden gestellt, nach gleichen Grundsätzen regiert werden. Von 1806 bis 1814 sollen denn auch nicht weniger als 2342 Gesetze, Verordnungen, Instruktionen, Normalien u. s. w. erlassen worden sein. Zwischen Alt- und Neuwürttemberg trat Freizügigkeit ein. Der Grundsatz der Gleichheit der staatsbürgerlichen Pflichten und Lasten für alle Unterthanen fand insbesondere in Hinsicht auf die Steuern und Kriegsdienste rücksichtslose Durchführung. Auch den drei christlichen Konfessionen, den beiden evangelischen Kirchen und der katholischen Kirche, wurden durch das Religionsedikt vom 15. Oktober 1806 gleiche Rechte eingeräumt. Das Privatrecht, das in Altwürttemberg galt, wurde im ganzen „Reiche" eingeführt. Das Schulwesen erhielt manche Verbesserungen. Die Bestimmung von gleichem Maß und Gewicht, die Vermehrung und Verbesserung der Land- und Vizinalstraßen, die Anordnung von Ortstafeln und Stundensteinen, die Uebernahme der Post in Staatsbetrieb, die Anlegung und Erweiterung von Hüttenwerken, einer Gewehrfabrik u. s. w. sind Zeichen der schaffenden und ordnenden Thätigkeit Friedrichs auf dem wirthschaftlichen Gebiete. „Der Geist aber, welcher die Gesetzgebung leitete, wenn auch von einer Seite zu rühmen, war doch, nach C. G. Wächter, im Ganzen mit den Anforderungen des wahren Rechts und der dem Bürger zu gewährenden Freiheit nicht im Einklang, und das, was geschah, keineswegs geeignet, den auf Förderung des Wohles seiner Unterthanen gerichteten Wünschen des kräftigen Regenten zu entsprechen. Die eine Seite war, die Rechte Aller möglichst gleich zu machen; allein, — und dies war der Geist, der das Ganze zu durchdringen schien, — während Alle, welche den Namen Unterthanen trugen, auf möglichst gleiche Stufe gestellt und gegenüber von einander gesichert und geschützt werden sollten, wurden Alle in gleiche unbedingte Abhängigkeit gebracht und der Freiheit Aller möglichst enge Schranken gezogen".

Auch die Staatsverwaltung erfuhr unter König Friedrich eine vollständige Umgestaltung. Schon 1803 hatte derselbe aus drei Geheimeräthen — für Neuwürttemberg*), für die auswärtigen Angelegenheiten und

---

*) Neuwürttemberg hatte im Jahr 1803 seine Organisation erhalten. Es wurden 3 Landvogteien gebildet: Ellwangen, Heilbronn und Rottweil, welche in Oberämter und Stabsämter zerfielen. Eine Oberlandesregierung, eine Hofkammer

für das Kriegswesen — ein Staatsministerium bestellt, im übrigen aber den Geheimen Rath für Altwürttemberg fortdauern lassen. Im Jahr 1806 aber wurde der letztere aufgehoben und nun als oberste Staatsbehörde das Staatsministerium eingesetzt, mit den Chefs der Departements und weiteren von dem König ernannten Personen als Mitgliedern. Es wurden 6 Departements gebildet: für die auswärtigen Angelegenheiten, das Innere, die Justiz, den Krieg, die Finanzen und, als sechstes, das geistliche Departement. Dazu kam später noch das Polizeiministerium. Die drei großen Finanzkörper der herzoglichen Zeit: die Rentkammer (oder Landschreiberei), den Kirchenkasten (die Verwaltung des Kirchenguts) und die landschaftliche Steuerkasse vereinigte man. Eine neue Organisation brachte das Jahr 1811 in dem Staatsrath, der, in 10 Sektionen getheilt, zur Berathschlagung über allgemeine, das Ganze umfassende Staatsangelegenheiten oder sonstige wichtige Gegenstände, die in einzelne oder mehrere Departements zugleich einschlagen, bestimmt war, übrigens kaum zehnmal berufen worden sein soll. Neben diesem Staatsrath dauerte das Conseil der aktiven Minister fort. Unter König Friedrich kam es wenigstens für die oberen Instanzen zur Trennung von Justiz und Verwaltung; das Kanzleigericht wurde aufgehoben, als höchster Gerichtshof ein Obertribunal in Tübingen, als nächste Instanz unter ihm ein Oberjustizkollegium in Stuttgart eingesetzt. Die althergebrachte, historisch begründete Bezirkseintheilung nach Oberämtern erhielt sich in beschränkterer Zahl und gleichmäßigerer Abrundung der letzteren. Der Oberamtmann war erster Justiz-, Polizei- und Verwaltungsbeamter zugleich in dem Bezirk und außerdem noch der unmittelbare Vorstand der Oberamtsstadt. Je mehrere Oberämter zusammen bildeten die Kreise, seit 1812 die Landvogteien, im ganzen 12.

2. Die Gesetzgebung und Verwaltung unter König Wilhelm.

König Wilhelm, welcher den Thron am 30. Oktober 1816 bestieg, fand manche Wunde zu heilen, welche bei der rücksichtslosen Durchführung der Assimilirung der verschiedenen Bestandtheile des Königreichs, und überhaupt unter dem harten Regimente seines durch keine Verfassung beschränkten Vorgängers dem Volkswohlstande und mitunter selbst dem Rechte geschlagen worden war. „Eine der ersten Sorgen des Königs war,

---

und ein Forstdepartement hatten den Sitz in Ellwangen. Die geistliche Gerichtsbarkeit, Kirchenoberaufsicht und Kirchenpolizei in der evangelischen Kirche wurde einem Oberkonsistorium in Heilbronn übertragen. Die katholische Kirche stand unter den Ordinariaten Würzburg, Worms, Speier, Augsburg und Konstanz. Justiz und Verwaltung waren in allen Instanzen ungetrennt. In Beziehung auf Verfassung und Verwaltung der Gemeinden wurde die altwürttembergische Kommunordnung provisorisch recipirt. Staatlich war Neuwürttemberg im Verhältnis zu Altwürttemberg Ausland.

Klarheit und Ordnung in die Finanzen des Staats zu bringen, die Ausgaben zu beschränken, die Abgaben zu mindern, Härten in Strafgesetzen der verflossenen Periode zu mildern, und eine umfassende Strafgesetzgebung vorzubereiten, Beschränkungen des Volkes, welche die vergangene Zeit eingeführt oder geschärft hatte, wieder aufzuheben, das drückende Militärsystem zu mildern, den Klagen über die Jagdmißbräuche zu steuern, den Gebrechen im Schreibereiwesen abzuhelfen, die Verwaltung in Grundsätzen und Formen zu reformiren, die Gerichte besser zu organisiren, dem Bürger wohlfeil und rasch Recht zu verschaffen und vor allem durch einen Vertrag mit seinem Volke die Grundverhältnisse des Staats zu ordnen" (C. G. Wächter).

Schon 1816 wurde der Geheime Rath wieder hergestellt. Am 3. März 1817 erhielt die zu Berathung einer Verfassung noch unter König Friedrich berufene Ständeversammlung einen neuen Verfassungsentwurf, dessen auf freisinnigen Grundlagen beruhende Bestimmungen, soweit sie nicht die Landstandschaft berühren, für gesetzeskräftig erklärt wurden, nachdem die Verhandlungen darüber mit der Ständeversammlung ergebnislos geendet hatten. Am 18. November 1817 sodann erließ König Wilhelm von sich aus eine auf Veränderung und Umbildung der Grundsätze und Formen der Staatsverwaltung abzielende Königliche Verordnung, welcher die elf Organisations-Edikte von diesem Datum angehängt waren:

I. über Abänderungen in dem Abgabenwesen,
II. über die Aufhebung der persönlichen Leibeigenschaftsgefälle und die Ablösung der sog. Feudallasten,
III. über die Verstärkung der Tilgungsfonds für die Staatsschuld,
IV. über die Eintheilung des Königreichs in vier Verwaltungsbezirke (die 4 Kreise),
V. über die Anordnung der neuen Verwaltungsformen und über die Ressortverhältnisse für den Geheimen Rath, das Justizdepartement, für das Departement des Innern und der Finanzen,
VI. über die Konstituirung einer Staatskontrole,
VII. desgleichen einer Oberrechnungskammer,
VIII. über die Besoldungen der Staatsdiener,
IX. über die künftige Pensionirung derselben,
X. über die Aufräumung der Retardate,
XI. über das Ausstandswesen.

Eine zweite Hauptorganisation, die der Gemeinde- und Bezirksverwaltung, folgte unterm 31. Dezember 1818 mittelst weiterer fünf Edikte, durch welche die Gemeinde- und die Oberamtsverfassung, die Verwaltung der Stiftungen, die Verwaltung der Rechtspflege in den unteren Instanzen und die Verhältnisse der Bezirksbeamten geordnet wurden. Diese Organisations-Edikte von 1817 und 1818, welche, von einem erleuchteten staatsmännischen Sinne eingegeben, in einheitlichem Geiste durchgeführt, nach Inhalt und Form gleich ansprechend, in klarer Uebersicht die Organisation der Verwaltung und der von letzterer auch in der Bezirksinstanz getrennten Rechtspflege, die wesentlichen Grundsätze eines geordneten Staatshaushalts und die Rechtsverhältnisse der Staatsdiener darlegen, — waren in der That epochemachend, und man wird denn auch das Verdienst, welches König Wilhelm durch dieselben um sein Land sich erworben hat, kaum geringer anschlagen dürfen, als dasjenige, welches ihm wegen Verleihung der Verfassung am 25. September 1819 vorzugsweise zuerkannt zu werden pflegt.

In die vorkonstitutionelle Zeit dieses Königs fallen noch eine Reihe weiterer wichtiger Gesetze, z. B. über Preßfreiheit (30. Januar 1817), Gemeindedeputirte (7. Juni 1817), Wildschaden (13. Juni 1817), Auswanderungsrecht (15. August 1817), Schreiberunwesen (20. August und 10. September 1817), Umzugskosten der Beamten (28. Febr. 1818), Militärpensionen (13. September 1819), Verfahren bei den höheren Gerichten (22. September 1819); ferner die Deklarationen über die Rechtsverhältnisse der Standesherren vom 8. und 25. August, sowie vom 22. September 1819.

Die Verfassungsurkunde vom 25. September 1819 bestimmt nun in §§. 88 und 89: „Ohne Beistimmung der Stände kann kein Gesetz gegeben, aufgehoben, abgeändert oder authentisch erläutert werden. Der König hat aber das Recht, ohne die Mitwirkung der Stände die zu Vollstreckung und Handhabung der Gesetze erforderlichen Verordnungen und Anstalten zu treffen, und in bringenden Fällen zur Sicherheit des Staats das Nöthige vorzukehren".

Nach dem Inslebentreten dieser Grundsätze kam die Gesetzgebung bald in einen regelmäßigen, ruhigen Gang und in feste Formen; ergiebiger wurde dieselbe erst, als im Jahr 1848 „der Sturm in die Zeit gefahren" war, um mit Aufhebung der 1819 auf äußere Nöthigung wieder eingeführten Censur, mit Gesetzen über Volksbewaffnung und Volksversammlungen, über Beseitigung der auf dem Grund und Boden ruhenden Lasten eine Aera von Gesetzen der eingreifendsten Wirkung für die politischen, wirthschaftlichen und sozialen Verhältnisse des Landes zu eröffnen. Wohl ist hiebei nicht überall das wünschenswerthe Maß eingehalten worden und die rückläufige Bewegung der folgenden Jahre, in ihrer Art gleichfalls da und dort das Ziel überschießend, hat manches auszugleichen gehabt. Unbestreitbar aber bildet das Jahr 1848 den Markstein, von welchem ein großer Fortschritt im politischen, ein entschiedener Aufschwung im wirthschaftlichen Leben den Ausgang genommen hat. Bis zum Jahr 1855 dauerte die Fruchtbarkeit der Gesetzgebung, dann sank die Summe der erlassenen Gesetze unter den Durchschnitt der ganzen Periode.

Die Zahl der von 1820 bis 1847 erlassenen Gesetze beträgt 155; die Zahl der Gesetze von 1848 bis 1855 107, von 1856 bis 1864 44.

Dazu kommen noch 12 von dem Frankfurter Parlament in den Jahren 1848 und 1849 beschlossene Reichsgesetze, einschließlich Grundrechte, Reichsverfassung, Wahlgesetz, Wechselordnung.

Ihrem Inhalte nach gruppiren sich die in die Jahre 1820 bis 1864 fallenden 306 Landesgesetze wie folgt:

Die Verfassung wurde durch dieselben nur in einzelnen Punkten abgeändert, in anderen vollzogen: hinsichtlich der Civilliste des Königs (1820), der Rechtsverhältnisse der Mitglieder des Königlichen Hauses (1828), der Bezüge der Ständemitglieder, der Verhältnisse der ständischen Beamten und Diener, der Zuständigkeit des größeren Ausschusses und des Modus der gemeinschaftlichen Wahlen (1821, 1849, 1855).

Die Rechtsverhältnisse der Staats- und Schuldiener wurden im Ganzen und für einzelne Klassen derselben geordnet (1821, 1824, 1828, 1836, 1839, 1842, 1849, 1853, 1855, 1862).

Das große Werk der Grundentlastung, die Ablösungsgesetzgebung, fällt nächst 1817 bis 1819 auf die Jahre 1821, 1836, 1848 und 1849, hat aber erst durch das Gesetz vom 19. April 1865, betreffend die Ablösung von Leistungen für öffentliche Zwecke, einen für die vormaligen Gefällberechtigten versöhnenden Abschluß gefunden.

Justizgesetze sind das Gesetz vom 26. Juni 1821, in Betreff der Strafrekurse, die Novelle vom 15. September 1822, die Abänderung verschiedener gesetzlicher Bestimmungen in der Rechtsverwaltung betreffend, das Strafedikt vom 17. Juli 1824, die Strafgesetzgebung von 1839, 1849 und 1853, das Gesetz über die privatrechtlichen Folgen der Verbrechen und Strafen vom 5. September 1839, das Polizeistrafgesetz vom gleichen Jahre mit den Abänderungen von 1852 und 1853, die provisorische Strafprozeßordnung von 1843 und 1852, die auf die Geschworenengerichte bezüglichen Gesetze von 1849, die Gesetze vom 14. April 1855, betreffend Aenderungen hinsichtlich des Maßes und Vollzugs der Freiheitsstrafen, und vom 5. Mai 1857, betreffend die Aufhebung des Erfordernisses der Befähigung zum Richteramt bei den Vorstehern der bürgerlichen Strafanstalten, das Gesetz vom 19. November 1858, betreffend die Stellung unter Polizeiaufsicht nach erstandener Strafe;

ferner die beiden Gesetze von 1849 über die Aufhebung der Patrimonial-Gerichtsbarkeit und der befreiten Gerichtsstände;

die Pfand-, Prioritäts- und Exekutionsgesetzgebung von 1825, 1827, 1828 und 1855, das Gesetz vom 28. November 1833, betreffend das bei Anlegung pflegschaftlicher Gelder erforderliche Maß von Sicherheit;

die Gesetze, aus Anlaß des Uebergangs zu einem leichteren Münzfuß, vom 21. April 1842 und 10. Dezember 1858; das Gesetz, betreffend die Aufhebung des Verbots des sechsten Zinsguldens, vom 26. Februar 1836; die 1849 eingeführte, 1864 abgeänderte Deutsche Wechselordnung; die Gesetze, betreffend die Einführung einer kürzeren Verjährungsfrist für gewisse Forderungen, vom 6. Mai 1852, bezüglich der Gewährleistung bei einigen Arten von Hausthieren, vom 26. Dezember 1861;

das Gesetz über Gerichtsferien vom 30. Mai 1858;

das Gesetz über das Notariatswesen vom 14. Juni 1843.

Auf das Eherecht beziehen sich die Gesetze vom 18. Mai 1842, vom 1. Mai 1855 (Einführung der Civiltrauung für gewisse Fälle) und vom 23. Januar 1862 (Dispensation von den Ehehindernissen der Verwandtschaft oder Schwägerschaft bei Eingehung gemischter Ehen).

Gesetzgebung und Verwaltung.

Den Schutz des geistigen Eigenthums bezwecken Gesetze von 1836, 1838, 1845, 1858, 1861 und 1862. Ein Gesetz über Erfindungs- und Einführungspatente erging am 29. Juni 1842.

Regiminalgesetze sind das Verwaltungs-Edikt vom 1. März 1822, die Gesetze vom 6. Juli 1842 und 12. April 1855, betreffend Abänderungen in der Begrenzung der Oberamtsbezirke, das vom 12. April 1843, betreffend die Polizeiverwaltung von Stuttgart und Tübingen, das schon erwähnte Gesetz vom 6. Juli 1849, betreffend die Aufhebung der Patrimonial-Gerichtsbarkeit und -Polizeiverwaltung; ferner die auf die Presse bezüglichen, später in Folge von Bundesbeschlüssen theilweise wieder aufgehobenen Gesetze von 1849, die Gesetze über Volksversammlungen, Volksbewaffnung, Bürgerwehren, Schützengesellschaften von 1848, 1849 und 1853, das vom 28. August 1849, betreffend das Verfahren bei dem Aufgebot der bewaffneten Macht gegen Zusammenrottungen und Aufruhr, sowie die Haftverbindlichkeit der Gemeinden für in Folge von Zusammenrottungen und Aufruhr entstandenen Schaden, die beiden Gesetze von 1855, betreffend die Erweiterung der oberamtlichen Strafbefugnis (24. Januar) und die Rechtsmittel in Verwaltungsjustizsachen (13. November).

Die Medizinalpolizei berühren zwei Gesetze von 1824 und 1836.

Auf volkswirthschaftlichem Gebiete bewegen sich das Schäfereigesetz vom 9. April 1828, die Gesetze

über Beseitigung der bei Liegenschaftsveräußerungen, insbesondere bei der Zerstücklung von Bauerngütern vorkommenden Mißbräuche, vom 23. Juni 1853,

über Feldwege, Tripp- und Ueberfahrtsrechte, vom 26. März 1862,

über den Schutz des Waldeigenthums,

über das Jagdwesen, je von 1849 und 1855,

die Gewerbeordnungen von 1828, 1836 und 1862,

dann

die Gesetze, betreffend die Aufhebung des Zwangs im Verkehr mit Lumpen als Stoffen der Papierbereitung, vom 7. Januar 1834,

über Bannrechte und dingliche Gewerbsberechtigungen mit Ausschließungsbefugnis, vom 8. Juni 1849,

betreffend die Berechtigung zum Bierbrauen und Branntweinbrennen und zum Betrieb von Wirthschaftsgewerben, vom 3. November 1855,

betreffend die Einführung eines neuen Landesgewichts und den Verkauf der Lebensmittel nach dem Gewicht, vom 28. Januar und 6. April 1859,

betreffend die Baulast an Brücken, welche Theile von Staatsstraßen bilden, vom 11. Dezember 1833, und

betreffend die Benützung der Kunststraßen durch Fuhrwerke, vom 14. Juli 1839,

endlich die auf die Versicherung des beweglichen und unbeweglichen Vermögens bezüglichen Gesetze von 1828, 1830, 1852 und 1853.

Auf die Verhältnisse der Gemeinden und Amtskörperschaften beziehen sich die Gesetze von 1828, 1833 und 1852, von 1849 über die Ausdehnung des Amts- und Gemeindeverbands auf sämmtliche Theile des Staatsgebiets, sowie ferner über die Abänderung und Ergänzung der Gemeindeordnung, das Gesetz vom 17. September 1853, betreffend die Verhältnisse der zusammengesetzten Gemeinden, das vom 24. Januar 1855, betreffend die Handhabung der Staatsaufsicht über verwahrloste Gemeinden, die Gesetze von 1849, 1853 und 1858 über die Besteuerung des Einkommens, der Amtswohnungen und Besoldungsgüter für Zwecke der Gemeinden und Amtskörperschaften.

Von Kirchengesetzen fällt in diesen Zeitabschnitt nur dasjenige vom 30. Januar 1862, betreffend die Regelung des Verhältnisses der Staatsgewalt zur katholischen Kirche. Ein verwandtes Gebiet berühren die Gesetze in Betreff der öffentlichen Verhältnisse der israelitischen Glaubensgenossen, vom 25. April 1828, und betreffend die Unabhängigstellung der staatsbürgerlichen Rechte von dem religiösen Bekenntnisse, vom 31. Dezember 1861.

Schulgesetze ergiengen hinsichtlich der Universität (1828), der Gelehrten- und Realschulen (1842 und 1861), der Volksschulen (1836, 1855 und 1858).

Militärangelegenheiten haben zum Inhalt zunächst die 24 Gesetze über die Aushebung der einzelnen Jahrgänge, sodann das Rekrutirungsgesetz vom 10. Februar 1828, die Gesetze über die Auswanderung vor erfüllter Militärpflicht, von 1833 und 1852, das Gesetz über die Verpflichtung zum Kriegsdienste, vom 22. Mai 1843 nebst Zusatz von 1853, die Gesetze von 1849, betreffend die Abschaffung der körperlichen Züchtigung beim Militär, vom 22. Januar, und betreffend die Aufhebung der den standesherrlichen Familien bisher zugestandenen Ausnahme von der Kriegsdienstpflicht und der Stellvertretung bei Erfüllung derselben, vom 30. März, — das letztere 1852 und 1853 zurückgenommen; ferner die Gesetze von 1855 und 1859, betreffend die Aufbringung des Bedarfs an Pferden für den Fall einer Mobilmachung des Königl. Truppenkorps, das Gesetz vom 21. März 1861, betreffend einige Bestimmungen über die Stellvertretung im Kriegsdienste, endlich das Gesetz vom 18. Juni 1864, — wenige Tage vor dem Tode des Königs Wilhelm vollzogen, — betreffend die militärische Einquartierung und ähnliche Leistungen für die Königlichen Truppen.

Für die neu geschaffenen Verkehrsanstalten wurden erlassen die Gesetze, betreffend den Bau von Eisenbahnen, vom 18. April 1843, ferner betreffend die gerichtliche Bestrafung derjenigen, welche den Transport auf Eisenbahnen gefährden, sowie die Verwaltung der Eisenbahnpolizei, letztere beide vom 2. Oktober 1845; sodann das Gesetz vom 17. Dezember 1819, betreffend die Aufhebung des zwischen dem Staate und dem fürstlichen Hause Thurn und Taxis bestehenden Lehensverbandes hinsichtlich der Posten.

Weitere Gesetze, betreffend die Eisenbahnen, datiren von 1851, 1855, 1857, 1858, 1862; betreffend die Unterstützungskasse der Angestellten bei den Verkehrsanstalten, von 1849 und 1858.

Den Staatshaushalt haben zum Gegenstand vor allem die Abgabengesetze, die Gesetze, betreffend die Forterhebung der Steuern und die Finanzgesetze, im ganzen 34 an der Zahl.

Sodann sind zu nennen die Gesetze, betreffend
die Zuweisung verschiedener Fonds an die Finanzverwaltung, vom 22. Juni 1820,
die Behandlung der bei den einzelnen Steuerpflichtigen haftenden Rückstände, vom 17. Juli 1824, (berührt vorwiegend die Gemeindehaushalte),
die Berichtigung von Gehaltsreklamationen aus der Zeit der vorigen Regierung, vom 18. Juli 1824,
die Bestrafung der Verfehlungen gegen die Finanz- und Forstgesetze, vom 2. Oktober 1839,
die Aufhebung des Kalendermonopols, vom 19. August 1849.

Ferner die Steuergesetze:
Gesetz, die Herstellung eines provisorischen Steuerkatasters betreffend, vom 15. Juli 1821, und,
Gesetz über die Landesvermessung und das definitive Grundsteuerkataster, vom 4. April 1828.
Gesetze, betreffend die Abänderung einiger Bestimmungen über die Besteuerung der Aktivkapitalien und Besoldungen, vom 22. Juli 1836, betr. die Besteuerung des Einkommens aus schriftstellerischem Erwerb, vom 9. Juni 1849, die Beiziehung der

Amtswohnungen zur Besoldungssteuer, vom 16. Juli 1849, über die Steuer vom Kapitalien-, Renten-, Dienst- und Berufseinkommen, vom 19. September 1852 und 20. August 1861.

Zollgesetze von 1821, 1824, 1827, 1828, 1833, 1838, 1849.

Gesetze, betreffend die Accise von 1820, vom 18. Juli 1824 und 18. September 1852.

Gesetze, betreffend die Hundeauflage, von 1824, 1842 und 1852.

Wirthschaftsabgabengesetze von 1821 und 1824, vom 9. Juli 1827 und von 1836; und insbesondere Malzsteuergesetze von 1852 und vom 8. April 1856, Branntweinsteuergesetz vom 19. September 1852.

Sportelgesetze von 1821, 1828, 1842, 1852; Gesetze über die Notariatssporteln von 1833, 1836, 1839 und 1842.

Weiter das Gesetz, betreffend die Aufhebung der Anbringgebühren von Uebertretungen gegen die Steuergesetze, vom 23. Juni 1853, und

die Gesetze, betreffend die Tabakssteuer und die Straßenbauabgabe, je von 1821 und 1824.

Das Staatsschuldenwesen ist geordnet durch die Statute vom 22. Juni 1820 und 22. Februar 1837, mit Nachträgen vom 4. Juli 1842, 22. Juni 1843, 16. September 1852, 4. September 1853. Auch gehören hieher 2 Gesetze vom 18. Juli 1824, betreffend die Ordnung der von Seiten der Staatsschuldenzahlungskasse erfolgenden Kapitalienaufkündigung, sowie betreffend die Herabsetzung des Zinsfußes der Staatsschuld, ferner ein Gesetz vom 26. April 1830, betreffend die Verzinsung und Tilgung der Staatsschuld.

Vermehrt wurde die Staatsschuld, abgesehen von den Eisenbahnbauten und militärischen Rüstungen, in Folge der Gesetze wegen Uebernahme von Schulden der neuen Landestheile, vom 14. März und 29. Juni 1821, 27. Juli 1824, 11. Juli 1827, 18. April 1830 und 14. November 1833; ferner in Folge der Gesetze vom 30. Juni 1845 und 20. Juni 1849.

Staatspapiergeld wurde geschaffen durch Gesetz vom 1. Juli 1849, das ergänzt wird durch ein Gesetz vom 10. Mai 1850. Auf den Papiergeldeinlösungsfonds bezieht sich das Gesetz vom 17. September 1855.

Schließlich seien erwähnt das Gesetz vom 13. Februar 1864, betreffend die Verwilligung einer Anerkennung für den bisherigen Präsidenten der Kammer der Abgeordneten Staatsrath v. Römer, und die durch die außerordentlichen Zeitereignisse, die Kriege in der Krim, in Italien, in den Elbherzogthümern, veranlaßten Gesetze von 1855, 1859 und 1864.

Die Organisation der Staatsverwaltung unter König Wilhelm beruhte nach dem 25. September 1819 im Wesentlichen auf folgenden Grundzügen:

Oberste unmittelbar unter dem Könige stehende, ihrer Hauptbestimmung nach berathende Staatsbehörde — der Geheime Rath, dem auch die Minister als Mitglieder angehören. Derselbe ist zugleich letzte Instanz in Administrativrekursachen. Die Verwaltung selbst führen die sechs Ministerien der Justiz, der auswärtigen Angelegenheiten und des königl. Hauses, des Innern, des Kirchen- und Schulwesens, des Kriegswesens, der Finanzen. Oberste Justizstelle — das Obertribunal in Stuttgart (seit 1. Juli 1805). Das Königreich eingetheilt in vier Kreise: den Neckar-, Schwarzwald-, Jagst-, Donaukreis; jeder mit einem Gerichtshof, einer Regierung, einer Finanzkammer; innerhalb der Kreise die 64 Oberamtsbezirke je mit der Amtskörperschaft und den Gemeinden, mit Oberamtsgericht, Oberamt und Kameralamt.

die Kameralämter allmählich, wenn schon nicht vollständig der Oberamtsbezirkseintheilung sich einfügend. Außerdem für die freiwillige Gerichtsbarkeit die Gerichts- und Amtsnotare, für das Hochbauwesen die Bauinspektoren, für die Forstverwaltung die Forstämter mit den ihnen untergeordneten Revierämtern, für die Wirthschaftsabgabenverwaltung die Umgeldskommissäre, für das Zollwesen die Haupt- und Nebenzollämter.

Außer den Kreisbehörden fungiren als Mittelstellen: im Departement der Justiz das Strafanstalten-Kollegium (21. Dezember 1824); im Departement der auswärtigen Angelegenheiten der Lehenrath und die Archivdirektion (V. Edikt von 1817 §. 80); im Departement des Innern das Medizinalkollegium (6. Juni 1818) und neben diesem seit 1834 die Aufsichtskommission für die Staatskrankenanstalten, ferner die Landgestütskommission (15. September 1817), die Armenkommission (27. Juni 1818) und die Centralleitung des Wohlthätigkeitsvereins (1817), in Verbindung mit dieser die Württemb. Sparkasse (gegründet 1818); im Departement des Kirchen- und Schulwesens das evangelische Konsistorium (V.-Urk. §. 75), der katholische Kirchenrath (V.-Urk. §. 79), die israelitische Oberkirchenbehörde (Gesetz vom 25. April 1828), der Studienrath (V. Edikt von 1817 §. 33); im Departement des Kriegswesens das Oberkriegsgericht und der Oberrekrutirungsrath; im Finanzdepartement die Oberrechnungskammer (VII. Edikt von 1817), mit ihr seit 1818 die Staatskontrole (VI. Edikt) verbunden, der Bergrath (V. Edikt von 1817 §. 44 und 70), das Steuerkollegium (V. Edikt §. 44, 46, 70), die Zolldirektion (14. Februar 1829, Zollvereinsvertrag vom 22. März 1833 Art. 28), letztere später, nach den K. Verordn. vom 21. November 1849 und 9. Dezember 1850 mit dem Steuerkollegium vereinigt, endlich die Staatshauptkasse (V. Edikt §. 53, 54). Unter der Leitung der Stände wird verwaltet die Staatsschuldenzahlungskasse (Verf.-Urk. §. 119—123, 189).

Nach 1848 traten in dieser Organisation weitere Aenderungen ein, indem bei dem Ministerium des Innern zufolge K. Verordnung vom 30. November 1848, unter Entbindung der Kreisregierungen von der betreffenden Zuständigkeit, eine Abtheilung für den Straßen- und Wasserbau, ferner im gleichen Departement vermöge höchster Entschließung vom 8. Juni 1848 eine eigene Centralstelle für Gewerbe und Handel errichtet und nach höchster Entschließung vom 19. Juli 1848 die im Jahr 1817 gegründete Centralstelle des landwirthschaftlichen Vereins in die K. Centralstelle für die Landwirthschaft umgebildet wurde. Neben letztere trat, in Folge des Gesetzes vom 26. März 1862 über Feldwege, Tratt- und Ueberfahrtsrechte, die Centralstelle für Landeskultursachen. Durch das Gesetz vom 14. März 1853 ward der Verwaltungsrath für die seit 1772 bestehende Gebäudebrandversicherungsanstalt eingesetzt. Die Ablösungskommission, die Kommission zu Vereinigung des Amts- und Gemeindeverbands wurden veranlaßt durch die Gesetzgebung von 1848 und 1849; beide hatten nur vorübergehende Dauer. — Weitere Organisationsänderungen ergaben sich im Departement der Finanzen. Die Kreisfinanzkammern, an welche im Jahr 1827 auch die Geschäfte des vormaligen Forstraths (V. Edikt von 1818 §. 44) übergegangen waren, wurden durch K. Verordnung vom 21. November 1849 in die eine Oberfinanzkammer zu Stuttgart vereinigt, letztere aber zunächst in die drei Abtheilungen für Domänen, für Forste und für Bauten gegliedert, zu denen als vierte und fünfte Abtheilung hinzutraten der Bergrath (31. August 1850) und die Centralbehörde für die Verkehrsanstalten (17. Juli 1851), diese wieder aus den drei Sektionen: Eisenbahnkommission, Postkommission und Telegraphenamt, zusammengesetzt. Durch K. Verordnung vom 8. November 1858 sodann wurden die Abtheilungen der Oberfinanzkammer neu gebildet als Domänendirektion, Forstdirektion, Bergrath, Centralbehörde für die Verkehrsanstalten, — letztere aber viertheilig: Eisenbahnbaukommission, Eisenbahndirektion, Postdirektion, Telegraphendirektion. Auch hier von vorübergehender Dauer eine Ablösungsvollzugskommission für die das Staatskammergut berührenden Grundentlastungen, bereits am 1. Juli 1855 aufgehoben, und eine Ablösungskassenkommission für die Verwaltung der Gefäll- und Zehntablösungskassen. Endlich erhielt in Folge Königlicher Entschließung vom 2. Juni 1856 das unterm 28. November 1820 errichtete, in dem Finanzdepartement eingetheilte statistisch-topographische Bureau eine neue Einrichtung und ein Statut.

3. Die Gesetzgebung und die Verwaltung unter König Karl.

So Vieles und Großes nun aber in Gesetzgebung und Verwaltung unter König Wilhelm geschehen ist, die nächstfolgende Regierungsperiode, welche mit der Thronbesteigung des Königs Karl am 25. Juni 1864 ihren Anfang nahm, sollte als eine nicht minder fruchtbare sich erweisen.

Insbesondere hat der Beitritt Württembergs zu dem als Deutsches Reich rasch sich ausgestaltenden neuen deutschen Bunde mit dem 1. Januar 1871 dem Lande eine umfassende Gesetzgebung auf allen Gebieten des nationalen Lebens gebracht und hiedurch schon eine weitere lebhafte Thätigkeit auch der Landesgesetzgebung veranlaßt.

Unter Herzog Christoph hatte es gegolten, den Stammlanden gleiches Recht zu geben.

Unter den beiden ersten Königen war die Gleichheit herzustellen zwischen dem altererbten Besitz und den neuerworbenen Gebietstheilen.

In der Gegenwart handelt es sich jetzt um das Einleben in eine höhere, die überwiegende Mehrzahl der deutschen Stämme umfassende Ordnung gemeinsamer Gesetzgebung, auf welche Zollvereine und Münzkonventionen, Konferenzen über Handels- und Wechselrecht, Eisenbahnvereine und Postkongresse, sowie manche sonstige Berathungen und Vereinbarungen vorbereitet hatten und für welche nunmehr im Zusammenwirken von Bundesrath und Reichstag, der Vertretung der Einzelstaaten und des deutschen Volks im Ganzen, die dem bundesstaatlichen Verhältnisse entsprechende Form gefunden ist.

Umfang und Richtung der neuen Reichsgesetzgebung, soweit dieselbe auf Württemberg Anwendung findet, mag die folgende Uebersicht zeigen. Bis zum Schlusse des Jahres 1881 sind in Württemberg 280 Reichsgesetze in Kraft getreten. Davon waren 15 Grundgesetze, welche die Reichsverfassung, die Verhältnisse der Reichsbeamten u. dergl. zum Gegenstand hatten, 11 betrafen die Verhältnisse von Elsaß-Lothringen, 4 sollten das Reich gegen Gefahren im Innern sichern. In Gemäßheit von Art. 4 der Reichsverfassung ergiengen Reichsgesetze über

1. Freizügigkeit, Heimatrecht, Gewerbebetrieb 18
2. Zoll und Handel, Reichssteuern 25
3. Maße, Münzen, Gewicht, Papiergeld 11

4. Bankwesen	5
5. Erfindungspatente	1
6. Schutz des geistigen Eigenthums	5
7. Seeschiffahrt und Konsulatwesen	18
8. Eisenbahnwesen	1
9. Flößerei und Flußschiffahrt	1
10. Post- und Telegraphenwesen	8
11. Gegenseitige Vollstreckung gerichtlicher Erkenntnisse	1
12. Beglaubigung von Urkunden	1
13. Rechtsgesetzgebung	44
14. Militär und Marine	17
15. Medizinal- und Veterinärpolizei	5
16. Presse und Vereinswesen	1

Dazu 1 Gesetz zum Schutz gegen die Reblauskrankheit, 57 Gesetze, welche auf den Reichshaushalt Bezug haben, 30 Gesetze, veranlaßt durch den Krieg mit Frankreich und die französische Kriegsentschädigung.

Unter den in dieser Periode verabschiedeten Landesgesetzen sodann stehen in erster Reihe die im Einzelnen bereits in dem vorhergehenden Abschnitt aufgeführten 4 Gesetze, durch welche die Landesverfassung abgeändert und weiter ausgebildet worden ist, an welche sich noch anreihen lassen die Gesetze vom 1. August 1864 und 7. Februar 1874, betreffend die Civilliste des Königs, und vom 20. Februar 1877, betreffend die Apanage des dem Throne nächststehenden Agnaten.

Die weiteren Gesetze dieser Periode lassen sich ihrem Inhalte nach in Folgendem zusammenfassen:

Vielfacher Fürsorge hatte sich zu erfreuen die Ordnung der Rechtsverhältnisse der Staatsbeamten und der Lehrer, des Angestellten an den Latein- und Realschulen, der Volksschullehrer, der Lehrer und Lehrerinnen an höheren Mädchenschulen, insbesondere durch die Gesetzgebung von 1865 und, nach verschiedenen zu Gunsten einzelner Klassen von Beamten verabschiedeten Gesetzen von 1868 und 1873, durch die neuen umfassenden, die Grundsätze des Reichsbeamtengesetzes berücksichtigenden Gesetze von 1876 und 1877.

Besonders ergiebig und vielfach umgestaltend war die Thätigkeit auf dem Gebiet der Justizgesetzgebung, zunächst in Beseitigung der Reste von Rechtsinstituten und rechtlichen Anschauungen einer jetzt hinter uns liegenden Zeit: so die Ablösung von Leistungen für öffentliche Zwecke, der sogenannten Komplexlasten (1865), die Aufhebung des Lehenverbandes (1874), die Gesetze, betreffend den Erwerb und Besitz von liegenden Gütern im Inland durch Ausländer (1865), betreffend die Aufhebung von Vorrechten des Fiskus und anderer gesetzlich begünstigter Personen (1873), des Verbots der Trauung im Ausland (1872), sowie einiger im Vormundschafts- und Civilprozeßrecht bestehenden Beschränkungen Auswärtiger (1876), dann der Personalexekution in Wechselsachen (1869) und die Abschaffung der körperlichen Züchtigung (1868). Dahin kann man auch noch rechnen die wiederholte Herabsetzung des Alters der Volljährigkeit (1865 und 1873).

Seit längerer Zeit, theilweise seit Jahrzehnten vorbereitet, kamen jetzt zum Abschlusse und zur Einführung die Neue Allgemeine Bauordnung (1872), das Allgemeine

Teutsche Handelsgesetzbuch in Verbindung mit der Handelsgerichtsordnung (1865); das Gesetz, betreffend die Kreditverhältnisse der Studirenden der Landesuniversität (1865).

Die bürgerlichen Verhältnisse der israelitischen Glaubensgenossen wurden berührt durch ein Gesetz vom 13. August 1864, diejenigen der religiösen Dissidentenvereine durch ein solches von 1872.

Bereits überholt durch die neuere Gesetzgebung sind die 1865 und 1868 ergangenen Gesetze über den Sachverständigenbeweis in bürgerlichen Rechtsstreitigkeiten, ferner über die Kraftloserklärung von Inhaberpapieren, Wechseln u. s. w.

Auf das Eingreifendste mußte die zweimalige Aenderung der Gerichtsverfassung und der Prozeßordnungen in den Jahren 1868 und 1879 wirken. Die erste Aenderung brachte mit dem 1. Februar 1869 das öffentlich-mündliche Verfahren (Nachtrag von 1873), die zweite, auf der Reichsjustizgesetzgebung von 1877 beruhend, erstreckte sich neben der Gerichtsverfassung, dem Civil- und Kriminalprozeß, auch auf die Konkursordnung. Nachdem sodann schon im Jahr 1871 die Einführung des Reichsstrafgesetzes mehrfache Aenderungen im Landes-Strafrecht und -Polizeistrafrecht, sowie in der 1868 erlassenen Strafprozeßordnung zur Folge gehabt hatte, ergab sich durch die Reichsjustizgesetzgebung von 1877 die weitere Nöthigung zu einer abermaligen Aenderung des Landes-Polizeistrafgesetzes und zugleich zu einer Aenderung des Verfahrens bei Erlassung polizeilicher Strafverfügungen. Gleichzeitig wurden, im August 1879, die Gesetze erlassen betreffend die Zwangsvollstreckung in unbewegliches Vermögen, betreffend die Zwangsvollstreckung wegen öffentlich-rechtlicher Ansprüche, ferner betr. die Kraftloserklärung von Urkunden und betr. die auf den Inhaber lautenden Staatsschuldscheine. Die Reichsjustizgesetzgebung unmittelbar regelte die Rechtsverhältnisse der Anwälte bei den Gerichten und die Gebühren für die Gerichtskosten. Außerdem gab sie noch Anstoß zu den Landesgesetzen, betreffend die Entscheidung von Kompetenzkonflikten, betr. das Verfahren der Verwaltungsbehörden bei Zuwiderhandlungen gegen die Zoll- und Steuergesetze (beide vom 25. August 1879), endlich zu dem Forststrafgesetz vom 2. und dem Forstpolizeigesetz vom 8. September 1879, hiedurch eine Materie regelnd, in welcher man sich bis dahin mit 2½ Jahrhunderte alten Vorschriften hatte behelfen müssen.

Einem künftig zu erlassenden Strafvollzugsgesetze wurde vorgearbeitet durch das Gesetz vom 15. Dezember 1865, betr. die Einführung der Zellenhaft für weibliche Strafgefangene.

Nach Einführung der Reichsmarkrechnung waren durch Gesetz vom 18. Juni 1875 die Geldstrafen in der neuen Währung festzustellen.

Auf die Führung der Güterbücher und die sonstigen Bücher zur Sicherung von Privatrechten haben Bezug Gesetze von 1873 und 1874.

Auf dem Gebiet der inneren Verwaltung äußerte sich nach dem Regierungsantritt des Königs Karl eine freiere Richtung; der Zwang zum Visiren der Reisepässe wurde aufgehoben, Presse und Vereinswesen von den seit 1855 eingeführten Beengungen befreit. Im übrigen beschränkte sich hier die Gesetzgebung bis 1870 auf weniges. Die Aufhebung der Kommission zur Vereinigung des Gemeindeverbandes, die Ausdehnung der Brandversicherung auch auf den durch Explosionen entstandenen Schaden, das Fischereiwesen wurde 1865, die Frage der Entschädigung für Hausthiere, welche aus Anlaß der Rinderpest getödtet werden, 1868 gesetzlich geordnet. In das letztere Jahr fallen auch 3 Gesetze, welche zugleich das Departement des Kriegswesens berühren: sie betrafen die Rekrutenaushebung für 1868 bis 1870, die Verpflichtung zum Kriegsdienst, die Erhebung einer Abgabe von nicht eingereihten Kriegsdienstpflichtigen.

Nach dem Jahr 1871 war das Ministerium des Innern vor allem durch die Ausführung der Reichsgesetze in Anspruch genommen. Veranlassung dazu gaben insbesondere: das Reichsgesetz vom 9. November 1867, betreffend die Verpflichtung zum Kriegsdienst und die weiteren durch die Militärverfassung bedingten Reichsgesetze, sodann die Maß= und Gewichtsordnung vom 17. August 1868, die Reichsgewerbeordnung vom 21. Juni 1869 und deren spätere Abänderungen, das Strafgesetzbuch vom 15. Mai 1871 in seiner Rückwirkung auf das Landespolizeistrafrecht. Die Landesgesetzgebung hatte mit einzutreten 1873 bei Vollziehung des Reichsgesetzes vom 6. Juni 1870 über den Unterstützungswohnsitz, 1874 bei Vollziehung des Reichs=Preßgesetzes vom 7. Mai gleichen Jahres, 1875 in Ausführung des Reichsimpfgesetzes vom 8. April 1874, 1881 bei Vollziehung des Reichsgesetzes über Unterdrückung von Viehseuchen vom 23. Juni 1880.

Das Landesgesetz, betreffend die Errichtung einer Notenbank, vom 24. Juli 1871, erlitt, in Folge des Reichsbankgesetzes vom 14. März 1875, in einigen Punkten Abänderungen durch das Gesetz vom 27. Juni gleichen Jahres. Die Einführung der Reichsmarkwährung in eben diesem Jahr gab Veranlassung, in dem Bürgerrechtsgesetz, sowie in dem Gesetz über die allgemeine Brandversicherungsanstalt gleichfalls Einzelnes zu ändern.

Aber auch ohne eine besondere Anregung von Seiten des Reichs, aus dem eigenen Bedürfnisse des Landes heraus ergiengen, neben der schon unter den Justizgesetzen aufgeführten Bauordnung vom 6. Oktober 1872:

das Gesetz, betreffend die Verwaltungsrechtspflege, vom 16. Dezember 1876;

das Berggesetz vom 7. Oktober 1874;

die Gesetze, betreffend die Ausübung und Ablösung der Weiderechte auf landwirthschaftlichen Grundstücken, sowie die Ablösung der Waldweide=, Waldgräserei= und Waldstreurechte, vom 26. März 1873; — ferner betr. die Bewirthschaftung und Beaufsichtigung der Waldungen der Gemeinden, Stiftungen und sonstigen öffentlichen Körperschaften, vom 16. August 1875;

das Gesetz, betreffend die Errichtung von Handels= und Gewerbekammern, vom 4. Juli 1874;

das Gesetz, betreffend die Uebernahme einer Staatsgarantie für eine Aktiengesellschaft zu Errichtung der Ketten= und Kabelschiffahrt auf dem Neckar, vom 1. Juli 1876;

endlich die Gesetze, betreffend die Vereinigung der Markungs= und Steuergrenzen, vom 23. Juli 1877, und betr. die Besteuerungsrechte der Amtskörperschaften und Gemeinden, vom 23. Juli 1877 und 8. März 1881.

Auf der Grenze zwischen den Gebieten von Staat und Kirche steht, wenn auch nicht staatsrechtlich, so doch seinem Inhalte nach, das Gesetz vom 8. August 1875 zur Ausführung des Reichsgesetzes, betreffend die Beurkundung des Personenstandes und die Eheschließung, vom 6. Februar gleichen Jahres. Innerhalb der evangelischen Landeskirche folgten die beiden kirchlichen Gesetze, betreffend die Verkündigung und Trauung der Ehen von Mitgliedern der evangelischen Kirche, vom 23. November 1875, und betr. die Aufhebung der Gebühren für kirchliche Eheverkündigungen, vom 18. Juni 1878. Von weiteren kirchlichen Gesetzen, den Ausflüssen der autonomen Gesetzgebung der durch Kirchenregiment und Landessynode vertretenen evangelischen Kirche, betrafen je 2 die Dienstalterszulagen an geringer besoldete Geistliche, sowie die Gehaltsverhältnisse der Predigtamtskandidaten, dann je 1 die Stellvertretung für erkrankte Geistliche und die Fürsorge für die Hinterbliebenen von Geistlichen. Im Einklang mit dem neuen Beamten=

rechte steht das Pensionsstatut vom 5. März 1878. Eine Kirchengemeinde- und Synodalordnung wurde im Frühjahr 1878 zwischen den kirchlichen Organen durchberathen: deren Einführung ist jetzt noch von einem entsprechenden Vorgehen der staatlichen Organe abhängig.

Das kirchliche Gebiet berührt ferner das staatliche Gesetz, betreffend die Aufhebung der israelitischen Personalsteuer, vom 23. Dezember 1873 (vergl. Art. 59 des Israelitengesetzes von 1828).

Das erstmals im Jahr 1858 in einzelnen Bestimmungen abgeänderte Volksschulgesetz vom 29. September 1836 erlitt in den Jahren 1865, 1872, 1874 und 1877 weitere, namentlich auch die Einkommensverhältnisse der Lehrer günstiger gestaltende Aenderungen. Ein Gesetz vom 1. Juli 1876 regelt die Aufsicht über die Gelehrten- und Realschulen, ein solches vom 30. Dezember 1877 ordnet die Rechtsverhältnisse der Lehrer und Lehrerinnen an höheren Mädchenschulen, sowie die Aufsicht über diese Schulen.

Die ausgedehnte Fürsorge für die Entwicklung der Verkehrsanstalten bekunden (bis Ende 1881) 23 Gesetze, namentlich in Betreff der Fortführung des Eisenbahnbaues, der Beschaffung außerordentlicher Mittel für die Bedürfnisse der Postverwaltung und die weitere Ausbildung des Telegraphennetzes.

Eine lebhafte Bewegung aber herrscht fortwährend auf dem Gebiet der Finanzgesetzgebung, wie nicht blos die 24 Finanzgesetze im engern Sinn (mit Einschluß der Nachträge, Gesetze über die Forterhebung der Steuern oder den Staatshaushalt im Allgemeinen), sondern gleichzeitig auch zahlreiche Steuerreformgesetze zeigen: insbesondere das Grund-, Gebäude- und Gewerbesteuergesetz vom 28. April 1873, Gesetze von 1872 und 1875, betreffend die Abänderung des Einkommensteuergesetzes von 1852, das Gesetz von 1875 und ein zweites von diesem Jahr, zugleich die durch Einführung der Markrechnung bedingten Abänderungen auch anderer Steuern mit enthaltend; — dann die Gesetze bezüglich der Abgabe von Hunden von 1874 und 1875, betreffend die Abgabe von dem zur Branntweinbereitung verwendeten Malz und die Abgabe vom Branntweinkleinverkauf, vom 21. August 1865, — betr. die theilweise durch die neue Maß- und Gewichtsordnung veranlaßte Abänderung einzelner Bestimmungen der Wirthschaftsabgabengesetze, vom 12. Dezember 1871, das Gesetz über die Steuerfreiheit des Branntweins zu gewerblichen Zwecken, ferner das Allgemeine Sportelgesetz und das Gesetz, betr. die Erbschafts- und Schenkungssteuer, — diese 3 vom 21. März 1881; Gesetze betreffend die Notariats-, Erbschafts- und Vermächtnißsporteln von 1866, 1871; endlich ein Gesetz vom 13. März 1881, betr. die Einführung von Ordnungsstrafen bei Zuwiderhandlungen gegen die Vorschriften des Accisegesetzes, des Wirthschaftsabgabengesetzes und des Hundeabgabengesetzes.

Zölle, Rübenzuckersteuer und Abgabe von Salz — bis 1867, dann mit Einschluß der Tabaksteuer wenigstens nach der Art ihrer Verkündigung auch noch bis 1870 auf Landesgesetzen beruhend, sind seit 1871 mit verschiedenen Stempelsteuern und der statistischen Gebühr Gegenstand der Reichsgesetzgebung geworden.

Das Staatspapiergeld, am 16. Juli 1871 auf den doppelten Betrag vermehrt, mußte 1875, dem Reichsgesetze gemäß, ganz zurückgerufen werden. Ein Gesetz vom 20. März 1881 bewirkte einzelne Aenderungen im Statut der Staatsschuld. Das Defizit der Ablösungskassen wurde eventuell auf die Staatskasse übernommen am 16. Januar 1871.

Der Krieg von 1866 endlich hat 4, derjenige von 1870/71 und die Verwendung der französischen Kriegsentschädigung 19 Landesgesetze veranlaßt.

Im Ganzen sind so von dem Regierungsantritt des Königs Karl an bis zum Schluß des Jahrs 1881 179 Landesgesetze und daneben 8 kirchliche Gesetze der evangelischen Landeskirche verkündigt worden. Dazu die 280 Reichsgesetze. Auch an neuen Organisationen in der Verwaltung war diese Zeit eine fruchtbare.

Als höchste Staatsbehörde trat mit dem 1. Juli 1876 das Staatsministerium in Wirksamkeit, gebildet durch die Minister oder Chefs der Verwaltungsdepartements unter dem Vorsitz eines aus deren Zahl durch Königliche Entschließung ernannten Präsidenten. Der GeheimeRath besteht daneben noch fort, aber mit wesentlicher Beschränkung seines Wirkungskreises. Dem Staatsministerium sind untergeordnet die Bevollmächtigten zum Bundesrath (Reichsverf. 1871 Art. 6), der Verwaltungsgerichtshof (1876), der Disziplinarhof (1876) und seit 1879 der Kompetenzgerichtshof. Im Departement der Justiz traten im Dezember 1865 das Oberhandelsgericht mit 4 Handelsgerichten ins Leben, welche aber als eigene Behörden anläßlich der Gerichtsorganisation vom 1. Februar 1869 wieder aufgehoben wurden. Durch diese wurden an Stelle der 4 Kreisgerichtshöfe 8 Kreisgerichte und außerdem noch 3 Kreisstrafgerichte errichtet. Von den letzteren gieng eines 1872, das zweite 1873 ein, auch das dritte überlebte die Dauer dieser Organisationsperiode nicht und ihr Schicksal theilte das im Jahr 1871 erst wieder geschaffene Landesoberhandelsgericht. Nach der Gerichtsverfassung von 1879 bildet jetzt die oberste richterliche Instanz für Württemberg das deutsche Reichsgericht in Leipzig. Ein privilegium de non evocando oder de non appellando gibt es nicht mehr. Es folgen das Oberlandesgericht in Stuttgart, die 8 Landgerichte und 64 Amtsgerichte, auf jeder Stufe mit der entsprechenden Staatsanwaltschaft, dem Oberstaatsanwalt, den Staatsanwälten, Amtsanwälten; daneben unter einem gewählten Vorstande die Rechtsanwälte und die immatrikulirten Notare. Bei dem Landgericht Stuttgart besteht eine eigene Kammer für Handelssachen. Auch die gerichtlichen Strafanstalten erhielten in Gemäßheit der Bestimmungen des Reichsstrafrechts eine neue Eintheilung.

Im Departement der auswärtigen Angelegenheiten hat mit dem 1. Juli 1875 der Lehenrath aufgehört. Dagegen wurden in dieses Departement im Oktober 1864 die Verkehrsanstalten eingereiht. An Stelle der Centralbehörde für die Verkehrsanstalten trat im Juni 1875 eine Generaldirektion, an die der letzteren aber 1881 die Ministerial-Abtheilung für die Verkehrsanstalten mit dem „Rath der Verkehrsanstalten" zur Seite, ihr untergeordnet die beiden Generaldirektionen 1. der Staatseisenbahnen und der Bodenseedampfschiffahrt, 2. der Posten und Telegraphen. Außerdem besteht noch seit 1881 ein „Beirath der Verkehrsanstalten", gebildet von gewählten Vertretern des Handels, der Gewerbe und der Landwirthschaft, welchem 1878 ein aus gleichen Elementen zusammengesetzter berathender Ausschuß vorangegangen war.

Als neue Kollegialstellen im Departement des Innern treten auf: die Ministerialabtheilung für das Hochbauwesen (1872), das 1877 wieder aufgehobene Landesamt für das Heimatwesen (1873), das Oberbergamt (1874) und die Forstdirektion Abtheilung für Körperschaftswaldungen (1875). Der zugleich unter dem Kriegsministerium stehende Oberrekrutirungsrath erhielt in Folge der Ereignisse von 1870 und 1871, die Kreisregierungen erhielten in Folge der Reichsgewerbeordnung und des Landesgesetzes über die Verwaltungsrechtspflege, das Medizinalkollegium und die Aufsichtskommission für die Staatskrankenanstalten 1880 neue Einrichtungen. Den Aerzten, Thierärzten und Apothekern wurden in Landes- und Bezirksvereinen eigene Vertretungen ihrer Interessen bewilligt (1876). Auch die Centralstellen für Gewerbe und Handel (1875) und für Landwirthschaft (1877), die Handels- und Gewerbekammern (1874), der landwirthschaftliche Verein (1877), durften sich einer Neugestaltung erfreuen. Eine Württemberg eigenthümliche Schöpfung endlich ist das Institut der Staatstechniker für das öffentliche Wasserversorgungswesen (1869).

Der evangelischen Kirche wurde 1867 in der Landessynode eine Vertretung der Gesammtgemeinde gegenüber von dem Kirchenregiment gegeben, nachdem 1851 das Institut der Pfarrgemeinderäthe und 1854 die Diözesansynoden eingeführt worden waren. — Auf dem Gebiet der Schule ist hervorzuheben die Umwandlung des Studienraths in die Ministerialabtheilung für Gelehrten- und Realschulen (1866), die Einführung neuer Ordnungen und Organisationen in allen Zweigen und Stufen der Unterrichtsanstalten, die weitere Entwicklung des Fortbildungswesens, die stete Sorge für die Vervollständigung der Staatssammlungen.

Das Kriegsdepartement erlitt eine Umgestaltung in Folge der Militärkonvention von 1870. Das Finanzdepartement endlich verlor 1873 die Ablösungskassenkommission, und bekam dagegen gleichzeitig die Katasterkommission zu Durchführung des Grund-, Gebäude- und Gewerbesteuergesetzes. Die letztere wurde 1877 behufs der Katastrirung der nur amts- und gemeindesteuerpflichtigen Objekte um 2 Mitglieder vom Departement des Innern verstärkt. 1875 erfolgte in Stuttgart die Aufstellung eines Hauptsteueramts neben dem Kameralamt und dem Hauptzollamt. Durch die Justizgesetzgebung von 1879 wurde den Finanzbehörden ein namhaft stärkerer Antheil an dem Untersuchungs- und Strafwesen wegen der Verfehlungen gegen die Steuergesetze, thatsächlich, wie man wohl sagen kann, dieses mit wenigen Ausnahmen im vollen Umfange zugeschieden, andererseits aber die Abrügung der Forstdiebstähle, Forstbeschädigungen und des unbefugten Weidens in Waldungen an die Gerichte überwiesen.

Es ist nicht zu leugnen, eine solche Ergiebigkeit der Gesetzgebung, eine solche Menge von Organisationen, wie sie das letzte Jahrzehnt gebracht, hat für die Zeitgenossen etwas Unbehagliches, um nicht zu sagen Beunruhigendes und Aufregendes. Wohl war auch dies schon öfters da in der vaterländischen Geschichte und wurde dadurch, im Hinblick auf die Stimmung über die Reformen in der Zeit des Herzogs Christoph, Karl Georg Wächter zu der Bemerkung veranlaßt, es lasse nicht leicht jemand gerne von dem, in was er sich hineingelebt hat und worin er aufgewachsen ist, und das Alte erscheine Vielen schon deßhalb in einem besonders freundlichen Lichte, weil sie, als sie es sich angewöhnten, jung gewesen. Immerhin aber hat es wohl in weiten Kreisen befriedigt, als in der Königlichen Thronrede vom 4. Februar 1880 ausgesprochen ward: „Die Reichsgesetzgebung hat durch die in den letzten Jahren ergangenen zahlreichen und tief eingreifenden Gesetze den vollziehenden Organen des Staats wie der ganzen Bevölkerung die große und schwierige Aufgabe gestellt, sich in umfassende Neuerungen einzuleben. Mit Rücksicht hierauf wird die Landesgesetzgebung in der nächsten Zukunft auf solche Reformen im Staats- und Rechtsleben sich zu beschränken haben, die als bringend erscheinen".

IV. Der König und das Königliche Haus.
1. Der König — das Haupt des Staates.

Der König ist das Haupt des Staates, vereinigt in sich alle Rechte der Staatsgewalt und übt sie unter den durch die Verfassung festgesetzten Bestimmungen aus (Verfassungs=Urkunde §. 4 Abs. 1).

Das Recht der Thronfolge gebührt dem Mannsstamme des Königlichen Hauses; die Ordnung derselben wird durch die Lineal=Erbfolge nach dem Erstgeburtsrechte bestimmt. Erlischt der Mannsstamm, so geht die Thronfolge auf die weibliche Linie, ohne Unterschied des Geschlechts, über, und zwar so, daß die Nähe der Verwandtschaft mit dem zuletzt regierenden Könige, und bei gleichem Verwandtschaftsgrade das natürliche Alter den Vorzug gibt. Jedoch tritt bei der Descendenz des sodann regierenden Königlichen Hauses das Vorrecht des Mannsstamms wieder ein (Verf.=Urkunde §. 7). Die Fähigkeit zur Thronfolge setzt rechtmäßige Geburt aus einer ebenbürtigen, mit Bewilligung des Königs geschlossenen Ehe voraus (Verf.Urkunde §. 8).

Der König bekennt sich zu einer der christlichen Kirchen (Verf.=Urkunde §. 6).

Die Volljährigkeit des Königs tritt mit zurückgelegtem achtzehnten Jahr ein (Verf.Urkunde §. 9). Ist der König minderjährig oder aus einer anderen Ursache an der Ausübung der Regierung verhindert, so tritt eine Reichs=Verwesung ein. In beiden Fällen wird die Reichs=Verwesung von dem der Erbfolge nach nächsten Agnaten geführt. Sollte kein dazu fähiger Agnat vorhanden sein, so fällt die Regentschaft an die Mutter, und nach dieser an die Großmutter des Königs von väterlicher Seite (Verf.Urkunde §§. 11 und 12). Für die Fälle sodann, wo sich entweder bei einem zunächst nach dem regierenden Könige zur Erbfolge bestimmten Familiengliede, oder aber bei dem König selbst eine solche Geistes= oder körperliche Beschaffenheit zeigen würde, welche demselben die eigene Verwaltung des Reichs unmöglich machen müßte, ist durch §. 13 der Verfassungs=Urkunde vorgesorgt.

Die Erziehung des minderjährigen Königs gebührt in Ermanglung einer von dem (verstorbenen) Könige getroffenen und dem Geheimen Rath bekannt gemachten Anordnung der Mutter, und, wenn diese nicht mehr lebt, der Großmutter von väterlicher Seite, eventuell dem aus den Mitgliedern des Geheimen Rathes unter dem Vorsitz des Reichsverwesers gebildeten Vormundschaftsrathe, der bei Feststellung des Erziehungsplans unter allen Umständen mit zu sprechen hat (Verf.Urkunde §. 16).

Der Huldigungs=Eid wird dem Thronfolger erst dann abgelegt, wenn derselbe in einer den Ständen des Königreichs auszustellenden feierlichen Urkunde die unverbrüchliche Festhaltung der Landesverfassung bei seinem Königlichen Worte zugesichert hat. Der Reichsverweser hat ebenso, wie der König, den Ständen die Beobachtung der Landesverfassung feierlich zuzusichern (Verf.Urkunde §§. 10, 14).

Der König hat das Recht, Gesetze vorzuschlagen. Nur vom Könige können ausgehen Gesetzesentwürfe über Auflegung von Steuern, über die Aufnahme von Anlehen, über die Feststellung des Staatshaushalts oder über außerordentliche im Etat nicht vorgesehene Ausgaben. Die mit den Landständen verabschiedeten Gesetze erlangen erst mit der Sanktionirung und Verkündigung durch den König Giltigkeit (Verf.Urkunde §. 172).

Der König beruft, eröffnet und entläßt die Ständeversammlung. Auch steht ihm zu, dieselbe zu vertagen oder ganz aufzulösen (Verf.Urkunde §§. 127, 160, 186).

Der König hat ferner das Recht, ohne die Mitwirkung der Stände die zu Vollstreckung und Handhabung der Gesetze erforderlichen Verordnungen und Anstalten zu treffen, und in dringenden Fällen zur Sicherheit des Staats das Nöthige vorzukehren (Verf.Urkunde §. 89).

Die Staatsdiener werden durch den König ernannt (Verf.Urkunde §. 43). Insbesondere ernennt und entläßt der König die Minister und Departementschefs, sowie die übrigen Mitglieder des Geheimen Rathes nach eigener freier Entschließung (Verf.Urkunde §. 57; Gesetz vom 1. Juli 1876 Art. 2).

Zum Staatsgerichtshof ernennt der König aus den ersten Vorständen der höheren Gerichte den Präsidenten, sowie aus den Mitgliedern dieser Gerichte sechs Richter (Verf.Urkunde §. 195).

Die Gerichtsbarkeit wird im Namen des Königs durch kollegialisch gebildete Gerichte (abgesehen jetzt von den Amtsgerichten) in gesetzlicher Instanzenfolge verwaltet (Verf.Urkunde §. 92). Dem König steht zu, Strafertenntnisse vermöge des Begnadigungsrechts auf erforderten und erstatteten Bericht des erkennenden Gerichts aufzuheben oder zu mildern. Auf gleiche Weise kann, wenn nach dem Gutachten des Justizministeriums hinlängliche Gründe dazu vorhanden sind, vermöge des dem König zustehenden Abolitionsrechtes alles Verfahren gegen den Beschuldigten eingestellt und niedergeschlagen werden. Der König wird jedoch bei Ausübung sowohl des einen, als des anderen Rechtes darauf Rücksicht nehmen, daß dem Ansehen und der Wirksamkeit der Strafgesetze dadurch nicht zu nahe getreten werde (Verf.Urkunde §. 97). Eine weitere Beschränkung des Königl. Abolitions- und Begnadigungsrechts bei den vor dem Staatsgerichtshof anhängigen Fällen enthält §. 205 der Verfassungs-Urkunde.

Dem König gebührt das oberstboheitliche Schutz- und Aufsichtsrecht über die Kirchen (Verf.Urkunde §. 72).

Daß auch auf dem Gebiet der inneren Verwaltung und des Finanz-
wesens dem König die oberste Aufsicht und Leitung gebührt, folgt aus
der Natur der Sache und den §§. 4, 90, 102 der Verfassungs-Urkunde
zweifellos. Selbst gegenüber von der durch ständische Beamte verwalteten
Staatsschuldenzahlungskasse hat der König das Oberaufsichtsrecht und das
Recht der Bestätigung ihrer von den Ständen gewählten Beamten (Verfassungs-Urkunde §§. 120, 122).

Die Ernennung, Beförderung, Versetzung u. s. w. der Offiziere und
Beamten des Württembergischen Armeekorps erfolgt durch den König, diejenige des Höchstkommandirenden für das Armeekorps nach vorheriger Zustimmung des Kaisers. Der König genießt als Chef seiner Truppen die
ihm zustehenden Ehren und Rechte und übt die entsprechenden gerichts-
herrlichen Befugnisse sammt dem Bestätigungs- und Begnadigungsrechte
gegen Angehörige des Armeekorps aus (Art. 5 der Militärkonvention von
21./25. November 1870).

Der König vertritt den Staat in allen seinen Verhältnissen gegen
auswärtige Staaten. Es kann jedoch ohne Einwilligung der Stände durch
Verträge mit Auswärtigen kein Theil des Staatsgebiets und Staatseigenthums veräußert, keine neue Last auf das Königreich und dessen Angehörige übernommen, kein Landesgesetz abgeändert oder aufgehoben und keine
Verpflichtung, welche den Rechten der Staatsbürger Eintrag thun würde,
eingegangen werden (Verf.Urkunde §. 85).

Das Recht der Vertretung des Staats gegen außen ist allerdings wesentlich
beschränkt durch die Art. 11 und 56 der Reichsverfassung vom 16. April 1871.
Darnach steht zunächst die völkerrechtliche Vertretung des Deutschen Reichs dem
Kaiser zu, welcher im Namen des Reichs Krieg zu erklären und Frieden zu schließen,
Bündnisse und andere Verträge mit fremden Staaten einzugehen, Gesandte zu
empfangen und zu beglaubigen hat. Nur ist zur Erklärung des Kriegs im Namen
des Reichs die Zustimmung des Bundesraths erforderlich, es sei denn, daß ein Angriff auf das Bundesgebiet erfolgen würde. Das aktive und passive Gesandtschafts-
recht der einzelnen Bundesstaaten auch bei außerdeutschen Staaten sodann dauert fort.
Dagegen steht das gesammte Konsulatwesen des Deutschen Reichs jetzt unter der Aufsicht des Kaisers und dürfen in dem Amtsbezirk der deutschen Konsuln neue Landes-
konsulate nicht errichtet werden. Württembergische Handelskonsuln gibt es demzufolge
jetzt nur noch in einzelnen deutschen Staaten und Städten.

Der Sitz der Regierung kann in keinem Fall außerhalb des Königreichs verlegt werden (Verf.Urkunde §. 6). Thatsächlich ist die Residenz
seit 1310 mit wenigen Unterbrechungen Stuttgart.

Alle vom König ausgehende Verfügungen, welche die Staatsverwaltung betreffen, müssen von dem Departements-Minister oder Departe-
ments-Chef kontrasignirt werden, welcher dadurch für ihren Inhalt verantwortlich wird (Verf.Urkunde §. 51).

2. Persönliche und Ehrenrechte des Königs.

Die Person des Königs ist heilig und unverletzlich (Verf.Urkunde §. 4 Abs. 2).

Der Mord und der Versuch des Mords, welche an dem eigenen Landesherrn oder während des Aufenthalts in einem Bundesstaat an dem Landesherrn dieses Staats verübt worden, sind Hochverrath (Deutsches Strafgesetzbuch vom 20. Februar 1876 §. 80). Des Hochverraths macht sich ferner schuldig, wer es außer diesen Fällen unternimmt, einen Bundesfürsten zu tödten, gefangen zu nehmen, in Feindes Gewalt zu liefern oder zur Regierung unfähig zu machen (§. 81 Ziff. 1). Auf den Fällen des §. 80 steht Todesstrafe, auf denen des §. 81 Ziff. 1 lebenslängliches Zuchthaus oder lebenslängliche Festungshaft. Thätlichkeiten und Beleidigungen gegen den Landesherrn oder die übrigen Bundesfürsten sind mit entsprechenden Strafen bedroht (§§. 94, 95, 98, 99 des Strafges.Buchs).

Das Staatsoberhaupt kann vor Gericht nicht als Zeuge aufgerufen oder vernommen werden (Gesetz vom 4. März 1879 zur Ausführung der Reichs-Strafprozeßordnung und Gesetz vom 18. August 1879 zur Ausführung der Reichs-Civilprozeßordnung, je in Art. 2). In bürgerlichen Rechtsstreitigkeiten, welche das Königliche Privatvermögen oder die Königl. Civilliste betreffen, gibt der König Recht vor dem Oberlandesgericht (Ges. v. 18. Aug. 1879 Art. 1).

Bei jedem regelmäßigen Gottesdienst wird des Königes im Kirchengebet gedacht. Die wichtigen Ereignisse seines Lebens geben Anlaß zu besonderen kirchlichen Feiern. Dem Könige gebühren bestimmte militärische Ehrenbezeugungen. Bei seinem Tod tritt allgemeine Landestrauer ein.

Das Staatsoberhaupt ist frei von Steuern und Gebühren.

Die Zollabgaben und die statistische Gebühr von Gegenständen, welche für den König und die Königliche Hofhaltung eingeführt wurden, werden auf Rechnung der Staatskasse rückvergütet (Zollgesetz vom 15. Mai 1838 Art. 23). Von der Acciseabgabe ferner sind alle Veräußerungen aus dem unmittelbaren Eigenthum des Königs ausgenommen (Gesetz vom 18. Juli 1824 Art. 3). Das Staatsoberhaupt ist frei von Sporteln und Gerichtsgebühren, von der Erbschafts- und Schenkungssteuer (Gesetze v. 24. März 1881). Auch eine Kapital-Einkommensteuer oder eine Hundeabgabe wird von dem Könige nach den Motiven zu den betreffenden Gesetzen von 1852 nirgends erhoben. Von der städtischen Gassteuer endlich ist der Verbrauch für Zwecke der Civilliste befreit (Gesetz v. 23. Juli 1877 Art. 20); desgleichen von den städtischen Bier- und Fleischsteuern der Verbrauch der Königl. Hofhaltung in Stuttgart und in Friedrichshafen (s. d. Ordnungen von 1879).

Auch auf dem Gebiet der Verkehrsanstalten ist das Staatsoberhaupt mehrfach gebührenfrei erklärt, so z. B. durch die Reichsgesetze vom 5. Juni 1869 und 9. Mai 1872, betr. die Portofreiheiten, durch die Kais. Verordnung vom 2. Juni 1877 in Betreff der gebührenfreien Beförderung von Telegrammen, — in beiden unter Ausdehnung der Befreiung auch auf die Gemahlinnen und Witwen der regierenden Fürsten in den Staaten des Deutschen Reichs, und in der letzterwähnten kaiserl. Verordnung unter noch weiterer Ausdehnung der Gebührenfreiheit auf diejenigen Telegramme, welche im Auftrag der genannten Herrschaften von den Beamten, der Umgebung, dem Gefolge oder den Hofstaaten zur Auflieferung gelangen.

Der König führt die Titulatur „Von Gottes Gnaden König von Württemberg". Im mündlichen und schriftlichen Verkehr ist derselbe mit „Königliche Majestät" anzureden. Auf der Adresse von schriftlichen Eingaben ist zu setzen: „An den König". (Verordnung vom 30. Oktober 1816). Die Schlußformel in solchen Eingaben lautet: „Ehrfurchtsvoll".

Das Königliche Wappen besteht in einem von oben nach unten getheilten Schild, wovon die eine Hälfte das alte Wappen von Württemberg: drei schwarze liegende Hirschhörner in goldenem Felde, die andere, in ebensolchem Feld, drei Löwen, das Zeichen des frühern schwäbischen (Hohenstaufischen) Herzogthums enthält. Auf dem Schild ruht ein vorwärts gestellter goldener Helm, über diesem die Königskrone, bedeckt mit einem blau und goldenen Reichsapfel. Ein gekrönter schwarzer Löwe und ein goldener Hirsch sind Schildhalter. Unter dem Schild auf einem vorn purpurnen, hinten schwarzen Band steht in goldenen gothischen Lettern der Wahlspruch: „Furchtlos und treu". (Verordnung vom 30. Dezember 1817.) Die Landesfarben sind: „Schwarz und Roth" (Verordn. vom 26. Dezember 1816).

Der König verleiht Titel und Rang, Ordensauszeichnungen und Standeserhöhungen. Verleihungen dieser Art, welche einem württembergischen Staatsbürger von einem anderen Staate zu Theil werden, bedürfen zur Anerkennung innerhalb des Königreichs der Königlichen Erlaubniß.

Nach dem Beamtengesetz vom 28. Juni 1876 Art. 3 werden die Vorschriften über Titel und Rang der Beamten im Verordnungsweg erlassen. Die überwiegende Mehrzahl der Titel ist direkt mit einem Amt verbunden. Doch kommen bei Beamten auch Verleihungen von höheren Titeln und bei Nichtbeamten gleichfalls Titelverleihungen zu besonderer Auszeichnung vor. Bloße Titel sind z. B. Geheimer Hofrath, Hofrath, Kommerzienrath. Der Titel: „Geheimer-Rath" sollte nach der Verordnung vom 24. Dezember 1816 nur wirklichen Mitgliedern des Geheimenraths-Kollegiums zukommen, wurde aber neuerdings in einzelnen Fällen auch anderen hohen Staats- und Hofbeamten zu theil.

Die Rangordnung datirt vom 18. Oktober 1821, und hat seither zahlreiche Nachträge erhalten, (vgl. Hof- und Staatshandbuch 1881 S. 639). Sie zählt zehn Rangstufen. Mit den beiden ersten, welche die Minister, die obersten Hofbeamten, den Ordenskanzler, die Generale und Generallieutenante, die Geheimen-Räthe, den Staatssekretär und die Staatsdamen der Königin begreifen, ist das Prädikat „Excellenz" verbunden. In der dritten Rangstufe stehen die Generalmajore, der Landesbischof, der Präsident des Oberlandesgerichts und die Präsidenten der Landeskollegien, sowie die Staatsräthe. Die vierte Stufe umfaßt die Senatspräsidenten des Oberlandesgerichts, die Präsidenten der Landgerichte, den Oberstaatsanwalt, die Direktoren der Landeskollegien, die Generalsuperintendenten (Prälaten), den Dombekan und Generalvikar, die Hofmarschälle der Königl. Prinzen und Prinzessinnen, die Kammerherren und Obersten. Bis hieher geht der Personaladel. In der fünften Stufe folgen die Ministerialräthe, die Räthe des Oberlandesgerichts, die Direktoren der Landgerichte, Kanzler und Rektor der Landesuniversität, die Oberstlieutenante u. s. w.

Die Königlichen Orden sind:

1. Der Orden der Württembergischen Krone, am 23. September 1818 gestiftet unter Vereinigung der beiden Orden des goldenen Adlers und des Civilverdienstes, bestehend aus drei Klassen: Großkreuzen, Kommenthuren und Rittern. Durch K. Verordnung vom 22. Dezember 1864 hat das Ordenszeichen und Band derjenigen Großkreuze, welche Mitglieder des Königl. Hauses oder anderer regierender Häuser sind, eine Abänderung erhalten. Durch weitere K. Verordnung vom 19. September 1870 wurde sodann die Klasse der Ritter in zwei Unterabtheilungen getheilt: Ritter erster und zweiter Klasse. Auch kann zu Belohnung militärischer Verdienste der Orden in seinen sämmtlichen Klassen „mit Schwertern" verliehen werden. Endlich bildet in Gemäßheit der K. Verordnung vom 22. Dezember 1864 eine besondere Auszeichnung einzelner Ritter erster Klasse die Verleihung des Ordens mit einer darüber angebrachten goldenen „Krone".

2. Der Militärverdienstorden ist aus dem von Herzog Karl 1759 gestifteten Militär-Karls-Orden den 6. November 1806 von König Friedrich geschaffen, von König Wilhelm durch Statut vom 23. September 1818 bestätigt und modifizirt, zuletzt im Jahr 1870 hinsichtlich der Form durch König Karl abgeändert worden. Dieser Orden hat 3 Klassen: Großkreuze, Kommenthure und Ritter. Mit dem Orden sind, aus den Einkünften des Johanniterordens, Präbenden verbunden, in deren Genuß die (staatsangehörigen) Mitglieder nach der Ancienität eintreten, und zwar für 2 Großkreuze je 2000 fl., für 4 Kommenthure je 1200 fl., für 12 Kommenthure je 1000 fl. und für 52 Ritter je 300 fl., zusammen jährlich 36 400 fl. (62 424 ℳ Hauptfinanzetat Kap. 4 Tit. 2).

Der Orden der Württembergischen Krone, mit Ausnahme der Ritter II. Klasse (K. Verordnung vom 28. Dezember 1870), und der Militärverdienstorden haben den Personaladel zur Folge.

An den Bändern beider Orden werden auch goldene und silberne (Civil- und Militär-) Verdienstmedaillen verliehen.

3. Der Friedrichs-Orden, zur Erinnerung an König Friedrich und dessen große Verdienste um das Königliche Haus und den Staat am 1. Januar 1830 durch König Wilhelm zunächst in einer Klasse gestiftet, besteht seit 3. Januar 1856 aus Großkreuzen, Kommenthuren I. und II. Klasse, und Rittern. Die Klasse der Ritter zerfällt seit 19. September 1870 in zwei Unterabtheilungen: Ritter I. und II. Klasse. Zu Belohnung militärischer Verdienste wird seit der gleichen Zeit der Friedrichs-Orden in seinen sämmtlichen Klassen auch mit Schwertern verliehen.

4. Der Olga-Orden, von König Karl am 27. Juni 1871 gestiftet zum Gedächtniß der nach dem Vorbilde der Königin Olga während des Kriegs von 1870/71 bethätigten freiwilligen aufopfernden Nächstenliebe, ist bestimmt zur Anerkennung besonderer Verdienste auf dem Feld der freiwillig helfenden Liebe im Krieg oder Frieden. Er hat nur eine Klasse, welche ohne Unterschied Männer, Frauen und Jungfrauen erhalten können.

5. Die Adelsdekoration hat König Friedrich gestiftet für die adeligen Gutsbesitzer und Familienältesten adeliger Familien.

Besondere militärische Auszeichnungen sind: die Dienstehrenzeichen für Offiziere und ihnen im Rang gleichstehende Militärbeamte nach 25 jähriger, für Unteroffiziere und Soldaten nach 20 jähriger vorwurfsfreier Dienstzeit, die Dienstauszeichnungen für eine vollendete Dienstzeit von 15 bezw. von 9 Jahren, die Landwehrdienstauszeichnungen für freiwillige außerordentliche Leistungen von Offizieren und anderen Personen des Beurlaubtenstandes, endlich die Kriegsdenkmünze für alle, welche im württembergischen Dienst einen Feldzug mitgemacht und keine entehrende Strafe erlitten haben.

Für hervorragende Leistungen in Kunst und Wissenschaft, Verdienste um Landwirthschaft und Gewerbe bestehen große und kleine goldene Medaillen.

Der Kron-Orden, der Militärverdienst-Orden und der Friedrichs-Orden haben jeder sein Ordenskapitel, welches sich versammelt, wenn der König dasselbe beruft.

Sämmtliche Orden haben einen Ordenskanzler, welchem bei dem Militärverdienst-Orden ein Offizier des Kriegsministeriums, bei den übrigen Orden der älteste Kabinetssekretär als Ordenssekretäre zur Seite stehen.

Die Ernennung der Ordensmitglieder hängt allein vom Könige ab, kann mithin, nach den Ordensstatuten zum Kronorden und Friedrichsorden, während der Minderjährigkeit des Königs nicht von Regentschaftswegen geschehen. Nach der Verfassungs-Urkunde §. 15 kann der Reichsverweser keine neuen Ritterorden errichten und keine Standeserhöhungen vornehmen.

Durch die Verbindung des Personaladels mit gewissen amtlichen Stellungen höheren Rangs und mit zwei Orden ist die Ertheilung des Adels in Württemberg nichts seltenes (so zählt der Kronorden in den mit Personaladel verbundenen Graden 400, der Militärverdienstorden 120 württembergische Mitglieder), wogegen die Verleihung des erblichen Adels weniger häufig vorkommt. Doch wurden noch in den letzten Jahren zwei Herzoge (von Urach und von Teck), mehrere Fürsten (die nachgeborenen Söhne jener), Grafen und Freiherren kreirt, auch sonst einzelne Erhebungen in den Adelsstand vorgenommen.

3. Das Königliche Haus.

Der König ist das Oberhaupt des Königlichen Hauses. Als Mitglieder bilden dasselbe a. die Gemahlin des Königs, b. die Königlichen Witwen, c. alle Prinzen und Prinzessinnen, welche von dem gemeinschaftlichen Stammvater des Königlichen Hauses aus einer rechtmäßigen, ebenbürtigen Ehe abstammen, und zwar die Prinzessinnen, solange sie nicht außer dem Königlichen Hause standesmäßig vermählt sind, d. die ebenbürtigen, mit Genehmigung des Königs geehlichten Gemahlinnen der Prinzen des Königlichen Hauses und die Witwen der letzteren (Königl. Hausgesetz vom 8. Juni 1828 Art. 1). Der älteste Sohn des Königs heißt „Kronprinz". Alle von König Friedrich abstammenden Prinzen und Prinzessinnen heißen „Königliche Prinzen und Prinzessinnen". Die Prinzen und Prinzessinnen der Nebenlinien heißen „Herzoge und Herzoginnen von Württemberg". Die Gemahlin des Königs und die Königlichen Witwen führen den Titel „Majestät", die übrigen Mitglieder des Königlichen Hauses den Titel: „Königliche Hoheit" (Hausgesetz Art. 2—4, Königl. Verordn. vom 13. September 1865).

Die Mitglieder des Königlichen Hauses führen das Württembergische Wappen, die Gemahlinnen der Prinzen unter Beifügung ihres angeborenen Familienwappens (H.G. Art. 5). Der Rang der Prinzen und Prinzessinnen bestimmt sich durch das nähere Recht zur Thronfolge (Art. 6). Die Volljährigkeit des Kronprinzen tritt nach zurückgelegtem achtzehnten Lebensjahr ein (Art. 15). Alle Glieder des Königlichen

Hauses sind der Hoheit und Gerichtsbarkeit des Königs untergeben; als Haupt des Hauses übt derselbe eine besondere Aufsicht mit bestimmten Rechten über sie aus. Vermöge dieser steht dem König überhaupt zu, alle für Erhaltung der Ruhe, Ehre, Ordnung und Wohlfahrt des Königlichen Hauses angemessenen Maßregeln zu nehmen (Art. 9 und 10). Ein besonderer Gegenstand der Aufsicht des Königs sind die Vormundschaften und die Erziehung aller Prinzen und Prinzessinnen des Königlichen Hauses (Art. 11—14). Kein Prinz und keine Prinzessin darf ohne Genehmigung des Königs in einem fremden Staat den Aufenthalt nehmen. Doch wird diese Genehmigung ohne besonders dringende Rücksichten nicht versagt werden, wenn Prinzen des Königlichen Hauses im Auslande mit bedeutenden Gütern angesessen sind (Art. 16). Die Prinzen und Prinzessinnen des Königlichen Hauses können sich nicht anders als mit vorgängiger ausdrücklicher Einwilligung des Königs vermählen. Eine nicht hausgesetzmäßig geschlossene Ehe überträgt in Beziehung auf Stand, Titel und Wappen keine Rechte auf den angeheiratheten Gatten und die aus einer solchen Ehe erzeugten Kinder. Ebensowenig können daraus auf Staats-Erbfolge, Apanage, Mitgaben u. s. w. Ansprüche abgeleitet werden. Alle Eheverträge, welche die Prinzen und Prinzessinnen des Königlichen Hauses abschließen würden, ohne von dem König deren Genehmigung und Bestätigung eingeholt zu haben, sind nichtig. (H.G. Art. 18—20).

Die Prinzen und Prinzessinnen des Königlichen Hauses treten nach erlangter Volljährigkeit in die selbsteigene Verwaltung ihres Privatvermögens, in das Recht ein eigenes Haus zu bilden und überhaupt in die Befugnis ein, jede Art von rechtlicher Handlung nach den bestehenden Gesetzen giltig vorzunehmen. Bei Verfügungen über ihr Privatvermögen, sowie bei der Erbfolge in dasselbe, kommen die bestehenden bürgerlichen Gesetze in Anwendung (H.G. Art. 62, 63).

Die Mitglieder des Königlichen Hauses haben dem König von der getroffenen Wahl der zu ihrem Hofstaat bestimmten Personen Anzeige zu erstatten (H.G. Art. 21).

Der Gerichtsstand der Mitglieder des Königlichen Hauses ist nach den neuesten Prozeßgesetzen (von 1879) bei dem Oberlandesgericht. Art. 67 des Königlichen Hausgesetzes von 1828 ist dadurch aufgehoben. Gegenüber von Thätlichkeiten oder Beleibigungen genießen dieselben den besonderen durch die §§. 96, 97, 99 und 101 des Deutschen Strafgesetzbuchs bestimmten Rechtschutz.

Ehezwistigkeiten sind an den König zu bringen (H.G. Art. 65). Für wichtige Fälle anderer Art, wo es sich nicht um Entscheidung bürgerlicher oder ehelicher Rechtsverhältnisse handelt, steht dem Könige zu, einen Familienrath unter Beiziehung der Mitglieder des Geheimen Raths niederzusetzen (Art. 66).

4. Der Königliche Hofstaat.

Der Hofstaat des Königs zerfällt in die erblichen Hof-Ehrenämter und in die Hofstäbe.

Jene bestehen aus den vier von König Friedrich errichteten Kron-Erbämtern: dem Reichs-Erb-Marschall — aus dem fürstlichen Hause Hohenlohe, dem Reichs-Erb-Oberhofmeister — aus dem fürstlichen Hause Waldburg, dem Reichs-Erb-Oberkammerherrn — aus dem fürstlichen Hause Löwenstein, und dem Reichs-Erb-Panner — Grafen von Zeppelin. Diese Erb-Kronämter haben nur bei besonders feierlichen Gelegenheiten zu fungiren. Ihre Inhaber umgeben alsdann mit ihren Insignien: Schwert, Krone, Scepter und Fahne den Königlichen Thron und treten dem

Könige im Gehen von einem Theil der Residenz zum anderen unmittelbar vor (Statut vom 1. Januar 1809). Aus der ersten Zeit des Herzogthums unter Herzog Ulrich noch stammen die beiden Erbämter des Erbkämmerers — Freiherr von Gültlingen, und des Erbmarschalls — Freiherr Thumb von Neuburg; — ohne besondere Funktionen im Hofdienste, mit dem Rang der Königlichen Kammerherren (Bekanntmachung vom 15. April 1826 und 23. Mai 1828).

Die Hofstäbe sind 1. der Oberstkofmeisterstab mit dem persönlichen Dienst, dem Hof= und Oekonomiedienst, der Schloß= und Kronmobilien= verwaltung, zugleich vorgesetzt der Bau= und Gartendirektion, sowie der K. Handbibliothek und den mit derselben verbundenen Instituten; — 2. der Oberstkammerherrnstab mit den Königlichen Kammerherrn und Kammer= junkern; — 3. der Oberststallmeisterstab mit dem Marstall. Daneben noch das Hofjägermeisteramt mit dem Hofjagdpersonal.

Die Centralstelle für den gesammten Hofstaat bildet der Oberhof= rath, unter einem Präsidenten und zusammengesetzt aus den obersten Hof= beamten, zu welchen auch der Hofdomänenkammer=Präsident zu zählen ist, dann aus dem Hofrichter und dem Oberhofkassier (Ungedruckte Dekrete vom 15. November 1816 und 14. August 1817; gedruckte Instruktion vom 16. Mai 1817, Königliche Verordnung vom $\frac{29.\ November}{8.\ Dezember}$ 1817). Zu dem Geschäftskreis des Oberhofraths gehören, neben der Oberaufsicht über die ihm unmittelbar untergeordneten Behörden, als: die Hofkirche mit der Hofgeistlichkeit, das Hofgericht und das hofärztliche Personal, — einestheils die Vorbereitung und Ausführung aller die Gesammtheit des Hofs berührenden Einrichtungen, anderntheils die Erhaltung der Ordnung und Beförderung eines zweckmäßigen Zusammenwirkens der einzelnen Theile der Hofhaltung Zu den K. Ministerien steht der Oberhofrath in einem koordinirten Verhältnisse. Maßgebend für die Hofdiener ist in gewissem Sinne noch die Hofordnung vom 10. Juni 1818.

Als zum Königlichen Hofstaat gehörig ist thatsächlich auch zu betrachten die Abjutantur des Königs und die Schloßgardekompagnie, welche im übrigen nach den Dienstverhältnissen der einzelnen Personen dem Militär= Etat beizuzählen sind.

Die Hoftheaterintendanz mit dem Hoftheater steht unter der Hof= domänenkammer, beziehungsweise unter deren Präsidenten.

Dem Kabinet des Königs liegt die formelle Erledigung sämmtlicher an Denselben unmittelbar gelangenden Geschäftsgegenstände ob. Das K. Karten= und Plankabinet ist dem Kabinet des Königs untergeordnet.

Der Hofstaat der Königin ist zusammengesetzt aus dem Oberstkof= meister, einem dienstthuenden Kammerherrn, sodann aus den Staatsdamen und den Hofdamen Ihrer Majestät, dem Secrétaire des commandements und deſſen Kanzleiperſonal. Die Hofſtaaten des Königlichen Prinzen Wilhelm, der Königlichen Prinzeſſinnen und der Herzogin Wera ſind den Verhältniſſen entſprechend eingerichtet.

Zum Königlichen Hofſtaat zählen in runder Summe 600 Perſonen, worunter die oberſten Hofbeamten und die 76 Perſonen des Ehrendienſtes ſchon inbegriffen. Die gleichfalls eingerechnete niedere Hofdienerſchaft beziffert ſich in runder Zahl auf 300.

5. Civilliſte, Krondotation, Hofdomänenkammer.

„Ich trete in meiner Eigenſchaft als Beſitzer des engeren Familienfideikommiſſes für mich und meine Nachfolger in die Reihe der Privatgüterbeſitzer. Ich entſage dem Genuſſe der damit verbunden geweſenen Hoheitsrechte. Ich unterwerfe dieſe meine Privatgüter der Staatsſteuer. Das größere Familien-Fideikommiß — das Kammergut — diente als Eigenthum des Regentenhauſes zunächſt zur Befriedigung perſönlicher Bedürfniſſe, dann erſt zur Beſtreitung eines Theils des Regierungsaufwands. Der früher rechtlich unbeſtimmte Antheil der Regentenfamilie an den Einkünften aus dem Kammergut ſoll in einen beſtimmten umgewandelt und es ſoll der ganze übrige Betrag lediglich zu reinen Staatszwecken verwendet werden. Die Verwaltung deſſelben, die ehemals für die Stände in Dunkel gehüllt war, wird durch die Beſtimmungen der künftigen Verfaſſung zur vollen Oeffentlichkeit gebracht" — dieſe Worte der Königlichen Thronrede bei Wiedereröffnung der Ständeverſammlung am 3. März 1817 leiten wohl am beſten über zu den Beſtimmungen über die Civilliſte und das Hofkammergut.

Die Verfaſſungs-Urkunde ſagt in §. 104: Für den Aufwand, welchen die Bedürfniſſe des Königs und der Hofſtaat erfordern, wird auf die Regierungszeit eines jeden Königs eine theils in Geld, theils in Naturalien beſtehende Civilliſte verabſchiedet, deren Betrag in beſtimmten Raten an die von dem König zu benennende Verwaltungsſtelle abgegeben wird.

Für dieſelbe hat nach §. 103 das Staatskammergut, d. i. eben jenes ehemalige größere Fideikommiß, in erſter Linie zu haften.

Nach den Geſetzen vom 20. Juni 1820 und 1. Auguſt 1864 beſtand die Civilliſte in 777 800 fl. Geld und in verſchiedenen Naturalien, welche in dem erſtgedachten Geſetze zuſammen zu 72 200 fl. Geldwerth veranſchlagt, in dem zweiten Geſetze aber nach dem Gewicht beſtimmt wurden: 4 500 Ctr. Dinkel, 1 250 Ctr. Roggen, 768 Ctr. Gerſte, 11 200 Ctr. Haber; ferner jetzt nach dem neuen Maß: 4 740,46 Raummeter buchenes, 2 708,83 Raummeter tannenes Scheitholz. Dieſe Naturalien ſind entweder in Natur abzugeben oder in den laufenden Preiſen zu berechnen. An dem Geldbetrage der Civilliſte ſind in den 3 Verwaltungsjahren vom 1. Juli 1848 bis 30. Juni 1851 durch freie Entſchließung des Königs jährlich je 200 000 fl. nachgelassen worden. Durch Gesetz vom 7. Februar 1874 wurde der in Geld bestehende Theil der Civilliste auf jährlich 1 600 000 ℳ festgesetzt.

Das Grundvermögen der Civilliste bildet die Krondotation, ein bestimmter Komplex theilweise früher zum Familienfideikommiß gehöriger, theilweise nach dem Tod des Königs Friedrich vom Staat erworbener Grundstücke, Gebäude, Rechte, Juwelen, Silberzeug, Kunstgegenstände, Bücher, Karten und Mobilien, deren Genuß dem Könige zusteht. Von der Civilliste sind alle für die Erhaltung und Unterhaltung der Krondotation erforderlichen Ausgaben zu bestreiten. Sie ergänzt oder ersetzt jeden Abgang oder Schaden, mit Ausnahme eines zufälligen Schadens oder eines völligen, durch unabwendbare nicht gewöhnliche Ereignisse entstehenden Untergangs eines Bestandtheils. Alle auf Kosten der Civilliste vorgenommenen Meliorationen an Grundstücken, Gebäuden und Mobilien wachsen, ohne jeden Ersatz vom Staat, der Krondotation zu (K. Rescr. vom 20. Jan. 1819).

Das letztere war z. B. mit dem Königsbau, der Wilhelma, dem Gebäude für die Hofdienerwohnungen der Fall. — Die Staatskasse hat für die Krondotation neben einigen kleineren Renten für zur Kronausstattung gezogene Güter u. s. w. zu bestreiten die Kosten der Brandversicherung, dann die Amts- und Gemeindesteuern aus den zur Krondotation gehörigen Gebäuden und Grundstücken, — eine Jahresausgabe von 27 000—30 000 ℳ; — während diese Grundstücke und Gebäude sammt Zugehör von der Staatssteuer frei sind (Gesetz vom 28. April 1873 Art. 2 I. 1). In den Erläuterungen zum Hauptfinanzetat pro 1881/83 S. 129 wird der Brandversicherungsanschlag der Krongebäude zu 7 454 300 ℳ, der des Hoftheatergebäudes zu 400 000 fl. (685 714 ℳ), der versicherte Werth der Kronmobilien (ohne die Kronjuwelen und wohl auch ohne den Metallwerth der Silberkammer) zu 1½ Mill. ℳ, worunter gegen 100 000 ℳ für Theaterrequisiten, angegeben.

Im Hauptfinanzetat für 1881/82 ist der Aufwand der Staatskasse für die Civilliste veranschlagt zu 1 830 516,74 ℳ (Kap. 1), woneben in Kap. 5 Tit. 3 als Leistungen für Theile der Kronausstattung 27 700 ℳ vorgesehen sind.

Von der Civilliste sind, ohne weitere Anforderung an die Staatskasse, zu bestreiten: a) das Erforderniß für die Dispositionskassen des Königs und der Königin; b) die Unterhaltungs- und Erziehungskosten der Königlichen Kinder; c) die Kosten des Hofstaats des Königs und der Königin; d) der gesammte Aufwand für die hieher gehörige Verwaltung, und zwar:

1. Die Gehalte sämmtlicher zu den verschiedenen Zweigen der Verwaltung gehörigen Beamten und Diener der höheren und niederen Kategorie, sowie die Pensionen an die Beamten und übrigen Diener der Civilliste und ihre Witwen und Waisen; 2. der gesammte Aufwand für die Hofhaltung nebst der Unterhaltung des Inventars; 3. die Kosten der Hofjagd mit der Unterhaltung der Thiergarten, Parke und Fasanerien; 4. der Bauaufwand auf sämmtliche zur Krondotation gehörige Gebäude, Gärten, Parke, Thiergärten, Fasanerien und Anlagen; 5. der Gesammtaufwand für den Marstall nebst der Unterhaltung des Inventars; 6. der Aufwand für die zur Krondotation gehörigen Institute, die Handbibliothek, das Karten- und Plankabinet und die Gallerie; 7. der Aufwand für das Hoftheater und Orchester; 8. — seit 1. Juli 1850 — der Aufwand für das Kabinet des Königs — Gesetz vom 1. August 1864 Art. 3.

Die Kosten der Hofhaltung des Reichsverwesers werden aus den Mitteln der Civilliste bestritten (Verf.Urk. §. 106).

Zu erwähnen ist an dieser Stelle noch die Königl. Verordn. vom 12. Septb. 1817, das Verbot von Requisitionen für die Civilliste betreffend: „Bei der Bestimmung einer Civilliste gieng meine Absicht dahin, daß dagegen alle weitern Prästationen der Staatskassen für die Hofbehörden cessiren sollten. Ich habe jene auch unumwunden ausgesprochen, muß aber jetzt in Erfahrung bringen, daß ihr nicht von allen Seiten her gemäß gehandelt wird. Ich verfüge daher 1. Es ist jedem Hofstaat untersagt, Requisitionen an Staatsbehörden zu machen und 2. den letzteren verboten, jenen zu entsprechen" u. s. w.

Das Hofdomänen-Kammergut ist nach §. 108 der Verfassungs-Urkunde ein Privateigenthum der Königlichen Familie, dessen Verwaltung und Benützung dem Könige zusteht. Der Grundstock desselben darf nicht vermindert werden. Zu den allgemeinen Landeslasten liefert das Hofdomänen-Kammergut seinen Beitrag, und zwar, soweit es früher steuerfrei war, gleich anderen derartigen Gütern.

Das Hofdomänen-Kammergut besteht vorwiegend aus Grundbesitz. Zu demselben gehören nach dem Staatshandbuch von 1881 55 Domänen von verschiedener Größe, ferner nach den neuesten forststatistischen Uebersichten 5787,2 ha Waldungen. Sein Ertrag wurde im Jahr 1819 auf ungefähr 200 000 fl. jährlich festgesetzt (Mohl, Staatsrecht I. S. 274). Davon giengen seither ab die Zehnten und anderen Gefälle, wogegen andrerseits der Ertrag der allerdings erheblich unter dem wahren Werth gebliebenen Ablösungskapitalien und sodann die größere Ergiebigkeit der Waldungen den Ausfall jetzt wieder ersetzt haben dürften. — Einen weiteren Anhaltpunkt zu Bemessung des annähernden Ertrags des Hofdomänen-Kammerguts gewährt die Bestimmung in Art. 70 Ziff. 1 des Königlichen Hausgesetzes vom 8. Juni 1828, zufolge welcher jeder Thronfolger aus der Nachkommenschaft des Königs Friedrich verbunden ist, den Privaterben seines Vorgängers die Summe von 175 000 fl. (300 000 ℳ), vom Todestag des letztern an zahlbar, für ihre Ansprüche auf die als reine Einkünfte zu betrachtenden Vorräthe des Hofdomänen-Kammerguts zu entrichten, wogegen jene Privaterben auf alle weiteren Ansprüche hinsichtlich jener Vorräthe, etwaiger Ausstände und der noch nicht bezogenen Früchte des letzten Jahrs Verzicht zu leisten haben.

Die obere Verwaltungsbehörde für das Hofdomänen-Kammergut und zugleich die kontrolirende Stelle bei der Verwaltung der Königlichen Civilliste ist die Hofdomänenkammer. Ihr Verhältnis zu den verschiedenen Staatsbehörden ist ein den Ministerien koordinirtes. In dem gleichen Verhältnis steht sie zu dem Oberhofrath und den Oberhofstabsbeamten. Das der Hofdomänenkammer untergeordnete Oberhofkassenamt verwaltet theils die Hauptkasse und Kellerei jenes Kammerguts, theils die Kasse und die Naturalienvorräthe der Civilliste. Die unter der Hofdomänenkammer stehenden fünf Hofkameralämter haben in Beziehung auf das Hofkammergut denselben Wirkungskreis, welchen die Staatskameralämter in Beziehung auf die Königlichen Staatsdomänen haben, nur daß jene auch die Verwaltung der hofkammerlichen Forste in ihren Bezirken

beforgen. (K. Verordn. vom $\frac{19.\ \text{November}}{8.\ \text{Dezember}}$ 1817). Unter der Hofdomänen=
kammer steht endlich die Hofkrankenpflege mit der im Jahr 1559 errichteten
Hofapotheke.

Die bei der Hofdomänenkammer angestellten Beamten werden hin=
sichtlich der Entlaßbarkeit vom Dienst behandelt wie die Staatsdiener (K.
Verordn. vom 27. April 1817).

In Beziehung zur Hofdomänenkammer stehen die Königlichen Privat=
gestüte Weil und Scharnhausen, die Königliche Hofbank und die Karl=Olga=
Stiftung, die letztere errichtet von Ihrer Majestät der Königin Olga im
Andenken an das 25 jährige Ehejubiläum Ihrer Majestäten am 13. Juli
1871 zur Unterstützung einer Anzahl unverehelichter Töchter solcher ver=
storbenen württembergischen Beamten, welche sich verdient gemacht haben.

6. Die Bezüge der Mitglieder des Königlichen Hauses.

Apanagen, Sustentationsgelder, Mitgaben und Wittume können nie
in liegenden Gründen ertheilt werden, sondern werden immer von der
Staatskasse und zwar, mit Ausnahme der Mitgaben, in gleichen Raten
vierteljährlich in Geld ausbezahlt. Eine möblirte Wohnung hat nur der
Kronprinz, die Witwe eines Königs oder die Witwe eines Kronprinzen
anzusprechen. (Kön. Hausges. Art. 23). Alle Apanagen, Sustentations=
gelder, Donativgelder und Wittume können nur mit Bewilligung des
Königs außerhalb des Königreichs verzehrt werden (Art. 24). Von ihren
Apanagen und Sustentationsgeldern haben die Prinzen des Königlichen
Hauses den ganzen Unterhalt ihres Hauses, mit Einschluß der Wohnung
und der Nadelgelder ihrer Gemahlinnen, — wo dafür, wie beim Kronprinzen,
nicht ausdrücklich etwas ausgesetzt ist, — sowie die Erziehung und Unter=
haltung ihrer Descendenz zu bestreiten, sofern nicht für letztere besondere
Sustentationsgelder gesetzlich zugesichert sind (Art. 26). Die Apanagen
und Sustentationsgelder der Prinzen und Prinzessinnen können von deren
Gläubigern nur zu einem Dritttheil in Anspruch genommen werden (Art. 25).

Der Bildung von fürstlichen Nebenlinien und der Ausstattung der nachge=
borenen Söhne der regierenden Fürsten mit Grundbesitz wurde erst durch das
Testament Eberhards III. und dann noch bestimmter durch dasjenige von Karl
Alexander vorgebeugt. Der Vater Eberhards III., Johann Friedrich, hatte sich
1608 mit vier Brüdern abfinden müssen, von welchen nach dem fürstbrüderlichen Ver=
gleich vom 28. Mai 1617 der älteste, also zweitgeborene, die Grafschaft Mömpelgard
nebst Horburg und Reichenweier erhielt, der dritte Bruder in die neuerworbenen Güter
Weiltingen und Brenz, vorbehältlich der Oberherrlichkeit Johann Friedrichs, einge=
wiesen wurde, die beiden jüngsten Brüder aber mit erblichen Gelddeputaten nebst an=
gemessenen Residenzen sich begnügen mußten. Die Mömpelgarder Linie erlosch 1723
wieder, und auch die Weiltingische dauerte nur bis in den Anfang des 18. Jahr=
hunderts. Die von der letzteren abgezweigte Schlesische Linie hatte kein Besitzthum

von Württemberg. Deren letzter Sprosse starb 1792, nachdem er sein Allodialvermögen als ein Fideikommiß dem Herzog Friedrich Eugen, einem der Brüder des Königs Friedrich, bestimmt hatte. — Die direkten Nachkommen des regierenden Herzogs Johann Friedrich selbst sodann, Eberhard III. und seine Brüder, bildeten zusammen die Stuttgarter Linie des Regentenhauses. Aus dieser aber schieden sich gleichfalls zwei Nebenlinien aus, die Neuenstadter Linie auf Grund des fürstbrüderlichen Vergleichs vom 27. Sept. 1649 mit einer Dauer bis 1742, und die Winnenthaler Linie nach dem Kodizill Eberhards III. von 1674, mit dem zweiten Sohne des letzteren, Friedrich Karl, beginnend und mit dessen Sohne Karl Alexander 1733 an die Regierung gelangt, in deren Besitz sie noch ist. Die Benennungen der beiden zuletzt gedachten Linien sind lediglich von den Residenzen ihrer ersten Glieder hergenommen.

A. **Apanagen.** Eine Apanage ist das von der Staatskasse zu bezahlende und vererbbare standesmäßige Einkommen eines vaterlosen Prinzen (Mohl). Neue Apanagen können nur noch durch die Apanagirung nachgeborener Söhne oder Enkel eines Königs bei dessen Tod entstehen. (Hausges. Art. 21). Die Größe der Apanage eines nachgeborenen Sohnes des Königs ist 40 000 fl., wenn nicht mehr als zwei solche vorhanden sind, sonst 30 000 fl. Dasselbe gilt bei dem Tode des Großvaters für die nachgeborenen Söhne eines vor dem Vater gestorbenen Kronprinzen (Hausges. Art. 30). Die nachgeborenen Söhne des Königs und diejenigen des vor dem Vater verstorbenen Kronprinzen werden in diesem Fall zusammengezählt (Art. 31).

Die Apanagen vererben sich auf die männliche Descendenz des Apanagirten zu gleichen Theilen (Art. 27).

Da jedoch, wo ein Prinz die ihm ursprünglich ausgesetzte Apanage nur auf einen einzigen Sohn oder auf männliche Descendenten eines solchen vererbt, wird bei diesem ersten Abgange blos die Hälfte der ursprünglichen Apanage in Erbgang gebracht. Ebenso, wenn bei ursprünglicher Aussetzung einer Apanage der nächstberechtigte Prinz bereits gestorben ist und denselben ein einziger Sohn oder die männlichen Descendenten eines solchen repräsentiren (Art. 28).

Sollte durch Erbgang eine Apanage sich so sehr vermindern, daß sie nicht mehr die Summe von fünftausend Gulden gewährt, so wird sie bis zu diesem Betrag als persönliche Sustentation des apanagirten Prinzen ergänzt, wenn derselbe das sechzehnte Lebensjahr zurückgelegt hat; vorher nur auf die Hälfte jener Summe (Art. 33).

Hinterläßt ein apanagirter Prinz keine männliche Descendenz, aber unvermählte Töchter, so vererbt sich eine ursprüngliche Apanage zur Hälfte, eine durch Erbgang auf den Verstorbenen gekommene zum vollen Betrag in der Weise, daß daraus jeder überhaupt vorhandenen Tochter ihr Theil berechnet, dieser aber nur den unvermählten wirklich gewährt wird. Das Minimum einer so vererbten Apanage einer Prinzessin beträgt 3 000 fl., vor dem zurückgelegten sechzehnten Lebensjahr 1 500 fl. (Art. 34).

Alle Prinzen, welche im Wege des Erbgangs zu einer Apanage gelangt sind, erhalten bei ihrer erstmaligen hausgesetzlichen Vermählung als Aversalbeitrag zur häuslichen Einrichtung und Bestreitung der Vermählungskosten eine den dritten Theil ihrer Apanage erreichende Summe. Auch die Söhne dieser Prinzen erhalten, wenn sie zu Lebzeiten ihres Vaters in eine solche Ehe treten, diesen Aversalbeitrag, bestehend in dem dritten Theil derjenigen Apanage, welche sie präsumtiv nach dem Stand der Familie zur Zeit ihrer Vermählung zu hoffen haben (Art. 32).

B. **Sustentationen.** Eine Sustentation ist — im Gegensatz zu der Apanage — das von der Staatskasse zu bezahlende nicht vererbbare standesmäßige Einkommen eines Mitglieds der Königlichen Familie, und zwar unterscheidet man die Sustentationen der Söhne und Enkelsöhne eines regierenden Königs und die Sustentationen elternloser nicht apanagirter Prinzessinnen (Mohl).

Der Kronprinz erhält von zurückgelegtem achtzehnten Lebensjahr an, neben einer standesmäßig möblirten Wohnung, solang er unverheirathet ist, 30 000 fl., von seiner Vermählung an 66 000 fl., außerdem die Kronprinzessin 8000 fl. Nadelgeld jährlich. Die jährliche Sustentation der nachgeborenen Söhne eines Königs beträgt von deren Volljährigkeit an bis zu ihrer Einsetzung in den Genuß der Apanage je 30 000 fl.; die der Söhne des Kronprinzen von jenem Zeitpunkt an zunächst je 20 000 fl. Hinterlassene minderjährige Kinder eines Kronprinzen erhalten, wenn es nicht mehr als zwei sind, zusammen jährlich 20 000 fl., wenn es mehr sind, zusammen jährlich 30 000 fl. (H.G. Art. 36—42).

Jeder Tochter des regierenden Königs wird nach erlangter Volljährigkeit (nach zurückgelegtem 21. Lebensjahr) zu Bestreitung ihrer standesmäßigen Bedürfnisse die Summe von 10 000 fl. jährl. vom Staat abgereicht. Verliert sie zu Lebzeiten ihrer leiblichen Mutter den Vater, so erhöht sich die Sustentation auf 15 000 fl., nach dem Tod beider Eltern auf 20 000 fl. Ebenso erhalten die Töchter eines Kronprinzen je 6000 fl., 9000 fl., beziehungsweise 12 000 fl. (H.G. Art. 44 und 45). Diejenigen unvermählten Prinzessinnen, welche Vater und Mutter verloren haben, während die väterliche Apanage auf die Söhne übergegangen ist, empfangen als Sustentation die Hälfte derjenigen Summe, welche, wenn die Apanage unter sämmtlichen Kindern zu theilen gewesen wäre, auf jede Tochter gefallen sein würde, mindestens aber 3000 fl., wenn die Prinzessin das sechzehnte Lebensjahr zurückgelegt hat, und bis zu diesem Zeitpunkt 1500 fl. Alle den Prinzessinnen ausgesetzte Sustentationsgelder fallen bei deren Vermählung oder Ableben an die Staatskasse zurück (H.G. Art. 44—48).

C. **Mitgaben der Prinzessinnen des Königlichen Hauses.** Bei ihrer Vermählung erhalten die Töchter des Königs 100 000 fl., die Töchter des Kronprinzen 80 000 fl., die letzteren, wenn sie den Vater vor der Thronbesteigung verloren haben, und die übrigen Enkelinnen des Königs 40 000 fl., die übrigen Prinzessinnen 33 000 fl. als Mitgabe aus der Staatskasse (H.G. Art. 49—52).

D. **Wittume.** Ein Anspruch auf Wittum wird nur durch eine hausgesetzliche Ehe und durch den Tod des Gemahls begründet, und erlischt nach dem Ableben der Witwe oder deren Wiedervermählung (H.G. Art. 53).

Eine Königliche Witwe erhält neben einer standesmäßig möblirten Residenz und einem anständig möblirten Lustschlosse zum Sommeraufenthalt, ferner neben einer Aversalsumme von 25 000 fl. zu Bestreitung der Kosten der ersten Einrichtung ihres Hofhalts und ihrer Equipagen, jährlich 100 000 fl; eine verwitwete Kronprinzessin neben einer anständig möblirten Wohnung jährlich 36 000 fl. als Wittum aus der Staatskasse (H.G. Art. 54, 55).

Die übrigen Prinzessinnen erhalten im Witwenstande entweder Wittum allein, — im Betrag der halben Apanage oder Sustentation des verstorbenen Ehegatten bis zu einem Mindestbetrag von 4000 fl., sofern die Witwe kinderlos ist oder keine minderjährigen Kinder hat, deren Staatseinkommen sie nutznießlich beziehen könnte, — oder dieselben treten in die Nutznießung der Apanagen oder Sustentationen ihrer minderjährigen Kinder, solang diese Bezüge wenigstens die Hälfte der Bezüge des verstorbenen Gatten und mindestens den Betrag von 4000 fl. erreichen. Wenn und soweit die Nutznießung niedriger wäre oder würde, tritt der entsprechende Theil des Wittums ergänzend hinzu (H.G. Art. 53—61).

E. **Besondere Bestimmungen.** Die bereits in Folge früherer Abfindungen und Verträge oder in Folge des Nachtrags zu dem Königlichen Hausgesetz von 1808 in dem Genusse von Apanagen und anderen Leistungen stehenden Mitglieder des Königlichen Hauses bleiben bis zu ihrem Ableben in Ansehung des Maßes und der Bestandtheile im vollen Genusse derselben (H.G. Art. 71). Sämmtliche am 8. Juni 1828 am Leben sich befindenden Mitglieder des Königlichen Hauses werden noch nach den Bestimmungen des Nachtrags zum Königlichen Hausgesetz von 1808 in den erst künftig eintretenden Fällen behandelt (H.G. Art. 72, Abs. 1). Die Gemahlinnen aber, welche die bereits am Leben befindlichen Prinzen erst wählen werden, erhalten ihr Wittum nach den Bestimmungen des Hausgesetzes von 1828 (Art. 72 Abs. 2). Desgleichen wird für die erst nach Erscheinung dieses letzten Gesetzes in das Leben tretenden Prinzen das Vererbungssystem der Apanagen rückwärts in der Art hergestellt, daß angenommen wird, als wären die in diesem Gesetz bestimmten Apanagensummen ausgesetzt und so von ihren Vätern genossen und in Erbgang gebracht worden (H.G. Art. 73, Abs. 2).

Auf diesen besondern Bestimmungen beruht ein Theil der noch heute gewährten Apanagen und Wittume. Eine ausnahmsweise Regelung erfuhren sodann in Gemäßheit der Etatsverabschiedung von 1864/67 die Apanage des nur einen Monat nach Erlassung des K. Hausgesetzes von 1828 geborenen Herzogs Wilhelm (von 5 000 fl. auf 10 000 fl. erhöht), sowie auf Grund des Gesetzes vom 20. Febr. 1877 die Apanage des Prinzen Wilhelm, des dem Throne nächststehenden Agnaten, welche aus Anlaß seiner Vermählung statt in dem hausgesetzlichen Betrage von 34 285 ℳ 71 ₰. auf 100 000 ℳ jährlich festgesetzt wurde.

F. **Donativgelder.** Die Donativgelder wurden im Jahr 1753 dem Herzog Friedrich Eugen aus Anlaß seiner Vermählung mit einer Nichte Friedrichs des Großen für sich und seine hochfürstliche Descendenz verwilligt. Sie betragen jährlich im Ganzen 25 000 fl. und vererben sich stammgutsweise ohne Rücksicht auf die Konfession. Der auf den König entfallende Antheil (3125 fl.) bleibt faktisch unerhoben.

Wie einst Herzog Friedrich I., so war auch Friedrich Eugen der Stammhalter der Regentenfamilie, er wie der erste Stammhalter aus der Zeit der Herzoge, Graf Heinrich von Mömpelgard, gest. 1519, zuerst für den geistlichen Stand bestimmt. Mit seinem Vater Karl Alexander war ein katholischer Herzog zur Regierung gelangt. Bei dem Mangel successionsfähiger Nachkommenschaft von den beiden älteren Brüdern Karl Eugen und Ludwig Eugen mußte die Vermählung von Friedrich Eugen zumal mit einer protestantischen Prinzessin im Lande große Freude wecken, die unter anderem in der Erhöhung der Apanage um 25 000 fl. ihren Ausdruck fand — solange die von Gott zu verhoffende hochfürstliche Descendenz nach Gottes Willen dauern wird. 8 Prinzen und 4 Prinzessinnen sind aus dieser Ehe hervorgegangen und sämmtlich in der evangelischen Konfession aufgezogen worden, eine der Prinzessinnen später Kaiserin von Rußland und Mutter unserer Königin Katharina, auch Großmutter Ihrer Majestät der Königin Olga von Württemberg. Seine Majestät der König und alle jetzt lebenden Agnaten des Königl. Hauses, 2 Königl. Prinzen und 7 Herzoge von Württemberg, haben Friedrich Eugen zum Stammvater.

G. **Antheil am Mathildenstift.** — S. Mohls Staatsrecht I. S. 440.

Der Aufwand der Staatskasse für die hausgesetzlichen Leistungen an die Mitglieder des Königl. Hauses hat in den letzten 60 Jahren im Maximum (1850/51) 408 928 fl., im Minimum (1875/76) 157 969 fl. (270 804 ℳ) betragen. Für 1881/82 sind 313 420,24 ℳ vorgesehen, darunter für Unterhaltung der Apanagenschlösser 23 824 ℳ, denen aber eine Einnahme mit 8100 ℳ gegenübersteht. In dem Wechsel dieser Zahlen von Jahr zu Jahr spiegelt sich vielfach ab, was bald an Freud bald an Leid unser Regentenhaus getroffen und mit diesem auch die Herzen des Württembergischen Volkes theilnehmend bewegt hat.

V. Die Staatsbürger.
1. In Altwürttemberg.

In verhältnismäßig früher Zeit war der Altwürttemberger in den Besitz einer größeren Summe von staatsbürgerlichen Rechten gelangt. Auf den Tübinger Vertrag vom 8. Juli 1514 insbesondere, in welchem diese Rechte bereits in bestimmter Formulirung und weiter umgrenzt, als wohl in irgend einem anderen deutschen Territorialstaat, verbrieft erscheinen, konnten unsere Väter als auf die Grundsäule ihrer Landesfreiheiten mit Stolz hinweisen. Nicht nur daß sie nach diesem Vertrag keine anderen Steuern, als welche die Landschaft bewilligt hatte, zu zahlen brauchten, nicht nur ferner daß der Herzog sogar Hauptkriege zu Rettung von Land und Leuten oder zur Handhabung seiner Oberherrlichkeit nur mit Wissen und Rath der Landschaft, andere Kriege aber überhaupt nur mit Zustimmung und Willen der Landschaft sollte unternehmen dürfen; sondern es wurde auch sämmtlichen Unterthanen, seit Herzog Christophs Erläuterung des Vertrags von 1551 selbst den Leibeigenen, freier Zug, d. i. Auswanderungsfreiheit, zugestanden, — frei von jedem (Vermögens-)Abzug und jeder Nachsteuer; es ward weiter anerkannt, daß in peinlichen Sachen, da es Ehre, Leib und Leben betrifft, niemand ohne Urtheil und Recht dürfe gestraft und getödtet werden, es wäre denn in den von den kaiserlichen Rechten bestimmten Ausnahmefällen oder bei öffentlichen Aufläufen und Empörungen wider die Herrschaft und Ehrbarkeit, ferner im Fall des Dienstungehorsams der Kriegsmannschaft oder endlich bei Uebertretung des Friedensgebots. Dieser Habeas-Corpus-Akte waren noch ältere Privilegia de non evocando vorhergegangen, welche dem Altwürttemberger seinen Gerichtsstand vor den Landesgerichten sicherten. Im Erbvergleich von 1770 ward ihm der Schutz des Eigenthums und anderer wohl erworbener Rechte aufs neue gewährleistet, wurden ältere feierliche Versprechungen erneuert, daß kein Landeskind gegen seinen Willen, außer in Nothfällen, zu Kriegsdiensten verpflichtet sei.

Als Kontrahenten des Tübinger Vertrags standen dem Herzog von Württemberg nur gegenüber die ehrwürdigen und ehrsamen Prälaten und die gemeine Landschaft, des Fürstenthums Verwandte und Unterthanen.

Der Adel hatte dabei als Stand nicht mitgewirkt. In Konsequenz des Augsburger Religionsfriedens von 1555 errang im Jahr 1559 die Schwäbische Ritterschaft sogar die volle Reichsunmittelbarkeit. In der altwürttembergischen Verfassung hatte so von vornherein der Adel als politischer Stand keine besonderen, namentlich keine ständischen Rechte. Wohl aber zog der Hof= und Staatsdienst, später auch der Militärdienst fortgesetzt immer wieder viele Adelige herbei, theils aus der Reichsritterschaft der nächsten Kantone, theils auch aus dem ferneren deutschen und außerdeutschen Auslande. Allmählig bildete sich auch ein eigener landsäßiger Adel. In jenen Dienstverhältnissen nun genoßen allerdings die Adeligen doch mancherlei Begünstigungen vor den Bürgerlichen. Im Geheimen Rath, im Regierungsrath, beim Hofgericht bestand neben der Gelehrtenbank eine adelige Bank; einzelne Stellen waren den Adeligen ausschließlich vorbehalten, bei der Besetzung anderer Stellen, namentlich später bei Offiziersstellen, wurden diese gerne bevorzugt und, wenn die Stelle an einen Adeligen gelangte, derselbe noch überdies in Rang und Gehalt oft günstiger behandelt.

Wie für den Adel als politischen Stand, so ließ auch für die Katholiken das altwürttembergische Staatsrecht keinen Raum. Nach Einführung der Reformation bildete die evangelisch=lutherische Konfession die Staatsreligion mit dem Charakter völliger Ausschließung gegen alle Andersdenkenden; in diesem Sinne ward sie förmlich unter den Schutz der Landesverfassung gestellt und diese durch eine Rücksicht auf konfessionelle Verschiedenheiten nirgends beengt.

Eine abgesonderte politische Stellung der Geistlichkeit sodann war kaum mehr vorhanden. Das große Kirchengut kam unter die Verwaltung des Kirchenraths, einer Staatsbehörde; vom Herzog wurden in den Klosterorten die Klostervögte oder Stabsamtleute, die Klosterverwalter u. s. w. eingesetzt; die Klosterhintersaßen wurden den übrigen Unterthanen gleichgestellt. Im Landtag wurden die Klosterhintersaßen allerdings durch die Prälaten vertreten, aber auch die sonstigen Landesangehörigen wählten ihre ständischen Vertreter nicht selbst, welche vielmehr von den Amtsversammlungen aus den Stadtmagistraten berufen wurden; und die Prälaten behaupteten im Landtag zwar äußerlich, wenn man so will, eine abgesonderte, privilegirte Stellung, thatsächlich aber bestand zwischen ihnen, die selbst aus dem bürgerlichen Stand hervorgegangen waren, und dem bürgerlichen Elemente der Landschaft kein wirklicher Unterschied und kein innerer Gegensatz.

Städtebürger und Bauern waren rechtlich gleich. In der Gerichts= und Gewerbeverfassung genoßen jene wohl einige Vorzüge; auch mußten sie ihre Feldgüter von Frohnen und sonstigen Lasten eher frei zu erhalten.

Im ganzen aber theilten Bürger und Bauern gleichmäßig Gutes und Nachtheiliges. In einzelnen Gesetzen wurde die „Ehrbarkeit", später der „Honoratiorenstand", besonders genannt, ohne daß man jedoch zu einem bestimmten juridisch faßbaren Begriff gelangt wäre, wer oder was darunter eigentlich zu verstehen sei. Als eine Art von Gegensatz dazu begegnet man dann den „armen Leuten", diese aber an anderen Stellen gleichbedeutend mit „Bauern" oder auch nur mit „Leibeigenen". „Eigene Leute" endlich werden die zu vogteilichen Leistungen verpflichteten Schutzgenossen der Gutsherren genannt. Aber in den politischen Rechten bestand hier kein Unterschied. Selbst die Leibeigenschaft machte zu Bekleidung von Staats- und Gemeindeämtern an sich nicht unfähig. Die Unterthanen insgesammt nennt freilich noch ein Herzog Christoph in dem ersten Landrecht von 1555 „einfältige" (und der Rechte unerfahrene) Leute, — ein Prädikat, welches später in dem zweiten Landrecht von 1567 in „mehrentheils" und in dem dritten Landrecht von 1610 in „theils" einfältige Leute abgeschwächt wurde. Und wie hier nach der intellektuellen, so noch nach anderen Seiten hin zeigt gerade Herzog Christoph eine weniger hohe Meinung von den Anlagen seiner Landesangehörigen, wenn er, ebenso dem kurz zuvor gegebenen Beispiele der österreichischen Regierung in Württemberg (s. Literarische Beilage des Staatsanzeigers f. W. 1876 S. 35) und überhaupt dem Geiste der Zeit, als der eigenen Neigung zur Bevormundung folgend, die kirchliche, sittliche und politische Führung seiner Beamten und Unterthanen einer steten Beaufsichtigung durch die „politische Visitation" und die über derselben stehende „Landesinspektion" zu unterwerfen für geboten hielt und hiebei sogar vor einem geheimen Ausforschungs- und Denunziationssystem durch die sog. „Rüger" ebensowenig zurückgeschreckt ist, als hundert Jahre später, nach der durch den dreißigjährigen Krieg bewirkten allgemeinen Verwilderung der Sitten, Johann Valentin Andreä bei der ersten Einrichtung der Kirchenkonvente (vgl. Württ. Jahrb. 1864 S. 273 die sog. Corycaei).

Werfen Erscheinungen, wie diese immerhin einigen Schatten auf das vorhin nur in allgemeinen Umrissen gezeichnete Bild von den vertragsmäßigen Landesfreiheiten der Altwürttemberger, so verdunkelt sich dasselbe in noch stärkerem Grade, wenn nun auch die schweren Lasten in Erinnerung gebracht werden, mit welchen weniger Gesetze, als bloßes Herkommen, unvorsichtig eingegangene Privatverträge, ja nur zu häufig einfache Willkür den Grund und Boden in der Form von Frohnen, leibeigenschaftlichen und vogteilichen Gefällen, Abgaben von Lehen- und Zinsgütern, Zehnten u. s. w. getroffen haben, — manche dieser Abgaben, wenn auch in privatrechtlicher Form, in Wahrheit eine Doppelbesteuerung neben den von der Landschaft umgelegten ordentlichen und außerordentlichen Landessteuern. Als weitere Schmälerungen des Grundeigenthums wirkten außerdem die oft peinlichen Bestimmungen der Forst- und Jagd-, Schafweide- und Fischerei-Ordnungen. Und nicht genug damit, es gab Zeiten, namentlich im vorigen Jahrhundert, in welchen nach dem Recht überhaupt häufig nicht mehr viel gefragt worden ist. Die Rücksicht auf das jagdbare Wild war oft eine höhere, als diejenige auf das Wohl der Unterthanen. Neben den Landesfreiheiten konnte eine Kabinetsjustiz bestehen, als deren Opfer der Landschaftskonsulent Johann Jakob Moser, der Tübinger Oberamtmann Huber, der zuvor allgewaltige Oberst Rieger, der Dichter Schubart u. A. ja bekannt genug sind. Trotz jener Freiheiten war ein Soldatenhandel möglich, welcher dem Letzteren zu dem Kaplied, welcher Schiller zu dem zweiten Akt von Kabale und Liebe Stoff und Anlaß gab, — konnte ferner ein weit hinaus bemoralisirender schmutziger Aemterhandel lange Zeit hindurch sein Wesen treiben. Es gab mit einem Wort, nach dem eigenen Anerkenntnis der Regierung in dem Erbvergleich von 1770, kein die öffentliche und die Privatrechte der Unterthanen wahrendes Gesetz, das nicht in der dem Vergleich vorangegangenen Periode empfindlich gekränkt worden wäre, und es hat sich somit auch in Altwürttemberg das Gleiche bestätigt, was über die englische Magna Charta einst der Genfer de Lolme geäußert hat: die Engländer wären von diesem Augenblick an ein freies Volk gewesen, läge nicht eine so große Kluft zwischen dem Geben der Gesetze und ihrer Beobachtung.

Indessen muß man sich hier doch hüten, zu rasch abzuurtheilen. Fast will es scheinen, als ob die Mehrzahl der Zeitgenossen über Vorgänge, wie die angedeuteten, weniger streng gedacht habe, als man dies heute zu thun geneigt ist. Truppenverkäufe kamen damals auch sonst in Deutschland vor, und, so wenig gewiß die Sache selbst entschuldigt oder vertheidigt werden soll, so sieht sie sich doch um einen Grad weniger schlecht an, wenn man berücksichtigt, daß von dem Handel nicht in der heutigen Art ausgehobene Landeskinder, sondern vielmehr angeworbene, und zwar ad hoc, freilich oft in schnödester Weise, angeworbene Leute betroffen wurden. Was sodann die Opfer der Kabinetsjustiz jener Zeit betrifft, so war allerdings die Befreiung derselben und ihre Wiedereinsetzung in die früheren Verhältnisse meist ein Akt der gleichen Willkür, wie deren frühere Gefangensetzung. Immerhin wirft es ein eigenes Licht auf die Zeit, wenn man liest, wie z. B. Schubart nach zehnjähriger Haft gleich im ersten freien Monat zum Herzog berufen und von diesem mit dem Versprechen empfangen wird, daß er ihm das Leben von nun an leicht und angenehm machen wolle. „Er bestellte einige lateinische und deutsche Inskriptionen, die ich als Hofpoet — versteht sich — sogleich verfertigte. Ich habe nun keine Instanz, als diesen meinen gnädigen Herrn, gegen den nun aller Groll wie Nachtgewölk weggeschwunden ist". So schrieb im ersten Gefühl der wieder erlangten Freiheit der leichtbewegliche Schubart über seinen Herzog. Aber auch von dem als Charakter höher stehenden Huber besitzen wir in dem Schriftchen: „Etwas von meinem Lebenslauf" S. 152 das milde Wort: „Karl hinterließ bei weitem den größesten Theil seiner Unterthanen als seine Freunde. Ich habe gesehen, wie leicht es einem verständigen Fürsten wird, alle Fehler einer langen unregelmäßigen Regierung durch die Ordnung, Stille und Gelindigkeit einiger weniger nachfolgenden Regierungsjahre so gänzlich auszulöschen, daß ihrer nimmer gedacht wird".

Mit dem völligen Verluste seiner verfassungsmäßigen Landesfreiheiten mußte am 1. Januar 1806 der Altwürttemberger die Erhebung seines Landes zu einem Königreich bezahlen. Neue Elemente: ein hoher und niederer Adel, die vormaligen Unterthanen desselben, die Hintersaßen der gleichzeitig säkularisirten geistlichen Herrschaften und Klöster, die Bürger bis dahin freier Reichsstädte, — zahlreiche Katholiken gesellten sich zu den fast ausschließlich bürgerlichen, fast ausschließlich protestantischen Angehörigen des alten Herzogthums.

Bei dem Bestreben, die Rechte dieser verschiedenen Elemente thunlichst gleich auszugestalten, gelangte man schließlich dahin, der Freiheit aller möglichst enge Schranken zu ziehen. „Von der Macht der Besteuerung und der militärischen Aushebung wurde ein übergroßer Gebrauch gemacht, das Recht des freien Zugs, das früher sogar jedem Leibeigenen zugestanden hatte, wurde allen Bürgern entzogen, das Auswandern unbedingt verboten, der Besuch fremder Universitäten untersagt, selbst das Reisen in das Ausland ohne höhere Erlaubnis nicht zugegeben. Dem Volk wurden die Waffen abgenommen, das Recht, Waffen zu tragen, auf die Staatsdiener und wenige andere Personen, wie z. B. die Jagdberechtigten, beschränkt; selbst Reisende und Bewohner einzelner Höfe durften kein Schießgewehr führen; Gutsherren, welche ihre Jagd verpachteten, mußten die Gewehre abgeben. Der Verkehr wurde vielfach gehemmt und durch Staatsmonopole beeinträchtigt; die niederen Regalien und die Ansprüche des Staats auf Frohnen wurden auf drückende Weise ausgeübt und oft über Gebühr ausgedehnt; besonders hart lastete auf den Unterthanen das Jagd- und das Postregal" (K. G. Wächter).

Erst in den letzten Regierungsjahren des Königs Friedrich trat, unter dem Einfluß der neueren politischen Verhältnisse, eine Wendung zum Bessern ein. Die Verfassungsurkunde von 1815 sollte manche Schäden beseitigen, manche Härten mildern. Die auf die Rechte der Unterthanen in dieser Richtung sich beziehenden Bestimmungen erhielten Gesetzeskraft, als die Verhandlungen über das Verfassungswerk selbst sich in die Länge zu ziehen begannen.

Das freundlichere Abendroth, mit welchem so die Regentenlaufbahn Friedrichs abschloß, war dann auch der Vorläufer des schönen Morgens, welcher unter König Wilhelm für Württemberg und die Württemberger anbrechen sollte.

2. Die staatsbürgerlichen Rechte nach der Verfassung von 1819.

König Wilhelm säumte nicht, nach seinem Regierungsantritt seinem Volke staatsbürgerliche Rechte und Freiheiten in größerem Umfange zu verleihen und zuzugestehen. Die Leibeigenschaft wurde aufgehoben, der Jagdunfug abgestellt, das große Werk der Grundentlastung ernstlich in Angriff genommen. Wesentliche Milderung erfuhr das Verbot des Waffentragens; die Auswanderungsfreiheit wurde wiederhergestellt. Und während in den herzoglichen Zeiten, zuerst im 16. und 17. Jahrhundert, bei der Universität Tübingen eine theologische, zuletzt auch eine politische Censur bestanden hatte, gab König Wilhelm am 30. Januar 1817 ziemlich unbeschränkte Preßfreiheit.

In der Verfassungsurkunde vom 25. September 1819 handelt das dritte Kapitel von den allgemeinen Rechtsverhältnissen der Staatsbürger. Die einzelnen Bestimmungen, ihrer Mehrzahl nach noch heute giltiges Recht, sind folgende:

§. 19. Das Staatsbürgerrecht wird theils durch Geburt, wenn bei ehelich Geborenen der Vater, oder bei Unehelichen die Mutter das Staatsbürgerrecht hat, theils durch Aufnahme erworben. Letztere setzt voraus, daß der Aufzunehmende von einer bestimmten Gemeinde die vorläufige Zusicherung des Bürger- oder Beisitz-Rechts erhalten habe. Außerdem erfolgt durch eine Anstellung in dem Staatsdienste die Aufnahme in das Staatsbürgerrecht, jedoch nur auf die Dauer der Dienstzeit. [Gegenüber von Angehörigen anderer deutschen Bundesstaaten sind die beiden letzten Sätze außer Wirkung gesetzt in Folge der §§. 7 und 2 des Reichsgesetzes vom 1. Juni 1870 über die Erwerbung und den Verlust der Bundes- und Staatsangehörigkeit].

§. 20. Der Huldigungseid ist von jedem geborenen Württemberger nach zurückgelegtem 16. Jahre, und von jedem neu Aufgenommenen bei der Aufnahme abzulegen.

§. 21. Alle Württemberger haben gleiche staatsbürgerliche Rechte, und ebenso sind sie zu gleichen staatsbürgerlichen Pflichten und gleicher Theilnahme an den Staatslasten verbunden, soweit nicht die Verfassung eine ausdrückliche Ausnahme enthält; — auch haben sie gleichen verfassungsmäßigen Gehorsam zu leisten.

§. 22. Kein Staatsbürger, kann wegen seiner Geburt von irgend einem Staatsamte ausgeschlossen werden.

§. 23. Die Verpflichtung zur Vertheidigung des Vaterlandes und die Verbindlichkeit zum Waffendienst ist allgemein; es finden in letzterer Hinsicht keine andern, als die durch die Bundesakte und die bestehenden Gesetze begründeten Ausnahmen statt [— jetzt, in Gemäßheit des Reichsgesetzes, betreffend die Verpflichtung zum Kriegsdienste, vom 9. November 1867, §. 1, nur noch zu Gunsten der Mitglieder regierender, sowie der Mitglieder der mediatisirten, vormals reichsständischen und derjenigen Häuser, welchen die Befreiung von der Wehrpflicht durch Verträge zugesichert ist oder auf Grund besonderer Rechtstitel zusteht].

Ueber das Recht, Waffen zu tragen, wird ein Gesetz die nähere Bestimmung geben [vgl. Verordn. vom 23. Januar 1817, Gesetze vom 1. April 1848, betr. die Volksbewaffnung, vom 3. Oktober 1849, betr. die Bildung der Bürgerwehr, und jetzt Gesetz vom 1. Juni 1853, betr. den Besitz und Gebrauch von Waffen, sowie die Errichtung von Schützengesellschaften und Bürgerwachen].

§. 24. Der Staat sichert jedem Bürger Freiheit der Person, Gewissens- und Denkfreiheit, Freiheit des Eigenthums und Auswanderungsfreiheit.

§. 25. Die Leibeigenschaft bleibt für immer aufgehoben. [II. Edikt vom 18. November 1817, Ablösungsgesetz vom 29. Oktober 1836; — vgl. Württ. Jahrb. 1872 I. S. 108].

§. 26. Niemand darf seinem ordentlichen Richter entzogen, und anders, als in den durch das Gesetz bestimmten Fällen, und in den gesetzlichen Formen verhaftet und bestraft, noch länger, als einmal 24 Stunden über die Ursache seines Verhafts in Ungewißheit gelassen werden.

§. 27. Jeder ohne Unterschied genießt im Königreiche ungestörte Gewissensfreiheit.

Die staatsbürgerlichen Rechte sind unabhängig von dem religiösen Bekenntnis. [Gesetz vom 31. Dezember 1861].

§. 28. Die Freiheit der Presse und des Buchhandels findet in ihrem vollen Umfange statt, jedoch unter Beobachtung der gegen den Mißbrauch bestehenden oder künftig zu erlassenden Gesetze. [Vgl. das Gesetz über die Preßfreiheit vom 30. Januar 1817; das Reichsgesetz über die Presse vom 7. Mai 1874 und das zu dessen Ausführung erlassene Landesgesetz vom 27. Juni 1874; endlich, was den Buchhandel betrifft, die Reichsgewerbeordnung vom 21. Juni 1869 §. 14 und §. 43].

§. 29. Jeder hat das Recht, seinen Stand und sein Gewerbe nach eigener Neigung zu wählen und sich dazu im In- und Auslande auszubilden, mithin auch auswärtige Bildungsanstalten in Gemäßheit der gesetzlichen Vorschriften zu besuchen [vgl. K. Verordnung vom 17. Juni 1818 §. 2; ferner in Gemäßheit der Reichsgewerbeordn. vom 21. Juni 1869 die Verf. vom 26. Februar 1876, betreffend das Tentamen physicum, und die Bekanntmachung des Reichskanzlers vom 25. September 1869 über die ärztlichen Prüfungen; endlich das Reichsgerichtsverfassungsgesetz vom 27. Januar 1877 §. 2 — S. auch Württ. Jahrb. 1877 III S. 30].

§. 30. Niemand kann gezwungen werden, sein Eigenthum und andere Rechte für allgemeine Staats- oder Korporationszwecke abzutreten, als nachdem der Geheime Rath über die Nothwendigkeit entschieden hat, und gegen vorgängige volle Entschädigung. Entsteht aber ein Streit über die Summe der Entschädigung, und der Eigenthümer will sich bei der Entscheidung der Verwaltungsbehörde nicht beruhigen, so ist die Sache im ordentlichen Rechtswege zu erledigen, einstweilen aber die von jener Stelle festgesetzte Summe ohne Verzug auszubezahlen. [— Mit dieser Bestimmung der Verf.Urk. steht in innerem Zusammenhang Art. 18 Abs. 2 und 3 des Gesetzes über Feldwege, Tretp- und Ueberfahrtsrechte vom 26. März 1862; ferner das Berggesetz vom 7. Oktober 1874 in Art. 126 bis 135; auch betrifft einen verwandten Gegenstand das Reichsgesetz über Kriegsleistungen vom 13. Juni 1873 §§. 25 bis 27, sowie §. 28 der württembergischen Vollziehungsverfügung zu letzterem Gesetz, vom 16. November 1876. Art. 6 Abs. 3 des Eisenbahngesetzes vom 18. April 1843 erklärt obigen §. 30 auch anwendbar auf die Abtretung von Grundeigenthum an Privatunternehmer von Zweigeisenbahnen].

§. 31. Ausschließliche Handels- und Gewerbsprivilegien können nur zufolge eines Gesetzes, oder mit besonderer, für den einzelnen Fall giltiger Beistimmung der Stände ertheilt werden. [Durch §. 7 der Reichsgewerbeordnung vom 21. Juni 1869 wurden die bestehenden ausschließlichen Gewerbeberechtigungen aufgehoben, durch §. 10 die Verleihung neuer verboten].

Dem Ermessen der Regierung bleibt überlassen, nützliche Erfindungen durch Patente zu deren ausschließlicher Benützung bis auf die Dauer von zehn Jahren zu belohnen. [Jetzt ist maßgebend das Reichspatentgesetz vom 25. Mai 1877].

§. 32. Jedem Staatsbürger steht frei, aus dem Königreich, ohne Bezahlung einer Nachsteuer, auszuwandern, sobald er dem ihm vorgesetzten Beamten die Anzeige gemacht, seine Schulden und andere Obliegenheiten berichtigt, und hinreichende Versicherung ausgestellt hat, daß er innerhalb Jahresfrist gegen König und Vaterland nicht dienen, und ebenso lange in Hinsicht auf die vor seinem Wegzug erwachsenen Ansprüche vor den Gerichten des Königreichs Recht geben wolle.

§. 33. Durch den Wegzug verliert der Auswandernde sein Staatsbürgerrecht für sich und seine mit ihm wegziehenden Kinder. — Das Vermögen derjenigen Kinder, welche nicht mit den Eltern auswandern, wird im Lande zurückbehalten.

[Zu den §§. 32 und 33 ist zu vgl. die Kön. Verordn. vom 15. August 1817, betreffend die gesetzlichen Bestimmungen über die Auswanderung; ferner das Reichsgesetz über die Erwerbung und den Verlust der Bundes- und Staatsangehörigkeit vom 1. Juni 1870 §§. 13 ff. Durch die §§. 15 und 17 des letzteren ist §. 32 der Verf.Urkunde, soweit derselbe die Bedingungen der Auswanderung festsetzt, außer Wirkung gesetzt].

§. 34. Wer ohne einen ihm zugestandenen Vorbehalt des Staatsbürgerrechts in auswärtige Staatsdienste tritt, wird desselben verlustig.

§. 35. Wer in einem fremden Staat seine bleibende Wohnung nimmt, kann sein Württembergisches Staatsbürgerrecht nur mit Königlicher Bewilligung und unter der Bedingung beibehalten, daß er den ihm obliegenden staatsbürgerlichen Pflichten in jeder Hinsicht Genüge leiste.

[Die Bestimmungen der §§. 34 und 35 der Verf.Urk. sind durch §. 13 Ziff. 3 und §. 21 des Reichsgesetzes vom 1. Juni 1870 abgeändert worden, wornach die Staatsangehörigkeit erst durch 10 jährigen ununterbrochenen Aufenthalt im Auslande verloren geht].

§. 36. Jeder hat das Recht, über gesetz- und ordnungswidriges Verfahren einer Staatsbehörde oder Verzögerung der Entscheidung bei der unmittelbar vorgesetzten Behörde schriftliche Beschwerde zu erheben, und nöthigenfalls stufenweise bis zur höchsten Behörde zu verfolgen.

§. 37. Wird die angebrachte Beschwerde von der vorgesetzten Behörde ungegründet gefunden, so ist letztere verpflichtet, den Beschwerdeführer über die Gründe ihres Urtheils zu belehren.

§. 38. Glaubt der Beschwerdeführer sich auch bei der Entscheidung der obersten Staatsbehörde nicht beruhigen zu können, so darf er die Beschwerde den Ständen mit der schriftlichen Bitte um Verwendung vortragen. Haben sich diese überzeugt, daß jene Stufenfolge beobachtet worden, und die Beschwerde eine Berücksichtigung verdiene, so ist ihnen auf ihr Verlangen von dem Königlichen Geheimen Rath [— jetzt von dem Königlichen Staatsministerium —] die nöthige Auskunft über den Gegenstand zu ertheilen.

Ferner §. 95. Keinem Bürger, der sich durch einen Akt der Staatsgewalt in seinem auf einem besonderen Titel beruhenden Privat-Rechte verletzt glaubt, kann der Weg zum Richter verschlossen werden.

3. Die Württemberger — Angehörige des Deutschen Reichs.

Die freisinnige Richtung, in welcher sich die Regierung des Königs Wilhelm in den ersten Jahren bewegte und welche insbesondere in der Verfassung von 1819 und in deren Bestimmungen über die staatsbürgerlichen Rechte einen deutlichen Ausdruck gefunden hatte, vermochte sich auf die Dauer nicht zu behaupten. Anstöße von außen her, namentlich die Beschlüsse der von Metternich beeinflußten Bundesversammlung zu Frankfurt a. M. waren es, die hier Halt geboten und die Ursache wurden, daß sogar einzelne der soeben mit den Ständen vereinbarten Verfassungsbestimmungen, wie z. B. diejenigen über die Preßfreiheit, unausgeführt bleiben mußten. Es genügt, an die Karlsbader Konferenzen vom August 1819, an den die dortigen Verabredungen bestätigenden Bundesbeschluß vom 20. September 1819, an die Wiener Schlußakte vom 8. Juni 1820, dann an die weiteren Beschlüsse des Bundestages vom 27. Oktober 1831 und 28. Juni 1832 zu erinnern. — Wieder äußere Anstöße waren es, welche im Jahr 1848 die Umkehr in freiere Bahnen mit Freiheit der Presse, der Volksversammlungen, des Waffentragens u. s. w. ermöglicht haben. Ein Gesamtbild von den um jene Zeit überhaupt herrschenden Anschauungen über die Rechte, welche einem deutschen Staatsbürger gebühren, bieten die vom Deutschen Parlament beschlossenen, von der provisorischen Centralgewalt am 27. Dezember 1848 verkündeten, später auch in die Frankfurter Verfassung des Deutschen Reichs übernommenen Grundrechte des deutschen Volks. Deren wesentlichste Bestimmungen waren folgende:

Jeder Deutsche hat das deutsche Reichsbürgerrecht. — Jeder Deutsche hat das Recht, an jedem Orte des Reichsgebiets seinen Aufenthalt und Wohnsitz zu nehmen, Liegenschaften zu erwerben und darüber zu verfügen, jeden Nahrungszweig zu betreiben, das Gemeindebürgerrecht zu gewinnen. Kein deutscher Staat darf zwischen seinen Angehörigen und anderen Deutschen einen Unterschied im bürgerlichen, peinlichen und Prozeß-Rechte machen. — Die Auswanderungsfreiheit ist von Staatswegen nicht beschränkt; Abzugsgelder dürfen nicht erhoben werden.

Vor dem Gesetz gilt kein Unterschied der Stände. Der Adel als Stand ist aufgehoben. Alle Standesvorrechte sind abgeschafft. Alle Titel, insoweit sie nicht mit einem Amte verbunden sind, sind aufgehoben. Kein Staatsangehöriger darf von einem auswärtigen Staate einen Orden annehmen. Die öffentlichen Aemter sind für alle Befähigten gleich zugänglich. Die Wehrpflicht ist für Alle gleich; Stellvertretung bei derselben findet nicht statt.

Die Freiheit der Person ist unverletzlich. Die Verhaftung einer Person soll, außer im Fall der Ergreifung auf frischer That, nur geschehen in Kraft eines richterlichen, mit Gründen versehenen Befehls. — Die Todesstrafe, ausgenommen wo das Kriegsrecht sie vorschreibt, oder das Seerecht im Fall von Meutereien sie zuläßt, sowie die Strafen des Prangers, der Brandmarkung und der körperlichen Züchtigung sind abgeschafft. — Das Briefgeheimnis ist gewährleistet.

Jeder Deutsche hat das Recht, durch Wort, Schrift, Druck und bildliche Darstellung seine Meinung frei zu äußern. Ueber Preßvergehen wird durch Schwurgerichte geurtheilt.

Jeder Deutsche hat volle Glaubens- und Gewissensfreiheit. Niemand ist verpflichtet, seine religiöse Ueberzeugung zu offenbaren.

Die Wissenschaft und ihre Lehre ist frei. — Das Unterrichts- und Erziehungswesen steht unter der Oberaufsicht des Staats. Der häusliche Unterricht unterliegt keiner Beschränkung. — Für den Unterricht in Volksschulen und niederen Gewerbeschulen wird kein Schulgeld bezahlt. Unbemittelten soll auf allen öffentlichen Unterrichtsanstalten freier Unterricht gewährt werden. — Es steht einem Jeden frei, seinen Beruf zu wählen und sich für denselben auszubilden, wie und wo er will.

Jeder Deutsche hat das Recht, sich mit Bitten und Beschwerden schriftlich an die Behörden, an die Volksvertretungen und an den Reichstag zu wenden.

Die Deutschen haben das Recht, sich friedlich und ohne Waffen zu versammeln; sie haben das Recht, Vereine zu bilden.

Das Eigenthum ist unverletzlich. Eine Enteignung kann nur aus Rücksichten des gemeinen Besten, nur auf Grund eines Gesetzes und gegen gerechte Entschädigung vorgenommen werden. Das geistige Eigenthum soll durch die Reichsgesetzgebung geschützt werden. — — Jeder Unterthänigkeits- und Hörigkeitsverband hört für immer auf. — Alle auf Grund und Boden haftenden Abgaben und Leistungen, insbesondere der Zehnten, sind ablösbar. Es soll fortan kein Grundstück mit einer unablösbaren Abgabe oder Leistung belastet werden. — Im Grundeigenthum liegt die Berechtigung zur Jagd auf eigenem Grund und Boden. Die Familienfideikommisse sind aufgehoben. Ueber die Familienfideikommisse der regierenden fürstlichen Häuser bleiben die Bestimmungen den Landesgesetzgebungen vorbehalten. — Aller Lehensverband ist aufzuheben. — Die Strafe der Vermögenseinziehung soll nicht stattfinden. — Die Besteuerung soll so geordnet werden, daß die Bevorzugung einzelner Stände und Güter in Staat und Gemeinde aufhört.

Alle Gerichtsbarkeit geht vom Staat aus. — Die richterliche Gewalt wird selbständig von den Gerichten geübt. Niemand darf seinem gesetzlichen Richter entzogen werden. Ausnahmegerichte sollen nie stattfinden. — Es soll keinen privilegirten Gerichtsstand der Personen oder Güter geben. Die Militärgerichtsbarkeit ist auf die Aburtheilung militärischer Verbrechen und Vergehen, sowie der Militärdisziplinarvergehen beschränkt, vorbehältlich der Bestimmungen für den Kriegsstand. — Das Gerichtsverfahren soll öffentlich und mündlich sein. —

Jeder deutsche Staat soll eine Verfassung mit Volksvertretung haben. Die Minister sind der letzteren verantwortlich. Die Volksvertretung hat eine entscheidende Stimme bei der Gesetzgebung, bei der Besteuerung, bei der Ordnung des Staatshaushalts; auch hat sie, — wo zwei Kammern vorhanden sind, jede Kammer für sich, — das Recht des Gesetzesvorschlags, der Beschwerde, der Adresse, sowie der Anklage der Minister. Die Sitzungen der Landtage sind in der Regel öffentlich.

Jeder deutsche Staatsbürger in der Fremde steht unter dem Schutze des Reichs.

Nach dem Scheitern des Frankfurter Verfassungswerks mußte der wieder beginnenden rückläufigen Bewegung bald auch die Gesetzeskraft der deutschen Grundrechte zum Opfer fallen. Ein Beschluß der wieder eingesetzten Bundesversammlung vom 23. August 1851 erklärte sie ausdrücklich für aufgehoben.

Das ernstliche Wiedereinlenken in freiere Bahnen datirt von dem Regierungsantritt des Königs Karl. In diesem Sinn war es entschieden eine politische That, daß am 24. Dezember 1864 aus der eigensten Initiative der K. Regierung heraus die vom Bundestage veranlaßten beschränkenden besonderen Verordnungen über Vereinswesen und Presse einfach außer Wirkung gesetzt und die früheren Landesgesetze, namentlich das alte württembergische Preßgesetz vom 30. Januar 1817, wieder in Kraft gesetzt wurden.

Auf einen breiteren Boden jedoch wurden die staatsbürgerlichen Rechte der Württemberger gestellt und in der einen oder anderen Richtung auch sonst erweitert bei Gründung des Deutschen Reichs durch die Reichsverfassung vom 16. April 1871 und die daran sich anschließende Reichsgesetzgebung.*) Die Staatsangehörigkeit in einem der deutschen Bundesstaaten begründet nach dem Reichsgesetze vom 1. Juni 1870 zugleich die Bundesangehörigkeit, mit dem Verluste der Staatsangehörigkeit erlischt auch die Bundesangehörigkeit. Jeder Württemberger ist daher zugleich Angehöriger des Deutschen Reichs, Reichsbürger, und schuldet dem deutschen Vaterland die gleiche Treue wie seiner eigenen Heimat. Das Verhältnis ist ein so enges, daß es nicht möglich ist, den Pflichten gegen das Reich diejenigen gegenüberzustellen, welche mit dem Bürgerrecht im Heimatstaat verknüpft sind. Auch läßt sich scharf gar nicht die Linie oder der Punkt angeben, wo die Pflichten gegen das Reich beginnen, diejenigen gegen das engere Vaterland aufhören. Die reichsbürgerlichen Rechte sind ja im Grunde nichts anderes, als die gewöhnlichen staatsbürgerlichen Rechte, nur innerhalb der dem Reiche zugewiesenen Kompetenz und über die Grenzen des Einzelstaats hinaus wirksam im ganzen Gebiete des Deutschen Reichs.

Als den besonderen Inhalt des Reichsbürgerrechts kann man daher nur hervorheben die Ansprüche der Bundesangehörigen

a) auf Schutz im Auslande (Reichsverf. Art. 3 letzt. Abs.);
b) auf Schutz im Inlande: Kein Bundesangehöriger kann aus dem Bundesgebiet ausgewiesen werden; jeder Bundesangehörige hat vielmehr das Recht, an jedem Orte des Bundesgebiets sich aufzuhalten (Gesetz über die Freizügigkeit vom 1. November 1867 §. 1; vergl. jedoch das Gesetz, betreffend den Orden der Gesellschaft Jesu vom 4. Juli 1872, §. 2; ferner das Gesetz gegen die gemeingefährlichen Bestrebungen der Sozialdemokratie, vom 21. Oktober 1878 §. 22); — ein Deutscher darf einer ausländischen Regierung zur Verfolgung

---

*) Vergl. Laband, Das Staatsrecht des Deutschen Reichs. Tübingen 1876. I. Band S. 130 ff.

ober Bestrafung nicht ausgeliefert werden (Strafgesetzbuch vom 26. Februar 1876 §. 9); — im Falle einer Justizverweigerung liegt dem Bundesrath ob, auf ergangene Beschwerde die gerichtliche Hilfe bei der betreffenden Bundesregierung zu erwirken (Reichsverf. Art. 77);

c) auf Antheilnahme am Verfassungsleben des Reichs: der über 25 Jahre alte Württemberger männlichen Geschlechts kann sein Wahlrecht zum Reichstag innerhalb des ganzen Deutschen Reichs ausüben; der wahlberechtigte Württemberger ist im ganzen Deutschen Reich zum Reichstag wählbar; im Königreich Württemberg selbst werden zum Reichstag dermalen 17 Abgeordnete gewählt (Reichsverf. Art. 20; Wahlgesetz vom 31. Mai 1869 §§. 1 u. 4).

Die Absätze 1 und 2 des Art. 3 der Reichsverfassung bestimmen sodann über das deutsche Indigenat, wie folgt:

Für ganz Deutschland besteht ein gemeinsames Indigenat mit der Wirkung, daß der Angehörige (Unterthan, Staatsbürger) eines jeden Bundesstaats in jedem anderen Bundesstaat als Inländer zu behandeln und demgemäß zum festen Wohnsitz, zum Gewerbebetrieb, zu öffentlichen Aemtern, zur Erwerbung von Grundstücken, zur Erlangung des Staatsbürgerrechts und zum Genusse aller sonstigen bürgerlichen Rechte unter denselben Voraussetzungen, wie der Einheimische, zuzulassen, auch in Betreff der Rechtsverfolgung und des Rechtsschutzes demselben gleich zu behandeln ist.

Kein Deutscher darf in der Ausübung dieser Befugniß durch die Obrigkeit seiner Heimat oder durch die Obrigkeit eines anderen Bundesstaats beschränkt werden.

Die unmittelbar praktische Bedeutung dieser Bestimmung geht dahin:
1) die in einzelnen deutschen Staaten bestehenden Gesetze, nach welchen Fremde ungünstiger behandelt werden, als die eigenen Landesangehörigen, sind in Ansehung der Angehörigen anderer Bundesstaaten aufgehoben;
2) kein deutscher Staat darf künftig im Wege der Gesetzgebung oder der Verwaltung Anordnungen treffen, durch welche rechtliche Ungleichheiten zwischen seinen und den Angehörigen der übrigen deutschen Staaten begründet würden;
3) auch die Reichsgesetzgebung selbst könnte derartige Rechtsungleichheiten fernerhin nur auf dem für die Verfassungsänderungen vorgezeichneten Wege neu einführen.

Mehr aber, als dies, besagt der Art. 3 der Reichsverfassung nicht. Derselbe schafft in den angedeuteten Materien noch kein einheitliches, in ganz Deutschland gleichmäßig wirksames, sachlich gleiches Recht, läßt vielmehr jedem Einzelstaat sein Recht und seine Autonomie, indem nur innerhalb der Rechtsgrenzen jedes Einzelstaats eine etwaige ungünstigere Behandlung der Bundesangehörigen verglichen mit den Einheimischen ausgeschlossen ist. Positives Recht enthält also der Art. 3 der Reichsverfassung noch nicht viel und ist derselbe insofern den Grundrechten von 1848 verwandt, die, um eine greifbare Gestalt zu gewinnen, gleichfalls erst im Weg der Gesetzgebung weiter hätten ausgebildet werden müssen.

Bei der Reichsverfassung von 1871 ist überhaupt darauf verzichtet worden, weitere derartige Grundrechte aufzustellen. Um so mehr ist dagegen für die wirklich praktische Bearbeitung eines positiven Rechts auf fast allen einschlägigen Gebieten Seitens der Reichsgesetzgebung schon jetzt geschehen, welcher durch Art. 4 der Reichsverfassung ein weites Feld in dieser Beziehung gelassen ist. Die Gesetze über Freizügigkeit, Erwerbung und Verlust der Bundes- und Staatsangehörigkeit, die staatsbürgerliche Gleichberechtigung der Konfessionen, über den Unterstützungswohnsitz und die Beseitigung der Doppelbesteuerung, dann die Gesetze über den freien Gewerbebetrieb und, anknüpfend an die Zollgesetzgebung, über den freien Verkehr im Innern des Bundesgebiets, das Patentgesetz, die Gesetze zum Schutze des geistigen Eigenthums, eine große Zahl der Bestimmungen der Justizgesetze, das Preßgesetz, das Gesetz über die Verpflichtung zum Kriegsdienste u. s. w. — sie alle umschreiben thatsächlich den weitaus größten Theil der in den Grundrechten von 1848 behandelten Materien, haben dieselben damit praktisch für das Rechtsleben der Nation ausgestaltet; und vergleicht man nun diese Gesetze im Einzelnen mit jenen alten Grundrechten, so wird man, neben neuen, vielleicht nicht überall auf den ersten Griff glücklichen, Gesichtspunkten und Rechtssätzen, doch gerade auch mancher inneren Uebereinstimmung mit den Grundrechten nicht blos im Sinn und Geist, sondern selbst bis auf den Wortlaut hinaus begegnen. So sind also die deutschen Grundrechte von 1848, seiner Zeit von den einen als das Werk eines unfruchtbaren Doktrinarismus, von den anderen ihres zu freisinnigen Charakters wegen verworfen und bei Seite gelegt, jetzt, ihrem geistigen Gehalte nach und nur einzelner naiver Auswüchse entkleidet, doch in das Rechtsbewußtsein des deutschen Volks eingedrungen und damit wohl zu einem dauernden Erwerb auch für das öffentliche Recht in Deutschland geworden.

4. Der Adel.

Literatur. Fürstl. Württembergisches Dienerbuch, herausgegeben von E. E. v. Georgii-Georgenau 1877; P. Lemcke, Ein Blick in das herzoglich Württemb. Offizierkorps des vorigen Jahrhunderts, Württ. Vierteljahrshefte 1879 S. 34 u. 111; (F. v. d. Becke-Klüchtner, Der Adel des Königreichs Württemberg. Stuttgart 1879.

Bei der Theilung des Landes im Jahr 1442 kamen von den Vasallen der Grafen von Württemberg auf den Uracher Antheil 124, auf den Stuttgarter Antheil 139 Lehenträger. Diesen immerhin zahlreichen Adel hatten sein enges Verhältnis zu dem Fürsten, seine aus alten Zeiten her begründete Theilnahme an der Rechtspflege und Verwaltung, seine grundherrlichen Rechte und noch manches andere in jenen und den nächstfolgenden Zeiten zum einflußreichsten sozialen Elemente in der alten Grafschaft und in der ersten Periode des Herzogthums gemacht. Gleichwohl hat derselbe damals es mehr seinem Interesse entsprechend gefunden, sich von Württemberg zurückzuziehen und um die Mitte des 16. Jahrhunderts sich ganz reichsunmittelbar zu stellen. Der immer bestimmter hervortretenden Landeshoheit des württembergischen Regentenhauses wollte er sich nicht unterwerfen, an den Steuern und Abgaben, welche mit der Entwicklung Württembergs zu einem eigenen Staatswesen immer nothwendiger sich ergeben mußten, nicht mehr seinen Theil auf sich nehmen. Die im Jahr 1559 von Kaiser Ferdinand I. für reichsunmittelbar erklärte schwäbische Ritterschaft gab sich 1560 ihre eigene, vom Kaiser im folgenden Jahr bestätigte Ritterordnung, bildete in Folge dessen eine feste Korporation mit besonderem Gericht für die gegenseitigen Verhältnisse und schied damit aus allen Beziehungen zu Württemberg aus, mit einziger Ausnahme des Lehenverbandes, wo ein solcher bestand. Eine ähnliche Ritterordnung nahm 1590 auch die fränkische Ritterschaft an. Der Adel übte in seinen ritterschaftlichen Orten die Rechte des Lehensherrn aus, verwaltete, freilich oft herzlich schlecht, die Justiz wenigstens in der unteren Instanz, erhob dort, oft auf die drückendste Weise, Abgaben und Steuern.

An Adeligen fehlte es darum doch dem württembergischen Hof-, Staats- und Militärdienste zu keiner Zeit. Es ist bereits erwähnt worden, daß aus den ersten Zeiten des Herzogthums herstammen die noch heute nachgeführten Hof-Erbämter des Erbkämmerers und des Erbmarschalls, von denen das erste seit Ulrich bei den Freiherrn von Gültlingen sich findet, das zweite schon 1505 in Verbindung mit einem Freiherrn Thumb von Neuburg genannt wird. Noch weitere solche Hofämter waren erblich in den Händen der Herren von Nippenburg als Erbschenken (1515), der Herren von Stetten im Remsthal als Erbtruchsessen (schon 1251 bis ins 16. Jahrhundert), und 1736 liest man bei dem Namen des aus der Geschichte von Jud Süß rühmlich bekannten Herrn v. Röder die Bezeichnung Erboberstallmeister. Der höhere Hofdienst, bestehend aus Hofmarschall, Truchseß, Oberstallmeister, Stallmeister, Hofoffizieren und Kavalieren, Haushofmeister, Oberschenken, Kammer- und Hofjunkern, Oberjägermeister u. s. w., war ganz in den Händen des Adels. Auch im Staatsdienst bekleideten Adelige fast ausschließlich die höchste Stelle des Landhofmeisters, darunter die Fürstenberg, Hohenlohe, Oettingen, Waldburg, Leiningen, Neipperg, Stadion; — schon 1409 ein Gültlingen. Statthalter in Mömpelgard war 1544—1550 Herzog Christoph von Württemberg selbst als Erbprinz, früher schon z. B. 1412 ein Herzog von Urslingen, 1470 der bekannte Ritter Georg von Ehingen. Unter den Geheimen-Räthen erscheint 1641

Johann Konrad Varnbüler von und zu Hemmingen. Im gleichen Jahrhundert dient in Württemberg ein Mannteufel aus Pommern und ein Bülow aus Mecklenburg, im folgenden kommt der Name Hardenberg bei verschiedenen Hof- und Staatsämtern vor und in unserem Jahrhundert zählte Württemberg unter seinen Generalen und Diplomaten auch einen Grafen von Bismarck. Als Württemberg vor bald 200 Jahren zuerst ein ständiges Militär erhielt, war es wieder der Adel, dem die Mehrzahl der Offiziersstellen zufiel. Eberhard Ludwig hatte eine Gardeschwadron von berittenen Edelleuten. Aus allen Ländern Europas ergänzte sich das herzogliche Offizierkorps, „eines der buntscheckigsten aller Länder und Zeiten", „eine lange Reihe zum Theil stolzer und berühmter Namen, deren Träger, wie sie oft aus weiter Ferne hier auftauchten, so auch zumeist wieder vom schwäbischen Boden verschwunden sind."

Die eingreifenden staatlichen Veränderungen in den ersten Jahren unseres Jahrhunderts unterwerfen nun erst wieder einen großen Theil des ehemals reichsunmittelbaren Adels der württembergischen Herrschaft. Fürsten und Grafen, welche bis dahin für ihre jetzt in das Gebiet des Königreichs Württemberg fallenden Besitzungen die Reichs- oder Kreisstandschaft besessen hatten oder für den Verlust anderweitiger Besitzungen mit solchem Rechte auf dem linken Rheinufer durch die Einweisung in säkularisirte oder mediatisirte Gebietstheile innerhalb des jetzigen vergrößerten Württembergs entschädigt worden waren, — ferner die Angehörigen der vormaligen schwäbischen und fränkischen Reichsritterschaft innerhalb dieses Gebietsrahmens, — sie alle, bis dahin theils selbst Landesherren, theils wenigstens persönlich sehr unabhängig mit einer der landesherrlichen nahe kommenden Gewalt, mußten jetzt mit ihren ehemaligen Unterthanen ebenfalls in ein Unterthänigkeitsverhältnis zu Württemberg treten. Ein Vorrecht nach den anderen ging ihnen verloren; dem vormals reichsunmittelbaren Adel wurde sofort der landsäßige gleichgestellt. Die Patrimonialgerichtsbarkeit und Steuerfreiheit hörten auf. Die Angehörigen der standesherrlichen Familien blieben von der Militärpflicht zwar frei, alle Edelleute aber, die nicht gleichwohl Kriegsdienste leisteten, erhielten im Jahr 1809 eine Extrakriegssteuer zum vierten Theil ihres Einkommens auferlegt. Die Einkünfte, welche Ausfluß landesherrlicher Gerechtsame waren, wurden den Rittergutsbesitzern selbstverständlich entzogen und sollten im Weg der Revenuen-Ausscheidung auch für die Standesherren wegfallen. Während aber das Landrecht allgemein die Errichtung von Familienstatuten und Fideikommissen gestattete, sollte der Adel allein hinfort dieses Recht nicht mehr haben, ja schon bereits getroffene Bestimmungen dieser Art sollten hinfällig sein und der Adel auch in der Wahl seines Wohn- und Aufenthaltsorts, sowie in der Eingehung von Ehen größeren Beschränkungen unterliegen als der Bürgerstand. An den Hof und in die höheren Stellen des Civilstaatsdienstes wie des Militärs wurden mit Vorliebe fremde oder auch neugeschaffene Adelige gezogen, mit einem bestimmten Dienstrang und mit dem Besitz des Civilverdienstordens der persönliche Adel „mit allen Rechten und Vorzügen" verbunden. Als Vorrechte verblieben so dem eingeborenen Adel nur die Adelstitel, Kirchengebet und Trauergeläute, sowie ein privilegirter Gerichtsstand. Die Ebenbürtigkeit des hohen Adels mit der Regentenfamilie aber wurde in dem Hausgesetze von 1808 §. 17 nicht mehr anerkannt.

Erst die **Deutsche Bundesakte** vom 8. Juni 1815 bestimmte in Art. 14:

Um den im Jahre 1806 und seitdem mittelbar gewordenen ehemaligen Reichs= ständen und Reichsangehörigen, in Gemäßheit der gegenwärtigen Verhältnisse, in allen Bundesstaaten einen gleichförmig bleibenden Rechtszustand zu verschaffen, so vereinigen die Bundesstaaten sich dahin:

a) daß diese fürstlichen und gräflichen Häuser fortan nichts destoweniger zu dem hohen Adel in Deutschland gerechnet werden, und ihnen das Recht der Eben= bürtigkeit, in dem bis daher damit verbundenen Begriff, verbleibt;

b) sind die Häupter dieser Häuser die ersten Standesherren in dem Staate, zu dem sie gehören; sie und ihre Familien bilden die privilegirteste Klasse in demselben, insbesondere in Ansehung der Besteuerung;

c) es sollen ihnen überhaupt, in Rücksicht ihrer Personen, Familien und Be= sitzungen, alle diejenigen Rechte und Vorzüge zugesichert werden, oder bleiben, welche aus ihrem Eigenthum und dessen ungestörtem Genuß herrühren, und nicht zu der Staatsgewalt und den höheren Regierungsrechten gehören.

Unter vorerwähnten Rechten sind insbesondere begriffen:

1. die unbeschränkte Freiheit, ihren Aufenthalt in jedem zu dem Bunde ge= hörenden oder mit demselben in Frieden lebenden Staat zu nehmen;

2. werden nach den Grundsätzen der früheren deutschen Verfassung die noch bestehenden Familienverträge aufrecht erhalten und ihnen die Befugniß zugesichert, über ihre Güter und Familienverhältnisse verbindliche Verfügungen zu treffen, welche jedoch dem Souverän vorgelegt und bei den höchsten Landesstellen zur allgemeinen Kenntniß und Nachachtung gebracht werden müssen. Alle bisher dagegen erlassenen Verordnungen sollen für künftige Fälle nicht weiter anwendbar sein.

3. Privilegirter Gerichtsstand und Befreiung von aller Militärpflichtigkeit, für sich und ihre Familie.

4. Die Ausübung der bürgerlichen und peinlichen Gerechtigkeitspflege in erster, und wo die Besitzung groß genug ist, in zweiter Instanz, der Forstgerichtsbarkeit, Ortspolizei und Aufsicht in Kirchen= und Schulsachen, auch über milde Stiftungen, jedoch nach Vorschrift der Landesgesetze, welchen sie, sowie der Militärverfassung und der Oberaufsicht der Regierungen über jene Zuständigkeiten unterworfen bleiben.

Bei der näheren Bestimmung der angeführten Befugnisse sowohl, wie über= haupt und in allen übrigen Punkten, wird zur weiteren Begründung und Feststellung eines in allen deutschen Bundesstaaten übereinstimmenden Rechtszustandes der mittel= bar gewordenen Fürsten, Grafen und Herren die in dem Betreff erlassene Königlich bayerische Verordnung vom Jahre 1807 als Basis und Norm unterlegt werden.

Dem ehemaligen Reichsadel werden die sub nr. 1 und 2 angeführten Rechte, Antheil der Begüterten an Landstandschaft, Patrimonial- und Forstgerichtsbarkeit, Ortspolizei, Kirchenpatronat und der privilegirte Gerichtsstand zugesichert. Diese Rechte werden jedoch nur nach Vorschrift der Landesgesetze ausgeübt.

Unter König Wilhelm erhielten diese Bestimmungen der Deutschen Bundesakte ihre nähere Ausführung in Württemberg, zunächst durch das dem Verfassungsentwurf von 1817 angehängte Adelsstatut, dann durch die Deklarationen der staatsrechtlichen Verhältnisse der standesherrlichen Häuser Thurn und Taxis und Waldeck, sowie durch die allgemeine Deklaration vom 22. September 1819, welcher alsbann weitere Deklarationen für die Mehrzahl der einzelnen standesherrlichen Häuser folgten, und, was die Ritterschaft betrifft, durch die Deklaration der staatsrechtlichen Verhältnisse des vormals reichsunmittelbaren Adels vom 8. Dezember 1821. Ein Königliches Dekret vom 12. März 1823 erkennt allen Mitgliedern vormals reichsritterschaftlicher Familien mindestens den Freiherrntitel zu. Durch eine K. Verordnung vom 24. Oktober 1825 aber wurde die Deklaration vom 8. Dezember 1821 auch auf den altlandsässigen Adel, jedoch gegen Verzichtleistung auf die Patrimonial- und Forstgerichtsbarkeit und Ortspolizei, insoweit ausgedehnt, als die diesfälligen Ansprüche in dem Besitzstand vor dem 10. Mai 1809 begründet und nicht durch neuere Verträge oder sonstige Rechtstitel erloschen waren.

Mehr aber als dies konnte der Adel unter König Wilhelm nicht erlangen, dessen gerechter und schlichter, bürgerfreundlicher Sinn weitere praktische Bevorzugungen des Adeligen vor dem Bürgerlichen, z. B. bei Anstellungen und Beförderungen, immer ausgeschlossen hat.

Und auch von jenen auf der Deutschen Bundesakte beruhenden Sonder- und Vorrechten ist im Lauf der Jahre, namentlich seit 1848, nach und nach Einzelnes wieder hinweggefallen, so insbesondere 1849 die Patrimonial-Gerichtsbarkeit und -Polizeiverwaltung, mit Einschluß der Forstgerichtsbarkeit und Forstpolizei, sowie der befreite Gerichtsstand. Auch wurde 1849 dem standesherrlichen Adel die Befreiung von der Kriegsdienstpflicht entzogen, jedoch 1853 wieder zurückgegeben. Dieselbe ist jetzt durch das Reichsgesetz, betreffend die Verpflichtung zum Kriegsdienst, vom 9. November 1867, §. 1 lit. b auch von Reichswegen anerkannt worden, wogegen für Patrimonialgerichte und befreite Gerichtsstände, abgesehen von dem Gebiet der freiwilligen Gerichtsbarkeit, die Reichsjustizgesetze keinen Raum mehr haben.

Nach den heutigen Verhältnissen hat man bei dem württembergischen Adel 4 Kategorien zu unterscheiden:
1) den standesherrlichen Adel,
2) den ritterschaftlichen Adel,

3) den nicht in die Adelsmatrikel eingetragenen, begüterten und unbegüterten erblichen Adel und

4) den an einzelne Aemter (in den 4 ersten Stufen der Rangordnung) und Orden (den Kronorden mit Ausnahme des untersten Grads und den Militärverdienstorden) geknüpften Personaladel.

Während mit den beiden letzten Kategorien des Adels nur einzelne Ehrenrechte, die Hoffähigkeit u. s. w. noch verbunden sind, verleiht der standesherrliche Adel, welcher bedingt ist einerseits durch die rechtmäßige ebenbürtige Abstammung von einer ehemals mit dinglicher Reichsstandschaft versehenen fürstlichen oder gräflichen Familie, andrerseits durch den Besitz von Gütern, auf welchen einst eine Reichstags- oder Kreistags-Stimme geruht hatte und welche auch seither ununterbrochen in den Händen von Standesherren geblieben sind (vergl. Golther, Tübinger Zeitschrift für die gesammte Staatswissenschaft XVII S 208 ff.) — zunächst den Anspruch auf den fürstlichen oder gräflichen Titel, auf das Prädikat „Durchlaucht", oder „Erlaucht", auf die Zuzählung zu dem hohen Adel Deutschlands und auf die volle Ebenbürtigkeit mit den regierenden Häusern. Die Standesherren haben ferner das Recht, Familienstatute und Hausgesetze zu errichten, ihren Beamten Titel bis zu dem eines Domänendirektors und eines Raths zu verleihen, in ihren Schlössern Ehrenwachen zu halten. Beim Verkehr mit ihnen haben die Königlichen Behörden sich eines eigenen höflichen Kanzleiceremoniells zu bedienen. In Ausübung ihrer Kirchenpatronatsrechte und der Präsentation der Schullehrer sind die Standesherren staatlich nicht beschränkt. Innerhalb des Gebiets der Standesherrschaft gebührt ihnen Erwähnung im Kirchengebet, eintretenden Falls auch Trauergeläute und öffentliche Trauer.

Die Standesherren können das Bürgerrecht gleichzeitig in mehreren Staaten besitzen; sie genießen möglichste Freiheit in der Wahl des Aufenthalts und Wohnorts, sind mit Einschluß sämmtlicher männlicher Familienmitglieder frei von der Wehrpflicht.

Die Häupter der fürstlichen und gräflichen Familien und die Vertreter der standesherrlichen Gemeinschaften, auf deren Besitzungen vormals eine Reichstags- oder Kreistags-Stimme geruht hat, haben Sitz und Stimme in der Kammer der Standesherren (Verf.Urk. §. 129 Ziff. 2).

Als weitere Ehrenrechte des standesherrlichen Adels führt Gaupp in der Handausgabe der Verfassungs-Urkunde S. 96 noch an: die Exemtion von der Gerichtsbarkeit der Ortsbehörden und Zuständigkeit vor dem Landgericht in Sachen der freiwilligen Gerichtsbarkeit sowohl für ihre Personen als für ihre immatrikulirten Güter; das Recht auf standesgemäße Kompetenz in Exekutions- und Gantfällen; das Recht der Autonomie durch Errichtung von Familienstatuten und Fideikommissen; das Recht, über Familienglieder Vormundschaften zu bestellen, ohne Dispensation Privattrauungen, Taufen und Konfirmationen auf ihren Gütern vornehmen lassen zu dürfen; die Befreiung von der Quartierleistung im Friedenszustand und von der damit verbundenen Pflicht der Naturalverpflegung.

Ein Theil dieser Rechte (Autonomie, befreiter Gerichtsstand in Sachen der freiwilligen Gerichtsbarkeit, standesmäßige Kompetenz, Kirchenpatronat, Kirchengebet u. s. w.) ist auch dem ritterschaftlichen Adel eingeräumt. Der ritterschaftliche Adel des Königreichs Württemberg wird gebildet aus dem ehemaligen reichsritterschaftlichen und dem altlandsäßigen Adel, eventuell aus den durch Königliche Verleihung in den Adelsstand erhobenen Familien. Vorausgesetzt wird außerdem der Besitz oder Besitzantheil an einem in die Adelsmatrikel eingetragenen Rittergut. Die Verfassungs-Urkunde bestimmt:

§. 39. Der ritterschaftliche Adel des Königreichs bildet zum Behuf der Wahl seiner Abgeordneten in die Ständeversammlung und der Erhaltung seiner Familie in jedem der vier Kreise eine Körperschaft.

§. 40. Die Aufnahme in eine dieser Körperschaften hängt von ihrer Zustimmung und der Genehmigung des Königs ab. In Beziehung auf die Aufnahme adeliger Besitzer immatrikulirter Rittergüter soll jedoch durch die Statute dieser Körperschaften das Nähere festgestellt werden.

§. 41. Gedachte Statute erhalten auf eben die Art wie andere Landesgesetze verbindliche Kraft.

§. 42. Den Mitgliedern der Ritterschaft stehen alle allgemeinen staatsbürgerlichen Rechte zu. Die näheren Bestimmungen über die Ausübung der im 14. Artikel der Bundesakte der Ritterschaft zugesicherten Rechte werden den Ständen mitgetheilt.

Ferner:

§. 133. Die zweite Kammer (Kammer der Abgeordneten) ist zusammengesetzt: 1) aus dreizehn Mitgliedern des ritterschaftlichen Adels, welche von diesem aus seiner Mitte gewählt werden u. s. w.

§. 136. Die dreizehn ritterschaftlichen Mitglieder der zweiten Kammer werden von den immatrikulirten Besitzern oder Theilhabern der Rittergüter nach den vier Kreisen des Königreichs, in den Kreisstädten, unter der Leitung des betreffenden Regierungspräsidenten mit Zuziehung zweier Mitglieder der Ritterschaft, aus sämmtlichen Mitgliedern ritterschaftlicher Familien gewählt.

§. 145. Wer in mehreren Kreisen als Rittergutsbesitzer besteuert wird, kann in mehreren Kreisen das Wahlrecht ausüben.

§. 151 Abs. 3. Bei den Wahlen der Ritterschaft sind die zur Leitung der Wahlhandlung zuzuziehenden ritterschaftlichen Mitglieder nicht wählbar.

[§. 146 Abs. 2. Zu Abgeordneten der Städte und Oberamtsbezirke können weder die Häupter der standesherrlichen Familien, noch die Rittergutsbesitzer (§. 136) gewählt werden].

Es möge nun noch eine gedrängte Uebersicht über den Stand der adeligen Familien in Württemberg im Frühjahr 1882 hier folgen:

I. Der standesherrliche Adel.

Im Besitze von Standesherrschaften in Württemberg sind

A. Die Fürsten

1. Bentheim-Bentheim und Bentheim-Steinfurt, als Nachfolger von Solms-Braunfels.
2. Fürstenberg.
3. Hohenlohe-Langenburg.
4. Hohenlohe-Oehringen.
5. Hohenlohe-Bartenstein.
6. Hohenlohe-Jagstberg.
7. Hohenlohe-Waldenburg-Schillingsf.
8. Löwenstein-Wertheim-Rosenberg.
9. Löwenstein-Wertheim-Freudenberg.
10. Oettingen-Wallerstein.
11. Thurn und Taxis.
12. Waldburg-Wolfegg-Waldsee.
13. Waldburg-Zeil-Trauchburg.
14. Waldburg-Zeil-Wurzach.
15. Windischgrätz.

B. Die Grafen

16. Waldeck-Pyrmont, — die Standesherrschaft gegenwärtig im Besitz der Frau Gräfin Mechtild, Witwe des Grafen Karl Anton Ferdinand von Bentinck.

17. Königsegg-Aulendorf.
18. Limpurg-Sontheim-Gaildorf, vertreten durch die Grafen von Pückler-Limpurg.
19. Quabt-Wykradt-Jsny.
20. Schaesberg-Thannheim.
   Standesherrschaften, deren gegenwärtige Besitzer ihre persönliche standesherrliche Befähigung noch nicht nachgewiesen haben:
21. Törring-Gutenzell — in Händen des Grafen Clemens Maria Anton von
   Törring-Jettenbach;
22. Plettenberg-Mietingen — in Händen des Grafen Nikolaus Joseph Maria
   Hubert von Esterhazy-Galantha.
   Standesherrliche Familien, die in Württemberg nur Rittergüter besitzen:
   Die Grafen:
23. Neipperg,
24. Rechberg und Rothenlöwen,
   diese beiden mit erblichem Sitz in der Kammer der Standesherren;
25. Fürst von Salm-Reifferscheid-Dyck,
   die Grafen:
26. Fugger-Kirchberg-Weißenhorn,
27. Stadion-Stadion-Thannhausen.
   Kirchenpatronate haben noch die Standesherren:
   Der Fürst von Oettingen-Spielberg und der Graf von Erbach-Wartenberg-Roth.

II. Der ritterschaftliche Adel.

In die Adelsmatrikel sind eingetragen als Rittergutsbesitzer:

A. Die Grafen

Adelmann von Adelmannsfelden, Berlichingen-Rossach, Berolbingen, Pissingen-Nippenburg, Degenfeld-Schonburg, Dillen, Leutrum-Ertingen, Linden, Malbeghem, Normann-Ehrenfels, Reischach, Reuttner von Weyl, Soben, Uxkull-Gyllenband, Zeppelin.

B. Die Freiherren

Berlichingen-Jagsthausen und -Rossach, Besserer von Thalfingen, Breitschwert, Breuning, Brusselle-Schaubeck, Bühler, Capler von Oedheim genannt Bautz, Cotta von Cottendorf, Crailsheim, Ellrichshausen-Assumstadt und -Jagstheim, Enzberg, Eyb, Freyberg-Eisenberg-Allmendingen, Gaisberg-Helfenberg und -Schöckingen, Gemmingen-Bonfeld und -Fürfeld, Gültlingen, Harbt von Wöllenstein, Hayn, Herman, Hiller von Gärtringen, Hofer von Lobenstein, vom Holz, Hornstein-Bußmannshausen und -Grieningen, Jsflinger von Granegg, Kechler-Schwandorf, Killinger, König von Königshofen, König zu Fachsenfeld, König von und zu Warthausen, Lang, Leutrum-Ertingen, Liebenstein, Linden, Massenbach, Maucler, Münch, Ow, Palm, Pflummern, Phull-Rieppur, Podewils, Racknitz, Rayler-Weitenburg und -Gamerschwang, Reischach, Saint-André, Schütz-Pflummern, Seckendorff-Gutenb, Seutter, Speth-Untermarchthal und -Schülzburg, Stetten äußeres Haus und Buchenbacher Haus, Sturmfeder, Süßkind, Tessin-Kilchberg und -Hochdorf, Thannhausen, Thumb von Neuburg, Tropff zu Domeneck, Ulm-Erbach-Mittelbiberach, Varnbüler, Wächter zu Lautenbach, Wächter-Spittler, Wagner von Frommenhausen, Weiler, Wiederhold, Wöllwarth-Essingen-Lauterburg.

C. Die Adeligen (Herren von:)

Balbinger, Besserer von Thalfingen, Kauffmann, Kolb, Neubronner, von der Planitz, Schab von Mittelbiberach, Vischer zu Ihingen, Weidenbach, Werner von Kreit, Wölckern.

III. Zur Reichsritterschaft gehörten, werden auch als Kirchenpatrone noch aufgeführt, sind aber mit ihren Rittergütern in die Abelsmatrikel nicht eingetragen die Grafen Hatzfeld und Schenk zu Castel, die Freiherren von Abelsheim, Verstett, Crailsheim-Rügland, Gemmingen-Hornberg auf Treschklingen, Pappus, Schenk von Stauffenberg, Seckendorff-Aberdar-Gröningen-Erkenbrechtshausen, Stotzingen.

Geborene Abelige sind in Württemberg bei der Volkszählung im Jahr 1821 1736 ermittelt worden. Für 1841 wurde darnach ein Bestand von 1850 Abeligen berechnet. Dagegen hat man bei Bearbeitung der Landesbeschreibung von 1863 die Zahl aller im Lande wohnenden Angehörigen abeliger Familien auf 1000—1200 veranschlagt. Eine auf die neuesten literarischen Hilfsmittel sich stützende Zählung ergibt für 1880 eine Zahl von 2340 (1,2 Proz. der Gesammtbevölkerung), von denen 280 zum standesherrlichen, 1065 zum ritterschaftlichen und 995 zum übrigen Abel gehören. 1120 sind männlichen Geschlechts, 540 Frauen oder Witwen, 680 unverheiratete Damen.

In den Personalabel verleihenden Graden des Kronordens stehen 400 Inländer, darunter 60 Abelige von Geburt, den Militärverdienstorden besitzen 120 Inländer, davon die größere Hälfte, 71, bürgerliche. Es wird angenommen werden dürfen, daß die vermöge ihres Dienstgrades den Personalabel Besitzenden mit verschwindenden Ausnahmen schon unter dem Ordensabel inbegriffen sind.

5. Die Juden.

Während nach dem Vorstehenden der Abel in Württemberg eine gewisse Bevorzugung vor anderen Staatsbürgern noch heute genießt, ist dagegen die frühere staatsbürgerliche Zurücksetzung der Juden seit zwei Jahrzehnten als gesetzlich beseitigt zu betrachten. Ein kurzer Rückblick auf dieses Verhältnis bietet indessen doch einiges Interesse.

Nachdem die Kirche im 11. Jahrhundert dem Kaiser die Juden mit Leben und Gut als seine Kammerknechte in die Hand gegeben hatte, kam es nicht selten vor, daß der Kaiser einerseits den Judenschutz mit dem Recht der Abgabenerhebung an einzelne Reichsstände weiter verlieh, andrerseits auch wohl zu Gunsten von solchen einfach einen Strich durch die Judenforderungen machte, wobei man nur nicht übersehen darf, daß die Juden ihr Privilegium, Zinsen zu nehmen, das sie vor den Christen voraus hatten, oft auch mißbraucht haben mögen. An die Grafen von Württemberg kam das Judenschutzrecht im 14. Jahrhundert; in Folge dessen entstanden Niederlassungen von Juden in Stuttgart, Cannstatt, Göppingen. Auch Tübingen hatte eine Judengasse, Kirchheim eine Synagoge. Doch bestimmte schon Eberhard im Bart durch Testament, daß seine Erben in der Herrschaft keine Juden mehr seßhaft wohnen, noch Gewerbe treiben lassen sollen. Demgemäß ward auch in der zweiten Regimentsordnung von 1498 festgesetzt, daß die „nagenden Würm", die Juden, im Fürstenthum nicht gehalten und auch die Nachbarn ersucht werden sollen, die Juden in ihren Gebieten nicht zu dulden. Fremde Juden sollen blos das geliehene Kapital zu fordern haben. Unter Herzog Ulrich gieng man zurück auf die Bestimmung der Landesordnung von 1495, daß man keinem Juden wegen Wucher (Zins) Recht ergehen lassen, auch keiner mit Verschreibung oder Versetzung seiner liegenden Güter sich an die Juden legen dürfe. Weitere strenge Verordnungen, die auch vollzogen wurden, bedrohten jeden Unterthan, der mit Juden sich einließe, ohne von seiner Schuld gegen diese den Amtleuten Anzeige zu machen, mit Landesverweisung. Und noch Herzog Christoph war gegen die Juden so sehr eingenommen, daß er deren Vertreibung aus ganz Deutschland bei dem Reichstag ernstlich, jedoch ohne Erfolg, in Anregung brachte. Von da an galt bis zum Schluß der herzoglichen Periode gesetzlich Folgendes:

Im Lande durfte kein Jude wohnen und auch der Herzog durfte zum Zweck eines längeren Aufenthalts keinem Juden einen Schutzbrief ertheilen. Dagegen konnten die fremden Juden auf Jahrmärkten, wenn sie das gehörige Geleite hatten, über Gegenstände des Marktverkehrs um baares Geld handeln. Jeder andere Vertrag aber, den ein württ. Unterthan mit den Juden schloß, sollte auch diesen ein Verkehr in Württemberg gestattet werden, — mußte dem Erkenntnisse der ordentlichen Obrigkeit des Christen unterworfen und konnte von ihr nur dann bestätigt werden, wenn der Vertrag nicht gegen die bestehenden Normen war und eine Vernachtheiligung des Christen nicht enthielt. Ohne eine solche nachgesuchte und ausgewirkte Bestätigung war der Vertrag null und nichtig, und den Württemberger trafen dann noch außerdem die in der Landesordnung festgesetzten schweren, auf den Verkehr mit den Juden gesetzten Strafen der Landesverweisung u. s. w. Endlich war noch jede Abtretung einer einem Juden gegen einen Christen zukommenden Schuldforderung, wenn sie an einen Christen geschah, ungiltig (C. G. Wächter Privatrecht I. S. 189).

So nach den Gesetzen. In Wirklichkeit aber wurde es häufig doch anders gehalten. Herzog Friedrich I. nahm zuerst Juden in einen nichtinkorporirten Kammerort, Reidlingen, auf und sein Beispiel fand Nachahmung. Die Grävenitz bahnte dem ersten Hofjuden den Weg in die Residenz und ließ weitere Juden in die ihr zu Lehen gegebenen Orte Freudenthal und Gochsheim (jetzt badisch) ein. Unter Karl Alexander aber erlangte der Jude Süß als geheimer Finanzrath den größten Einfluß. Ihm wurde das Recht übertragen, Judenschutzbriefe auszustellen. Auch nach seinem Sturze wurden wohl einzelne seiner Glaubensgenossen ausgetrieben, ganz gelang dies aber nicht mehr und in den nicht inkorporirten Kammerschreibereiorten blieben sie ohnedies angesessen (zu Freudenthal, Gochsheim, Aldingen a. N., Hochberg, Zaberfeld).

Nach den staatlichen Veränderungen zu Anfang unseres Jahrhunderts zählte das Land im Jahr 1808 mit einmal 1134 Judenfamilien. Man konnte daher nicht wie früher weiter verfahren. Die religiöse Intoleranz machte sich ohnedies nicht mehr in dem Grade, wie in den vorangegangenen Jahrhunderten, geltend. Doch kam es vorerst nur zur Verleihung einzelner Rechte, denen alsdann auch die entsprechenden staatsbürgerlichen

Lasten gegenüberstanden, — dies ohne Konsequenz und ohne ein bestimmtes System. Der Zweck, die Juden allmählich vom Schacherhandel abzuziehen und sie zu tüchtigen Staatsbürgern heranzubilden, war auf diese Weise nicht zu erreichen. Erst mit dem Gesetze vom 25. April 1828, in Betreff der öffentlichen Verhältnisse der israelitischen Glaubensgenossen, wurde ein sorgfältig und planmäßig vorbereiteter neuer Weg mit Entschiedenheit betreten. Die im Königreich einheimischen Israeliten wurden damit in den Genuß der Rechte der württembergischen Unterthanen eingesetzt, soweit nicht das Gesetz noch eine Ausnahme begründete. Sie wurden allen bürgerlichen Gesetzen unterworfen und sollen alle Pflichten und Leistungen der übrigen Unterthanen erfüllen. Jeder Israelite hat einen bestimmten Familiennamen für sich und seine Nachkommen anzunehmen. Jeder in dem Königreich einheimische Israelite muß einer bestimmten Gemeinde als Bürger oder Beisitzer angehören. Der Israelite ist gleich den christlichen Staatsgenossen berechtigt, seinen Beruf und sein Gewerbe nach eigener Neigung zu wählen und sich dazu im In- und Auslande auszubilden, insbesondere auch den Künsten und Wissenschaften sich zu widmen und zu Erlernung derselben die Landesanstalten zu benützen. Doch blieb der Jude nach dem Gesetze vom 25. April 1828 in Beziehung auf die Wahl und Ausübung des Berufs manchen Beschränkungen unterworfen, wurden namentlich die Schacherjuden von verschiedenen demüthigenden oder wenigstens lästigen Bestimmungen noch getroffen u. s. w. Daß ein Israelite weder das aktive noch das passive Wahlrecht zur Ständeversammlung hatte, folgte schon aus den §§. 135 und 142 der Verfassungsurkunde von 1819.

Alle diese privilegia odiosa aber haben jetzt aufgehört. Nachdem durch Gesetz vom 31. Dezember 1861 die staatsbürgerlichen Rechte für unabhängig von dem religiösen Bekenntnis erklärt worden sind, hat das Gesetz vom 13. August 1864 insbesondere noch bezüglich der im Königreich einheimischen Israeliten bestimmt, daß dieselben in allen bürgerlichen Verhältnissen den gleichen Gesetzen unterworfen sind, welche für die übrigen Staatsangehörigen gelten, daß sie demgemäß die gleichen Rechte genießen, die gleichen Pflichten und Lasten zu erfüllen und zu tragen haben. Alle entgegenstehenden Bestimmungen des Gesetzes von 1828 wurden gleichzeitig aufgehoben.

Die Zahl der Israeliten in Württemberg war 1821 8892, 1838 11 266, aber auch 1861 in Folge der starken Betheiligung der Juden an der Auswanderung noch nicht mehr als 11 338, 1871 12 245, 1875 12 881, 1880 13 331.

Die israelitische Bevölkerung hat seit einigen Jahrzehnten begonnen, sich von den Dörfern nach den Städten zu ziehen. Ihr Zuwachs ist nach den letzten Zählungen ein stärkerer, als der der Gesammtbevölkerung.

VI. Die Landstände.

Literatur: siehe Seite 3, 12 und: Bitzer, Regierung und Stände in Württemberg. Stuttgart. 1882.

Von den Landständen handeln Kapitel IX der Verfassungsurkunde und zwar zunächst die §§. 124 bis 186 derselben, die Verfassungsgesetze vom 26. März 1868 und 23. Juni 1874.

§. 124. Die Stände sind berufen, die Rechte des Landes in dem durch die Verfassung bestimmten Verhältnisse zum Regenten geltend zu machen. Vermöge dieses Berufes haben sie bei Ausübung der Gesetzgebungsgewalt durch ihre Einwilligung mitzuwirken, in Beziehung auf Mängel oder Mißbräuche, die sich bei der Staatsverwaltung ergeben, ihre Wünsche, Vorstellungen und Beschwerden dem Könige vorzutragen, auch wegen verfassungswidriger Handlungen Klage anzustellen, die nach gewissenhafter Prüfung für nothwendig erkannten Steuern zu verwilligen und überhaupt das unzertrennliche Wohl des Königs und des Vaterlandes mit treuer Anhänglichkeit an die Grundsätze der Verfassung zu befördern.

§. 126. Das Staatsministerium (Gesetz vom 1. Juli 1876 Art. 8) — ist die Behörde, durch welche sowohl der König seine Eröffnungen an die Stände erlassen wird, als auch letztere ihre Erklärungen, Bitten und Wünsche an den König zu bringen haben. — [Der Hauptfinanzetat wird den Ständen durch den Finanzminister vorgelegt §. 111].

§. 127. Der König wird alle drei Jahre die Versammlung der Stände (Landtag) einberufen; und außerordentlicherweise, so oft es zur Erledigung wichtiger oder dringender Landesangelegenheiten erforderlich ist. — Auch werden bei jeder Regierungsveränderung die Stände innerhalb der ersten vier Wochen versammelt werden.

§. 128. Die Stände theilen sich in zwei Kammern.

§. 129. Die erste Kammer (Kammer der Standesherren) besteht:

1. aus den Prinzen des Königlichen Hauses;

2. aus den Häuptern der fürstlichen und gräflichen Familien und den Vertretern der standesherrlichen Gemeinschaften, auf deren Besitzungen vormals eine Reichs- oder Kreistags-Stimme geruht hat;

3. aus den von dem Könige erblich oder auf Lebenszeit ernannten Mitgliedern.

§. 130. Zu erblichen Mitgliedern wird der König nur solche Gutsbesitzer aus dem standesherrlichen oder ritterschaftlichen Adel ernennen, welche von einem mit Fideikommiß belegten, nach dem Rechte der Erstgeburt sich vererbenden Grundvermögen im Königreiche, nach Abzug der Zinsen aus den darauf haftenden Schulden, eine jährliche Rente von sechstausend Gulden beziehen.

§. 131. Die lebenslänglichen Mitglieder werden vom Könige, ohne Rücksicht auf Geburt und Vermögen, aus den würdigsten Staatsbürgern ernannt.

§. 132. Die Zahl sämmtlicher von dem Könige erblich oder auf lebenslang ernannten Mitglieder kann den dritten Theil der übrigen Mitglieder der ersten Kammer nicht übersteigen. (Zur Zeit sind es 2 erblich, 7 lebenslänglich ernannte Mitglieder).

§. 133. Die zweite Kammer (Kammer der Abgeordneten) ist zusammengesetzt:

1. aus dreizehn Mitgliedern des ritterschaftlichen Adels, welche von diesem aus seiner Mitte gewählt werden;

2. aus den sechs protestantischen General-Superintendenten;

3. aus dem Landes-Bischof, einem von dem Domkapitel aus dessen Mitte gewählten Mitgliede und dem der Amtszeit nach ältesten Dekan katholischer Konfession;

4. aus dem Kanzler der Landes-Universität;

5. aus einem gewählten Abgeordneten von jeder der Städte Stuttgart, Tübingen, Ludwigsburg, Ellwangen, Ulm, Heilbronn und Reutlingen — der sogenannten guten Städte (Verordn. v. 26. Januar 1811);

6. aus einem gewählten Abgeordneten von jedem Oberamtsbezirke.

§. 134. (vergl. mit Art. 15 Satz 1 des Königlichen Hausgesetzes vom 8. Juni 1828 und Art. 1 des Gesetzes vom 7. März 1873, betreffend die weitere Herabsetzung des Alters der Volljährigkeit). Der Eintritt in die erste Kammer geschieht bei dem Kronprinzen nach dem zurückgelegten 18., bei den Kgl. Prinzen und den übrigen erblichen Mitgliedern mit dem vollendeten 21. Lebensjahre. In die zweite Kammer kann Keiner gewählt werden, welcher noch nicht das 30. Lebensjahr zurückgelegt hat.

§. 135. Die allgemeinen Erfordernisse eines Mitglieds der Ständeversammlung sind [jetzt — vergl. das Gesetz vom 31. Dezember 1861, betreffend die Unabhängigstellung der staatsbürgerlichen Rechte von dem religiösen Bekenntnisse, und das Verfassungsgesetz vom 26. März 1868 Art. 1 und 4] folgende:

1. dasselbe muß das württembergische Staatsbürgerrecht haben;

2. dasselbe darf weder in eine Kriminal-Untersuchung verflochten, noch durch gerichtliches Erkenntnis zur Dienst-Entsetzung, zur Festungsstrafe mit Zwang zu öffentlichen Arbeiten oder angemessener Beschäftigung, oder zum Zuchthaus verurtheilt worden sein;

3. es darf kein Konkurs gegen dasselbe gerichtlich eröffnet sein; und selbst nach geendigtem Konkursverfahren dauert seine Unfähigkeit fort, wenn es wegen Vermögens-Zerrüttung gestraft worden ist. Jedoch werden die erblichen Mitglieder der ersten Kammer durch die Erkennung einer Debitkommission von der Stimmführung nicht ausgeschlossen, wenn ihnen eine Kompetenz von wenigstens zweitausend Gulden ausgesetzt ist. Endlich

4. darf ein Mitglied der Ständeversammlung weder unter väterlicher Gewalt, noch unter Vormundschaft stehen.

§. 136 und §. 145. (Wahl der ritterschaftlichen Mitglieder der zweiten Kammer) s. oben Abschn. V §. 4 S. 80.

§. 137. Die Abgeordneten der Städte und Oberamtsbezirke (§. 133 Z. 5 und 6) werden durch diejenigen württembergischen Staatsbürger direkt gewählt, welche in dem Wahlbezirk ihren Wohnsitz oder ihren nicht blos vorübergehenden Aufenthalt haben und nicht nach §. 142 ausdrücklich ausgeschlossen sind. — (Eine Statistik der Wahlen im Dezember 1876 verglichen mit den Reichstagswahlen im Januar 1877 s. in den Württemb. Jahrbüchern 1876 I S. 8 ff.).

§. 142. Von der Ausübung des aktiven Wahlrechts jeder Art sind ausgeschlossen:

1. Personen, welche unter Vormundschaft stehen, oder das 25. Lebensjahr noch nicht zurückgelegt haben;

2. Personen, gegen welche ein Gantverfahren gerichtlich eröffnet ist, während der Dauer desselben;

3. Personen, gegen welche wegen eines Verbrechens, das den Verlust der bürgerlichen Ehren- und Dienstrechte zur Folge hat, Untersuchung verhängt ist, oder denen durch rechtskräftige Verurtheilung der Vollgenuß der staatsbürgerlichen Rechte entzogen ist, sofern sie in diese Rechte nicht wieder eingesetzt worden sind;

4. Personen, welche — den Fall eines vorübergehenden Unglücks ausgenommen — eine Armen-Unterstützung aus öffentlichen Mitteln beziehen oder im letzten der

Wahl vorangegangenen Finanzjahr bezogen und diese zur Zeit der Wahl nicht wieder erstattet haben.

§. 142a. Die Wahlen erfolgen durch geheime Stimmgebung.

§. 143. Eine giltige Wahl kommt am ersten Wahltermine (vergl. §. 153) nur durch die Abstimmung von mehr als der Hälfte der Wahlberechtigten zu Stande. — Im Fall des Nichterscheinens der erforderlichen Zahl sind mittelst öffentlicher Bekanntmachung Ergänzungswahltermine so lange anzuberaumen, bis jene Zahl erreicht ist. Zu diesen Ergänzungswahlterminen sind die nicht erschienenen Wahlberechtigen speziell zu laden. — Die Ausübung des Wahlrechts kann nicht durch einen Bevollmächtigten geschehen, den Fall ausgenommen, wenn bei den Wahlen der Ritterschaft der Wahlberechtigte durch Dienstverhältnisse verhindert ist, sich am Wahlort einzufinden.

§. 144. Die Wahlen geschehen nach absoluter Stimmen-Mehrheit.

§. 146. Wählbar ist jeder, welchem die oben (§§. 134 und 135) vorgeschriebenen Eigenschaften nicht fehlen. Jedoch können Staatsdiener nicht innerhalb des Bezirks ihrer Amtsverwaltung, und Kirchendiener nicht innerhalb des Oberamtsbezirks, in welchem sie wohnen, gewählt werden. — Auch können weder die Häupter der standesherrlichen Familien, noch die Rittergutsbesitzer (§. 136) gewählt werden. — Beamte bedürfen zur Annahme einer Wahl keines Urlaubs. — Wenn ein gewähltes Kammermitglied ein besoldetes Reichs- oder Staatsamt annimmt, oder im Reichs- oder Staatsdienst in ein Amt eintritt, mit welchem ein höherer Rang oder Gehalt verbunden ist, so verliert es Sitz und Stimme in der Kammer und kann seine Stelle in derselben nur durch neue Wahl wieder erlangen.

§. 147. Die Wahlmänner — sind in Ansehung der Person des Abgeordneten nicht auf ihren Wahlbezirk beschränkt; sie können auch einem anderswo im Königreiche wohnenden Staatsbürger ihre Stimme geben. Wer aber an mehreren Orten gewählt worden ist, kann nur Eine der auf ihn gefallenen Wahlen annehmen.

§. 148. Tritt der Fall ein, daß Vater und Sohn zugleich Mitglieder der Ständeversammlung werden, so wird, wenn der Vater nicht aus eigener Entschließung zurücktritt, der Sohn durch denselben ausgeschlossen.

§. 151. Die Vorschriften über das Verfahren bei der Wahl der Abgeordneten der Städte und Oberamtsbezirke werden durch ein Gesetz näher bestimmt. (s. jetzt das Wahlgesetz vom 26. März 1868; Instruktion dazu vom 20. April 1868).

§. 153. Hat der Gewählte die Wahl nicht angenommen, oder keiner der Kandidaten mehr als die Hälfte der abgegebenen Stimmen erhalten, so ist eine neue Wahl anzuordnen. In dem letzteren Fall ist nur unter den zwei Kandidaten zu wählen, welche bei der ersten Wahl die meisten Stimmen erhalten haben. Bei Stimmengleichheit entscheidet das Loos.

§. 154. Nach dem Schlusse der Wahlhandlung wird für den Gewählten zu dessen Legitimation eine Wahl-Urkunde mit der Unterschrift der zu Feststellung des Wahlergebnisses gesetzlich berufenen Personen ausgefertigt.

§. 155. Der Gewählte ist als Abgeordneter, nicht des einzelnen Wahl-Bezirkes, sondern des ganzen Landes anzusehen.

Es kann ihm daher auch keine Instruktion, an welche er bei seinen künftigen Abstimmungen in der Stände-Versammlung gebunden wäre, ertheilt werden.

§. 156. Die Mitglieder beider Kammern haben ihr Stimmrecht in Person auszuüben; nur den erblichen Mitgliedern der ersten Kammer ist gestattet, ihre Stimme einem andern in der Versammlung anwesenden Mitgliede dieser Kammer, oder einem Sohne, oder dem sonstigen präsumtiven Nachfolger in der Standesherrschaft zu übertragen. — Dieses besondere Recht der Stimm-Uebertragung kann auf gleiche Weise auch für einen wegen Minderjährigkeit oder anderer persönlicher Unfähigkeit unter Vormundschaft stehenden Standesherrn von dessen Vormund ausgeübt werden. — In jedem Fall aber kann ein Mitglied der ersten Kammer oder ein Stellvertreter desselben niemals mehr als Eine übertragene Stimme führen.

§. 157. Alle sechs Jahre muß eine neue Wahl der Abgeordneten, welche nicht Amtshalber Sitz und Stimme in der zweiten Kammer haben, vorgenommen werden; die bisherigen sind wieder wählbar.

§. 158. Während dieses sechsjährigen Zeitraums erfolgt der Austritt eines Mitglieds der Kammer, außer dem Falle des freiwilligen Entschlusses oder der gerichtlich erkannten Ausschließung — [abgesehen ferner von dem in §. 146 Abs. 4 bezeichneten Falle] — nur dann wenn

1. ein Mitglied das Grundvermögen, den Stand oder das Amt, worauf dessen Befähigung beruht, zu besitzen aufhört;

2. wenn das Mitglied in der Zwischenzeit eine der oben (§. 135) festgesetzten Eigenschaften verliert. —

§. 159. Die Mitglieder beider Kammern haben sich vor Eröffnung des Landtags zu legitimiren. Die Legitimation geschieht bei dem ständischen Ausschusse (§. 187) durch Vorlegung des Einberufungsschreibens, welches in dem (§. 156) erwähnten Falle der Stimmübertragung mit der hierauf gerichteten Vollmacht begleitet sein muß, und vermittelst der Wahlurkunde. —

§. 160. Die erste Kammer wird durch die Anwesenheit der Hälfte, die zweite Kammer durch das Erscheinen von zwei Drittheilen ihrer Glieder als vollständig besetzt angesehen. — Die Legitimation der etwa später eintreffenden Mitglieder, sowie die Erledigung der noch übrigen Legitimations-Anstände, geschieht bei der betreffenden Kammer. —

§. 161. Sollte bei Einberufung eines Landtages eine der beiden Kammern nicht in der nach §. 160 erforderlichen Anzahl zusammen kommen, so wird sie als einwilligend in die Beschlüsse der andern angesehen. Jedoch steht es in diesem Falle den erschienenen Mitgliedern der unvollzähligen Kammer frei, den Sitzungen der andern mit Stimmrecht beizuwohnen.

§. 163. — Der Stände-Eid lautet so: „Ich schwöre, die Verfassung heilig zu halten, und in der Ständeversammlung das unzertrennliche Wohl des Königs und des Vaterlandes, ohne alle Nebenrücksicht, nach meiner eigenen Ueberzeugung, treu und gewissenhaft zu berathen. So wahr mir Gott helfe!" —

§. 164. Der Vorstand der Ständeversammlung besteht aus einem Präsidenten und einem Vizepräsidenten in jeder der beiden Kammern. Das Amt desselben erstreckt sich je auf die Dauer einer ordentlichen Landtagsperiode (§§. 127 u. 190). — Den Präsidenten der ersten Kammer ernennt der König ohne Vorschlag. Der Vizepräsident wird von der ersten Kammer aus der Zahl ihrer standesherrlichen Mitglieder durch absolute Stimmenmehrheit gewählt. — Die Kammer der Abgeordneten wählt durch absolute Stimmenmehrheit aus ihrer Mitte ihren Präsidenten und ihren Vizepräsidenten. — So lange für die betreffende Kammer weder ein Präsident noch ein Vizepräsident bestellt ist, sowie im Fall der Verhinderung derselben, versieht in jeder Kammer die Stelle des Präsidenten das im Lebensalter älteste anwesende Kammermitglied. Das Amt des Alterspräsidenten geht im Fall der Ablehnung Seitens des Berufenen auf das im Lebensalter ihm am nächsten stehende Kammermitglied über. — Jede der Kammern wählt auf die Dauer eines Landtags mit relativer Stimmenmehrheit die erforderliche Zahl von Schriftführern aus ihrer Mitte.

§. 164a. Jede Kammer regelt innerhalb der verfassungsmäßigen Schranken ihre Geschäftsordnung.

§. 167. Die Sitzungen beider Kammern sind öffentlich; auch haben dieselben ihre Verhandlungen durch den Druck bekannt zu machen.

§. 168. Die Sitzungen werden geheim, theils auf das Begehren der Minister und Königlichen Kommissarien bei Vorträgen, die sie, ihrer Erklärung nach, im Namen des Königs zu machen haben, und welche nur im Fall einer solchen Erklärung für amtliche Aeußerungen zu halten sind; theils auf den Antrag von wenigstens drei Mitgliedern in der ersten Kammer, und von wenigstens zehn Mitgliedern in der zweiten Kammer, wenn diesen, nach vorläufigem Abtreten der Zuhörer, die Mehrheit der Kammer beistimmt.

§. 169. Die Minister sind befugt, den Verhandlungen der beiden Kammern anzuwohnen und an den Berathungen Theil zu nehmen. Sie können sich auch von andern Staatsdienern begleiten lassen, welche etwa den vorliegenden Gegenstand besonders bearbeitet haben, oder sonst vorzügliche Kenntniß davon besitzen. An den Sitzungen der ständischen Kommissionen steht ihnen im Fall einer ausdrücklichen Einladung gleichfalls Theilnahme zu. —

Für das Folgende ist zu erinnern an §. 88: Ohne Beistimmung der Stände kann kein Gesetz gegeben, aufgehoben, abgeändert oder authentisch erläutert werden.

§. 172. Das Recht, Gesetze vorzuschlagen, steht dem Könige, wie jeder der beiden Kammern zu. — Gesetzes-Entwürfe über Auflegung von Steuern, über die Aufnahme von Anlehen, über die Feststellung des Staatshaushalts oder über außerordentliche, im Etat nicht vorgesehene Ausgaben können nur vom Könige ausgehen. Auch können Ausgabeposten nicht über den Betrag der von der Regierung vorgeschlagenen Summe erhöht werden. — Von Kammermitgliedern ausgehende Gesetzesvorschläge müssen in der ersten Kammer von mindestens fünf, in der zweiten Kammer von mindestens fünfzehn Mitgliedern unterzeichnet sein. — Den Ständen bleibt unbenommen, auch im Wege der Petition auf neue Gesetze sowohl, als auf Abänderung oder Aufhebung der bestehenden anzutragen. — Der König allein sanktionirt und verkündet die Gesetze unter Anführung der Vernehmung des Staatsministeriums und der erfolgten Zustimmung der Stände. —

Ferner ist auch hier zu wiederholen:

§. 85. Ohne Einwilligung der Stände kann durch Verträge mit Auswärtigen kein Theil des Staats-Gebietes und Staats-Eigenthums veräußert, keine neue Last auf das Königreich und dessen Angehörige übernommen, kein Landesgesetz abgeändert oder aufgehoben und keine Verpflichtung, welche den Rechten der Staatsbürger Eintrag thun würde, eingegangen werden.

Sodann wird in Kapitel IX der Verf.Urk. fortgefahren:

§. 175. Zu Fassung eines giltigen Beschlusses wird in jeder Kammer die zur vollständigen Besetzung derselben (§. 160) nothwendige Anzahl von Mitgliedern erfordert.

§. 176. Die Beschlüsse werden nach der Stimmen-Mehrheit, welche nach Beschaffenheit des Gegenstandes eine absolute oder relative sein kann, abgefaßt, so daß im Fall der Stimmengleichheit der Präsident den Ausschlag gibt. Wenn jedoch von Abänderung irgend eines Punktes der Verfassung die Rede ist, so ist die Beistimmung von zwei Drittheilen der anwesenden Mitglieder in beiden Kammern nothwendig.

§. 177. Die zum Wirkungskreise der Stände gehörigen Angelegenheiten werden in jeder Kammer besonders verhandelt. [Vergl. übrigens §. 192 Abs. 2 und §. 193 Abs. 2 und 4]. Doch können, um eine Ausgleichung verschiedener Ansichten zu versuchen, beide Kammern sich mit einander zu vertraulichen Besprechungen, ohne Protokollführung und Beschlußnahme, vereinigen.

§. 178. Es hängt von dem Könige ab, die Gesetzes-Entwürfe oder andere Vorschläge an die erste oder an die zweite Kammer zu bringen, ausgenommen wenn sie Verwilligung von Abgaben betreffen, in welchem Falle solche immer zuerst an die zweite Kammer gelangen.

§. 179. Die von der einen Kammer gefaßten Beschlüsse werden der andern zu gleichmäßiger Berathung mitgetheilt. Nur zu Ausübung des Rechtes der Petitionen und Beschwerden, sowie zu einer Anklage wegen verletzter Verfassung ist jede Kammer auch einzeln berechtigt.

§. 180. Die Kammer, an welche die Mittheilung geschieht, kann den Antrag der mittheilenden verwerfen oder annehmen, und zwar entweder unbedingt, oder mit beigefügten Modifikationen. Die Verwerfung muß aber jederzeit mit Anführung der Gründe geschehen.

§. 181. Von der vorstehenden Regel macht die Abgaben-Verwilligung eine Ausnahme in folgenden Punkten:

1. Eine Abgaben-Verwilligung wird in der zweiten Kammer, nach der von ihr in Gemäßheit des §. 110*) vorgenommenen Untersuchung, in Berathung gezogen, und nach vorgängiger vertraulicher Besprechung mit der ersten Kammer (§. 177) — [auf welche jedoch in der Regel verzichtet wird] — Beschluß darüber in der zweiten gefaßt;

2. dieser Beschluß wird sodann der ersten Kammer mitgetheilt, welche denselben nur im Ganzen, ohne Aenderung, annehmen oder verwerfen kann;

3. erfolgt das letztere, so werden die bejahenden und die verneinenden Stimmen beider Kammern zusammengezählt, und nach der Mehrheit sämmtlicher Stimmen wird alsdann der Ständebeschluß abgefaßt. Würde in diesem Falle Stimmengleichheit eintreten, so hat der Präsident der zweiten Kammer die Entscheidung.

§. 182. In allen anderen Fällen gilt der Grundsatz, daß nur solche Beschlüsse, worüber beide Kammern nach gegenseitiger Mittheilung einverstanden sind, an den König gebracht und von dem Könige bestätigt werden können.

§. 183. Der von der einen Kammer verworfene Antrag der andern kann auf demselben Landtage nicht wiederholt werden. Wird aber ein solcher Antrag bei der nächsten Ständeversammlung erneuert und abermals verworfen, so treten die Kammern zu einer vertraulichen Besprechung über den Gegenstand zusammen. Sollte auch hiedurch die Verschiedenheit der Ansichten nicht ausgeglichen werden, so haben die Kammern, wenn die Frage einen ihnen von dem Könige zugekommenen Gegenstand betrifft, ihre Nichtübereinstimmung dem Könige blos anzuzeigen, woferne sie nicht mit einander übereinkommen, die Entscheidung dem Könige zu überlassen. — [Von dem letzteren, in konstitutionellem Sinne immerhin eigenthümlichen Auskunftsmittel ist noch nie Gebrauch gemacht worden].

§. 184. Kein Mitglied der Ständeversammlung kann während der Dauer der Sitzungsperiode ohne Genehmigung der betreffenden Kammer wegen einer mit Strafe bedrohten Handlung zur Untersuchung gezogen oder verhaftet

---

*) §. 110. Dem Ansinnen einer Steuerverwilligung muß jedesmal eine genaue Nachweisung über die Nothwendigkeit oder Nützlichkeit der zu machenden Ausgaben, über die Verwendung der früheren Staats-Einnahmen und über die Unzulänglichkeit der Kammer-Einkünfte vorangehen.

werden, außer wenn es bei Ausübung der That oder im Laufe des nächstfolgenden Tages ergriffen wird. — Gleiche Genehmigung ist bei einer Verhaftung wegen Schulden erforderlich. — Auf Verlangen der Kammer wird jedes Strafverfahren gegen ein Mitglied derselben und jede Untersuchungs- oder Civilhaft für die Dauer der Sitzungsperiode aufgehoben.

§. 185. Kein Ständemitglied darf zu irgend einer Zeit wegen seiner Abstimmung oder wegen der in Ausübung seines Berufs gethanen Aeußerungen gerichtlich oder disziplinarisch verfolgt oder sonst außerhalb der Ständeversammlung zur Verantwortung gezogen werden. — Dagegen hat, wenn ein Ständemitglied seine Stellung in der Kammer zu einer Beleidigung oder Verleumdung der Regierung, der Stände oder einzelner Personen mißbraucht, die betreffende Kammer dies zu rügen.

§. 186. Der König eröffnet und entläßt die Ständeversammlung entweder in eigener Person, oder durch einen dazu bevollmächtigten Minister. — Dem Könige steht auch das Recht zu, die Versammlung zu vertagen oder ganz aufzulösen. — Im Falle der Auflösung wird spätestens binnen sechs Monaten eine neue Versammlung einberufen werden; es ist hiezu eine neue Wahl der Abgeordneten nöthig, bei welcher jedoch die vorigen Mitglieder wieder gewählt werden können.

In demselben Kapitel IX der Verfassungsurkunde, welches von den Landständen handelt und die Mehrzahl der vorstehenden Paragraphen enthält, folgen sodann die Bestimmungen über den Ständischen Ausschuß.

§. 187. Solange die Stände nicht versammelt sind, besteht als Stellvertreter derselben ein Ausschuß für diejenigen Geschäfte, deren Besorgung von einem Landtage zum andern zur ununterbrochenen Wirksamkeit der Repräsentation des Landes nothwendig ist.

§. 188. In dieser Hinsicht liegt dem Ausschuß ob, die ihm, nach der Verfassung, zur Erhaltung derselben zustehenden Mittel in Anwendung zu bringen, und hievon bei wichtigen Angelegenheiten die in dem Königreich wohnenden Ständemitglieder in Kenntniß zu setzen, in den geeigneten Fällen bei der höchsten Staatsbehörde Vorstellungen, Verwahrungen und Beschwerden einzureichen, und nach Erforderniß der Umstände, besonders wenn es sich von der Anklage der Minister handelt, um Einberufung einer außerordentlichen Ständeversammlung zu bitten, welche in letzterem Falle nie verweigert werden wird, wenn der Grund der Anklage und die Dringlichkeit derselben gehörig nachgewiesen ist. — Außerdem hat der Ausschuß am Ende der in die Zwischenzeit fallenden Finanzjahre nach Maßgabe dessen, was in §. 110 festgesetzt ist, die richtige der Verabschiedung angemessene Verwendung der verwilligten Steuern in dem verflossenen Jahre zu prüfen, und den Etat des künftigen Jahres mit dem Finanzministerium zu berathen. Auch steht dem Ausschusse die Aufsicht über die Verwaltung der Staatsschulden-Zahlungskasse zu. — Insbesondere gehört es zu seinem Wirkungskreise, die für eine Ständeversammlung sich eignenden Geschäftsgegenstände, namentlich die Erörterungen vorgelegter Gesetzentwürfe zur künftigen Berathung vorzubereiten, [geschieht jetzt stets durch die betreffenden Kommissionen der beiden Kammern selbst] — und für die Vollziehung der landständischen Beschlüsse Sorge zu tragen.

§. 189. Dagegen kann sich der Ausschuß auf solche Gegenstände, welche verfassungsmäßig eine Verabschiedung mit den Ständen erfordern, namentlich auf Gesetzgebungs-Anträge, Steuerverwilligungen, Schuldenübernahmen und Militäraushebungen, nicht anders als auf eine vorbereitende Weise einlassen.

§. 190. Der Ständische Ausschuß besteht aus zwölf Personen, nemlich den Präsidenten der beiden Kammern, zwei Mitgliedern aus der ersten und acht aus der zweiten Kammer. Die Wahl derselben geschieht von den zu diesem Zwecke vereinigten Kammern nach relativer Stimmenmehrheit auf die Zeit von einem ordentlichen Landtage zum andern (auf drei Jahre), und ist jedesmal dem König anzuzeigen. — — Sechs Mitglieder des Ausschusses, die Präsidenten der beiden Kammern mit eingeschlossen, müssen in Stuttgart anwesend sein (d. i. der sogen. engere Ausschuß). Die übrigen sechs Mitglieder können außerhalb Stuttgart ihre Wohnungen haben, und werden, so oft es die Umstände erfordern, von den Anwesenden einberufen.

— In Vollziehung dieses §. 190 der Verfassungsurkunde bestimmt ein Gesetz vom 20. Juni 1821, daß die gewöhnlich abwesenden Mitglieder des Ständischen Ausschusses einzuberufen seien, (daß sich m. a. W. der weitere Ausschuß zu konstituiren habe):

1. so oft die anwesenden Mitglieder dafür halten, daß die Regierung um Einberufung einer außerordentlichen Ständeversammlung zu bitten sein möchte;

2. wenn nach Verfluß eines Etatsjahres das Finanzministerium dem Ständischen Ausschusse die richtige, der Verabschiedung angemessene Verwendung der verwilligten Steuern in dem verflossenen Etatsjahre nachweist und seinen hierauf gegründeten Etat für das folgende Jahr dem Ausschusse zur Berathung mittheilt;

3. bei Abhör der Jahresrechnung der Schuldenzahlungskasse und der Sustentationskasse;

4. bei der Berathung des Rechenschaftsberichts; — in welcher Beziehung wieder die Verf.-Urk. in §. 191 besagt: Bei jeder Ständeversammlung hat der Ausschuß über dasjenige, was von ihm in der Zwischenzeit verhandelt worden ist, in einem Zusammentritt beider Kammern — [faktisch in getrennter Verhandlung in jeder der beiden Kammern für sich auf Grund des Rechenschaftsberichts] — Rechenschaft abzulegen.

In Beziehung auf andere möglicherweise eintretende Fälle weist das Gesetz von 1821 die Frage von Einberufung der Abwesenden der verfassungsmäßigen Beurtheilung der anwesenden Mitglieder des Ausschusses zu, wie z. B. der sog. weitere Ausschuß bei der Aufnahme von Staatsanlehen regelmäßig in Funktion tritt.

Die Verfassungsurkunde fährt fort:

§. 192. Die Verrichtungen des Ausschusses hören mit der Eröffnung eines neuen Landtags auf, und werden nach einer bloßen Vertagung desselben, oder nach Beendigung einer außerordentlichen Ständeversammlung, wieder fortgesetzt. — Bei der Auflösung eines jeden Landtages und bei der Entlassung eines ordentlichen muß ein neuer Ausschuß gewählt werden, wobei die vorigen Mitglieder wieder wählbar sind. Zu dieser Wahl wird den Ständen jedesmal, auch bei einer Auflösung der Versammlung, die erforderliche Sitzung noch gestattet. — Sollten außerordentliche Umstände es ihnen unmöglich machen, diese Sitzung noch zu halten, so haben die bisherigen Mitglieder [oder deren Stellvertreter], soferne sie zugleich Stände-Mitglieder sind, die Verrichtungen des Ausschuß-Kollegiums wieder zu übernehmen.

Die Verfassungsurkunde bestimmt in §. 119, daß die Staatsschuld unter die Gewährleistung der Stände gestellt sei, und ferner in §. 120, daß die Schuldenzahlungskasse nach den Normen eines zu verabschiedenden Statuts von ständischen, durch die Regierung bestätigten Beamten, unter Leitung und Verantwortlichkeit der Stände verwaltet werden solle. Theilweise mit Bezug hierauf heißt es in

§. 193. Das ständische Amtspersonal besteht außer den Beamten der Schuldenzahlungskasse für beide Kammern aus einem Archivar, für jede Kammer aus einem Registrator und den erforderlichen Kanzlisten; die Registratoren haben zugleich bei dem Ausschusse das Sekretariat zu versehen. — Jede Kammer wählt ihren Registrator und Kanzlisten; die Beamten der Schuldenzahlungskasse, sowie der Archivar werden von den hiezu vereinigten Kammern, und zwar nach dem Gesetze vom 6. Juni 1855 mit relativer Stimmenmehrheit, gewählt. — Dem König ist die Bestellung der Kassenbeamten, des Archivars und der Registratoren zur Bestätigung vorzulegen und von der Wahl der Kanzlisten Anzeige zu machen. — Die Dienstentlassung dieser Beamten geschieht auf gleiche Art, wie deren Anstellung, durch die einzelnen oder durch die vereinigten Kammern, und richtet sich im übrigen nach den deshalb bei den Königlichen Beamten geltenden Gesetzen. — Die Annahme und Entlassung der ständischen Kanzleidiener hängt von den Präsidenten ab. — Das gesammte Amts= und Dienstpersonal steht bei nicht versammeltem Landtag unter der Aufsicht und den Befehlen des Ausschusses, welcher auch in der Zwischenzeit die erforderlichen Amtsverweser zu bestellen und ungetreue oder sonst sich vergehende Diener in den gesetzlichen Fällen den Gerichten zu übergeben hat.

§. 194. Eine eigene ständische Kasse, welche die für sie jedesmal zugleich mit dem Finanz=Etat zu verabschiedende Summe aus der Staatskasse in bestimmten Raten erhält, bestreitet den ständischen Aufwand. — Hieher gehören die Taggelder und Reisekosten der Mitglieder der Ständeversammlung, die Besoldungen der ständischen Ausschußmitglieder, Beamten und Diener, die Belohnungen derjenigen, welche durch besondere Aufträge der Stände oder des Ständischen Ausschusses bemüht gewesen sind, die Unterhaltung einer angemessenen Büchersammlung, die Kanzleikosten überhaupt und andere mit der Geschäftsführung verbundene Ausgaben. — Die jährliche Kassenrechnung, welche mit Angabe aller einzelnen Einnahmen und Ausgaben zu führen ist, wird von einer besonderen ständischen Kommission probirt, in der Ständeversammlung zum Vortrag gebracht und von dieser justifizirt. Jedes Mitglied der Versammlung kann die eigene Einsicht dieser Rechnung verlangen. — Die Besoldungen der Mitglieder und der Beamten des Ausschusses, so wie die Taggelder und Reisekosten der Ständemitglieder, werden durch Verabschiedung bestimmt werden. — Die nicht in Stuttgart anwesenden Mitglieder des Ausschusses erhalten, wenn sie einberufen werden, gleiche Diäten und Reisegelder, wie die Ständemitglieder, und beziehen solche aus der ständischen Kasse.

In Gemäßheit des vorstehenden §. 194 der Verfassungsurkunde von 1819 sind durch ein Gesetz vom 20. Juni 1821 die Gehalte, Taggelder und Reisekosten der Mitglieder der Ständeversammlung und des Ausschusses, sowie der ständischen Beamten und Diener geregelt worden. Darnach erhält der Präsident der ersten Kammer eine Entschädigung, mit Inbegriff der Wohnung, von jährlich 7 500 fl. (12 857,14 ℳ), der Präsident der Kammer der Abgeordneten eine solche von 5 000 fl. (8 571,43 ℳ), und beiläufig mag hier erwähnt werden, daß durch ein besonderes Gesetz vom 13. Februar 1864 dem vormaligen Präsidenten der Kammer der Abgeordneten Friedrich Römer, einstigen Minister des Jahres 1848, vom Tag der Niederlegung des Präsidiums an auch eine Pension von jährlichen 3 000 fl. aus der Staatskasse bewilligt wurde, mit dem Beisatze, daß bei bereinstiger Bemessung der Pension seiner Hinterbliebenen jene Pension von 3 000 fl. gleichfalls zu Grund gelegt werde. Die Taggelder der Mitglieder der Kammer der Abgeordneten sodann sind nach dem erwähnten Gesetz vom 20. Juni 1821 auf 5 fl. 30 kr. (9,43 ℳ) bestimmt worden.

Von den standesherrlichen, sowie von den erblichen und den nicht in Stuttgart wohnenden lebenslänglichen Mitgliedern der Kammer der Standesherren haben diejenigen, welche ihre Absicht, von dieser Befugniß Gebrauch zu machen, erklären, die gleichen Taggelder anzusprechen, wie die Mitglieder der Kammer der Abgeordneten.

Diejenigen vier Mitglieder des Ausschusses, welche, außer den beiden Präsidenten, in Stuttgart anwesend sein müssen, erhalten eine jährliche Entschädigung von 1 800 fl. (3 085,71 ℳ), welche aber während der Dauer des Landtags aufhört.

Die Besoldungen der ständischen Beamten und Diener sind durch die §§. 3 und 5 des Gesetzes vom 20. Juni 1821 festgesetzt worden, haben aber durch die neueren Etatsverabschiedungen mehrfache Aenderungen erlitten. Allgemein gilt, daß die Gehalte des Archivars und der zwei Registratoren der Ständeversammlung, sowie des Kassiers, des Kontroleurs und der Buchhalter der Schuldenzahlungskasse nach den ersten fünf Jahren ihrer Dienstzeit um 100 fl., jetzt 200 ℳ, und nach weiteren fünf Jahren um nochmals 100 fl. (200 ℳ) erhöht werden. Auf gleiche Weise können auch die Gehalte der Kanzlisten zweimal um je 50 fl. (jetzt 100 ℳ) verbessert werden. Das Gesetz vom 20. Juni 1821 schreibt sodann in §. 6 noch vor: Wenn einem Mitgliede der zweiten Kammer oder des Ausschusses, einem ständischen Offizialen oder niederen Diener über deren ordentliche Gehalte oder Taggelder eine Zulage, Gratifikation und dergleichen aus der ständischen Sustentationskasse bewilligt werden will, so kann dieses nur auf dem Wege der Verabschiedung geschehen.

In den letzten 60 Jahren hat der Aufwand für die Landstände im Minimum 34 500 fl. (1834—35), im Maximum 234 266 fl. (401 600 ℳ 1875—76), dann 229 621 fl. 25 kr. (1848—49) betragen.

Für 1881/82 sind verwilligt unter der Voraussetzung eines dreimonatlichen Landtags 351 066,43 ℳ, und zwar

für die Landstände	201 839,77 ℳ
für die Verwaltung der Staatsschuld .	149 226,66 „
Dispositionsfonds	1 000,00 „
	352 066,43 ℳ

davon ab eigene Einnahmen (Inskriptions-Gebühren) 1 000,00 ℳ

Der Aufwand für die Landstände (10,2 Pf. auf den Kopf der Bevölkerung) gliedert sich wieder in die Bezüge der Ständemitglieder selbst mit 126 958,57 ℳ, in die Gehalte der ständischen Beamten und Diener mit 16 500 ℳ und in den sonstigen Aufwand mit 58 381,20 ℳ, darunter Kosten der Stenographie 12 000 ℳ, Druckkosten 23 150 ℳ.

Seit Abschluß der Verfassung von 1819 wurden in Württemberg 27 Landtage abgehalten, dabei die drei Landesversammlungen von 1849 und 1850 mit eingerechnet.

1. vom 15. Januar 1820 - 26. Juni 1821,
2. „ 1. Dezember 1823 - 9. Juli 1824,
3. „ 1. Dezember 1826 - 5. Juli 1827,
4. „ 18. Januar 1828 - 2. April 1828 (außerordentlicher Landtag),
5. „ 15. Januar 1830 - 7. April 1830,
6. „ 15. Januar 1833 - 22. März 1833 (der sog. vergebliche Landtag),
7. „ 20. Mai 1833 - 19. Dezemb. 1835,
8. „ 30. Januar 1836 - 18. Juli 1836,
9. „ 16. Januar 1838 - 22. Okt. 1838 (außerordentlicher Landtag),
10. „ 1. Februar 1839 - 9. Juli 1839,
11. „ 23. Okt. 1841 - 10. April 1843,
12. „ 1. Februar 1845 - 6. August 1845,
13. „ 5. Januar 1847 - 23. Febr. 1847 (außerordentlicher Landtag),
14. „ 22. Januar 1848 - 28. März 1848,
15. vom 20. Sept. 1848 - 11 August 1849 (der sog. lange Landtag, vergl. Schwäb. Chronik 1878 Nr. 224).

Die drei Landesversammlungen:
16. vom 1.—22. Dezember 1849,
17. „ 15. März — 3. Juli 1850,
18. „ 4. Oktober - 6. November 1850.

Die Landtage:
19. vom 6. Mai 1851 - 20. August 1855,
20. „ 20. Februar 1856 - 23. Dez. 1861,
21. „ 3. Mai 1862 - 18. August 1865,
22. „ 23. Mai 1866 - 8. Juni 1866 (außerordentlicher Landtag),
23. „ 25. Sept. 1866 - 20. Febr. 1868,
24. „ 4. Dezem. 1868 - 22. Okt. 1870,
25. „ 19. Dezemb. 1870 - 20. Juni 1874,
26. „ 15. März 1875 - 4. Novbr. 1876,
27. „ 6. Febr. 1877 - 31. Januar 1880.

Vergl. Fricker, Budgetperiode und Landtagsperiode nach Württembergischem Staatsrecht in der Tübinger Zeitschrift für die gesammte Staatswissenschaft 1861 XVII S. 288 ff. Anm.

Der im Frühjahr 1882 noch fortdauernde 28. Landtag wurde am 4. Februar 1880 eröffnet.

In den Jahren 1821, 1823—24, 1828, sowie vom 29. Mai 1849 an auf dem langen Landtag war die erste Kammer nicht vertreten (Verf.Urk. § 161).

Als Präsident der Ständeversammlung hat der Fürst Franz von Waldburg-Zeil und -Trauchburg die Verfassungsurkunde vom 25. Sept. 1819 unterzeichnet, außer ihm sämmtliche Mitglieder jener Versammlung. Seit Abschluß der Verfassung sodann haben das Präsidium geführt in der Kammer der Standesherren: die Fürsten August von Hohenlohe-Oehringen (1820—1835), Ernst von Hohenlohe-Langenburg (1835—1849), dann wieder 1851—1860), Graf Albert von Rechberg und Rothenlöwen (1860—1874) und seit 1874 Fürst Wilhelm von Waldburg-Zeil-Trauchburg; in der Kammer der Abgeordneten: Weishaar (1820—1832), Freiherr v. Gaisberg (1833—1839), Kanzler Wächter (1839—1848), Murschel (1848 und 1849), Römer (1851—1863), Weber (1863—1868), Kanzler Geßler (1868—1870), Weber (1871—1874), Hölder (1875—1881). Präsident der 3 verfassungsberathenden Landesversammlungen (1849 und 1850) war Schober.

Von sonstigen hervorragenden Mitgliedern der beiden Kammern mögen, nach dem namentlichen Verzeichnis aller in den Württemb. Jahrb.

1879 I S. 37 ff., aus der Zahl derjenigen, welche nicht mehr unter den Lebenden weilen, folgende genannt werden; und zwar von Mitgliedern der Kammer der Standesherren: der Königliche Prinz Friedrich von Württemberg, gest. 1870, Prinz Karl von Oettingen-Wallerstein, gest. 1871, in der Kammer als Vormund des minderjähr. Fürsten Karl, und Fürst Friedrich Karl Joseph von Waldburg-Wolfegg-Waldsee, gest. 1871; von lebenslänglichen Mitgliedern die Staatsmänner Freih. v. Maucler und Freih. v. Neurath, die weiteren Staatsminister Graf von Reischach und Freih. von Wächter-Spittler, die Juristen Harppprecht, Bezzenberger und Freih. v. Holzschuher d. j., gest. 1878, der Präsident des evangel. Konsistoriums Mohl, die Finanzmänner Gärttner und Sigel, der auch in Fragen der Volkswirthschaft erprobte General von Baur; — sodann von Mitgliedern der Kammer der Abgeordneten: aus der Ritterschaft die beiden Freiherren Cotta von Cottendorf, Freih. v. Hornstein-Bußmannshausen, Freih. Karl Friedrich Eberhard v. Varnbüler, gest. 1832, Freih. Karl Ludwig Christian v Wöllwarth, gest. 1867; dann die Prälaten Schmid, Abel, Pahl, Pfister, Kapff (gest. 1879), und Dettinger; der katholische Landes-Bischof Keller, der Domdekan Jaumann; der Kanzler der Landesuniversität Autenrieth; endlich aus den durch die Städte und Aemter gewählten: Ludwig Uhland, Paul Pfizer, die Universitätsprofessoren Friedrich List, Robert Mohl, Palmer, Reyscher, Robert Römer, Scheurlen und Wibenmann; die Gelehrten und Schriftsteller Frisch (Kepler), Menzel, Ludw. Seeger, D. F. Strauß, Zimmermann, der Schulmann Eisenlohr, die Geistlichen Süskind und Lichtenstein, die Professoren Baumgärtner, Haßler und Schmid; der Gründer von Kornthal Hoffmann; die Generale v. Theobald und v. Rüpplin; die Minister Schlayer, Scheurlen, Sick, die Regierungsdirektoren Mosthaf, Rummel, Schwandner, der Finanzkammerdirektor Werner, der nachmalige Direktor des Studienraths Knapp, die Juristen Bolley[*], Camerer, Ege, Feuerlein, mehrere Gmelin, dann Griesinger, Hofacker, Holzinger, Huck, Hufnagel, Friedrich Seeger, Walz, Wiest, die Gemeindebeamten Bayrhammer, Grathwohl, Gutbrod, Ibler (später Oberamtmann), Khuen, Kübel, Nickel, Rettenmaier, v. Zwerger; die Industriellen und Kaufleute Cavallo, zwei Deffner, Dörtenbach, Goppelt, Hartmann, Gustav Müller, Nägele[**], Seybold und Dr. Zahn; die jeweiligen Oppositionsführer Schott, Röbinger und Tafel, Adolf Seeger und Pfeifer, Stockmayer und Schnitzer.

---

[*] „Stimmt wie Bolley" — d. h. wie der Vorredner Bolley, sagt man noch heute von solchen, die ihr Votum ganz nach dem einer Autorität einrichten.

[**] Nicht Doktors nicht gelehrte Geister, — ich wähle einen Schlossermeister — schrieb 1848 Justinus Kerner.

VII. Die Staatsdiener.

1. Zur Geschichte des Staatsdienstes.

Die wenigen Beamten der Grafen von Württemberg waren im wesentlichen Hausdiener. Ihre Räthe bestanden aus Vasallen oder anderen Rittern und Edlen, dann aus Geistlichen, welche sich am Hofe aufhielten. In Stadt und Amt war der gräfliche Vogt zugleich Gerichtsvorstand und Administrativbeamter. Für die Finanzverwaltung sorgte der Landschreiber mit den sog. Kellern. In der herzoglichen Periode gestaltete sich das Beamtenrecht, weniger durch Gesetz als im Wege der Observanz, so, daß wenigstens der höhere Beamte nicht willkürlich entlassen werden konnte, wie auch seiner Anstellung ein Kollegialvorschlag vorhergehen sollte. Ihm stand der freie Rücktritt aus dem Dienste zu. Ruhegehalte und Unterstützungen der Hinterbliebenen wurden als Sache der Gnade behandelt. Nächst den Bestallungsbriefen regelten „Staate" und Kanzleiordnungen die Verhältnisse der Beamten. Herzog Christoph ließ solche zuerst ergehen, wie er denn auch überhaupt viel Interesse für den äußeren Gang des Dienstes zeigte, selbst viel las und schrieb und durch Randbemerkungen auf Berichten, ja durch Revisionsausstellungen auf Kostenzetteln unmittelbar in die Verwaltung eingriff. Zu einer ganz sichern rechtlichen Stellung der Beamten kam es übrigens auch in dieser Periode ebenso wenig, als zu einer Bewahrung der individuellen Freiheit der Landesangehörigen vor jeder Beamtenwillkür. Und noch übler gestalteten sich diese Verhältnisse während der Zeit der absoluten Monarchie.

Die Elemente, aus welchen seit Herzog Christoph die altwürttembergische Beamtenhierarchie sich zusammensetzte, waren der Adel, die Doktoren des Römischen Rechts und die Schreiber. Bei den letzteren aber, den Routiniers oder Autodidakten, hat man wieder zu unterscheiden diejenigen, welche sich dem Finanz- und Rechnungswesen widmeten, solche, welche für den Dienst der inneren Verwaltung sich ausbildeten, endlich die Kandidaten für die Stadt- und Amtsschreibereien. Während Schreiber der beiden erstgenannten Klassen nicht selten bis in die höheren Finanz- und Regiminalstellen vorrückten und z. B. die Mehrzahl unserer Finanzminister keine andere Berufslaufbahn hinter sich hatte, bildeten wenigstens in den engeren Kreisen der Landstädte und Amtsbezirke die Stadt- und Amtsschreiber förmliche Größen. Von dem angenehmen Leben eines solchen alten Stadtschreibers hat uns ja Frau Ottilie Wildermuth in den Bildern und Geschichten aus Schwaben eine gar behagliche Darstellung geliefert. Nur darf man nicht vergessen, daß gerade diesem Institute die seit 1565 unter die Landesgravamina aufgenommene Klage über den Schreibereiunfug vorzugsweise gegolten und deshalb König Wilhelm in seinen Bemühungen, dem letzteren ein Ende zu machen, zunächst bei den Stadt- und Amtsschreibereien zu reformiren begonnen hat (1817). Daß übrigens auch andere Klassen von Schreibern ihre Stellung vielfach mißbraucht haben, wissen wir z. B. aus der Jugendgeschichte von Friedrich List.

Der altwürttembergische Schreiber war nach K. G. Wächter meist ein bloßer Routinier ohne gründliche wissenschaftliche und insbesondere ohne akademische Bildung. Wenn man auch rechtsgelehrten Männern wie Pollen und Pfizer (dem Vater von Paul und Gustav) als Amtsschreibern begegnet, so waren dies seltene Ausnahmen. Im 15. Lebensjahre trat der Schreiber als Inzipient in die Schreibstube meist eines Stadt- oder Amtsschreibers ein, hatte da anfänglich vorzugsweise Rechnungen oder Akten abzuschreiben, bei Amtshandlungen zugegen zu sein und sich so allmählich durch Uebung eine Kenntnis in der Handhabung der Geschäfte zu erwerben. Mitunter erhielt er von dem Prinzipal auch theoretischen Unterricht. In der Regel beschränkte sich jedoch das theoretische Studium auf das Lesen der Gesetze und Ordnungen, sowie einiger weniger Fachbücher von untergeordnetem wissenschaftlichen Werthe. Nach einigen Jahren wurde ihm die selbständigere Besorgung einzelner Geschäfte anvertraut, der Inzipient rückte zum Scribenten und Mittelscribenten, endlich wieder nach einiger Zeit und erstandener Prüfung zum Substituten vor, womit er zur Besorgung aller Schreibereigeschäfte als Gehilfe seines Prinzipals befähigt erklärt war. — In der Beurtheilung unserer Verfassungsverhandlungen von 1815 und 1816 durch den Philosophen Hegel sodann wird u. a. gesagt: Konsulent Griesinger definirt die Schreiber, um die es sich hier handelt, als juristische oder kameralistische Praktiker, und setzt das Eigenthümliche der württembergischen Schreiber darein, daß sie solche blos unstudirte Praktiker seien. Ihre Eigenthümlichkeit bestehe jedoch in etwas anderem, darin, daß für jeden Amtsbezirk ein Stadt- oder Amtsschreiber vorhanden war und dieser das Monopol hatte, alles, was in dem Bezirk Gerichtliches und Amtliches zu rechnen und zu schreiben war, schreiben und rechnen zu lassen. Um das Monopol zu exerziren, halten sie, die Stadt- und Amtsschreiber, nach Bedarf 10, 20 Schreibsubjekte, welche sie theils bei sich im Mittelpunkt behalten, theils in die Flecken und Dörfer ausschicken, um zu schreiben. Außer den Geschäften der Steuerrepartition seien es vornehmlich zweierlei Gegenstände, in denen der Druck und Unfug der Schreiberei seinen Hauptsitz gehabt. Erstens hätten sie die Akte der nichtstreitigen Gerichtsbarkeit, Verträge, Heirathspacte, Testamente, Inventuren, Erbschaftstheilungen u. s. w. ausschließlich zu fertigen gehabt. Sodann aber sei ihnen auch die Fertigung aller Gemeinde- und Stiftungsrechnungen, desgleichen die Prüfung und Probation der Kommun- und Vormundschafts-Rechnungen obgelegen. Dies aber sei für das Volk mit bedeutenden Kosten verknüpft gewesen; zwar das feste Einkommen, der Gehalt der Stadt- und Amtsschreiber war klein, um so bedeutender die Nebeneinnahme. Jedes Geschäft beinahe mußte von den Betheiligten besonders bezahlt werden, theils nach der Zeit, die es in Anspruch nahm, theils nach der Zahl der Blätter, die dabei überschrieben wurden. Hieraus aber erwuchsen die übertriebensten Anforderungen, die Geschäfte wurden aufs äußerste ausgedehnt, um möglichst viele Zeit und möglichst viele Blätter anrechnen zu können, und die von der Regierung festgestellten Taxen blieben unbeachtet. Das was so jährlich an Schreibereiverdiensten bezogen wurde, soll im Durchschnitt mehr als eine Jahressteuer, ja 6—7 Jahressteuern, das Schreibereiinstitut selbst dem Lande ungefähr 600 000 fl. gekostet haben. Mit dieser Praktik hänge alsdann das grelle Gemälde zusammen, das von den Sitten des Schreiberstandes, der Unwissenheit, Rohheit, Plumpheit, Arroganz u. s. f.

derselben gemacht wurde. In der Hochachtung, die man von Zeit zu Zeit mit so vielem Recht einzelnen Individuen dieses Standes erzeigt, sei stillschweigend die Geringschätzung des Standes im Ganzen gelegen. — König Wilhelm hat, wie bereits erwähnt, hier Abhilfe zu schaffen gesucht zunächst durch Aufhebung der ganzen Einrichtung der Stadt= und Amtsschreibereien, Ersetzung derselben durch die Gerichts= und Amtsnotare, die Verwaltungsaktuare u. s. w., sodann durch die Gründung einer staatswirthschaftlichen Fakultät bei der Landesuniversität (1817) und durch die Prüfungsvorschriften für die Kandidaten des Finanz= und Verwaltungsdienstes (1837). Ob man in der letzteren Beziehung, in der Beschränkung der blos praktischen Vorbildung auf die untersten Stellen und der Forderung einer akademischen Laufbahn für alle übrigen nicht da und dort vielleicht etwas zu weit gegangen ist, ob es ferner gerade geboten war, die zum größeren Theil ja auch jetzt nicht entbehrlichen Geschäfte der Stadt= und Amtsschreiber unter vollständiger Aufhebung dieses Instituts an verschiedene Organe zu vertheilen, damit aber auch die Bezahlung für jedes einzelne derselben zu zersplittern und so deren ökonomische Fundirung zu einer weniger genügenden und sicheren zu gestalten, ob es überhaupt gelungen ist, mit diesen Maßregeln auch den Schreibergeist mit seinem begrenzteren Gesichtskreise aus unserem Staats= und Gemeindeleben ganz zu bannen, — das sind Fragen, die man heutzutage auf Grund der Erfahrungen von einem halben Jahrhundert allerdings wohl aufwerfen könnte.

Unter dem Titel eines fürstlich Württembergischen Dienerbuchs wird in dem Königlichen Geheimen Haus= und Staatsarchiv zu Stuttgart ein im Jahr 1628 angelegtes, später von den Archivaren fortgeführtes und ergänztes Verzeichnis der auf den verschiedenen Stufen des herzoglichen Hof= und Staatsdienstes Angestellten aufbewahrt. Dasselbe, fast ein Hof= und Staatshandbuch der gesammten herzoglichen Periode, gibt nicht nur ein übersichtliches Bild von dem Behörden=Organismus in seiner Entwicklung während jener Jahrhunderte, sondern es gewährt auch durch die Namen der einzelnen Stellenträger und durch manche kurze Bemerkungen dabei werthvolle Beiträge zur Geschichte des Staates. Allen Dank verdient es darum, daß neuerdings, 1877, Eberhard Emil von Georgii=Georgenau der Herausgabe dieses Dienerbuchs sich unterzogen hat, zu welchem wir auch aus dem Nachlasse Spittlers in dessen Geschichte des Geheimraths=Kollegiums den besten Kommentar schon besitzen. In diesem Dienerbuch begegnet uns als erster Landhofmeister (1366) der Ritter Joh. Nothafft, als erster Kanzler Alt Eberhard, des Grafen Ulrich mit dem Daumen Notar, als Kanzler von Eberhard im Bart Dr. Joh. Vergenhans oder Nauclerus. Wir finden darin die Mitarbeiter Christophs: die Landhofmeister Balthasar v. Gültlingen und Hans Dietrich v. Plieningen, den Kanzler Feßler und den Vizekanzler Gerhardt, den ersten wirklichen, allerdings noch nicht so benannten Geheimrath Bertschin, den um Kirchenverfassung und Landrecht hochverdienten Kaspar Wild, nicht zu vergessen endlich den Kammerschreiber Franz Kurz „mit dem Symbolum: Es gehet seltsam zu." Des letzteren Nachfolger unter den folgenden Regenten und schließlich adeliger Geheimer=Rath wurde Melchior Jäger, gest. 1611, von welchem Spittler schreibt, daß nie vorher, nie nachher eine gleich große Gewalt einem einzelnen Manne von irgend einem regierenden Herzog übertragen worden sei. Weniger glücklich freilich als dieser endete der unter Friedrich I. so einflußreiche Matth. Enslin; bei dessen Namen steht die kurze Bemerkung: „1613 zu Urach auf dem Markt beköllirt." Leuchtende Sterne in den sonst so trüben Jahren des 30jährigen Kriegs sind die Geheimenräthe Löffler, Burkardt und Johann Konrad Varnbüler, zu denen sich noch Dr. Jäger von Jägersberg gesellte, ein so menschenfreundlicher Herr, daß das Sprichwort auffam, man müsse es dem Dr. Jäger klagen, wenn man in Noth war. Auch einen Statthalter hatte Eberhard III. aus dem Exil mitgebracht, den Ferd. Geitzkofler oder Geizigkofler, in dessen Hände große Gewalt gelegt war, der auch manche Reformen durchsetzen sollte, den jedoch das Land nicht ertrug. Mit seinem Beispiel warnt Spittler: „Kein Reformator, der rasch wirken will, wird in Württemberg glücklich sein." 1693 wird in der Person eines Herrn von Owstien aus Pommern der erste Geheimerathspräsident erwähnt, dazu aber schon 1696 der Beisatz gemacht: „zog wieder hin, woher er gekommen war." 1738 erscheint der Graf v. Grävenitz als Premierminister; 1763 in der gleichen Eigenschaft der Graf v. Montmartin. Keine freudigen Erinnerungen sind es, welche diese Namen wecken; aber doch hat es selbst in jenen schweren Zeiten, wo u. a. auch in Württemberg ein unseliger Stellenhandel betrieben wurde, unserem Beamtenstande nicht an Männern gefehlt, welche, wie der Tübinger Oberamtmann Huber, eher das Amt und die Freiheit, als die beschworene Pflicht opfern wollten. Und Huber hinwiederum durfte noch in der größten Noth sich in dem edlen Eberhard Friedrich von Gemmingen eines Freundes getrösten, der, ebenfalls Beamter, den Muth hatte, offen gegen jedermann und treu sich zum Freunde zu bekennen.

Von der staatsmännischen Erkenntnis geleitet, daß man vom Staatsdiener eine uneigennützige Pflichterfüllung und unparteiische Vollziehung der Gesetze um so sicherer erwarten dürfe, je mehr diesem selbst eine würdige, von Willkür unabhängige rechtliche und wirthschaftliche Stellung gewährt würde, hat König Wilhelm sofort nach seinem Regierungsantritt der Beamtenfrage die volle Aufmerksamkeit zugewendet. Und zwar wurde die Frage gleichzeitig und gleichmäßig von den verschiedenen dabei überhaupt in Betracht kommenden Seiten aus erfaßt. Nicht blos die Rechte und Pflichten der Beamten und ihre Gehalte wurden schon durch den Königlichen Verfassungsentwurf von 1817 §. 20 ff, dann durch das VIII. und IX. Organisationsedikt vom 18. November 1817, weiter durch das V. Edikt vom 31. Dezember 1818 im Zusammenhang geregelt, sondern auch der ebenfalls wichtigen Sorge für die Sicherung eines angemessen vorgebildeten Beamtennachwuchses, sowie der Fürsorge für die durch Krankheit oder Alter dienstunfähig gewordenen Beamten und für die Hinterbliebenen von Staatsdienern hat König Wilhelm von vornherein sich keineswegs verschlossen. Die Verfassungsurkunde vom 25. September 1819 enthält in ihrem vierten Kapitel über die Rechtsverhältnisse der Staatsdiener die nachstehenden Bestimmungen:

§. 43. Die Staatsdiener werden, sofern nicht Verfassung oder besondere Rechte eine Ausnahme begründen, durch den König ernannt, und zwar — die Kollegialvorstände ausgenommen — auf Vorschläge der vorgesetzten Kollegien, wobei jedesmal alle Bewerber aufzuzählen sind.

§. 44. Niemand kann ein Staatsamt erhalten, ohne zuvor gesetzmäßig geprüft und für tüchtig erkannt zu sein. Landeseingeborene und nach Art. 3 der Reichsverfassung Reichsangehörige sind bei gleicher Tüchtigkeit vorzugsweise vor den Fremden zu berücksichtigen.

§. 45. Zu dem Diensteid, welchen sämmtliche Staatsdiener dem Könige abzulegen haben, ist die Verpflichtung aufzunehmen, die Verfassung gewissenhaft zu wahren.

§. 46. Kein Staatsdiener, der ein Richteramt bekleidet, kann aus irgend einer Ursache ohne richterliches Erkenntnis seiner Stelle entsetzt, entlassen oder auf eine geringere versetzt werden.

§. 47. Ein Gleiches hat bei den übrigen Staatsdienern statt, wenn die Entfernung aus der bisherigen Stelle wegen Verbrechen oder gemeiner Vergehen geschehen soll. Es kann aber gegen dieselben wegen Unbrauchbarkeit und Dienstverfehlungen auch auf Kollegialanträge der ihnen vorgesetzten Behörden und des Geheimen Raths die Dienstentlassung oder Versetzung auf ein geringeres Amt durch den König verfügt werden; jedoch hat in einem solchen Fall der Geheime Rath zuvor die oberste Justizstelle gutächtlich zu vernehmen, ob in rechtlicher Hinsicht bei dem Antrage der Kollegialstelle nichts zu erinnern sei. — Nach diesem Grundsatze sind auch die Vorsteher und übrigen Beamten der Gemeinden und anderer Körperschaften zu behandeln.

§. 48. Die nemlichen Bestimmungen, wie bei Entlassungen und Versetzungen auf eine geringere Stelle, treten bei Suspensionen ein, welche mit Verlust des Amtsgehaltes verbunden sind.

§. 49. Versetzungen der Staatsdiener ohne Verlust an Gehalt und Rang können nur aus erheblichen Gründen und nach vorgängigem Gutachten des Departementschefs verfügt werden. Staatsdiener, welche ohne ihr Ansuchen versetzt werden, erhalten für die Umzugskosten die gesetzliche Entschädigung.

§. 50. Für die Staatsdiener, welche durch Krankheit oder Alter zu Führung ihres Amtes unfähig geworden sind, sowie für die Hinterbliebenen der Staatsdiener ist durch ein Gesetz gesorgt [das IX. Edikt vom 18. November 1817 s. oben III. 2].

§. 51. Alle von dem König ausgehenden Verfügungen, welche die Staatsverwaltung betreffen, müssen von dem Departements-Minister oder -Chef contrasignirt sein, welcher dadurch für ihren Inhalt verantwortlich wird.

§. 52. Außerdem ist jeder Departements-Minister oder -Chef für Dasjenige verantwortlich, was er für sich verfügt, oder was ihm vermöge des ihm zugewiesenen Geschäftskreises zu thun oder zu verfügen obliegt.

§. 53. Auf gleiche Weise (§. 52) sind auch die übrigen Staatsdiener und Behörden in ihrem Geschäftskreise verantwortlich; sie haben bei eigener Verantwortlichkeit nur die ihnen von den geeigneten Stellen in der ordnungsmäßigen Form zukommenden Anweisungen zu beobachten. — Sind sie im Zweifel, ob die Stelle, welche ihnen einen Auftrag ertheilte, dazu kompetent sei, so haben sie darüber bei ihrer vorgesetzten Behörde anzufragen, so wie ihnen auch obliegt, wenn sie bei dem Inhalt einer höheren Verfügung Anstände finden, solche auf geziemende Weise und unter Vermeidung jeder nachtheiligen Verzögerung, der verfügenden Stelle vorzutragen, im Falle eines beharrenden Bescheides aber die Verfügung zu befolgen.

Von den vorstehenden Bestimmungen der Verfassungsurkunde sind die §§. 46 bis 49 durch das Beamtengesetz vom 28. Juni 1876 für die unter dieses Gesetz fallenden Staatsbeamten und Angestellten bei Latein- und Realschulen, ferner die §§. 47 und 48 durch das Gesetz, betreffend die Regelung des Verhältnisses der Staatsgewalt zur katholischen Kirche, vom 30. Januar 1862, für die Diener dieser Kirche, dann durch das Gesetz vom 30. Dezember 1877 für die Volksschullehrer außer Wirkung gesetzt worden. In Folge dessen gelten jetzt die §§. 47 und 48 nur noch für evangelische

Geistliche, sowie für die Vorsteher und übrigen Beamten der Gemeinden und anderer Körperschaften, §. 48 jedoch unter Beachtung von Art. 5 des Gesetzes zur Ausführung der Reichsstrafprozeßordnung vom 4. März 1879. Die §§. 46 und 49 der Verfassungsurkunde aber sind gegenstandslos geworden.

Von weiteren Paragraphen der Verfassungsurkunde, welche sich auf das Beamtenrecht beziehen, sind noch zu erwähnen die §§. 57 (Ernennung und Entlassung der Mitglieder des Geheimenraths), 74 (Ruhegehalte der Kirchen- und Schuldiener), 146 (daß Staatsdiener nicht innerhalb des Bezirks ihrer Amtsverwaltung, Kirchendiener nicht innerhalb des Oberamtsbezirks, in welchem sie wohnen, in die Kammer der Abgeordneten gewählt werden können), und 193 (daß die landständischen Beamten und Diener im wesentlichen den bei den Königlichen Beamten geltenden Gesetzen unterliegen).

In der sogen. Dienstpragmatik vom 28. Juni 1821 wurden darauf die Rechtsverhältnisse der Civilstaatsdiener noch umfassender festgestellt, und es ist anzuerkennen, daß hiedurch, wie durch die um dieselbe Zeit zu einem vorläufigen Abschlusse gelangten Organisationen, der württembergische Beamtenstand politisch und wirthschaftlich eine den damaligen Bedürfnissen angemessene Ordnung erhalten hat. Auch blieben die Bestimmungen der Dienstpragmatik leitend, als es sich in den nächsten Jahrzehnten darum handelte, für die Rechte der Angestellten bei der Landesuniversität (1828), der Vorstände und Lehrer bei den lateinischen und Realschulen (1842), der Volksschullehrer (1836) u. s. w. gleichfalls das Maß und die Formen zu finden. Im Uebrigen zeigte sich allerdings der Eintritt in konstitutionelle Zustände für den Beamtenstand in Württemberg zunächst und geraume Zeit hindurch weniger günstig, nachdem die Opposition in der Ständeversammlung sofort auch ihrerseits den Kampf gegen das Schreiberunwesen aufgenommen, dann aber gegen Bureaukratie und Beamtenthum überhaupt gerichtet hatte. So kam es unter den Einflüssen des Altliberalismus bald zu einzelnen Gehalts- und Personalreduktionen; bei dem Versuch, die Staatsdienerrechte weiteren Klassen mit akademischer Vorbildung zuzuwenden, gelangte man 1839 nur noch zu einer Halbheit, zu der eigenthümlichen Schöpfung von Beamten mit eventuellen Pensionsrechten. Gar im Jahr 1849 aber wurde es noch schlimmer; die bis dahin mäßige Steuer von den Gehaltsbezügen der Staatsdiener wurde namhaft erhöht und gleichzeitig die Pensionsgesetzgebung zu Ungunsten der Staatsdiener empfindlich geändert. Erst mit dem Jahr 1858 machte sich dann allmählich eine für die Beamten günstigere Auffassung geltend. Die Steuerlast konnte wieder ermäßigt, eine erste Aufbesserung der seit den zwanziger Jahren gleichgebliebenen Gehalte konnte durchgeführt werden. Ueber den Vorbereitungen für eine weitere Gehaltsaufbesserung und im wesentlichen für die Wiederherstellung der älteren Pensionsbestimmungen starb König Wilhelm (1864). Der Regierung seines Nachfolgers war es beschieden, beide Maßregeln zum Abschluß zu bringen und auch in der Folge wiederholt bald allgemein (1872 und 1873), bald zu Gunsten der Angehörigen einzelner Departements oder zu Gunsten einzelner Beamtenkategorien der steigenden Bewegung der Preise und dem sich erweiternden Umfange der Lebensbedürfnisse durch entsprechende, dabei stets maßhaltende Regelungen der Besoldungen zu folgen. Nachdem sich ferner das Bedürfnis einer Zusammenfassung der nach und nach in zahlreichen Gesetzen zerstreuten Bestimmungen über die Rechtsverhältnisse der Beamten immer stärker geltend gemacht hatte, ist durch das Gesetz vom 28. Juni 1876 in umfassender Weise auch diesem Bedürfnisse Rechnung getragen worden, unter Berücksichtigung der letztvorangegangenen großen gesetzgeberischen Arbeit auf dem gleichen Gebiete, des Reichsbeamtengesetzes vom 30. März 1873, nicht minder aber auch unter möglichster Wahrung und Aufrechthaltung der eine Aenderung an sich nicht erfordernden bewährten eigenthümlichen Einrichtungen und Grundsätze des bestehenden Rechtes in Württemberg.

Von den ersten Räthen der Krone in dem laufenden Jahrhundert seien hier wenigstens einige derjenigen mit Namen aufgeführt, welche wir nicht mehr unter die Lebenden zählen dürfen: zunächst die im Amte selbst gestorbenen Minister des Innern: Schmidlin (gest. 1830), Schenrlen (gest. 1872) und Sick (gest. 1881) und ebenso die Finanzminister Frhr. v. Varnbüler (gest. 1832), Herzog (gest. 1832) und Knapp (gest. 1861); sodann die 4 Staatsmänner, welche, jeder zu seiner Zeit, auf die Leitung des Staats im Ganzen besonderen Einfluß auszuüben vermocht haben: Frhr. v. Maucler (1818—1848), Schlayer (1832—1848), Römer (1848 und 1849) und Frhr. v. Neurath (1851—1867). Zugleich als Schriftsteller haben sich einen Namen gemacht: Wechherlin (gest. 1828), Weißhaar (gest. 1834), Malchus (gest. 1840), Herbegen (gest. 1861), Frhr. v. Wächter-Spittler (gest. 1874) und Golther (gest. 1876). Der allgemeinen deutschen Geschichte endlich gehören an: die vorübergehend auch auf württembergische Ministerposten berufenen Freiherr v. Wangenheim (gest. 1850) und Paul Pfizer (gest. 1867).

2. Die Rechtsverhältnisse der Beamten.

Die Verhältnisse der Civilstaatsdiener wurden in Württemberg erstmals durch die Verfassungsurkunde vom 25. September 1819, dann durch die Dienstpragmatik vom 28. Juni 1821 gesetzlich geregelt. Daran hat die Gesetzgebung von 1839, 1849, 1853 und 1865 verschiedenes geändert; auch wurden allmählich durch eine ganze Reihe von besonderen Gesetzen Bestimmungen für einzelne Klassen von Staatsdienern, für die ständischen Beamten, die Kirchen- und Schuldiener je für sich erlassen. Das Bedürfnis einer Sammlung des zerstreuten Materials und der Wunsch, Ungleichheiten zu beseitigen, welche sich bei einem solchen Gange der Gesetzgebung leicht hatten einschleichen können, auch die Nothwendigkeit, einzelne Lücken zu ergänzen, welche nach Ersetzung unseres Landesstrafrechts durch das Reichsgesetz vom 15. Mai 1871 entstanden waren, — endlich der

Vorgang des Reichsbeamtengesetzes vom 31. März 1873, diese Erwägungen alle führten schließlich zu dem Gesetze, betreffend die Rechtsverhältnisse der Staatsbeamten, sowie der Angestellten an den Latein- und Realschulen, vom 28. Juni 1876. Die Begriffsbestimmungen und die äußere Anordnung des Reichsbeamtengesetzes wurden dabei thunlichst festgehalten, daneben aber die durch die Verfassungsurkunde und andere Verhältnisse bedingten eigenthümlichen Einrichtungen, namentlich solche, für welche, wie z. B. das Witwen- und Waisenpensionswesen, das Reichsgesetz eine Lücke ließ, auch für die Zukunft gewahrt. Die in dem Beamtengesetz von 1876 gegebenen Normen bildeten sodann wieder eine Grundlage für die entsprechende neue Ordnung auch der Rechtsverhältnisse der Volksschullehrer, welche, im Anschlusse an die Volksschulgesetze von 1836, 1858, 1865, 1872 und 1874, in dem **Gesetze, betreffend die Rechtsverhältnisse der Volksschullehrer, vom 30. Dezember 1877** ihren Abschluß erhalten hat. Ein zweites Gesetz vom gleichen Tage ordnete ebenso die Rechtsverhältnisse der **Lehrer und Lehrerinnen an höheren Mädchenschulen**. Auf Diener der evangelischen Kirche, die Generalsuperintendenten oder Prälaten, die Dekane, Pfarrer und Helfer, finden die für die Staatsdiener geltenden dienstrechtlichen Normen gleichfalls in der Hauptsache analoge Anwendung, während für die katholischen Kirchendiener das Gesetz vom 30. Januar 1862, betreffend die Regelung der Verhältnisse der Staatsgewalt zur katholischen Kirche, — für die israelitischen Kirchendiener das Israelitengesetz von 26. April 1828 Art. 51 und 52 (vergl. auch Reg.-Bl. 1831 S. 564) maßgebend ist.

Nach einer im Jahrgang 1873 der Württ. Jahrb. I S. 18 ff. veröffentlichten Statistik wurden damals gezählt: im Civilstaatsdienst 3 600, im höheren Schuldienst 960, im Volksschuldienst 3 890 Angestellte; ferner 1 030 evangelische, 950 katholische, 12 israelitische Kirchendiener; endlich 6 350 Unterbedienstete aller Art; im Ganzen also 16 792 oder rund 16 800 im öffentlichen Dienst des Staats, der Kirche und der Schule Angestellte oder 1 auf 110 Einwohner; außerdem rund 6 000 Personen, welche als Landpostboten oder in Privatdiensten für die Post (1 650), sowie bei den Staatsgewerben des Finanzdepartements (2 400) und in der unteren Steuerverwaltung als Acciser meist mit Tantiemenbezug (1 950) verwendet sind. Diese Zahlen sind allerdings ein wenig veraltet; in Ermanglung einer neueren Zählung dürften sie aber, als jedenfalls annähernd giltig, auch heute noch genügen.

Die „Allgemeinen Bestimmungen" des Beamtengesetzes vom 28. Juni 1876. Beamter im Sinne dieses Gesetzes ist nach Art. 1 jede Person, welche in dem Staats- oder öffentlichen Schuldienste durch den König oder durch eine höhere Staats- oder Schulbehörde angestellt, d. h. auf eine bestimmte Stelle ernannt oder auf solcher bestätigt worden ist. Diese Bestimmung gilt auch für das ständische Amtspersonal. Dagegen findet das Beamtengesetz keine Anwendung auf die bei dem Militär Angestellten, die Unteroffiziere des Landjägerkorps und die Landjäger. Die Volksschullehrer endlich fallen unter das Gesetz vom 30. Dezemb. 1877.

Bezüglich der **Ernennung und Entlassung** unterscheidet das Beamten=
gesetz in Art. 2:

1. die Minister oder Departementschefs und die übrigen Mitglieder des Ge=
heimen Raths, bei denen die eine wie die andere nach der eigenen freien Entschließung
des Königs erfolgt;
2. die auf Lebenszeit angestellten Beamten;
3. die unter dem Vorbehalt vierteljähriger Kündigung Angestellten;
4. die sonst auf Kündigung, auf bestimmte Zeit oder auf jederzeitigen Wider=
ruf Angestellten.

Auch im Volksschuldienst stehen die auf Lebenszeit angestellten ständigen
Lehrer den auf jederzeitigen Widerruf ernannten Schulamtsverwesern, Unterlehrern,
Lehrgehilfen u. s. w. gegenüber.

Die Vorschriften über Titel, Rang und Dienstkleidung der Beamten, des=
gleichen über die diensteidliche Verpflichtung derselben sind auf den Verordnungsweg
verwiesen worden (Art. 3) — vergl. die Rangordnung nach dem neuesten Stand im
Staatshandb. 1881 S. 639, die Kön. Verordn. über die Diensteide 27. Okt. 1878.

Als allgemeine **Pflichten** eines Beamten sind hervorgehoben die gewissen=
hafte, der Verfassung und den Gesetzen entsprechende Wahrnehmung des Amtes und
ein würdiges Verhalten in und außer Dienst (Art. 4) und die Wahrung des Amts=
geheimnisses (Art. 5). **Beschränkungen** sind dem Beamten auferlegt in der
Richtung, daß er vor Abgabe eines außergerichtlichen Gutachtens die Genehmigung
seiner vorgesetzten Dienstbehörde einzuholen hat (Art. 6), daß er ohne vorgängige
Anzeige bei dieser Behörde in eine eheliche Verbindung sich nicht einlassen darf
Art. 7), — ferner in der Uebernahme eines Nebenamts oder einer mit fortlaufender
Belohnung verbundenen Nebenbeschäftigung oder eines Gewerbebetriebs (Art. 8),
in der Annahme von Titeln, Ehrenzeichen, Geschenken, Gehaltsbezügen oder Re=
munerationen von anderen Regenten oder Regierungen, in der Annahme von Ge=
schenken in Bezug auf sein Amt oder von Amtsuntergebenen (Art. 9).

Dagegen hat jeder Beamte ein **Recht** auf eine Anstellungsurkunde (Art. 10),
auf das mit dem Amte verbundene Diensteinkommen: den Gehalt, etwaige Zulagen
und Nebenbezüge, Entschädigung für Dienstaufwand oder Amtsemolumente (Art. 11),
auf monatliche Vorauszahlung des Gehalts ꝛc. (Art. 12). Ein Beamter kann seinen
Anspruch auf die Zahlung von Diensteinkünften, Wartegeld, Ruhegehalt u. s. w.
mit rechtlicher Wirkung nur insoweit abtreten, verpfänden oder sonst übertragen, als
dieselben gesetzlich der Beschlagnahme unterliegen (Art. 13). Maßgebend hiefür ist jetzt
§. 749 der Reichs=Civilprozeßordn. vom 30. Januar 1877, wornach das Dienstein=
kommen der Beamten, Geistlichen und der Lehrer an öffentlichen Unterrichtsanstalten,
die Pension dieser Personen nach deren Versetzung in einstweiligen oder dauernden
Ruhestand, sowie der nach ihrem Tode den Hinterbliebenen zu gewährende Sterbe=
oder Gnadengehalt der Pfändung erst von einem Mehrbetrag über jährliche 1 500 ℳ
an und von diesem Mehrbetrag nur zum dritten Theil der Pfändung unterliegen
(Z. 8 Abs. 2, vergl. jedoch Abs. 4 wegen der Alimente der Ehefrau und der ehelichen
Kinder). Einkünfte zur Bestreitung eines Dienstaufwands aber kommen hiebei über=
haupt nicht in Betracht (a. a. O. letzt. Abs.). Der Genuß der mit einem Amte
verbundenen Wohnung verbleibt dem Beamten nach der Versetzung in den Ruhe=
stand, den Hinterbliebenen von seinem Todestag an je noch 45 Tage. Nur die für
den amtlichen Gebrauch bestimmten Lokalitäten sind sofort zu räumen (Art. 14).

Bei dienstlicher Beschäftigung außerhalb seines Wohnorts erhält der Be=
amte eine Vergütung der Mehrkosten über den gewöhnlichen Aufwand am Wohnort und

der Reisekosten nach dem im Verordnungsweg erlassenen Diätenregulativ vom 23. Juni 1875 (Art. 15). Wird durch andere Aufträge von Seiten der Königlichen Regierung ein Beamter an der Versehung seines ordentlichen Amtes gehindert, so hat die Staatskasse die Kosten eines Amtsverwesers zu tragen. Der Gehalt des Beamten selbst bleibt ungemindert, auch erhält er Ersatz des ihm durch jene Aufträge erwachsenden Aufwands. Dagegen erwirbt er in diesem Fall einen weiteren Anspruch ebensowenig, als wenn er außerordentliche Aufträge neben seinem ordentlichen Amt zu besorgen hat (Art. 16). Besondere und hervorragende Leistungen eines Beamten kann aber die K. Regierung je nach Umständen durch außerordentliche Belohnungen anerkennen (Art. 17).

Die Vorschriften über den Urlaub der Beamten und deren Stellvertretung sind durch K. Verordn. vom 18. Juli 1879 geordnet. Hält sich ein Beamter ohne Urlaub vom Amte fern oder überschreitet er denselben, so verliert er über die Zeit der unentschuldigten Entfernung sein dienstliches Einkommen. In Krankheitsfällen ist ein Beamter zu den Kosten einer deshalb bestellten Amtsverweserei Beitrag zu leisten erst dann verpflichtet, wenn die Dienstverhinderung über 6 Monate dauert und auch dann nur insoweit, als die Kosten der Stellvertretung den dritten Theil seines Diensteinkommens, oder eventuell den Betrag des ihm nach jenen 6 Monaten gebührenden Ruhegehalts nicht übersteigen. Selbst dann können ausnahmsweise die der Staatskasse zur Last fallenden Stellvertretungskosten ganz auf diese überwiesen werden (Art. 18).

Jeder auf Lebenszeit angestellte Beamte muß die Versetzung auf ein anderes seiner Berufsbildung und bisherigen Thätigkeit entsprechendes Amt von nicht geringerem Rang und ohne Verlust an Gehalt sich gefallen lassen, wenn es das dienstliche Bedürfnis erfordert. Für die unfreiwillige Versetzung von Richtern gelten einige besondere schützende Bestimmungen. Dem ohne sein Ansuchen versetzten Beamten, mag derselbe auf Lebenszeit angestellt sein oder nicht, sind die Umzugskosten [nach der K. Verordn. vom 28. Febr. 1818] zu ersetzen (Art. 19). Die Dienstkündigung steht jedem Beamten mit Verzichtleistung auf Gehalt, Titel und Rang zu und darf ein solcher alsdann keinesfalls länger als ein Vierteljahr zurückgehalten werden. Hat derselbe zu seiner Ausbildung aus Staatsmitteln besondere Unterstützung erhalten, so muß er dafür Ersatz leisten (Art. 21).

Diese „Allgemeinen Bestimmungen" des Beamtengesetzes finden im wesentlichen nach dem Gesetz, betreffend die Rechtsverhältnisse der Volksschullehrer, vom 30. Dezember 1877 auch auf diese Anwendung mit den aus deren besonderen Verhältnissen sich ergebenden Abweichungen, z. B. hinsichtlich ihrer Einkommensverhältnisse (Art. 4), ferner daß ihr Gehalt zwar monatlich, aber nicht vorauszuzahlen ist, — aus einer Hand, auch wo mehrere Kassen dazu beizutragen haben (Art. 5), daß bei Dienstwechseln das für einen Amtsverweser unentbehrliche Wohngelaß sofort geräumt werden muß (Art. 6), daß der im Genuß von Schulferien stehende Lehrer während eines Urlaubs die Kosten der Amtsverweserei zu übernehmen verpflichtet und daß in den 180 Tage überdauernden Krankheitsfällen der Theil der Stellvertretungskosten, welchen nicht der Lehrer selbst zu tragen hätte, durch die Schullehrerpensionskasse zu bestreiten ist (Art. 7). Diese Bestimmungen gelten auch für die Lehrerinnen im Volksschuldienste (Art. 49). Nach denselben Grundsätzen werden in Gemäßheit des zweiten Gesetzes vom 30. Dezember 1877 die Lehrer und Lehrerinnen an höheren Mädchenschulen behandelt.

In dem zweiten Abschnitt spricht das Beamtengesetz vom 28. Juni 1876 von der zeitlichen Versetzung in den Ruhestand oder von der Quiescirung.

Wenn in Folge veränderter Gesetzgebung oder Etatsverabschiedung ein Amt aufhört, kann dessen Inhaber, vorausgesetzt, daß er auf Lebenszeit angestellt war, zeitlich in den Ruhestand versetzt werden (Art. 22). Das Wartgeld, welches er dabei erhält, beträgt, wenn der Beamte das 40. Lebensjahr noch nicht zurückgelegt hat, 50 Proz. des Gehalts. Mit jedem weiteren angetretenen Lebensjahr bis zum zurückgelegten 70. steigt dasselbe um 1 1/3 Proz. von dem Gehalte, welcher 2400 ℳ und weniger beträgt, und um 1 1/6 Proz. von dem Theil, welcher 2400 ℳ. übersteigt. Der Jahresbetrag eines Wartgeldes ist höchstens 6000 ℳ. und mindestens 1200 ℳ, bei Volksschullehrern 1000 ℳ. (Art. 23 des B.G., Art. 12 das Volksschull.Ges.). Die Zahlung des Wartgelds erfolgt im Voraus in derselben Weise, wie die des Gehalts (Art. 24). Ein zeitlich in den Ruhestand versetzter Beamter kann zu jeder Zeit wieder zum aktiven Dienst berufen werden durch Anstellung in einem seiner Berufsbildung angemessenen, von seinem früheren Dienstgrade nicht zu entfernt stehenden Amt, unter Belassung in dem früheren Rang und Gehalt (Art. 26). Wird die Wiederanstellung von dem Beamten abgelehnt, so hört der Bezug des Wartgeldes auf. Das Gleiche ist der Fall nach der Berufung des Beamten auf eine pensionsberechtigte Stelle mit mindestens dem früheren Gehalt im Reichs-, Staats-, Kirchen- oder Schuldienst. Der Quiescent kann ferner auch bleibend zur Ruhe gesetzt oder, unter den gesetzlichen Voraussetzungen, des Dienstes entlassen werden (Art. 27). Unter welchen Voraussetzungen das Wartgeld ruht, sagt Art. 28 des B.G. — In den Erläuterungen zum Hauptfinanzetat für 1881.83 werden acht Quiescenten aufgeführt mit zusammen 10 237 ℳ. Quiescenzgehalten.

Endlich sind an dieser Stelle zu erwähnen die Bestimmungen über die Disziplinarstrafen und das Disziplinarverfahren im fünften Abschnitt des Beamtengesetzes. — Ein Beamter, welcher die ihm obliegenden Pflichten (Art. 4—9) verletzt, begeht ein Dienstvergehen und hat die Disziplinarbestrafung verwirkt (Art. 69). Die Disziplinarstrafen bestehen in Ordnungsstrafen und in Entfernung vom Amte. Ordnungsstrafen sind Verweis, Geldstrafen bis zum Betrag eines Monatsgehalts, bei unbesoldeten B. bis zu 100 ℳ. — ferner Haft gegen Unterbedienstete (Art. 71), — bei Volksschullehrern noch weiter Aufstellung eines Hilfslehrers theilweise auf Kosten des Schuldhaften (Art. 39 des Ges. v. 1877). — Die Entfernung vom Amte kann bestehen in Strafversetzung und in Dienstentlassung. Die Strafversetzung erfolgt ohne Vergütung der Umzugskosten, durch Versetzung auf ein anderes Amt von gleichem Rang und ohne Gehaltsverlust, oder durch Versetzung auf ein andres Amt von gleichem Rang mit Verminderung des Gehalts, höchstens um 1/5. Die Dienstentlassung hat den Verlust des Titels und Pensionsanspruchs von Rechtswegen zur Folge (Art. 72). Welche dieser Strafen anzuwenden sei, ist nach der größeren oder geringeren Erheblichkeit des Dienstvergehens mit besonderer Rücksicht auf das ganze Verhalten des Angeschuldigten zu ermessen (Art. 74).

Zur Verhängung der gesetzlichen Ordnungsstrafen sind die vorgesetzten Behörden und Beamten befugt (Art. 77; vergl. K. Verordn. v. 13. Febr. 1877 und 27. Sept. 1879). In diesem Sinne ist es zu verstehen, wenn das Gesetz von 1877 nach Art. 39 auch die Strafversetzung der Volksschullehrer ohne Gehaltsverlust noch als Ordnungsstrafe behandelt wissen will. Vor der Verhängung einer Ordnungsstrafe ist dem Beamten Gelegenheit zu geben, sich über die ihm zur Last gelegte Verletzung seiner amtlichen Pflichten zu verantworten (Art. 78). Gegen die Verhängung der Ordnungsstrafen findet einmalige Beschwerde an die nächstvorgesetzte Behörde an den Verwaltungsgerichtshof (Ges. v. 16. Dezember 1876 Art. 73) oder das oberste Landesgericht statt, ausgenommen die Strafverfügungen der beiden letzteren Behörden selbst, sowie diejenigen der Präsidenten der beiden Ständekammern oder des ständischen Ausschusses, endlich Strafverfügungen eines Kollegiums auf eine Geldstrafe von 50 ℳ oder weniger (Art. 79).

Die Vorschriften des B.G. über Ordnungsstrafen finden auch auf vormalige Beamte in Fällen der Verletzung der in den Art. 5 und 6 Abs. 2 bezeichneten Dienstpflichten Anwendung. Gegen einen bleibend in Ruhestand versetzten Beamten kann außerdem auf Verlust des Titels und des Ruhegehalts erkannt werden wegen solcher zur Zeit des aktiven Diensts begangener Handlungen, welche, wären sie früher bekannt geworden, Dienstentlassung zur Folge gehabt hätten (Art. 80).

Der Entfernung vom Amt, sowie der Entziehung des Ruhegehalts muß bei den auf Lebenszeit angestellten Beamten ein förmliches Disziplinar-Strafverfahren vorhergehen (Art. 81) — s. Abschnitt VIII. Die Staatsbehörden 1 (Disziplinarhof).

Die Entlassung der unter dem Vorbehalt der Kündigung oder des jederzeitigen Widerrufs angestellten Beamten erfolgt durch den König, wenn der Beamte durch Königliche Entschließung angestellt oder bestätigt worden ist, andernfalls durch diejenige Behörde, welche die Anstellung verfügt oder bestätigt hat, ohne ein Rekursrecht. Gegenüber den auf Kündigung angestellten Beamten kann in der vorbemerkten Weise wegen Vergehen gröberer Art die gleichbaldige Entlassung, wegen minder schwerer Verfehlungen die Strafversetzung oder eine Ordnungsstrafe verfügt werden. Gegen die vermögensrechtlichen Folgen der Entlassung oder Strafversetzung ist eine Beschwerde bis zum Verwaltungsgerichtshof zuläßig. Auch bedarf es bei den auf Kündigung angestellten Beamten eines vorgängigen Gutachtens der vorgesetzten Kollegialbehörde (Art. 20).

Die vorläufige Dienstenthebung (Suspension) tritt ein:

1. kraft Gesetzes, wenn im gerichtlichen Verfahren die Verhaftung eines Beamten verfügt oder wenn gegen ihn ein noch nicht rechtskräftiges Urtheil erlassen ist, welches den Verlust des Amtes kraft Gesetzes nach sich zieht (Art. 108);

2. durch Verfügung des vorgesetzten Ministeriums, bei richterlichen Beamten durch Verfügung des Disziplinarhofs, sobald gegen den Beamten ein gerichtliches Strafverfahren eingeleitet, oder die Einleitung eines förmlichen Disziplinarverfahrens verfügt ist, oder auch erst im Laufe des einen oder anderen Verfahrens (Art. 110);

3. durch Anordnung eines sonst hiezu nicht ermächtigten Vorgesetzten, falls Gefahr im Verzuge ist, vorbehältlich der sofortigen Einholung der Entschließung der hiefür zuständigen Behörde (Art. 114).

3. Die Gehalte der Beamten.

Bald nachdem unter König Friedrich eine große Zahl vordem reichsunmittelbarer Gebiete mit Altwürttemberg zu einem Königreich vereinigt worden war, sind in dem Dekret vom 28. Mai 1807 die Grundsätze bestimmt worden, nach welchen die Beamtengehalte festgesetzt werden sollten. Neben der Verabreichung von Holz an die Mehrzahl der Staatsdiener und der Verwilligung von Pferdsrationen an einzelne Klassen derselben, wurden nur noch Gehalte in Geld zugelassen.

Ein Minister, zuerst der aus kurhessischen Diensten übernommene Staatsminister von Jasmund, erhielt 7 500 fl. in Geld, 56 Meß Holz, 56 Scheffel Haber, zusammen einen Geldwerth von 8 508 fl.; ein Staatsrath, desgleichen ein Ministerialrath 2 000 fl. in Geld und 15 Meß Holz, zusammen einen Geldwerth von 2 225 fl., ein Landvogt 2000 fl. in Geld und 2 Pferdsrationen, zusammen 2264 fl. Geldwerth; — ein Kanzlist 442 fl., ein Landvogteiaktuar 3—400 fl.

Nach dem Regierungsantritt des Königs Wilhelm bedingte die neue Einrichtung der ganzen Staatsverwaltung auch eine neue Ordnung des Besoldungswesens. Das VIII. Edikt vom 18. November 1817 hat die Gehalte der Beamten bei den Ministerien, den Central- und Provinzialstellen, das K. Dekret vom 2. Dezember 1817 die Besoldungen der Minister, der Geheimen-Räthe und der Angestellten bei dem Ministerium der äußeren Angelegenheiten geregelt. Das Edikt vom 31. Dezember 1818, die Organisation der Staatsverwaltung in den Departements der Justiz und des Innern betreffend, brachte die Normen für die Bezahlung der bei der Bezirksverwaltung Angestellten. Als darauf mit den Ständen die Dienstpragmatik von 1821 verabschiedet wurde, hatte die Regierung die Absicht, gleichzeitig zu bestimmen, daß je der dritte Theil einer Beamtenbesoldung in Naturalien festgestellt, hiefür aber eine Entschädigung nach den laufenden Getreidepreisen gegeben werden solle. Der Widerstand der Besoldeten selbst ließ diesen Plan scheitern. In der Ständeversammlung aber machte sich jetzt, wie erwähnt, eine dem Beamtenstand überhaupt weniger geneigte Stimmung fühlbar, so daß schon der Normaletat von 1823 einzelne Besoldungssätze von niedrigerem Maße enthält, als die Edikte von 1817 und 1818. Doch wurden noch durch K. Verordnung vom 28. Juni 1824 die Besoldungen der Kameralbeamten, wie sich in der Folge zeigte nicht zu deren Ungunsten, theilweise in Naturalien festgesetzt. Trotz der fortgesetzt steigenden Preise aller Lebensmittel und ohne Rücksicht auf die allmählich sich anbahnende Aenderung in der ganzen Lebensweise blieben dann die Gehalte unverändert bis 1858, in welchem Jahre zuerst eine allgemeine Besoldungsaufbesserung zu Stande kam, diese freilich noch in so mäßigem Betrage, daß durch die Maßregel im Ganzen die Staatskasse zunächst noch nicht einmal mit einer halben Million Gulden jährlich mehr belastet worden ist. Weitere Aufbesserungen der Gehalte der Civilstaatsdiener folgten mit dem 1. Juli 1864, dem 1. Januar 1872 und 1. Juli 1873, die letzte zugleich im Hinblick auf den bevorstehenden Uebergang zur Markwährung mittelst Umrechnung der Gehaltssätze in dem Verhältnisse von 1 Gulden = 2 $\mathcal{M}$., was einer Erhöhung der Besoldungen um 16 2/3 Proz. entspricht. An die Gehaltsaufbesserungen zu Gunsten der Beamten und der diesen gleichgestellten Lehrer reihten sich sodann jedesmal binnen kurzem auch solche zu Gunsten der Volksschullehrer und der Kirchendiener an. Seit 1874 aber sind nur noch erhöht worden die letztmals vorher i. J. 1858 geordneten Ministergehalte (1875), sowie die Besoldungen einzelner Angestellten des Justizdepartements (1879) und der Verkehrsanstalten (1881).

Der Gehalt eines Ministers, welcher 1822 8868 fl. und noch 1873 9000 fl. oder 15204 ℳ betragen hat, ist seit 1875, neben freier Wohnung, auf 18000 ℳ erhöht. Der Minister der ausw. Angel. bezieht außerdem 5143 ℳ Entschädigung für Repräsentationsaufwand. Der Gehalt eines Präsidenten des obersten Landesgerichts, 1822 3600 fl., beträgt jetzt 9600 ℳ, der eines Präsidenten des evangel. Konsistoriums 8400 ℳ, der eines Präsidenten bei einer der Generaldirektionen der Verkehrsanstalten 7400 ℳ Dieselbe Höhe haben die Gehalte der Senatspräsidenten des Oberlandesgerichts, welche im Rang den Direktoren der Landeskollegien der übrigen Departements gleichstehen. 7400 ℳ und 7000 ℳ erhalten ferner in 2 Klassen die den gleichen Rang einnehmenden Landesgerichtspräsidenten und der Oberstaatsanwalt, dagegen die Kollegial-Direktoren in den übrigen Departements, 1822 2500 fl., jetzt in 2 Klassen 6800 und 6400 ℳ Für die Mitglieder des Geheimen Raths (Staatsräthe) sind jetzt die Gehalte: 9600 ℳ, 8000 ℳ und 6800 ℳ (gegen 4714 und 3000 fl. im J. 1822); für die Oberlandesgerichtsräthe, Landgerichtsdirektoren, Ministerialräthe des Justizdepartements: 6400, 6000 und 5600 ℳ; für die Ministerialräthe der übrigen Departements (1822 2100 und 2300 fl.) 6000 und 5600 ℳ. Die in die erste Gehaltsklasse eingereihten dienstaufsichtsführenden Amtsrichter (Oberamtsrichter) und Vorstände der Oberämter (Oberamtmänner) erhalten seit 1879 4000 ℳ (neben freier Wohnung), die Bezirksamtsvorstände I Klasse in den übrigen Departements 3800 ℳ Wie im übrigen bei den Hauptkategorien der Civilbeamten die Gehalte seit 1822 sich verändert haben, möge die nebenstehende Uebersicht zeigen; dabei ist zu bemerken, daß, wo für eine Beamtenkategorie mehrere Gehaltsklassen bestehen, das Vorrücken von der niederen in die höheren bei der politischen Abtheilung des Departements des auswärt. Angel. und bei dem Kultdepartement je nach Ablauf bestimmter Zeitfristen, sonst dann erfolgt, wenn in der höheren Klasse ein Gehalt sei es in Folge der Beförderung oder des Todes eines Vormanns frei wird. Das letztere Verfahren ist vom Standpunkt des Etats das einfachere, das andere empfiehlt sich vielleicht mehr im Interesse des Dienstes.

Von den Aufbesserungen des Jahres 1864 kamen auf die Besoldungen über 2000 fl. im Ganzen nur 4,1 Proz., auf diejenigen von weniger als 500 fl. aber 53,9 Proz. — Die Gehaltssätze von 1873 verglichen mit denen von 1823 zeigen eine Erhöhung bei den Geheimen-Räthen um 19 Proz. den Direktoren um 49—59, den Ministerialräthen um 52—55, den Kollegialräthen um 51—60, den Vorständen der Bezirksämter um 38—59 Proz. Dagegen bei den Expeditoren um 75—98, den Kollegialassessoren um 104—162, den Revierförstern um 118—185, den zweiten Beamten der Bezirksämter um 130—204 Proz.

Die Gehalte der Gerichtsnotare sind von 700—1000 fl. auf 1225—1575 fl. oder 2100—2700 ℳ, diejenigen der Amtsnotare von 600 fl. auf 875—1108 fl. oder 1590—1900 ℳ erhöht worden. Die durch die neue Gerichtsverfassung bestimmten Landgerichtsschreiber erhalten in 3 Klassen 1800, 2000 und 2200 ℳ, die Amtsgerichtsschreiber in 2 Klassen 1400 und 1600 ℳ Die Verhältnisse der Beamten des äußeren Postdienstes (Praktikanten, Postassistenten, Postsekretäre, Postverwalter und Postmeister) sind jetzt so geordnet, daß dieselben allmählich aus einem Taggelde von 3 ℳ und 3,40 ℳ in einen Gehalt von 1400 ℳ und dann je um 200 ℳ bis zu 3200 ℳ vorrücken können, woran sich alsdann die Oberpostmeister mit Gehalten von 3400 ℳ und 3800 ℳ anreihen. Aehnlich gliedern sich die Gehalte im äußeren Dienst der Staatseisenbahnen und zwar sowohl bei dem technischen, als bei dem Betriebs-Personal. Der Maximalgehalt eines Lokomotivführers ist 1800 ℳ, der eines Zugmeisters 1200 ℳ, der eines Konduktörs 1000 ℳ,

(Fortsetzung Seite 112.)

Die Staatsdiener.

Kategorien der Beamten.	Gehaltssätze in Gulden				Gehalte 1873	
	1822/34.	1853.	1864.	1872.	in Gulden.	in Mark.
Wirklicher Geheimer-Rath . . .	4714	—	4500	4800	5600	9600
Staatsrath	3000	3600	3700	4000	4667	8000
	—	3000	3100	3400	3967	6800
Direktor eines Landeskollegiums	2500	2700	2900	3400	3967	6800
	—	—	—	3200	3733	6400
Ministerialrath	2300	2500	2700	3000	3500	6000
	2100	2300	2500	2800	3267	5600
	2000	2100	2300	2600	3033	5200
Kollegialrath	1800	1900	2100	2400	2800	4800
	1600	1700	1900	2200	2567	4400
	800	1400	1500	1800	2100	3600
Kollegialassessor	—	1200	1300	1600	1867	3200
	—	1000	1100	1400	1633	2800
Kollegialerpeditor, höchste Klasse	1200	1400	1500	1700	1983	3400
„ niedrigste Klasse	800	800	1000	1200	1400	2400
Kanzlist, höchste Klasse . . .	800	900	950	1050	1225	2100
„ niedrigste Klasse . .	600	700	750	850	992	1700
Kopist	500	600	650	800	933	1600
	400	—	—	750	875	1500
Kanzleidiener	450	600	650	700	817	1400
Kanzleiaufwärter	300	400	450	525	612	1050
Vorstand eines Bezirksamts	1600	1700	1700	1900	2217	3800
(neben freier Wohnung)	1300	1400	1500	1700	1983	3400
	1100	1200	1300	1500	1750	3000
Zweiter Beamter eines Bezirks-	500	600	900	1300	1517	2600
amts (neben freier Wohnung)	—	—	700	1100	1283	2200
	—	—	—	900	1050	1800
Amtsdiener bei Bezirksämtern	200	250	300	375	437	750
Bauinspektor, höchste Klasse .	1000	1200	1300	1700	2217	3800
„ niedrigste Klasse	800	1000	1100	1100	1750	3000
Revierförster (Oberförster), höchste Klasse	730	1000	1200	1400	1633	2800
niedrigste Klasse	450	800	900	1100	1283	2200

daneben die Jahrdienstgebühren und bei den letzten 2 Kategorien auch freie Dienstkleidung. Die Gehalte der 588 Postunterbediensteten steigen von 900 ℳ je um 50 ℳ bis 1 300 ℳ, worüber nur noch einige wenige mit 1 400 und 1 700 ℳ im Etat erscheinen.

Die ordentlichen **Professoren der Landesuniversität** sind in 3 Gehaltsklassen eingetheilt von 3 600 ℳ, 4 000 ℳ und 4 400 ℳ, beziehen aber daneben nicht nur Kollegiengelder, Honorare für Doktorpromotionen und Prüfungen, sondern in ihrer Mehrzahl jetzt auch persönliche Zulagen von zum Theil beträchtlicher Höhe aus dem mit 111 200 ℳ dotirten Dispositionsfonds. So war 1877 der Maximalbetrag einer solchen Zulage 4 629 ℳ und der damalige Maximalgehalt eines Universitätsprofessors mit Einrechnung der Zulage 8 629 ℳ. Bei dem **Polytechnikum** sind es 5 Gehaltsklassen von 3 600—4 400 ℳ und im allgemeinen keine Kollegiengelder u. dgl., aber es waren auch hier aus einem Dispositionsfonds im J. 1880 zu Personalzulagen angewiesen 37 222 ℳ. Die Rektoren der Stuttgarter Gymnasien beziehen einen Gehalt von 4 400 ℳ und 4 600 ℳ neben freier Dienstwohnung oder Miethzinsentschädigung, die Professoren an den oberen Abtheilungen 4 000—4 400 ℳ, diejenigen an den unteren Abtheilungen 2 500—3 300 ℳ. Außerdem sind zu (Lebens-) Alterszulagen für die Hauptlehrer an Gymnasien, Lyzeen, Reallyzeen, mit Oberklassen versehen Realanstalten und an den 4 niederen evangelischen Seminarien, sowie für den Rektor und die dem Volksschullehrerstande angehörigen Lehrer an der Bürgerschule in Stuttgart 40 000 ℳ bestimmt.

Im übrigen fließen die Gehalte der Lehrer an den Gymnasien, Lyzeen, Latein- und Realschulen ganz oder zum größeren Theil aus Gemeinde- oder Stiftungskosten.

Wohnungsgeldzuschüsse, wie für die Reichsbeamten, die Beamten in Preußen, Baden u. s. w. sind für die württembergischen Beamten bis jetzt nicht verwilligt. Im Jahr 1873 wurde indessen ermittelt, daß von 10 916 Angestellten 4 222 im Genusse einer Dienstwohnung oder eines Miethzinsbeitrags sich befunden haben, darunter 2 508 Unterbedienstete.

Regel ist, daß die Beamten neben ihrem Gehalt nicht auf Gebühren und ähnliche Nebenbezüge verwiesen sein sollen. Ausnahmen wurden schon erwähnt; weitere treffen zu bei den Notaren, vorzugsweise aber bei der großen Mehrzahl der in der unteren Steuerverwaltung Angestellten, den Accisern. Doch ist auch bei den letzteren da, wo das Gebühreneinkommen ein größeres würde, mit der Anstellung der Beamten auf fixen Gehalt der Gefahr etwaiger Mißbräuche begegnet.

Die Gehaltsaufbesserungen für die Beamten des Civilstaatsdienstes und des höheren und mittleren Schuldienstes verursachen der Staatskasse einen jährlichen Mehraufwand

seit 1858 von	. . . . .	437 102 fl.	30 kr.
„ 1864 „ weitern	. .	647 821 „	20 „
„ 1872 „		872 274 „	„
„ 1873 „	.	1 240 543 „	46 „
zusammen von	. .	3 197 741 fl.	36 kr.

oder von nahezu 5 ⅓ Mill. ℳ

Der Gesammtaufwand der Staatskasse an Besoldungen und Besoldungsbeiträgen für diese Beamten mit Ausnahme der Ministergehalte, der Bezüge der Ortssteuerbeamten, Oberamtsgeometer, der bei den Staatsgewerben als Gehülfen oder Arbeiter Beschäftigten, ist nach der letzten allgemeinen Aufbesserung von 1873 auf 8 683 806 fl. b. i. auf nahezu 15 Mill. ℳ berechnet worden, wovon es getroffen hat das Departement der Justiz mit 13,2 Proz., das des Innern mit 16 Proz., des Kirchen- und Schulwesens mit 14,4 Proz., der Finanzen mit 19,4 Proz., die Verkehrsanstalten mit 35,2 Proz. Annähernd dürften diese Zahlen auch jetzt noch zutreffen.

Vorschriften über die Besoldungsverhältnisse der **Volksschullehrer** wurden erstmals 1810 gegeben. Die evangelische Schulordnung von diesem Jahr hatte als Minimum 150 fl. festgesetzt, jedoch Erhöhung bis 300 fl. verlangt, wo nur immer der Zustand der Ortskassen es gestatte. Das Gesetz vom 29. September 1836 bestimmte die Minimalgehalte auf 200—350 fl., je nach der Einwohner- und Schülerzahl der Orte. Jeder Schulmeisterstelle kommt ferner eine für den Bedarf einer Familie ausreichende Wohnung oder eine den jeweiligen Mietzinsen entsprechende Entschädigung zu. Durch Zuschüsse aus der Staatskasse wurden 1845 die 200 fl.-Klassen auf 250 fl., die von 250 fl. auf 260 fl. erhöht, auch sämmtlichen Lehrern, deren Einkommen unter 300 fl. betrug, Dienstalterszulagen ausgesetzt. Das Gesetz von 1836 normirte erstmals auch die Gehalte der unständigen Lehrer. Durch die weiteren Gesetze von 1858, 1865, 1872 und 1874 wurde das Verhältnis der ständigen Lehrerstellen zu den unständigen verbessert und in der Erhöhung der Mindestgehalte stetig fortgefahren. Auch soll für jede Schulmeisterstelle seit 1858 ein Theil des Gehalts im Werth von mindestens 50 fl. in Brotfrüchten oder Gütergenuß verabreicht werden. Soweit die Mindestgehalte von 1872 mit 480 und 500 fl. nicht in solchen Naturalien bestehen, wurden sie 1874 um ⅛ aufgebessert, die Gehalte von 480 fl. also auf 550 fl. erhöht (oder 960 ℳ). Schon nach der Gesetzgebung von 1865 aber waren die Mindestgehalte überall da erhöht worden, wo bei einer Schule mehrere Lehrerstellen bestehen, waren ferner für städtische Volksschulen gewisse höhere Minimaldurchschnittsgehalte bestimmt worden. So stellt sich z. B. der Mindestgehalt einer der besser dotirten Lehrerstellen in Städten von mehr als 6000 Einwohnern jetzt auf 925 fl. oder 1585,71 ℳ. Dazu die seit 1872 an das **Lebensalter** geknüpften **Alterszulagen**: 100 ℳ nach zurückgelegtem 40., 140 ℳ nach zurückgelegtem 45., 200 nach zurückgelegtem 50. Lebensjahr. — Die Unterlehrer erhalten mindestens 600—680 ℳ, die Lehrgehilfen 500—540 ℳ je nach der Einwohnerzahl der Schulgemeinde, außerdem aber beide noch 7½ Ctr. Dinkel, 2 Raummeter buchen Scheiterholz und ein heizbares Zimmer mit dem unentbehrlichen Mobiliar — oder für alles dieses eine angemessene Geldentschädigung. — Erdlich können ständige wie unständige Lehrer durch Ertheilung von **Abtheilungsunterricht** ihr Einkommen noch weiter vermehren. Hat ein Lehrer aus diesem Grund mehr als 30 Wochenstunden zu geben, so gebühren ihm für jede solche Stunde mindestens: bei Schulstellen auf dem Lande 36 ℳ, in Städten 54 ℳ, in Gemeinden I. Klasse 72 ℳ.

Am 1. Januar 1880 betrug die Zahl der

Schullehrerstellen

mit Gehalten von	900 ℳ u. weniger	9	ständ. Amtsverweserstellen	24
" " "	900—1000 "	1323		
" " "	1001—1100 "	1044	Unterlehrerstellen . . .	852
" " "	1101—1400 "	546		
" " "	1401—2000 "	126	Lehrgehilfenstellen . .	606
" " "	2001 und mehr	1		
	Schullehrerstellen	3049	Lehrerstellen überhaupt .	4031

Sodann erhielten Alterszulagen von 100 ℳ 329, von 140 506, von 200 ℳ 1276, zusammen 2111 Lehrer mit einem Gesammtaufwand für die Staatskasse von 358940 ℳ.; ferner auf Grund des Gesetzes vom 30. Dezember 1877 Art. 47:

17 Lehrerinnen nach zurückgelegtem 30. Lebensjahr mit je 100 ℳ, 8 Lehrerinnen nach zurückgelegtem 35. Lebensjahr mit je 125 ℳ. und 6 nach zurückgelegtem 40. Lebensjahr mit je 150 ℳ, zusammen 31 Lehrerinnen 3 600 ℳ.

Der Gesammtbetrag des zum größeren Theil aus örtlichen Kassen fließenden Einkommens der Angehörigen des Volksschullehrerstandes an Gehalten und Alterszulagen, ohne Einrechnung des Miethwerths der Dienstwohnungen, der Mietzinsentschädigungen und der Belohnungen für den Abtheilungsunterricht, ist im Jahr 1873 nach der Aufbesserung auf 2,3 Mill. Gulden b. i. in runder Summe auf 4 Mill. ℳ berechnet worden. Daran hat die Staatskasse nach dem Hauptfinanzetat für 1881/83 Kap. 82, 83, 85, 86 und 88 nicht ganz den vierten Theil (873 623,06 ℳ) zu tragen, unter letzterer Summe auch Beiträge an Gemeinden zur Ausstattung ihrer Schulstellen mit Grundeigenthum inbegriffen.

Der Gesammtbetrag der Gehalte der evangelischen und katholischen Kirchendiener ist im Jahr 1873 gleichfalls auf gegen 4 Mill. ℳ (2 264 000 fl.) berechnet worden, dabei nicht berücksichtigt das Einkommen der 6 evangel. Prälaten, sowie des bischöflichen Ordinariats. An Gehaltsaufbesserungen hat die Staatskasse übernommen:

nach den Verabschiedungen von	für evangelische Geistliche ℳ	für katholische Geistliche ℳ
1861/64 und 1864/67	112 628,57	59 610,78
1867/71	151 523,48	96 511,25
1871/73	154 447,82	93 631,15
1873/75	274 289,32	137 142,67
	692 889,19	386 895,85

Daneben trifft es die Staatskasse, jetzt, nach dem Hauptfinanzetat für 1881/83, und zwar was die evangel. Geistlichen betrifft, zum großen Theil in Vertretung des Kirchenguts, an den älteren Besoldungen mit

1 266 590,35   533 446,72

an Entschädigungen wegen Einkommensverlusten in Folge der Ablösungen
40 371,42   62 485,72

an Entschädigungen für den Ausfall an Diensteinkommen aus Anlaß der Einführung des Reichsgesetzes vom 6. Februar 1875, betr. die bürgerliche Eheschließung:
35 000,00

Summe der Leistungen der Staatskasse zu den Gehalten u. s. w. der Kirchendiener
2 034 850,96   982 828,29

zusammen rund 3 Mill. ℳ.

Hierunter sind inbegriffen auch die Gehalte der evangel. Prälaten, aber nicht der bischöfliche Tisch und die Gehalte der Geistlichen des Domkapitels.

Im Jahr 1875 standen von den 968 evangelischen Kirchenstellen 339 in der Einkommensklasse von 1 757 ℳ bis 2 100 ℳ, 374 in der Klasse von 2 160 bis 2 500 ℳ, 265 Stellen in einem Einkommen von über 2 570 ℳ (b. f. 34, 39 und 27 Proz.). Noch zu Anfang der Sechziger Jahre war der Minimalbetrag des kompetenzmäßigen Einkommens eines evangel. Geistlichen 700 fl. oder 1 200 ℳ Die freie Wohnung oder eine Mietzinsentschädigung ist unter allen diesen Sätzen nicht begriffen. — Nach dem kirchlichen Gesetz vom 2. November 1875 werden vom 1. Juli 1875 an für Geistliche auf Pfarreien, welche mit dem geistlichen Unterstützungsfonds in Verbindung stehen, ihre Gehalte durch Alterszulagen aus diesem Fonds erhöht vom angetretenen 50. Lebensjahr an auf 2 100 ℳ, vom 60. Lebensjahr an auf 2400 ℳ, vom 65. Lebensjahr an auf 2500 ℳ, wofern jene Gehalte mindestens um 20 ℳ weniger betragen als diese Summen. Unverheiratete, verheiratete aber kinderlose, desgl. solche Geistliche, welche aus Privatmitteln ein jährl. Einkommen von wenigstens 1800 ℳ beziehen, haben jedoch keinen Anspruch auf solche Alterszulagen.

4. Fürsorge für die Beamten im Fall ihrer Dienstunfähigkeit.

Schon Herzog Christophs Große Kirchenordnung von 1559 hat den evangelischen Geistlichen für den Fall andauernder Krankheit und Dienstunfähigkeit lebenslang ein „ziemliches" Leibgeding zugesichert, welches, Pfarrvictalitium genannt, bis zum Jahr 1744 auf 86 fl., einschließlich 6 fl. Mietzinsentschädigung, sich belief, von da an aber noch um 10 Scheffel Dinkel und 1 Eimer Wein vermehrt wurde. Daneben bestand das große Victalitium, 234 fl. jährlich im Tarwerth von 1808. Die erste gesetzliche Regelung des Pensionswesens der Staatsdiener erfolgte durch das IX. Edikt vom 18. November 1817. Nach Abschluß des Verfassungswerks von 1819 ergiengen sodann in dem IV. Abschnitt der Dienstpragmatik vom 28. Juni 1821 diejenigen Bestimmungen, welche mehr als ein halbes Jahrhundert lang für die Pensionirungen zunächst der Staatsdiener, dann auch der Kirchen- und Schuldiener maßgebend geworden sind, allerdings mit einzelnen im Jahr 1849 beschlossenen Beschränkungen, welche auch die spätere Gesetzgebung von 1853 und 1865 ganz nicht mehr hat beseitigen können. Eine neue Kodifikation des jetzt giltigen Rechts enthält der **dritte Abschnitt des Beamtengesetzes vom 28. Juni 1876**, mit einem Nachtrag vom 1. Juli 1876, betreffend die Pensionsberechtigung des Wohnungsgenusses für Bezirksbeamte.

Auch den Kirchen- und Schuldienern ist für den Fall, daß sie durch Altersschwäche oder eine ohne Hoffnung der Wiedergenesung andauernde Kränklichkeit zu Versehung ihres Amts unfähig würden, in §. 74 der Verf.-Urk. ein angemessener lebenslänglicher Ruhegehalt gewährleistet. Demgemäß werden seit 1828 und 1842 die Angestellten an der Universität und den höheren Lehranstalten nach den gleichen Grundsätzen behandelt wie die Staatsdiener. Für die Lehrer an den mittleren und unteren Klassen der Gymnasien und Realanstalten, der Latein- und Realschulen wurde durch Gesetz A vom 6. Juli 1842 ein Maximalpensionssatz von 700 fl., für die Volksschullehrer nach dem Gesetz vom 29. September 1836 Art. 56 ein solcher von 250 fl. bestimmt, sind auch für beide Kategorien von Lehrern besondere Pensionskassen gegründet worden, aus welchen die Pensionen bezahlt werden sollten. Jene beschränkenden Maximalsätze wurden durch das Gesetz vom 7. September 1849, das hier für die Betheiligten günstig wirkte, aufgehoben. Auch fiel die besondere Pensionskasse der Lehrer an Latein- und Realschulen in Folge der Schlußbestimmung des Art. 29 des Beamtengesetzes vom 28. Juni 1876, so daß der aus Ersparnissen an den etatsmäßigen Staatszuschüssen gebildete, auf 154 482,54 ℳ. angewachsene Fonds derselben der Restverwaltung der Staatshauptkasse hat zurückgegeben werden können. — Bei den evangelischen Geistlichen gelangte der Maßstab der Dienstpragmatik durch die Normative von 1839 und 1861 gleichfalls zur Geltung, nur mit dem Unterschied, daß der Ruhegehalt aus festen Normalsätzen berechnet wurde — von 700 fl., später 1000 fl. für einen Pfarrer und Helfer, von 1100 fl für einen Dekan, von 1800 fl. für einen Prälaten. — Diese Abweichung wurde jedoch durch das Normativ von 1868 beseitigt, welches auch sonst bestimmt war, die durch die staatliche Pensionsgesetzgebung von 1865 weiter gebildeten Grundsätze thunlichst wieder den Verhältnissen der evangelischen Geistlichen anzupassen. — Jetzt fallen unter das Beamtengesetz von 1876, auch hinsichtlich der Bestimmungen über das Pensionswesen, die sämmtlichen Schuldiener, mit Ausnahme der Volksschullehrer, auf welche aber in dieser Beziehung die verwandten Art. 19 bis 29 des Gesetzes vom 30. Dezember 1877, betreffend die Rechtsverhältnisse der Volksschullehrer, Anwendung finden. Das zweite Gesetz vom gleichen Tag sorgt entsprechend für die Lehrer und Lehrerinnen an höheren Mädchenschulen. Im Einklang mit der vorangegangenen Etatsverabschiedung wurde endlich am 5. März 1878 das auch von der Landessynode begutachtete Statut für die Pensionirung der evangelischen Geistlichen erlassen. Beruhen diese Gesetze und Statute jetzt alle auf den gleichen Prinzipien, so walten besondere Verhältnisse allein noch ob bei den katholischen Geistlichen, deren Pension nach der Congrua von 850 fl. im Minimum sich richtet, vom 15. Priesterjahr an um 10 fl. jährlich steigt, keinesfalls mehr als das Pfründeinkommen betragen darf und im Maximum auf 1200 fl. (2057 ℳ.) beschränkt ist.

Am 1. April 1880 war der Stand der Pensionäre folgender:

Am 1. April 1880.	Pensionäre	Pensionsberechtigte im aktiven Dienst 31. Dezbr. 1879.	1 Pensionär auf	
			Aktivangestellte	Ortsanwesende
Staatsbeamte und Lehrer an den höheren Unterrichtsanstalten...	284	2278	8,00	6936,6
Lehrer an mittleren und niederen Latein- und Realschulen....	49	462	9,13	34081,6
Volksschullehrer.........	312	2955	9,70	6314,1
Evangel. Geistliche........	96	909*)	9,47	evangelische: 14181,3
zusammen..	741	6604	8,91	—

*) 974 Kirchenstellen, von welchen 65 unbesetzt. Bei der geistl. Witwenkasse waren von aktiven Dienern außerdem noch betheiligt 1 Lehrer und 18 sog. Personalisten.

Die katholische Geistlichkeit zählte am 31. März 1880 nur 12 eigentliche Pensionäre (Resignirte), daneben aber noch 38 Geistliche, welche im Genuß des Pfründeeinkommens verblieben, und für welche nur die Aushilfs- oder Stellvertretungskosten zu bezahlen sind.

Die wesentlichsten Bestimmungen des Beamtengesetzes über die **bleibende Versetzung in den Ruhestand** sind:

Kein auf Lebenszeit angestellter Beamter hat ein Recht auf bleibende Versetzung in den Ruhestand. Dagegen ist die Regierung befugt, dieselbe zu verfügen, wenn der Beamte entweder das 65. Lebensjahr zurückgelegt hat und durch sein Alter in seiner Thätigkeit gehemmt, oder wegen eines körperlichen Gebrechens oder wegen Schwäche seiner körperlichen oder geistigen Kräfte dienstunfähig geworden, oder durch Krankheit länger als ein Jahr von Versehung seines Amts abgehalten worden ist. Im Fall der bleibenden Versetzung in den Ruhestand hat ein Beamter, wofern diese Maßregel nicht in einem durch eigene Schuld herbeigeführten Leiden desselben ihren Grund hat, nach vollendeten 9 Dienstjahren Anspruch auf einen lebenslänglichen Ruhegehalt, eine Pension, aus der Staatskasse (Art. 29). Die Ruhegehalte der Volksschullehrer werden nach Art. 13 des Ges. v. 30. Dez. 1877 aus der besonderen Schullehrerpensionskasse (Volksschulgesetz von 1836 Art. 60 Abs. 1) bezahlt. Diese hat im Jahr 1839 ein Ausstattungskapital von 930 000 fl. oder 1 594 285 ℳ erhalten und besitzt jetzt einen Fonds von 1 901 428,57 ℳ. Dessen 4 proz. Zinse mit 76 097 ℳ reichen jedoch zu Deckung der Ausgaben noch lange nicht aus, da unter diesen allein die Pensionen i. J. 1881 315 000 ℳ betragen haben; dazu noch 44 000 ℳ Beiträge zu den Hilfslehrergehalten und Amtsverweserkosten. — Bei den evangel. Geistlichen kann Pensionirung erst nach zurückgelegtem 70. Lebensjahr, eventuell erst nach 2jähriger Krankheitsdauer verfügt werden. Sonst wie im Beamtengesetz. Das letztere fährt in Art. 30 fort: Ist die Dienstunfähigkeit die Folge einer Krankheit, Verwundung oder sonstigen Beschädigung, welche der Beamte bei Ausübung des Dienstes oder aus Veranlassung desselben ohne eigene Verschuldung sich zugezogen hat, so tritt der Anspruch auf einen lebenslänglichen Ruhegehalt auch ohne vorangegangene 9jährige Dienstzeit ein.

Zum Nachweise der Dienstunfähigkeit eines seine Versetzung in den Ruhestand selbst nachsuchenden Beamten ist erforderlich, daß die unmittelbar vorgesetzte Dienstbehörde das Gesuch für begründet erachtet. Weitere Beweismittel zu fordern, bleibt der über dasselbe entscheidenden Behörde vorbehalten (Art. 34). Zum Schutz eines Beamten, der nicht auf eigenes Ansuchen und vielleicht gegen seinen Willen pensionirt werden soll, sind besondere Bestimmungen gegeben (Art. 35 bis 37).

Die bei Feststellung des Ruhegehalts in Betracht kommende Dienstzeit wird vom Tag der Anstellung auf Lebenszeit an gerechnet. Hinzugerechnet wird die nach Vollendung des 25. Lebensjahrs entweder auf einer vierteljährig kündbaren Stelle, oder auch, wenn der betr. Beamte ꝛc. zu einem höheren Staats-, Schul- oder Kirchendienst befähigt erklärt ist, die von ihm nach Erlangung des bezeichneten Alters im inländischen unständigen Dienst oder in akademischer Lehrthätigkeit als Privatdozent vor der Anstellung auf Lebenszeit zugebrachte Dienstzeit (Art. 39), ferner der im Krieg oder nach dem 18. Lebensjahr sonst im deutschen Heere oder der Marine geleistete Militärdienst, sofern dieser nicht während der bereits berechneten Civildienstzeit stattfindet (Art. 40 f.), endlich auch die anderer öffentlicher Thätigkeit gewidmete Zeit theils kraft Gesetzes (Art. 42), theils wenigstens fakultativ mit besonderer Genehmigung des Königs z. B. für Korporationsdienste, Advokatur (Art. 43).

Die Grundlage für die Berechnung der Größe des Ruhegehalts bildet der Gehalt, welchen der Beamte innerhalb des letzten Jahres vor dem Tag seiner Pensionirung bezogen hat (Art. 45). Bei den Oberamtsrichtern, den Oberamtmännern, den Kameralverwaltern, dem Vorstand des Hauptsteueramts Stuttgart, den Forst= meistern, den Oberzollinspektoren und Eisenbahnbetriebsinspektoren wird der Genuß der mit dem Amte verbundenen Wohnung oder Mietzinsentschädigung für den Fall der Versetzung, Quiescirung oder Pensionirung mit 400 ℳ hinzugerechnet (Ges. vom 1. Juli 1876), bei den Volksschullehrern ebenso die Alterszulage (Ges. vom 30. Dez. 1877 Art. 26), dagegen bei den evangel. Geistlichen weder Wohnungsgenuß, noch Alterszulage (Statut §. 13). Der Ruhegehalt beträgt bei angetretenem zehnten Dienstjahr, sowie in dem Fall des Art. 30 des B.G. 40 Proz. des Gehalts ꝛc. Mit jedem weiteren Dienstjahr bis zum 40. einschließlich stieg derselbe früher um 2 Proz., erreichte also nach der Dienstpragmatik von 1821 schließlich den vollen Be= trag des Gehalts; nach den neueren Gesetzen steigt derselbe jetzt um 1 3/4 Proz. aus dem Betrag des Gehalts bis einschließlich 2400 ℳ und um 1 1/2 Proz. aus dem Betrag des Gehalts, welcher 2400 ℳ übersteigt, kann also selbst bei Gehalten bis zu 2400 ℳ höchstens noch 92 1/2 Proz. des Gehalts erreichen (Art. 47). Auf aus= gezeichnete Verdienste eines Beamten kann der König bei Bemmung des Ruhe= gehalts angemessene Rücksicht nehmen. Doch soll die letztere die Summe von 6000 ℳ (nach der Dienstpragmatik 3000 fl.) nicht übersteigen (Art. 47 letzt. Abs.). Nur der Ruhegehalt eines Ministers beträgt 7000 ℳ. Bei den übrigen Mitgliedern des Geheimen Raths wird der Ruhegehalt nach Art. 47 berechnet. Doch haben die= selben Anspruch auf einen solchen, auch wenn sie das 10. Dienstjahr noch nicht an= getreten haben. Ihr Ruhegehalt kann 6000 ℳ nicht übersteigen, aber auch nicht unter die Hälfte ihres Gehalts sinken, sofern dieselbe nicht über 6000 ℳ beträgt. Im Weg besonderer Zusicherung kann der Ruhegehalt der Minister bis auf 9000 ℳ (nach der Dienstpragmatik 4000 fl.), derjenige der übrigen Mitglieder des Geheimen Raths in den Grenzen des Höchstbetrags von 6000 ℳ bis auf 3/5 ihres Gehalts festgesetzt werden (Art. 48). Die Zahlung des Ruhegehalts erfolgt monatlich im Voraus (Art. 49).

Einem Pensionär bleibt unbenommen, sich um die Wiederanstellung zu melden. Auch die Regierung kann einen solchen nach wieder erlangter Dienstfähig= keit unter den gleichen Bedingungen (Art. 26), wie einen zeitlich zur Ruhe gesetzten Beamten, in den Dienst zurückrufen (Art. 50). Wird einem solchen Ruf nicht ge= horcht oder erfolgt eine Wiederanstellung im Staats=, Reichs=, Kirchen= oder öffent= lichen Schuldienst auf einer pensionsberechtigten Stelle mit einem dem früheren mindestens gleichen Gehalt, so hört das Recht auf den Bezug des Ruhegehalts auf (Art. 51). In welchen Fällen dieses Recht ruht, sagt Art. 52.

An Ausgaben für Pensionen sind in Kap. 6 des Hauptfinanzetats für 1881/83 vorgesehen:

	1881/82	1882/83
	ℳ	ℳ
Tit. 1) für Staatsbeamte und Landjägeroffiziere . .	825 000	835 000
2) für Angestellte an niederen Latein= und Real= schulen	105 000	112 000
6) für evangelische Geistliche	210 000	210 000
Zuschüsse 7) für Pensionen der katholischen Geistlichen . .	32 000	32 000
9) an die Pensionskasse der Volksschullehrer . .	285 400	300 400
	1 457 400	1 489 400.

Einen kleineren Theil der Pensionen der katholischen Geistlichen bestreitet der Interkalarfonds, welcher hiefür, sowie zu Bestreitung von Amtsverweserei- und Hilfspriesterkosten eine bestimmte Summe (4 000 fl. oder 6 857,14 ℳ) zuschießt.

Setzt man statt der Zuschüsse unter Ziff. 7 und 9 die im Jahr 1879/80 im Ganzen verausgabten Beträge von 39 611 ℳ und 298 602,37 ℳ., so ergibt sich als runde Summe der jetzt zu bezahlenden Pensionen ein Betrag von 1½ Mill. ℳ

5. Fürsorge für die Hinterbliebenen von Beamten.

Wie bei den dienstunfähig gewordenen Beamten, so hat sich auch bei den Hinterbliebenen öffentlicher Diener eine staatliche Fürsorge zuerst dem evangelischen Kirchendienst gegenüber bethätigt. Schon im Jahr 1674 hat Eberhard III. 35 notorisch arme Pfarrwitwen mit einem Legat bedacht und am 9. März 1700 ward als fiscus charitativus die geistliche Witwenkasse gegründet, aus welcher bis auf den heutigen Tag die Witwen und Waisen unserer evangelischen Geistlichen Unterhalt und Hilfe schöpfen dürfen. Eine Civilstaatsdiener-Witwen- und Waisenpensionskasse brachte erst die Dienstpragmatik vom 28. Juni 1821 in ihrem fünften Kapitel, eine Witwen- und Waisenpensionskasse der Volksschullehrer das Volksschulgesetz vom 29. September 1836 Art. 69, eine Witwen- und Waisenpensionskasse der Angestellten an den niederen Latein- und Realschulen das Gesetz A vom 6. Juli 1842 Art. 28.

Am 1. April 1880 bezogen Pensionen aus diesen Kassen

die Hinterbliebenen von	Witwen	Halbwaisen	Vollwaisen
Civilstaatsdienern	639	235	21
Angestellten an niederen Latein- und Realschulen	73	42	10
evangelischen Geistlichen	372	120	1
Volksschullehrern	837	456	98
zusammen	1 921	853	130

Nach der neuesten Ordnung durch das Beamtengesetz vom 28. Juni 1876 Abschnitt IV, das Gesetz vom 30. Dezember 1877 über die Rechtsverhältnisse der Volksschullehrer, Art. 31 ff. und das kirchliche Gesetz, betreffend die Fürsorge für die Hinterbliebenen von Geistlichen, vom 12. März 1878 gilt jetzt rechtlich Folgendes:

A. Ein Anrecht auf die gesetzlichen Leistungen an ihre Hinterbliebenen haben:

a. gegenüber der Civilstaatsdiener-Witwenkasse die sämmtlichen auf Lebenszeit angestellten, unter das Beamtengesetz fallenden Beamten, Quiescenten und Pensionäre, mit Ausnahme der unter lit. b. bezeichneten (am 31. Dezember 1879 im aktiven Dienst: 2 278, Quiescenten: 4, Pensionäre: 261, zusammen 2 543).

b. gegenüber der Lehrer-Witwenkasse die Hauptlehrer an den mittleren und unteren Abtheilungen der Gymnasien, Lyzeen und Realanstalten, sowie die Vorstände und Hauptlehrer, ferner die Elementarlehrer an den lateinischen und Realschulen, eventuell auch die Fach- und Nebenlehrer an einer dieser Anstalten, und zwar alle genannten auch als Pensionäre. — 1879 im aktiven Stand 462, im Pensionsstand 45, zusammen 507 (Ges. A vom 6. Juli 1842 Art. 16; V.G. Art. 56);

c. gegenüber der Volksschullehrer-Witwenkasse die auf Lebenszeit angestellten ständigen Volksschullehrer (1879 im aktiven Stand 2 955, im Pensionsstand 323, zusammen 3 278);

d. gegenüber der geistlichen Witwenkasse alle in einem evangelischen Kirchen=
amt auf Lebenszeit angestellten, sowie die pensionirten evangelischen Geistlichen, dann
einzelne vor dem 6. Juli 1842 angestellte Lehrer an öffentlichen Unterrichtsanstalten;
ferner fakultativ: an höheren Mädchenschulen, an Rettungsanstalten und im Dienste
der inneren Mission bei Privatanstalten angestellte Predigtamtskandidaten und Geist=
liche, endlich auch nach Umständen mit landesherrlicher Genehmigung freiwillig aus
dem Kirchendienst ausgeschiedene Geistliche (1879 im aktiven Stand 909 Geistliche
und 1 Lehrer, zusammen 910, pensionirte Geistliche 101 und Lehrer 4, Personalisten
18, zusammen 1 033).

Ein Anrecht auf die gesetzlichen Leistungen für ihre Hinterbliebenen hatten
also nach dem Stande vom 31. Dezember 1879 im Ganzen 7 361 Personen, von
welchen 6 604 und 1 bei der geistlichen Witwenkasse betheiligte Lehrer, zusammen
also 6 605 im aktiven Stande, dann 4 Quiescenten, 734 Pensionäre und 18 Per=
sonalisten. Es kommt also 1 Witwe auf 3,31 für ihre eigenen Hinterbliebenen der=
einst gleichfalls Berechtigte (bei der Civilstaatsdiener-Witwenkasse 1 auf 3,97, bei der
geistlichen Witwenkasse 1 auf 2,78, bei der Volksschullehrer-Witwenkasse 1 auf 3,91).

B. Die gesetzlichen Leistungen der Witwenkasse bestehen:
 I. in dem Sterbenachgehalt,
 II. in den Pensionen der Witwen und Waisen.

Die Hinterbliebenen eines im aktiven Dienst gestorbenen Geistlichen haben
kirchenordnungsmäßig das sog. Gnadenquartal d. h. den Besoldungsnachsitz auf die
dem Todestag folgenden 91 Tage zu genießen. Der Sterbenachgehalt dagegen,
welchen die Hinterbliebenen der übrigen unter lit. A genannten Beamten u. s. w.
anzusprechen haben, besteht in dem Betrag des Gehalts, Wartgelds oder Ruhegehalts
des Verstorbenen für die auf den Sterbemonat folgenden 45 Tage. Ein Anspruch
auf den Sterbenachgehalt ist eingeräumt der Witwe, sowie ehelichen Kindern, welche
mit dem Verstorbenen in häuslicher Gemeinschaft gelebt oder das 18. Lebensjahr
noch nicht zurückgelegt haben, — bei evangelischen Geistlichen unter den gleichen
Voraussetzungen auch elternlosen Enkeln. In Ermanglung solcher Hinterbliebenen
kann die Gewährung des Sterbenachgehalts auch dann stattfinden, wenn der Ver=
storbene erwachsene Kinder, Enkel, Eltern, Geschwister, Geschwisterkinder oder Pflege=
kinder, deren Ernährer er war, in Bedürftigkeit hinterläßt, oder wenn der Nachlaß
nicht ausreicht, um die Kosten der letzten Krankheit und der Beerdigung zu decken.
In den letzteren fakultativen Fällen trägt bei Geistlichen der Unterstützungsfonds die
Leistung, — sonst überall die betheiligte Witwenkasse.

Pensionen werden von allen Witwenkassen nur der Witwe und den ehelichen
Kindern unter 18 Jahren bezahlt. Ein Anspruch auf Witwenpension fällt mit der
Ehescheidung, Ungiltig- oder Nichtigerklärung der Ehe weg. Im übrigen tritt eine
verschiedene Behandlung ein, je nachdem die Hinterbliebenen bei der Civilstaatsdiener=
Witwenkasse oder bei den anderen Kassen betheiligt sind. Zunächst ist dort der ge=
setzliche Anspruch auf Pension noch davon abhängig gemacht, daß der verstorbene
Gatte oder Vater bereits selbst einen Anspruch auf Ruhegehalt erworben, also in
der Mehrzahl der Fälle das 10te Dienstjahr angetreten hatte. Bei den auf
dem Prinzip der Konfraternität begründeten Lehrerwitwenkassen und der geistlichen
Witwenkasse dagegen beginnt der Anspruch der Hinterbliebenen auf Pension sofort
ohne jede Rücksicht auf die vorangegangene Dienstzeit des Verstorbenen. — Eine
zweite Verschiedenheit besteht in der Art der Berechnung der Pensionssätze. Nach
der Dienstpragmatik §. 34 betrug die Pension der Witwe eines Civilstaatsdieners
25 Proz. von dem eventuell dem verstorbenen Gatten zur Zeit seines Todes ge=

setzlich gebührenden Ruhegehalt bis einschließlich 1 000 fl., 20 Proz. von dem Mehrbetrag bis 1 500 fl., 10 Proz. von dem Betrag darüber, so daß damals eine Witwenpension nicht über 500 fl., die Pension einer Ministerswitwe nicht über 600 fl. steigen konnte. Seit 1865 erst ist die Pension einer Beamtenwitwe auf 33 1/3 Proz. desjenigen Betrages bestimmt, welchen der Verstorbene selbst als Ruhegehalt anzusprechen gehabt hätte oder bereits genossen hat. Und dabei ist es auch im P.G. Art. 55 verblieben. — Dagegen bestanden bei der geistlichen Witwenkasse zuerst 3 Klassen von 14 fl., 10 fl. und 5—8 fl., in welche die Witwen eingetheilt waren (1722), dann ein einheitlicher Satz für alle, der sich von 50 fl. im J. 1808 bis auf 90 fl. im J. 1840 allmählich erhöht hat. Von da an wurden unterschieden die sog. altberechtigten und die neuberechtigten Witwen, 1841 mit 90 fl. und 100 fl., 1875 mit 450 und 500 ℳ. Für die nach dem 1. Januar 1877 in den Pensionsstand eintretenden Witwen endlich hat das kirchliche Gesetz vom 12. März 1878, in Uebereinstimmung mit den vorher von den Landständen gefaßten Beschlüssen, 4 Klassen geschaffen von 500, 600, 700 und 800 ℳ, in welche sie eingereiht werden sollen, je nachdem der verstorbene Gatte im Durchschnitt der letzten 5 Jahre kompetenzmäßig, mit Einrechnung der Alterszulagen und der Funktionszulagen an Patronatsgeistliche für Bekleidung des Dekanatamtes, bezogen hatte: weniger als 2 500 ℳ, 2500 bis 2 999 ℳ, 3 000—3 999 ℳ oder 4 000 ℳ und mehr. — Aehnlich sind in Gemäßheit des Art. 56 des P.G. auch für die bei der Latein- und Reallehrerpensionskasse betheiligten Witwen jetzt Klassen von 400, 500, 600 und 700 ℳ (Reg.Bl. 1878 S. 209) gebildet, mit dem Vorbehalt noch höherer Sätze für solche Witwen, deren Pension mit den von ihren Gatten während einer längeren Dienstzeit und aus einem höheren Einkommen zur Witwenkasse geleisteten Zahlungen in erheblichem Mißverhältnisse stünde (zur Zeit 2); — sind ferner in Gemäßheit des Art. 32 des Gesetzes vom 30. Dezember 1877 auch für die Schullehrerwitwen Klassen gebildet von 200, 250, 325 und 400 ℳ. — Halbwaisen erhalten aus der Schullehrerwitwenkasse 1/4, Vollwaisen 1/2 der Witwenpension; bei den übrigen Witwenkassen die ersteren 1/8, die letzteren 1/4. — Nach dem P.G. Art. 55 ist dem Könige vorbehalten, auf ausgezeichnete Verdienste eines Beamten bei Bestimmung der Pension für dessen Witwe und Waisen unter Umständen Rücksicht zu nehmen.

Die Witwen- und Waisenpensionen werden monatlich im Voraus, nur aus der geistlichen Witwenkasse in vierteljährigen Raten, bezahlt. Das Recht auf den Bezug der Pension hört auf für die Witwe mit deren Tod oder neuer Ehe, für jedes Kind mit dessen Tod, Verheiratung, Volljährigerklärung und jedenfalls mit der Vollendung des 18. Lebensjahrs. Mit dem Verlust des deutschen Indigenats ruht die Pension.

III. Neben den ordentlichen Pensionen werden an bedürftige Witwen und Waisen von Geistlichen noch ständige, übrigens widerrufliche Gratialien verliehen, welche in 3 Klassen für die Witwen auf 50—120 ℳ, 100—200 ℳ und 150—400 ℳ, für jede Halbwaise auf 45, 50 und 60 ℳ, für jede Vollwaise auf 60, 80 und 100 ℳ bestimmt worden sind. Bis zur Erlassung des kirchlichen Gesetzes von 1878, in dessen Art. 17 dieses geregelt, aber auch sonst das Witwenpensionswesen günstiger gestaltet wurde, war nicht weniger als der dritte Theil sämmtlicher Pfarrwitwen in einer Lage, daß ihnen neben der Pension mit derartigen Gratialien noch hat geholfen werden müssen. Außerdem erhalten erwerbsunfähige und unterstützungsbedürftige hinterlassene Kinder eines Geistlichen auch nach Zurücklegung des 18. Lebensjahrs, soweit es die verfügbaren Mittel zulassen, durch den evangel. Synodus angemessene Unterstützungen (die sog. Synodalgratialien, kirchl. Ges. Art. 18).

C. **Die eigenen Einnahmen der Wittwenkassen bestehen:**
1. in den Eintrittsgeldern: je ein Viertheil des Gehalts des Beamten, Kirchen- oder Schuldieners bei der ersten Anstellung mit Pensionsberechtigung, sowie ein Viertheil von jeder Gehaltserhöhung;
2. in den Jahresbeiträgen: jährlich 2 Prozent des Gehalts, Wartgelds oder Ruhegehalts des Beamten u. s. w.

Nur die dem katholisch-geistlichen Stande angehörigen Beamten sind von der Bezahlung beider befreit (V.G. Art. 64). Eine Rückzahlung solcher Leistungen an die Wittwenkasse durch letztere findet nicht statt (Art. 63). Besondere Bestimmungen sind getroffen für die Nachzahlung der Jahresbeiträge im Fall der nachträglichen Einrechnung einer früheren Anstellung, Verwendung oder öffentlichen Thätigkeit in die pensionsberechtigte Dienstzeit, ferner für die Fälle des Uebertritts von bis dahin mit der einen Wittwenkasse in Verbindung stehenden Beamten in ein die Zugehörigkeit zu einer anderen solchen Kasse bedingendes Amt. Eine eigene Einnahme der Wittwenkassen bilden

3. die gesetzlichen Abzüge an der Wittwenpension wegen Altersungleichheit der Ehegatten. Dieselben betragen $1/5$ bis $5/6$, wenn die Wittwe mehr als 18 und bis 38 Jahre jünger ist als der verstorbene Ehemann war. Ist die Wittwe mehr als 38 Jahre jünger, so erhält sie überhaupt keine Pension.

4. Der Lehrer- und der Volksschullehrer-Wittwenkasse sind außerdem überlassen die Prüfungssporteln der Dienstkandidaten für die betreffenden Lehrerstellen (Sporteltarif von 1881 Nr. 56 I 5 und 7); der Volksschullehrer-Wittwenkasse ferner auch die Anstellungssporteln der ständigen Lehrerinnen (Sporteltarif 1881 Nr. 17 Ziff. 5).

5. Die geistliche Wittwenkasse endlich erhält noch
a. die gesetzliche Anstellungssportel (Sporteltarif Nr. 17 Ziff. 6 und Sportelgesetz vom 24. März 1881 Art. 9—14)

bei den Generalsuperintendenten und Dekanen . . 15 Proz.
bei den Pfarrern und Helfern . . . . 10 Proz.

des pensionsberechtigten Gehalts oder einer Erhöhung desselben, mit Ausschluß der Stolgebühren, — welch letztere bei den Jahresbeiträgen dem Gehalt zugerechnet werden;
b. das Verlagshonorar für das Gesangbuch und sonstige Kirchenbücher;
c. das Einkommen erledigter Stellen im Gnadenquartal, wenn weder eine Wittwe, noch Kinder oder Enkel da sind;
d. Geldbußen von Geistlichen;
e. etwaige Vermächtnisse, Schenkungen und Kirchenopfer.

Dabei seien wenigstens erwähnt die bei der geistlichen Wittwenkasse abgesondert verwalteten Stiftungen zu Unterstützung namentlich von Pfarrwittwen und Pfarrwaisen (kirchl. Gesetz Art. 19).

D. **Als Zuschüsse der Staatshauptkasse für die Wittwenkassen enthält der Hauptfinanzetat für 1881/83 folgende Beträge:**

Kap. 6 Pensionen.

Zuschüsse an die Wittwen- und Waisenkasse	1881/82 ℳ	1882/83 ℳ
Tit. 3) der Civilstaatsdiener	48 500	58 000
4) der Angestellten an niederen Latein- und Realschulen	—	—
8) evangelischer Geistlichen	72 000	72 000
10) der Volksschullehrer	59 500	67 500
	180 000	197 500

Die Staatsdiener.

ferner in

Kap. 8 Gratialien	1881/82	1882/83
Beitrag an die Wittwenkasse der evangelischen Geist-	ℳ	ℳ
lichen	21 000	21 000.

Dazu ist zu bemerken, daß nach der ersten Absicht für die Civilstaatsdiener-Wittwenpensionskasse aus der Hälfte der eigenen Einnahmen ein Kapital gebildet werden sollte. Soweit die andere Hälfte zur Deckung der statutenmäßen Ausgaben nicht reichte, sollte die Staatskasse eintreten, bis die Anstalt die erforderliche eigene Selbständigkeit gewonnen haben würde. So betrug der Staatszuschuß 1821—22 10242 fl.; 1838—39 aber 76 603 fl. Nach Art. 5 des Finanzgesetzes vom 1. Juli 1839 wurden der Pensionsanstalt aus dem Restvermögen 740 000 fl. überwiesen, womit weitere Zuschüsse zunächst entbehrlich wurden. Auf die Dauer wäre dies erst erreicht worden, wenn ein namhaft höherer Betrag hätte gegeben werden können, da das Pensionsinstitut mit manchen Leistungen belastet wurde, welche der Zeit vor 1821 angehörten. Nach einer im Jahr 1863 angestellten Berechnung hätte der Pensionsfonds damals betragen sollen 6½ Mill. fl., während er in Wirklichkeit nicht ganz 2 Mill. betragen hat. Seither, d. i. seit 1. Juli 1864 sind denn auch wieder Zuschüsse der Staatskasse in den Hauptfinanzetat aufgenommen.

Von den anderen Wittwenkassen wurde nur noch die Schullehrer-Wittwenkasse mit einem früher angesammelten kleinen Kapital, dann mit einer im Jahr 1837 von Oesterreich bezahlten Vergleichssumme von 55 000 fl. u. aud. ausgestattet, auch wiederholt durch Ueberlassung von Ersparnissen an den im Etat aufgenommenen Summen zu Beiträgen an Gemeinden für die Gehalte ihrer Schulstellen berücksichtigt. Seit 1. Juli 1858 erhält sie Staatszuschüsse, anfänglich von 3 300 fl. jährlich. Bei der geistlichen Wittwenkasse begannen die letzteren mit 6000 fl. im Jahr 1833/34; jetzt sind sie das Siebenfache.

Nach dem Stande vom 1. April 1880 betragen

bei der	die Fonds ℳ	die darauf ruhenden Leistungen an Sterbenachgehalten	Pensionen
Civilstaatsdiener-Wittwenkasse . .	5 021 600	19 000 ℳ	500 000 ℳ
Lehrer-Wittwenkasse	616 000	1 500 „	45 000 „
Volksschullehrer-Wittwenkasse . .	1 358 600	11 500 „	210 000 „
geistlichen Wittwenkasse	1 346 000	3 200 „	200 000 „
	8 342 200	35 200 ℳ	955 000 ℳ

Mit Einrechnung der Aktivausstände, Kassenbestände und nur vorübergehend angelegten Gelder erhöhen sich die Vermögenswerthe dieser 4 Institute noch um 210 000 ℳ

6. **Die Gratialien.** Weitere Fürsorge für Angestellte, welche dienstunfähig geworden sind, und für die Hinterbliebenen öffentlicher Diener.

Mit Vorstehendem ist die materielle Fürsorge für dienstunfähige Angestellte und für die Hinterbliebenen öffentlicher Diener in Württemberg noch keineswegs erschöpft. Auch für diejenigen auf Lebenszeit angestellten Beamten, welche vor vollendetem 9. Dienstjahr in den Ruhestand versetzt werden müssen, und für die Hinterbliebenen von solchen, ferner für die unter dem Vorbehalt der Kündigung und des jederzeitigen Widerrufs angestellten Beamten im Fall unverschuldeter Dienstunfähigkeit und für die Hinterbliebenen solcher Beamten, endlich für die erwerbsunfähigen und unterstützungsbedürftigen Waisen pensionsberechtigter Beamten auch nach dem 18. Lebensjahr — hat, wie schon die Dienstpragmatik von 1821, so auch das Beamtengesetz in den Art. 31, 32, 67 und 68 der K. Regierung das Recht vorbehalten, Unterstützungen zu gewähren. Denselben Vorbehalt macht das Gesetz A vom 30. Dezember 1877 in den Art. 15, 16 und 37 zu Gunsten der Volksschullehrer und ihrer Hinterbliebenen, in Art. 48 zu Gunsten der Lehrerinnen (vergl. Art. 15 des Gesetzes B vom gleichen Tag). Von der noch weitergehenden Befugnis bei den Hinterbliebenen evangelischer Geistlichen ist bereits die Rede gewesen. Im übrigen werden vor der pensionsberechtigten Dienstzeit dienstunfähig gewordene evangel. Geistliche nach §. 4 des Pensionsstatuts von 1878 behandelt, wie die Staatsbeamten.

Nach den Erläuterungen zum Hauptfinanzetat für 1881/83 Kap. 8 Gratialien war deren Stand am 1. April 1880 folgender: 1. Gratialien an nicht pensionsberechtigte, oder vor erlangter Pensionsberechtigung dienstunfähige Civilstaatsdiener 361 Personen mit 146 583, 57 ℳ; 2. für nicht pensionsberechtigte, unterstützungsbedürftige Hinterbliebene von Civilstaatsdienern aller Art 1 229 Personen mit 112 369,16 ℳ; 3. für nicht pensionsberechtigte Volksschullehrer 0; 4. für Hinterbliebene von solchen 120 Personen mit 8 253 ℳ; 5. an vormalige Thurn- und Taxis'sche Postbeamte und Hinterbliebene von solchen, noch 6 Personen mit 636,42 ℳ Der Beitrag von 21 000 ℳ an die geistliche Witwenkasse ist schon erwähnt. Außerdem werden hier noch verrechnet: 6. für andere Hilfsbedürftige z. B. verunglückte Holzhauer, Kinderrettungsanstalten 81 Personen mit 10 424,87 ℳ; 7. Almosenbeiträge an Stiftungen, Korporationen 6 000 ℳ. — Endlich einmalige Gratialien für Krankheitsfälle, Beiträge für die in das Wildbad aufgenommenen ärmeren Personen, Geschenke an Ehejubilanten, für Personen, die sich bei Brandfällen, Lebensrettungen u. s. w. auszeichneten, — im Ganzen 34 000 ℳ; und Gratialien überhaupt nach dem Etatsvoranschlag 339 000 ℳ

Einer materiellen Fürsorge erfreuen sich ferner die nach der K. Verordnung vom 5. Juni 1823 „wie das Linienmilitär" invalidirten Unteroffiziere des Landjägerkorps und die Landjäger (1880 137 Personen mit 76 423,32 ℳ. Invalidengehalten), sowie in Gemäßheit des Gesetzes vom 18. Mai 1876 und der späteren Etatsverabschiedungen die noch nach württembergischen Gesetzen mit den früheren Sätzen pensionirten Offiziere, Militärärzte und Militärbeamten, die Hinterbliebenen von solchen und die Friedensinvaliden nach der württembergischen Kriegsdienstordnung, deren Pensionen und Invalidengehalte zwar auf den Reichs-Etat übernommen, für welche aber nachträglich noch Aufbesserungen und diese aus Landesmitteln bewilligt worden sind. Die diesfällige Leistung der Staatskasse berechnet sich für 1881/83 für 83 Altpensionäre auf 14 379 ℳ, für 167 Witwen und 66 Waisen auf 19 869 ℳ, für 175 Friedensinvaliden auf 6 593 ℳ und für 25 Ehreninvaliden auf 1 107 ℳ.

Zerstreut in den Spezial-Etats findet man noch zahlreiche Ausgaben verwandter Art aufgeführt, namentlich bei der Domanialverwaltung, bei den Staatsgewerben und den Verkehrsanstalten so z. B. Kap. 112 Tit. 25 3500 ℳ an den Forstdiener-Unterstützungsverein, Kap. 115 Tit. 6 und Kap. 116 Tit. 6 Gratialien für das Personal der Berg-, Hütten- und Salzwerke, zus. rund 37 100 ℳ, Kap. 117 Tit. 12 Unterstützungen an Arbeiter der Bleich- und Appreturanstalt Weißenau, Kap. 118 Tit. 37 und Kap. 119 Tit. 26 Zuschüsse an die Unterstützungskasse für Angestellte der Verkehrsanstalten zus. 51 443 ℳ. Gelangt man mit diesen Ausgaben theilweise schon auf das Gebiet der Unfall- und Altersversicherung in größeren, mit der Privatwirthschaft sich berührenden Betrieben, so stellt sich andrerseits die zuletzt erwähnte Unterstützungskasse für Angestellte der Verkehrsanstalten in Wahrheit als ein Institut dar, welches, wie die älteren Pensions- und Wittwenkassen, dem Staat einen Theil seiner Verpflichtungen abnehmen kann. Gegründet durch Art. 9 des Gesetzes vom 2. Oktober 1845, betr. die Verwaltung der Eisenbahnpolizei, und seit 1. Januar 1847 in Wirksamkeit, verfügt die Kasse jetzt über ein Vermögen von 2 823,000 ℳ.; die Zahl der beitragspflichtigen Mitglieder beträgt 4 032; im Genuß von ständigen Unterstützungen aber befanden sich am 31. März 1880 231 ehemalige Angestellte, 351 Wittwen, 582 Waisen. Ausgegeben wurden 1879-80 z. B. für ehemalige Angestellte 133 391,81 ℳ, für Wittwen- und Waisen 78 487,69 ℳ. Bei dieser Kasse ist die Einnahme an Strafgeldern mit nicht einmal 10 000 ℳ jährlich nur relativ klein, um so ergiebiger zeigte sich dagegen die letztere Quelle in den letzten Jahren bei der gleichfalls kraft Gesetzes (1852 und 53) gegründeten Unterstützungskasse der niederen Diener der Steuerverwaltung, welche zu Prämien für diese Diener, dann aber auch zu Unterstützung derselben im Fall unverschuldeter Dienstentlassung, sowie zu Unterstützung ihrer Wittwen und Waisen bestimmt ist. Das Vermögen dieser Kasse betrug am 31. März 1880 1¼ Mill. ℳ. Auf die Unterstützungskasse sind ungefähr 500 Steuerbedienstete eventuell für sich und für ihre Hinterbliebenen verwiesen. Durchschnittlich erhält ein dienstunfähiger Steuerdiener daraus 390 ℳ, eine Wittwe 42 ℳ, ein Kind 31 ℳ Unterstützung. Ein Anwachsen der Jahresausgabe an Unterstützungen bis auf ungef. 130 000 ℳ ist vorzusehen. Aber es sind der Kasse an Strafgeldern auch von 1870 bis 1880 1¼ Mill. ℳ zugeflossen. Ein dritter Fonds ist der Zolldiener-Alimentirungsfonds, am 31. Mai 1879 1 249 000 ℳ, 1836 mit der beim Anschluß von Baden an den Zollverein der Staatskasse überlassenen Entschädigungssumme von stark 2 Mill. ℳ gegründet, nachdem aus letzterer 675 damals dienstlos gewordene Zolldiener mit Aufwendung einer mindestens gleich großen Summe abzufinden gewesen sind. Zur Zeit sind auf diesen, somit lediglich durch geschickte Verwaltung und Anlegung der Zinsen gewonnenen Fonds noch 48—50 Personen mit jährlichen Unterstützungen von durchschnittlich 541 ℳ ständig verwiesen.

Unabhängig vom Staat besteht der Unterstützungsfonds für evangelische Geistliche (Reg.Bl. 1821 S. 693). Derselbe ist dotirt aus den Interkalargefällen erledigter geistlicher Stellen und hat die Bestimmung, bedürftigen Geistlichen in Krankheits- und sonstigen Nothfällen, sowie bei der Aufstellung von Pfarrgehilfen Unterstützungen zu gewähren. Neuerdings sind darauf auch noch die Alterszulagen, sowie Zulagen an Pfarrgehilfen und Pfarrverweser überwiesen worden. Der Fonds besaß am 31. März 1880 1 562 532,84 ℳ in Aktivkapitalien. Mit demselben steht in Verbindung der Besoldungsverbesserungsfonds für die evangel. Geistlichen (Reg.Bl. 1822 S. 613), bestimmt, aus dem Einkommen aufgehobener und durch Abzüge bei besser dotirten Stellen das Einkommen gering dotirter Pfarreien ständig zu verbessern. Aehnliche Zwecke, wie beide, verfolgt mit ähnlichen Mitteln der kathol. Interkalarfonds, dessen eigenes Vermögen 1878 1 129 254 ℳ neben einem Reservefonds von 1,2 Mill. ℳ betrug, woneben er noch über 12½ Mill. ℳ fremdes Vermögen (von Kirchenstellen) zu verwalten hatte.

Es würde zu weit führen, wenn nun auch noch die verschiedenen Privatvereine, Stiftungen u. s. w. aufgezählt werden sollten, welche die Bestimmung haben, den öffentlichen Dienern namentlich in Zeiten der Noth und des Alters, ihren Hinterbliebenen bei und nach dem Tode der Ernährer Hilfe und Unterstützung zu bringen. Daran erinnert darf immerhin werden, daß auch das Einlegen in Lebensversicherungsanstalten thunlichst begünstigt und durch das Dazwischentreten der Staatskassen erleichtert wird. Doch soll dieses Kapitel nicht geschlossen werden, ohne daß der von Ihrer Majestät der Königin am 13. Juli 1871, dem Tag Ihres Ehejubiläums, errichteten Karl-Olgastiftung noch gedacht würde, aus welcher 31 unverehelichte Töchter verstorbener verdienter württembergischer Beamten Präbenden von 172, 343 und 515 ℳ verliehen erhalten.

7. Die Sorge für die dauernde Erhaltung eines tüchtigen Beamtenstandes.

Wenn man mit Rümelin es als eine „Lebensfrage für den modernen und insbesondere den deutschen Staat" anerkennen muß, „daß sich die besten Köpfe und edelsten Kräfte dem öffentlichen Dienst widmen", so liegt gewiß einige Beruhigung in der erfahrungsmäßigen Thatsache, daß es Württemberg zu keiner Zeit an Männern gefehlt hat, welche „neben dem freien Dienst der Muse und Wissenschaft die Pflege der öffentlichen Interessen, des Rechts und der allgemeinen Wohlfahrt, die Vertheidigung des Vaterlands, die geistige Leitung des heranwachsenden Geschlechts, die Verkündigung der letzten und tröstlichsten Wahrheiten als die höchsten und würdigsten Gegenstände ihres Wirkens" betrachtet, in einer solchen Thätigkeit den edelsten Lebensberuf sich erkoren haben. Indessen darf die Zukunft des öffentlichen und insbesondere des Staatsdienstes von derartigen idealen Beweggründen allein doch zu keiner Zeit abhängig gemacht werden. Je mehr man gewohnt ist, von dem deutschen Beamtenstand die volle Hingebung für Beruf und Amt unbedingt zu fordern, um so weniger kann auch dem letzteren der Anspruch auf die rechtzeitige Erreichung einer sorgenfreien Existenz versagt werden, — sorgenfrei nach der rechtlichen, wie nach der ökonomischen Seite hin. Was in beiderlei Beziehungen und noch darüber hinaus auch in der Fürsorge für die Hinterbliebenen von öffentlichen Dienern in Württemberg bereits geschehen ist, haben die vorstehenden Kapitel gezeigt. Ob allerdings damit dem Bedürfnisse überall vollständig genügt, ob namentlich auch eine solche „Oekonomie der Aemter" bei uns schon erzielt ist, daß wenigstens jeder tüchtigere Beamte sicher sein kann, „mit dem Eintritt ins reife Mannesalter einen dauernderen und selbständigen Wirkungskreis zu gewinnen, den eigenen Herd zu gründen und sich, sei es auch in eingeschränkterer Lage, der Früchte seiner Arbeit und der langen Vorbereitungen zu erfreuen", — darauf ist es nicht möglich, unbedingt mit Ja zu antworten. Schon ein Hinweis auf das Mißverhältnis gegenüber von den Gehalten der Reichsbeamten wird uns der näheren Begründung entheben, in welcher Richtung vorzugsweise noch Wünsche unerfüllt geblieben sind.

Direkt aber bethätigt sich die staatliche Fürsorge für die Gewinnung eines tüchtigen Beamtenstandes vor allem in den zahlreichen Prüfungs-Verordnungen, welche z. B. Gaupp in seiner Handausgabe der Verfassungs-Urkunde S. 35 ff. aufzählt. Es seien dazu wenigstens einige allgemeine Bemerkungen gestattet. Sowohl im Departement der Justiz, als in den Verwaltungsdepartements wird zwischen **höheren und niederen Prüfungen** unterschieden; bei den zu den ersteren Zugelassenen bildet eine akademische Vorbildung die Voraussetzung; die Kandidaten der niederen Prüfungen aber können nur auf den untergeordneten Posten eine Anstellung erlangen. In der Erinnerung an das altwürttembergische Schreiberunwesen hat man den Kreis hiefür anfangs möglichst eng gezogen. Erst in neuerer Zeit, als die Ueberzeugung sich Bahn brach, daß man nun vielleicht in der Anforderung einer vorgängigen Universitätslaufbahn da und dort doch zu weit gegangen sei, wurden für die nieder Geprüften die Thüren mehr geöffnet. Nun läuft man aber Gefahr, ein anderes wichtiges Moment zu wenig zu beachten. Bis jetzt wird bei den niederen Prüfungen der ganze Schwerpunkt auf Fachkenntnisse und Geschäftsgewandtheit gelegt, nach dem **Grade der allgemeinen Bildung des Kandidaten** gar nicht weiter gefragt. Ein gewisses Maß einer solchen, wie sie die humanistischen Lehranstalten bis zu denjenigen Klassen zu verleihen vermögen, deren Erreichung die Berechtigung zum einjährig freiwilligen Militärdienst zur Folge hat, sollte zum mindesten jeder öffentliche Beamte heutzutage besitzen. Darüber möchte daher in Zukunft auch für die niederen Prüfungen ein Ausweis als Vorbedingung zu verlangen sein. Wäre erst dies erreicht, so ist nicht zu zweifeln, daß alsdann die Abgrenzung zwischen den Stellen, welche nur den akademisch gebildeten, und denjenigen, welche allen geprüften Dienstkandidaten zugänglich gemacht werden sollen, ohne Nachtheil für den Dienst mindestens in den Verwaltungsdepartements eine andere und günstigere für die letzteren werden könnte.

Eine zweite Frage von eingreifenderer Bedeutung ist die nach dem Maß der vor dem Eintritt in den höheren öffentlichen Dienst schon nachzuweisenden **theoretischen und praktischen Kenntnisse.** Eine kurze Antwort hierauf läßt sich fast nicht geben und nur etwa in dem Satz zusammenfassen: Non multa, sed multum! Es soll nicht zu vielerlei verlangt, zu Erlernung und wirklichen Aneignung dessen aber, was gefordert werden muß, auch die nöthige Zeit gelassen werden. Eine frühe praktische Vorbereitung für den Beruf eines Staatsdieners noch vor dem Besuch der Universität kann unter Umständen sehr förderlich sich erweisen, z. B. für einen ganz in der Stadt aufgewachsenen jungen Mann, zumal unter der Anleitung eines tüchtigen, gerade hiefür befähigten Beamten, wie denn einer solchen Anleitung durch den 1865 verstorbenen Kameralverwalter Schmoller in Heilbronn eine große Zahl von späteren höheren Beamten aller Departements sich zu erfreuen gehabt hat. Die theoretische Vorbereitung der Mehrheit der Staatsdiener sollte allerdings die Rechtswissenschaft und die Hauptgrundsätze der politischen Oekonomie umfassen. Nur fordere man auch von dem angehenden höheren Beamten nicht die Vertiefung des Gelehrten oder die genaueste Gesetzeskunde des gewiegten Praktikers. Denn neben dem theoretischen Wissen muß dem Staatsdiener ein offener Blick fürs Leben erhalten bleiben, und über der Erlernung des positiven Rechts darf ihm, um mit einem Ausspruche Goethes zu schließen, das Wohlwollen nicht verloren gehen, dessen er in Behandlung der Menschen doch gewiß vor allem bedarf.

VIII. Die Staatsbehörden.

Literatur: Hauptfinanzetat des Königreichs Württemberg für 1. April 1881 bis 31. März 1883. Das Hof- und Staatshandbuch des Königreichs Württemberg 1881, insbes. der Abschnitt „Wirkungskreis der einzelnen Stellen"; auch unter dem Titel: „Die Staatsverwaltung des Königreichs Württemberg, übersichtlich dargestellt" — besonders ausgegeben Stuttgart 1881.

1. Das Staatsministerium und der Geheime Rath, mit den diesen unmittelbar untergeordneten Behörden.

Bis zum Jahr 1876 bildete der Geheime Rath, bestehend aus den Ministern oder Chefs der sechs Departements und den von dem Könige weiter ernannten Räthen die oberste Staatsbehörde des Königreichs (Verf.Urk. §§. 54 und 55). Durch das Verfassungs-Gesetz vom 1. Juli 1876 ist jedoch daneben das Staatsministerium errichtet worden, welchem als Mitglieder nur die Minister oder Chefs der Verwaltungs-Departements angehören, wenn auch zur Bearbeitung der Geschäfte und zur Theilnahme an den Berathungen, aber ohne zählende Stimmen, dem Staatsministerium gleichfalls ständige Räthe und zwar bis auf Weiteres aus der Reihe der Geheime-Raths-Mitglieder beigegeben sind und zu demselben außerdem für einzelne Gegenstände auch noch sonstige Beamte oder Fachmänner beigezogen werden können. Sowohl die Minister oder Departementschefs, als die Mitglieder des Geheimen Raths ernennt und entläßt der König nach eigener freier Entschließung. Kein Mitglied des Staatsministeriums kann von der Theilnahme an dessen Berathungen, kein Mitglied des Geheimen Raths kann von der Theilnahme an den kollegialischen Berathungen des letzteren ausgeschlossen werden, den Fall ausgenommen, wenn der Gegenstand ein solches Mitglied persönlich angeht. Wofern der König nicht an einer Berathung Theil nimmt, führt den Vorsitz im Staatsministerium, wie im Geheimen Rath der durch Königliche Entschließung aus der Zahl der Minister oder Departementschefs ernannte Präsident des Staatsministeriums.

Nach Art. 6 des Gesetzes vom 1. Juli 1876 umfaßt der Geschäftskreis des Staatsministeriums die Berathung aller allgemeinen Angelegenheiten namentlich solcher, welche auf die Staatsverfassung, die Organisation der Behörden und die Abänderung der Territorialeintheilung, auf die Staatsverwaltung im allgemeinen und die Normen derselben oder auf die allgemeinen Verhältnisse des Staats zu den Religionsgesellschaften sich beziehen, — wie auch die Berathung der Gegenstände der Gesetzgebung und allgemeiner Verordnungen, soweit es sich um deren Erlassung, Abänderung oder authentische Erklärung handelt, ferner aller wichtigeren Verhältnisse zu anderen Staaten. Alle dem König vorzulegenden Vorschläge der Minister in solchen Angelegenheiten müssen in dem Staatsministerium zur Berathung vorgetragen und mit dessen Gutachten begleitet an den König gebracht werden. Außerdem gehören in den Geschäftskreis des Staatsministeriums als berathender Behörde alle ständischen Angelegenheiten, sowie alle Angelegenheiten, welche die Beziehungen zum Deutschen Reiche betreffen.

Das Staatsministerium ist die Behörde, durch welche der König seine Eröffnungen an die Stände erläßt und letztere ihre Erklärungen, Bitten und Wünsche an den König zu bringen haben.

Der Geschäftskreis des Geheimen Raths dagegen begreift zunächst nach Art. 7 des genannten Gesetzes noch die Begutachtung der Anträge auf Abänderung der Landesverfassung, der Landesverfassungsgesetze und der Reichsverfassung Art. 78 Abs. 1 und 2, ferner von Normen, welche sich auf die allgemeinen Verhältnisse des Staats zu den Religionsgesellschaften beziehen, sowie die Begutachtung von Anträgen in besonders wichtigen oder sonst geeigneten Angelegenheiten, namentlich in den Gebieten der Gesetzgebung und der Erlassung allgemeiner Verordnungen.

Das Staatsministerium und der Geheime Rath haben außerdem Alles zu berathen, was jedem von beiden von dem König besonders aufgetragen wird. Die Gutachten des Geheimen Raths werden dem König durch das Staatsministerium vorgelegt.

Von den in §. 59 der Verf.Urk. weiter aufgeführten Geschäften des Geheimen Raths als berathender Behörde hat sich sodann noch erhalten die Begutachtung von Anträgen auf Entlassung oder Zurücksetzung von evangelischen Geistlichen, von Vorstehern oder sonstigen Beamten der Gemeinden und anderen Körperschaften (Ziff. 2). Ferner beschränkt sich jetzt die in §. 60 umschriebene Wirksamkeit desselben als entscheidender und verfügender Behörde auf die Fälle der Zwangsenteignung (Verf.Urk. §. 30) für allgemeine Staats- oder Körperschaftszwecke. Die in §. 60 Ziff. 1 und 2, dann in §. 59 Ziff. 2 und 3 der Verf.Urk. sonst noch dem Geheimen Rath zugeschiedenen Aufgaben sind neuerdings anderen Behörden, insbesondere dem Verwaltungsgerichtshof, dem Disziplinarhof und dem Kompetenzgerichtshof, übertragen worden.

Nach dem Hauptfinanzetat 1881/83 besteht das Personal des Geheimen Raths, abgesehen von dem Präsidenten und den übrigen Departementschefs, aus 5 Staatsräthen, von welchen 3 zugleich als vortragende Räthe im Staatsministerium, 2 als Mitglieder des Verwaltungsgerichtshofs beschäftigt sind; sodann 1 Kanzleidirektor, 2 Expeditoren, 2 Kanzlisten u. s. w. Der gesammte Jahresaufwand hiefür beträgt 60 175 ℳ, darunter 3 325 ℳ Kanzleikosten.

Dem Staatsministerium sind unterstellt:
Die Bevollmächtigten zum Bundesrath (Art. 6 der Reichsverfassung); ferner:

Der Verwaltungsgerichtshof, die höchste landesgesetzliche Instanz für Verwaltungsrechtssachen, in Gemäßheit des Gesetzes über die Verwaltungsrechtspflege vom 16. Dezember 1876.

Derselbe besteht aus einem Vorstand und der erforderlichen Zahl von weiteren Mitgliedern, welche auf den Vorschlag des Staatsministeriums von dem König ernannt werden. Der Vorstand und die Hälfte der weiteren Mitglieder müssen die Befähigung zum Richteramt besitzen. Die gleiche Bestimmung gilt auch für die Besetzung des Gerichtshofs in jedem einzelnen Fall. Ein Theil der Mitglieder wird aus dem obersten Landesgericht, ein anderer Theil bis auf weiteres in der Beschränkung auf zwei aus den Mitgliedern des Geheimen Raths berufen und für die Dauer ihres Hauptamts von dem König ernannt.

Im Hauptfinanzetat für 1881/83 sind demgemäß für den Verwaltungsgerichtshof ausschließlich nur erigirt die Gehalte für 1 Präsidenten, 2 Räthe und das Kanzleipersonal mit im ganzen 29 800 ℳ, worunter 2 100 ℳ Kanzleikosten.

Der Verwaltungsgerichtshof verhandelt und entscheidet in erster Instanz

1. Streitigkeiten über Ansprüche, welche von einem nicht württembergischen Armenverband gegen einen württembergischen auf Grund des Reichsgesetzes vom 6. Juni 1870 über den Unterstützungswohnsitz und

2. Streitigkeiten, welche über Ansprüche württembergischer Gemeinden gegen das Reich auf Grund des Reichsgesetzes über Kriegsleistungen vom 13. Juni 1873 erhoben werden.

In zweiter Instanz entscheidet der Verwaltungsgerichtshof in denjenigen Fällen, in welchen die Kreisregierungen als Verwaltungsgerichte erster Instanz zu entscheiden haben; ferner in denjenigen Fällen, in welchen nach den bestehenden Gesetzen der Ablösungskommission, der Centralstelle für Landeskultursachen, dem Oberbergamt, sowie nach Art. 12 des Gesetzes über die Aufhebung des Lehensverbandes vom 8. Oktober 1874 der hiefür berufenen Kommission die Entscheidung in erster Instanz zukommt.

Außerdem entscheidet der Verwaltungsgerichtshof als einzige Verwaltungsrechtsinstanz über Beschwerden gegen Entscheidungen oder Verfügungen der Verwaltungsbehörden, wenn Jemand, sei es eine einzelne Person, ein Verein oder eine Korporation, behauptet, daß die ergangene, auf Gründe des öffentlichen Rechts gestützte Entscheidung oder Verfügung rechtlich nicht begründet und daß er hiedurch in einem ihm zustehenden Recht verletzt oder mit einer ihm nicht obliegenden Verbindlichkeit belastet sei. Ausgeschlossen ist diese Rechtsbeschwerde, wenn und soweit die Verwaltungsbehörden kraft Gesetzes nach ihrem Ermessen zu verfügen ermächtigt sind.

Beschwerde bei dem Verwaltungsgerichtshof findet aber nicht statt:

1. in denjenigen Fällen, in welchen vermöge besonderer gesetzlicher Bestimmung einer Verwaltungsbehörde oder anderen Organen die endgiltige Entscheidung zugewiesen ist;

2. gegen Verfügungen der Gerichte;

3. gegen Verfügungen der Dienstaufsichtsbehörde hinsichtlich der amtlichen Befugnisse und Obliegenheiten der öffentlichen Diener, sowie hinsichtlich der Anrechnung von unständigen Nebenbezügen durch dieselben.

Der Verwaltungsgerichtshof entscheidet endlich als höchste Instanz über Beschwerden wegen Strafverfügungen des Vorstands des Geheimen Raths, der Departementschefs, der Verwaltungskollegien oder ihrer Vorstände gegen Beamte, sowie über Beschwerden gegen Strafcrkenntnisse der Verwaltungskollegien auf Grund von Art. 2 und Art. 3 des Ges. v. 12. August 1879 (Reg.-Bl. S. 154), wenn auf Geldstrafe von mehr als 50 ℳ oder auf Haft erkannt worden ist.

Der Verwaltungsgerichtshof verhandelt und beschließt in der Besetzung mit fünf Mitgliedern einschließlich des Vorsitzenden; über die Nichtigkeitsklage aber wegen Kompetenzüberschreitung, welche der Verwaltungsbehörde gegen die Entscheidung des Verwaltungsgerichtshofs selbst zusteht, in der Besetzung mit sieben Mitgliedern (Art. 70 und 71). Die Verhandlung ist mit wenigen Vorbehalten öffentlich und mündlich.

Dem Staatsministerium sind weiter noch unterstellt der Disziplinarhof, in Gemäßheit des fünften Abschnitts des Beamtengesetzes vom 28. Juni 1876 Art. 81 ff., und der Kompetenzgerichtshof in Gemäßheit des Gesetzes vom 25. August 1879, betreffend die Entscheidung von Kompetenzkonflikten.

Bei den auf Lebenszeit angestellten Beamten im Sinne des Gesetzes vom 28. Juni 1876 und bei den ständigen Volksschullehrern im Sinne des Gesetzes vom 30. Dezember 1877 muß einer etwa im Disziplinarweg zu verfügenden Entfernung vom Amte (Strafversetzung oder Dienstentlassung), bei den bleibend in Ruhestand versetzten Beamten und Volksschullehrern muß der strafweisen Entziehung des Ruhegehalts ein förmliches Disziplinarstrafverfahren vorhergehen, dessen Einleitung das betreffende Ministerium verfügt. Die in erster und einziger Instanz entscheidende Behörde ist der Disziplinarhof.

Der Disziplinarhof für richterliche Beamte ist der volle Rath des obersten Landesgerichts. Die mündliche Verhandlung und Entscheidung in den einzelnen Disziplinarsachen erfolgt durch sieben Mitglieder einschließlich des Vorsitzenden, welcher aus der Zahl der Vorstände des obersten Landesgerichts zu entnehmen ist. Der Vorsitzende, die Mitglieder und die erforderlichen Ersatzmänner und deren Reihenfolge werden jährlich im voraus bestimmt.

Den Disziplinarhof für die nicht dem Richterstande angehörigen Mitglieder des Verwaltungsgerichtshofs, mit Ausnahme derjenigen, welche aus der Zahl der Geheimeraths-Mitglieder berufen werden, bildet, in Gemäßheit des Gesetzes über die Verwaltungsrechtspflege vom 16. Dezember 1876 Art. 4 Abs. 3 vgl. mit Art. 3 Abs. 6, der Verwaltungsgerichtshof.

Für alle übrigen Beamten aber, sowie auf Grund des Gesetzes, betreffend die Rechtsverhältnisse der Volksschullehrer, vom 30. Dezember 1877 Art. 38 für die Volksschullehrer ist dagegen ein eigener Disziplinarhof errichtet, bestehend aus neun Mitgliedern einschließlich des Vorstands. Der Vorstand und vier andere Mitglieder müssen ein Richteramt, die übrigen Mitglieder ein Staatsamt bekleiden. Die mündliche Verhandlung und Entscheidung in den einzelnen Disziplinarsachen erfolgt durch sieben Mitglieder einschließlich des Vorsitzenden. Dieser und drei andere Mitglieder müssen zu den richterlichen Mitgliedern gehören. Zur Fassung anderer Beschlüsse des Disziplinarhofs ist die Zahl von fünf Mitgliedern einschließlich des Vorsitzenden genügend. Die Mitglieder werden durch Königliche Entschließung ernannt für die Dauer des zur Zeit der Ernennung von ihnen bekleideten Amtes. Dieselben werden auf die Erfüllung ihrer Obliegenheiten bei dem Disziplinarhof verpflichtet. Gehalte oder Gehaltszulagen sind für die Mitglieder des Disziplinarhofs als solche nirgends erigirt.

Das Disziplinarverfahren besteht in einer schriftlichen Voruntersuchung und einer mündlichen Verhandlung. Das betreffende Ministerium ernennt den die Untersuchung führenden Beamten und denjenigen Beamten, welcher im Laufe des Disziplinarverfahrens die Verrichtungen der Staatsanwaltschaft wahrzunehmen hat. Für das Disziplinarverfahren gegen einen richterlichen Beamten ernennt der Disziplinarhof (das oberste Landesgericht) den Untersuchungsrichter; auch werden in diesem Fall die Verrichtungen der Staatsanwaltschaft von dem Staatsanwalt am obersten Landesgericht wahrgenommen. Bei dem Verfahren gegen ein nicht dem Richterstand angehöriges Mitglied des Verwaltungsgerichtshofs ernennt das Staatsministerium denjenigen Beamten, welcher die Verrichtungen der Staatsanwaltschaft wahrzunehmen hat.

Die mündliche Verhandlung ist öffentlich. Die Oeffentlichkeit kann aber aus besonderen Gründen auf den Antrag des Angeschuldigten, des Beamten der Staatsanwaltschaft oder von Amtswegen durch Beschluß des Disziplinarhofs ausgeschlossen oder auf bestimmte Personen beschränkt werden.

Die Urtheile des Disziplinarhofs unterliegen weder dem Einspruch noch einem ordentlichen Rechtsmittel; dagegen kann sowohl von dem betreffenden Ministerium, gegenüber von richterlichen Beamten von dem Staatsanwalt am obersten Landesgericht im Auftrag des Justizministeriums, als auch von dem Verurtheilten die Wiederaufnahme des Disziplinarverfahrens bei dem Disziplinarhof aus solchen Gründen beantragt werden, welche nach der Strafprozeßordnung die Wiederaufnahme eines durch rechtskräftiges Urtheil beendigten Strafverfahrens rechtfertigen.

Zu dem Geschäftskreise des Geheimen Raths als berathender Behörde gehörten nach §. 59 Ziff. 3 der Verf.Urk. endlich Kompetenzstreitigkeiten zwischen den Justiz- und den Verwaltungsbehörden. Nach §. 17 des Reichs-Gerichtsverfassungsgesetzes vom 27. Januar 1877 sollen die Gerichte über die Zulässigkeit des Rechtswegs entscheiden, soll dagegen die Entscheidung von Streitigkeiten zwischen den **Gerichten** und den **Verwaltungs**gerichten oder den **Verwaltungs**behörden über die Zulässigkeit des Rechtswegs besonderen Behörden durch die Landesgesetzgebung übertragen werden können. Dies ist für Württemberg in dem Gesetz vom 25. August 1879 durch Schaffung des Kompetenzgerichtshofs geschehen, welcher dann auch noch zur Entscheidung von Kompetenzkonflikten zwischen Verwaltungs**gerichten** und Verwaltungs**behörden** für zuständig erklärt worden ist. Die einzelnen Bestimmungen über die Bildung dieses Gerichtshofs entsprechen den Voraussetzungen des Reichsgesetzes. Kompetenzkonflikte in Strafsachen zwischen Gerichten und anderen mit Strafgewalt ausgestatteten Behörden oder Militärgerichten unterliegen nicht dem Kompetenzgerichtshof, sondern fallen in die Zuständigkeit des Strafsenats des Oberlandesgerichts.

Der Kompetenzgerichtshof besteht aus dem Vorsitzenden und sechs Mitgliedern, sowie der erforderlichen Zahl von Stellvertretern. Drei und, wenn der Vorsitzende nicht Mitglied des Oberlandesgerichts, vier Mitglieder und deren Stellvertreter werden aus dem Oberlandesgericht, die übrigen und deren Stellvertreter aus der Zahl der nicht zugleich dem Oberlandesgericht angehörigen Mitglieder des Verwaltungsgerichtshofs oder aus der Zahl derjenigen berufen, welche im höheren Verwaltungsdienst stehen oder gestanden sind. Ihre Ernennung erfolgt auf den Vorschlag des Staatsministeriums durch den König und zwar für die Dauer des zur Zeit der Ernennung bekleideten Amts oder, falls ein Mitglied zu dieser Zeit kein Amt bekleidet, auf dessen Lebenszeit. Eine Enthebung vom Amte kann außer dem Fall, wenn sie die Folge der Enthebung des Mitglieds aus einem schon zur Zeit seiner Ernennung bekleideten sonstigen Amte ist, nur unter denselben Voraussetzungen stattfinden wie bei den Mitgliedern des Reichsgerichts. Gehalte oder Gehaltszulagen sind für die Mitglieder des Kompetenzgerichtshofs als solche nirgends erigirt.

Der Kompetenzgerichtshof entscheidet in der Besetzung von sieben Mitgliedern einschließlich des Vorsitzenden.

Die Erhebung des Kompetenzkonflikts erfolgt durch die oberste Verwaltungsbehörde oder durch den Verwaltungsgerichtshof. Er kann erhoben werden, sobald der Gegenstand bei dem bürgerlichen Gericht oder dem Verwaltungsgericht anhängig und noch nicht rechtskräftig entschieden ist. Mit Erhebung des Konflikts tritt bis zu seiner Erledigung die Einstellung des Verfahrens ein (Art. 7—10).

Wenn in Beziehung auf denselben Gegenstand ein bürgerliches und ein Verwaltungsgericht ihre Unzuständigkeit erklärt haben, so können die Parteien gleichfalls die Entscheidung der Zuständigkeitsfrage bei dem Kompetenzgerichtshof beantragen, wofern eine Abänderung der Entscheidung im Weg des Einspruchs oder eines Rechtsmittels nicht mehr möglich sein sollte (Art. 12) oder nicht Revision durch das Reichsgericht statthaft wäre oder letzteres entschieden hätte (Art. 13).

Die Entscheidung des Kompetenzgerichtshofs erfolgt auf Grund mündlicher Verhandlung in öffentlicher Sitzung. Derselbe hat sich dabei auf den Ausspruch zu beschränken, ob in dem vorliegenden Fall der Rechtsweg zulässig oder das Verwaltungsgericht oder die Verwaltung zuständig ist. Diese Entscheidung erfolgt endgiltig und mit verbindlicher Kraft für die Gerichte wie für die Verwaltung.

Die Verwaltungs-Departements, an deren Spitze die Minister stehen, sind (Verf.Urk. §. 56):

1. das Ministerium der Justiz;
2. das Ministerium der auswärtigen Angelegenheiten;
3. das Ministerium des Innern;
4. das Ministerium des Kirchen- und Schulwesens;
5. das Ministerium des Kriegswesens;
6. das Ministerium der Finanzen.

Die bestehende Zahl der Departements kann nur durch ein Gesetz geändert werden (Verfassungs-Gesetz vom 1. Juli 1876 Art. 1 Abs. 2).

2. Das Departement der Justiz.

Dem Justizministerium steht die Dienstaufsicht über die Gerichte und die Staatsanwaltschaft, sowie über die anderen Justizbehörden zu. Dasselbe führt die oberste Aufsicht über die Verwaltung der Strafanstalten. Zu seinem Geschäftskreis gehört die Behandlung der Dienstledigungen und die Einleitung der Stellenbesetzungen, sowie die Entscheidung über die Anträge auf Zulassung zur Rechtsanwaltschaft bei den Gerichten des Königreichs nach gutachtlicher Anhörung des Vorstands der Anwaltskammer. Die Dienstprüfungen für die Aemter und Funktionen im Departement der Justiz werden unter Leitung des Ministeriums durch die hiezu bestellten Kommissionen vorgenommen. Dasselbe bereitet, wenn nöthig, Verbesserungen der Justizgesetzgebung vor. Anstände und Anfragen über die Anwendung der bestehenden Gesetze werden ihm zur Erörterung und weiteren Einleitung vorgelegt. Das Ministerium begutachtet die schweren Straffälle behufs der etwaigen Ausübung des Königlichen Begnadigungsrechts, prüft alle Gnadengesuche in Justizsachen, sowie die auf Beförderung der Rechtspflege gerichteten Bitten und sorgt für deren Erledigung.

Nach der Verf.Urk. wird die Gerichtsbarkeit im Namen des Königs durch — abgesehen jetzt von den Amtsgerichten — kollegialisch gebildete Gerichte in gesetzlicher Instanzen-Ordnung verwaltet (§. 92). Die Gerichte, sowohl die bürgerlichen als die peinlichen, sind innerhalb der Grenzen ihres Berufes unabhängig (§. 93). Die Erkenntnisse der Kriminalgerichte bedürfen, um in Rechtskraft überzugehen, keiner Bestätigung des Regenten (§. 96). Nach §. 485 der Reichs-Strafprozeß-Ordnung ist jedoch die Vollstreckung eines Todesurtheils erst zulässig, wenn die Entschließung des Staatsoberhaupts ergangen ist, von dem Begnadigungsrecht keinen Gebrauch machen zu wollen.

Die Gerichtsverfassung beruht auf dem Reichs=Gerichtsverfassungsgesetz vom 27. Januar 1877 und auf dem württ. Ausführungsgesetz vom 24. Januar 1879. Hienach wird die ordentliche streitige Gerichtsbarkeit ausgeübt durch die Amtsgerichte und die Landgerichte, durch das Oberlandesgericht und durch das Reichsgericht. Das Verfahren ist das öffentliche und mündliche. Die Militärgerichtsbarkeit ist dadurch nicht berührt. Vor die ordentlichen Gerichte gehören alle bürgerlichen Rechtsstreitigkeiten und Strafsachen, für welche nicht entweder die Zuständigkeit von Verwaltungsbehörden oder Verwaltungsgerichten begründet ist oder reichsgesetzlich besondere Gerichte bestellt oder zugelassen sind. Als besondere Gerichte bestehen in Württemberg die Gemeindegerichte. Die Ausübung einer geistlichen Gerichtsbarkeit in weltlichen Angelegenheiten ist ohne bürgerliche Wirkung. Ausnahmegerichte sind unstatthaft. Niemand darf seinem ordentlichen Richter entzogen werden. Die gesetzlichen Bestimmungen über Kriegsgerichte und Standrechte werden davon nicht berührt. Gegenüber den Strafbescheiden der Verwaltungsbehörden wegen Zuwiderhandlungen gegen die Vorschriften über die Erhebung öffentlicher Abgaben, desgleichen gegenüber den Strafverfügungen der Polizeibehörden wegen Uebertretungen kann der Beschuldigte auf gerichtliche Entscheidung antragen.

Das Reichsgericht in Leipzig ist innerhalb des Gebiets der ordentlichen streitigen Gerichtsbarkeit zuständig in bürgerlichen Rechtsstreitigkeiten für die Verhandlung und Entscheidung über die Rechtsmittel der Revision gegen die Endurtheile und der Beschwerde gegen Entscheidungen des Oberlandesgerichts; in Strafsachen für die Untersuchung und Entscheidung in erster und letzter Instanz über die gegen den Kaiser oder das Reich gerichteten Verbrechen des Hochverraths und Landesverraths und für die Verhandlung und Entscheidung über die Rechtsmittel der Revision gegen die Urtheile der Strafkammern der Landgerichte in erster Instanz, soweit das Oberlandesgericht nicht zuständig, und gegen die Urtheile der Schwurgerichte. In Strafsachen wegen Zuwiderhandlungen gegen die Vorschriften über die Erhebung öffentlicher, in die Reichskasse fließender Abgaben ist das Reichsgericht zur Revision gegen Urtheile der Strafkammern auch in der Berufungsinstanz zuständig.

Für das gesammte Königreich besteht ein Oberlandesgericht mit dem Sitz in Stuttgart. Dasselbe ist nächste Dienstaufsichtsbehörde der Landgerichte. Bei ihm bestehen 2 Civilsenate und 1 Strafsenat. Den Vorsitz im Plenum führt der Präsident des Oberlandesgerichts, den Vorsitz in den Senaten führen dieser oder einer der Senatspräsidenten. Vor Beginn des Geschäftsjahrs wird bestimmt, welchem Senat der Präsident, welchem jeder der beiden Senatspräsidenten vorsitzen, auch welchem Senat die einzelnen Mitglieder des Oberlandesgerichts angehören werden. Die Senate entscheiden in der Besetzung von 5 Mitgliedern, nur der Strafsenat dann in der Besetzung von 7, wenn über die Zuständigkeit in Strafsachen zwischen den Gerichten und anderen mit Strafgewalt ausgestatteten Behörden oder den Militärgerichten Streit besteht. Innerhalb des Gebiets der ordentlichen streitigen Gerichtsbarkeit ist das Oberlandesgericht zuständig: in bürgerlichen Rechtsstreitigkeiten für die Verhandlung und Entscheidung über die Rechtsmittel der Berufung gegen die Endurtheile und der Beschwerde gegen Entscheidungen der Landgerichte; in Strafsachen für die Verhandlung und Entscheidung über das Rechtsmittel der Revision gegen die Urtheile der Strafkammern der Landgerichte in der Berufungsinstanz, sowie auch gegen Urtheile derselben in erster Instanz, wofern die Revision ausschließlich auf die Verletzung einer in den Landesgesetzen enthaltenen Rechtsnorm gestützt wird, — sodann über das Rechtsmittel der Beschwerde gegen strafrichterliche Entscheidungen erster Instanz, sofern nicht die Strafkammern der Landgerichte zuständig sind, und gegen Entscheidungen der Strafkammern, welche diese in der Beschwerde= und Berufungsinstanz gegeben haben. — Vor dem Oberlandesgericht gibt auch der König Recht in bürgerlichen Rechtsstreitigkeiten, welche das Königl. Privatvermögen oder die Civilliste betreffen. Bei demselben haben ferner die Mitglieder des Königlichen Hauses in bürgerlichen Rechtsstreitigkeiten und in Strafsachen ihren Gerichtsstand. — In Angelegenheiten der nicht=streitigen Gerichtsbarkeit hat das Oberlandesgericht Beschwerden gegen Verfügungen der Civilkammern der Landgerichte zu entscheiden; auch ist dasselbe die Inventur=, Theilungs= und Vormundschaftsbehörde für die Mitglieder des Königlichen Hauses.

Im Königreich bestehen 8 Landgerichte zu Stuttgart, Heilbronn, Tübingen, Rottweil, Ellwangen, Hall, Ulm und Ravensburg. Dieselben sind die nächsten Dienstaufsichtsbehörden der jedem zugetheilten 7, 8 oder 9 Amtsgerichte und der diesen untergeordneten Behörden. Bei sämmtlichen Landgerichten sind Civil= und Strafkammern, bei dem Landgericht in Stuttgart ist außerdem für den gesammten Bezirk eine Kammer für Handelssachen gebildet. Bei den Landgerichten treten periodisch, in der Regel alle 3 Monate, die Schwurgerichte zusammen. Es werden ferner bei den Landgerichten Untersuchungsrichter je auf die Dauer eines Jahres durch das Justizministerium bestellt. Die Civil= und Strafkammern entscheiden im allgemeinen in der Besetzung von 3 Mitgliedern, die Strafkammern indessen in der Besetzung mit 5 Mitgliedern bei allen Hauptverhandlungen erster Instanz, die Kammer für Handelssachen in der Besetzung mit 1 Mitglied des Landesgerichts als Vorsitzenden und 2 Handelsrichtern. Die Schwurgerichte bestehen aus 3 richterlichen Mitgliedern und 12 zur Entscheidung der Schuldfrage berufenen Geschworenen. Den Vorsitz im Plenum des Landgerichts führt dessen Präsident, in den Civil= und Strafkammern der Präsident oder einer der Landgerichtsdirektoren. Der Vorsitzende des Schwurgerichts wird für jede Sitzungsperiode von dem Präsidenten des Oberlandesgerichts aus den Mitgliedern desselben oder der Landgerichte ernannt. Die Zuständigkeit der Landgerichte innerhalb des Gebiets der ordentlichen streitigen Gerichtsbarkeit umfaßt in Betreff der bürgerlichen Rechtsstreitigkeiten alle diejenigen, welche nicht den Amtsgerichten zugewiesen sind, ferner ausschließlich die Ehesachen, die Entscheidung auf die Anfechtungs= und Aufhebungsklage in Entmündigungssachen, auf die Anfechtungsklage gegen das Ausschlußurtheil in Aufgebotssachen, ferner über die mit dem Dienstverhältnis von Beamten zusammenhängenden Ansprüche. Die Civilkammern sind ferner die Berufungs= und Beschwerdegerichte in den von den Amtsgerichten verhandelten bürgerlichen Rechtsstreitigkeiten. Vor die Kammer für Handelssachen gehören auf den Antrag einer der Parteien diejenigen den Landgerichten in erster Instanz zugewiesenen bürgerlichen Rechtsstreitigkeiten, in welchen ein Anspruch geltend gemacht wird 1. gegen einen Kaufmann aus Handelsgeschäften, 2. aus einem Wechsel, 3. aus bestimmten handelsrechtlichen Rechtsverhältnissen. — In Strafsachen sind zuständig 1. die Untersuchungsrichter für die Eröffnung und Führung der Voruntersuchung, 2. die Strafkammern für gewisse die Voruntersuchung und deren Ergebnisse betreffende Entscheidungen, ferner als erkennende Gerichte erster Instanz für diejenigen Vergehen, welche nicht zur Zuständigkeit der Amtsgerichte und der Schöffengerichte gehören oder den letzteren in gewissen Fällen überwiesen werden dürfen, endlich als erkennende Gerichte zweiter Instanz für die Verhandlung und Entscheidung über das Rechtsmittel der Berufung gegen die Urtheile der Amtsgerichte und Schöffengerichte, 3. die Schwurgerichte für diejenigen Verbrechen, welche nicht zur Zuständigkeit der Strafkammern oder des Reichsgerichts gehören, sodann insbesondere für die durch die Presse begangenen Verbrechen und Vergehen (Ausnahmen Reichs=Preßges.

1874 §. 18 und 28, ferner diejenigen Fälle, in welchen die Verfolgung nur auf Antrag eintritt). — In Sachen der nicht streitigen Gerichtsbarkeit entscheiden die Civilkammern über Beschwerden gegen Verfügungen der Amtsgerichte, und haben dieselben die Geschäfte der freiwilligen Gerichtsbarkeit, insbesondere das Inventur-, Theilungs- und Vormundschaftswesen für die dem Bezirk angehörigen Exemten (Justiznovelle 1822 §. 1) zu besorgen.

Den Amtsgerichten, deren je eines für jeden Oberamtsbezirk eingesetzt ist, stehen Amtsrichter als Einzelrichter vor. Bei einem mit mehreren Amtsrichtern besetzten Amtsgericht wird einem derselben die allgemeine Dienstaufsicht übertragen. Die Zuweisung der Geschäfte an die einzelnen Amtsrichter erfolgt nach den zum voraus festgestellten Grundsätzen. Die Abhaltung periodischer Gerichtstage außerhalb des Gerichtssitzes wird im Bedürfnisfall durch das Justizministerium angeordnet. Für die Verhandlung und Entscheidung von Strafsachen sind bei den Amtsgerichten Schöffengerichte gebildet aus 1 Amtsrichter als Vorsitzendem und 2 Schöffen. Innerhalb des Gebiets der ordentlichen streitigen Gerichtsbarkeit umfaßt bei bürgerlichen Rechtsstreitigkeiten die Zuständigkeit der Amtsgerichte diejenigen über vermögensrechtliche Ansprüche im Werth von höchstens 300 ℳ, dann ohne Rücksicht auf den Werth des Streitgegenstands einzelne in §. 23 Nr. 2 des R.G.V.G. aufgeführte Streitigkeiten. Außerdem sind sie zuständig für den Entmündigungsbeschluß und dessen Wiederaufhebung, für das Mahnverfahren, für gewisse Zwangsvollstreckungshandlungen, für die Anordnung von Arresten und in dringenden Fällen für den Erlaß einstweiliger Verfügungen. Die Amtsgerichte sind ferner zuständig für das Konkursverfahren. In Strafsachen gehören zur Zuständigkeit der Amtsrichter einzelne Handlungen im Vorverfahren, die Führung von Voruntersuchungen in Folge Auftrags durch das Landgericht und die Strafvollstreckung, wo ein vollstreckbarer Strafbefehl ergangen ist oder das Schöffengericht oder der Amtsrichter in erster Instanz erkannt hat; ferner die Verhandlung und Entscheidung in Forstrügesachen innerhalb der Strafgrenze des Forststrafgesetzes von 1879 Art. 19. Wenn der Beschuldigte nur wegen Uebertretung verfolgt wird und die ihm zur Last gelegte That eingesteht, kann der Amtsrichter im Fall der Vorführung des Beschuldigten mit Zustimmung der Staatsanwaltschaft ohne Zuziehung von Schöffen zur Hauptverhandlung schreiten. Zur Zuständigkeit der Schöffengerichte gehören alle Uebertretungen; die Vergehen, welche nur mit Gefängniß von höchstens 3 Monaten oder Geldstrafe von höchstens 600 ℳ allein oder neben der Haft oder in Verbindung mit einander oder in Verbindung mit Einziehung bedroht sind, soweit nicht ausnahmsweise die Zuständigkeit der Landgerichte platzgreift; Vergehen gegen das Eigenthum, wenn der Werth des Entfremdeten, beziehungsw. der Schaden 25 ℳ nicht übersteigt; ferner die im Weg der Privatklage verfolgten Beleidigungen und Körperverletzungen; Forstrügesachen, wenn eine höhere Strafe zu erkennen ist u. s. w. Außerhalb des Gebiets der ordentlichen streitigen Gerichtsbarkeit liegt den Amtsgerichten ob die Ueberwachung der Geschäftsführung der Gemeinderäthe, Unterpfandsbehörden und Waisengerichte, der Gerichts- und Amtsnotariate im Inventur-, Theilungs- und Vormundschaftswesen und in der Führung der öffentlichen Bücher, die Aufsicht über die Amtsführung der Standesbeamten, die Führung des Handelsregisters, des Genossenschaftsregisters und des Musterregisters sammt der Erledigung der handelsgerichtlichen Straffälle, — endlich die Aufsicht über die Geschäftsführung der Gemeindegerichte und ihrer Vorstände, sowie der Gemeinderäthe als Vollstreckungsbehörden in Beziehung auf die Zwangsvollstreckung in unbewegliches Vermögen und die Erledigung der hierauf bezüglichen Beschwerden.

Mit dem Vorbehalt, daß gegen ihre Entscheidung die Berufung auf den ordentlichen Rechtsweg offen steht, entscheiden die Ortsvorsteher über die in §. 120 a der Reichsgewerbeordnung bezeichneten Streitigkeiten der selbständigen Gewerbetreibenden mit ihren Arbeitern, welche auf den Antritt, die Fortsetzung oder Aufhebung des Arbeitsverhältnisses, auf die gegenseitigen Leistungen aus demselben, auf die Ertheilung oder den Inhalt der Arbeitsbücher oder Zeugnisse sich beziehen; — sodann die Gemeindegerichte über vermögensrechtliche Ansprüche, deren Werth in Gemeinden I. Klasse 50 ℳ, in solchen II. Klasse 40 ℳ, in Gemeinden III. Klasse 30 ℳ nicht übersteigt, wofern der Kläger und der Beklagte in der Gemeinde den Wohnsitz oder eine Niederlassung oder den Aufenthalt haben. Dingliche Klagen in Betreff unbeweglicher Sachen, welche außerhalb des Gemeindebezirks gelegen sind, sowie Ansprüche aus Wechseln sind von der Zuständigkeit der Gemeindegerichte ausgeschlossen. Auch sind dieselben für die Feststellung streitig gebliebener Konkursforderungen nicht zuständig. Die Ortsvorsteher sind je für ihren Gemeindebezirk die Vollstreckungsbeamten und in denjenigen Gemeinden, in welchen ein Gerichtssitz sich nicht befindet, die Zustellungsbeamten für diejenigen Zustellungen, welche innerhalb des Gemeindebezirks mittelst Behändigung durch einen Gerichtsvollzieher zu behändigen sind. Mit Zustimmung der bürgerlichen Kollegien können die Ortsvorsteher den Gerichtsvollzieherdienst ablehnen. — Die Zwangsvollstreckung in unbewegliches Vermögen wird auf Anordnung des Amtsgerichts von dem Gemeinderath ausgeführt.

Wie bei dem Reichsgericht, so besteht bei jedem ordentlichen Königlichen Gericht eine Staatsanwaltschaft, deren Funktionen ausgeübt werden bei dem Oberlandesgericht durch den Oberstaatsanwalt, bei den Landgerichten und Schwurgerichten durch die Ersten Staatsanwälte, weiteren Staatsanwälte und Hilfsstaatsanwälte, bei den Amtsgerichten und Schöffengerichten durch die Staatsanwälte der Landgerichte oder durch besondere Amtsanwälte, durch die hiemit betrauten Polizeibeamten und in Forstrügesachen, sowie bei Zuwiderhandlungen gegen die Steuergesetze, Postgesetze u. s. w. durch die hiemit betrauten Beamten der betreffenden Dienstzweige. Die nächste Dienstaufsicht üben der Oberstaatsanwalt und die Ersten Staatsanwälte. In Strafsachen ist die Staatsanwaltschaft zur Vorbereitung, Erhebung und Verfolgung der öffentlichen Klagen berufen. Durch die Staatsanwaltschaften der Landgerichte erfolgt die Strafvollstreckung in allen denjenigen Sachen, in welchen nicht die Amts- oder Schöffengerichte in erster Instanz erkannt haben. Im Gebiet der bürgerlichen Rechtsstreitigkeiten ist die Staatsanwaltschaft zur Mitwirkung in Ehe- und Entmündigungssachen befugt.

Die Organisation der Rechtsanwaltschaft beruht auf der Rechtsanwaltsordnung des Deutschen Reichs vom 1. Juli 1878. Die Zulassung zum Rechtsanwalt erfolgt bei einem bestimmten Gericht, ausnahmsweise bei mehreren Gerichten. Die bei den Gerichten des Königreichs zugelassenen Rechtsanwälte bilden zusammen eine Anwaltskammer mit dem Sitz in Stuttgart und mit einem Vorstand von mindestens 9 Mitgliedern, von welchen alle 2 Jahre die Hälfte neu gewählt wird. Der Vorstand hat den Kammermitgliedern gegenüber eine streitvermittelnde, unter Umständen ehrenrichterliche Aufgabe; das Justizministerium kann von ihm Gutachten fordern und hat durch ihn Vorstellungen und Anträge entgegenzunehmen, welche das Interesse der Rechtspflege oder der Rechtsanwaltschaft betreffen.

Rechtsanwälte waren im Jahr 1881 zugelassen: 15 bei dem Oberlandesgericht, 42 bei dem Landgericht Stuttgart, 12 bei dem Landgericht Heilbronn, 13 bei dem Landgericht Tübingen, 12 bei dem Landgericht Rottweil, 12 bei dem Landgericht Ellwangen, 8 bei dem Landgericht Hall, 24 bei dem Landgericht Ulm, 18 bei dem Landgericht Ravensburg, 6 ausschließlich bei Amtsgerichten, zusammen 162. Die Zahl der immatrikulirten Notare beträgt 9.

Die **Strafanstalten** stehen unter der Verwaltung des Strafanstaltenkollegiums (vgl. Württ. Jahrb. 1878 II S. 77 ff.). Dieselben sind für männliche Strafgefangene: das **Zellengefängnis** in Heilbronn, zur Aufnahme von zu Zuchthaus oder Gefängnis verurtheilten Strafgefangenen und mit einer besonderen Abtheilung zum Vollzug der gegen jugendliche Personen erkannten Gefängnisstrafen von mehr als 4 Wochen; das **Zuchthaus** in Stuttgart für die eine lebenslängliche oder eine zeitige Zuchthausstrafe von längerer Dauer verbüßenden Gefangenen; das **Zuchthaus** in Ludwigsburg für die übrigen Zuchthausgefangenen männlichen Geschlechts, die **Landesgefängnisse** in Hall und Rottenburg für die zu Gefängnisstrafen von mehr als 6 Wochen verurtheilten Männer, — das in Hall insbesondere für diejenigen, welchen die bürgerlichen Ehrenrechte aberkannt, oder welche wegen gemeiner Vergehen gegen das Eigenthum verurtheilt sind; — sodann für **weibliche** Strafgefangene aller Art die Strafanstalt in Gotteszell; — endlich die **Civilfestungsstrafanstalt** zu Hohenasperg zum Vollzug der Festungshaft. Außerdem hat das Strafanstaltenkollegium noch die Sorge für die Einrichtung und Erhaltung der **amtsgerichtlichen** Gefängnisse.

Dem Justizministerium ist endlich unmittelbar untergeordnet die Anstalt des Regierungsblatts. Auch gehören zum Justizdepartement noch die **Dolmetscher** behufs der Uebertragung der bei den Gerichten einkommenden, in fremden Sprachen verfaßten Urkunden.

In Württemberg kommt ein Landgericht auf 235 188, ein Amtsgericht auf 29 399 Einwohner (im Deutschen Reich durchschnittlich 1 auf 249 868 und 22 370).

Im Hauptfinanzetat für 1881/83 werden aufgezählt 1 Departementschef, 2 Ministerialräthe; 1 Präsident, 2 Senatspräsidenten des Oberlandesgerichts, 13 Oberlandesgerichtsräthe; 8 Landgerichtspräsidenten, 11 Landgerichtsdirektoren, 92 Landgerichtsräthe und Landrichter; 1 Oberstaatsanwalt, 8 Erste Staatsanwälte, 12 Staatsanwälte, 8 Hilfsstaatsanwälte; 2 mit den Landgerichtsräthen roulirende und 141 weitere Amtsrichter; 42 Expeditoren bei dem Ministerium, dem Oberlandesgericht, den Landgerichten und dem Strafanstaltenkollegium, dessen übrige Stellen als Nebenämter besetzt sind; 18 Landgerichtsschreiber, 9 Kanzleiassistenten bei Staatsanwaltschaften; 115 Amtsgerichtsschreiber; 48 Kanzlisten und Kopisten; — ferner 69 Gerichtsnotare, 94 Amtsnotare. Den Gerichtsvollzieherdienst besorgen in 1 487 Gemeinden die Ortsvorsteher, in 420 Gemeinden Beamte, welche von den Gemeindebehörden gewählt sind, in 4 Gemeinden gerichtlich bestellte Beamte. — Dem Etat der Strafanstalten pro 1881/83 liegt ein durchschnittlicher Gefangenenstand von 2 000 zu Grund; der durchschnittliche Aufwand der Staatskasse auf einen Gefangenen berechnet sich darnach auf 302 ℳ.

Bewilligt sind für das Justizdepartement 1881/82 im Ganzen 4 865 470 ℳ, welchen bei den Strafanstalten 776 870 ℳ Einnahmen gegenüberstehen, somit netto 4 088 600 ℳ, darunter für Ministerium, Gerichte und Notariate im Ganzen 2 647 745 ℳ; für Strafanstalten 1 384 225 ℳ brutto, 607 355 ℳ netto; außerdem für Erweiterung eines Krankenhaus 32 000 ℳ; endlich Kriminalkosten 790 800 ℳ, Reisekosten und Dispositionsfonds 10 700 ℳ.

3. Das Departement der auswärtigen Angelegenheiten.

Zu dem Geschäftskreis des Ministeriums der auswärtigen Angelegenheiten gehören alle Verhandlungen mit auswärtigen Staaten. Dasselbe bildet zugleich das Ministerium des Königlichen Hauses, in welcher Eigenschaft demselben die Besorgung der Königlichen Familienangelegenheiten obliegt. Endlich steht ihm die obere Leitung und Beaufsichtigung der Verkehrsanstalten des Staats in ihrem ganzen Umfang zu. Hienach gliedert sich das Ministerium in eine **politische** und in die **Abtheilung für die Verkehrsanstalten.**

Die **politische Abtheilung** besorgt die Beglaubigung und Instruirung der Königl. Gesandten und anderen diplomatischen Agenten und unterhält die Beziehungen zu den auswärtigen am Königl. Hof beglaubigten Gesandtschaften. In ihre Zuständigkeit fällt der Abschluß der Staatsverträge mit fremden Regierungen und die Einleitung zu deren Vollziehung. Durch sie werden Verwendungen für die Angelegenheiten der Königl. Unterthanen in fremden Staaten eingelegt und ebenso die Verwendungen fremder Regierungen für die in Württemberg anhängigen Angelegenheiten ihrer Unterthanen vermittelt. Die Urkunden, welche für das Ausland bestimmt sind, und die Reisepässe erhalten hier die Beglaubigung. Auch die Ausfertigung der Korrespondenz des Königs mit auswärtigen Regenten und das gegenüber vom Ausland zu beobachtende Ceremoniel gehört zu dem Geschäftskreise der politischen Abtheilung. Dieselbe ist ferner für Standeserhöhungssachen zuständig. Das Ministerium bildet den Oberlehenhof für die noch vorhandenen Königl. Aktivlehen. Auch ist demselben die Königl. Archivdirektion untergeben.

Unter dem Minister besteht die politische Abtheilung aus 1 Ministerialdirektor, 1 Ministerialassessor und dem erforderlichen Kanzleipersonal. Gesandte sind beglaubigt in Bayern und Hessen, in Oesterreich, in Preußen, und ein Geschäftsträger in Rußland. (Ueber die Voraussetzungen für eine Anstellung im Departement der auswärtigen Angelegenheiten s. Kön. Verordn. v. 8. Febr. 1865.) Handelskonsuln hat Württemberg in 8 deutschen Städten. Am Königl. Hof sind beglaubigt die Gesandten von Bayern, Belgien, Brasilien, Hessen, Italien, Oesterreich, Preußen, Rußland, Sachsen und Spanien, sowie ein Ministerresident von Großbritannien. 16 auswärtige Staaten haben in Württemberg Generalkonsulate oder Konsulate errichtet.

Die **Königliche Archivdirektion** hat die Aufsicht über das Geheime Haus- und Staatsarchiv zu Stuttgart, in welchem die Originalien der mit fremden Regierungen abgeschlossenen Staatsverträge, die Urkunden und Verhandlungen über die Familienangelegenheiten des Königl. Hauses und überhaupt solche Dokumente aufbewahrt werden, welche für das Land und dessen Geschichte von besonderer Wichtigkeit sind; — ferner über das Königl. Staatsfilialarchiv zu Ludwigsburg mit den Urkunden und Akten der Behörden des Schwäbischen Kreises, des Deutschordens, der Ritterkantone Odenwald, Kraichgau, Donau, Kocher, Neckar-Schwarzwald, der früheren vorderösterreichischen Lande, des Fürstenthums Ellwangen, des Ritterstifts Comburg, verschiedener Klöster u. s. w.; — endlich über das zwischen dem Staat und der Stadt Hall gemeinschaftliche Archiv dortselbst. — Die Vorstandsstelle bei der Archivdirektion ist ein Nebenamt, sonst sind dort angestellt 2 Räthe, 1 Assessor, 3 Expeditoren.

Der Gesammtaufwand für das Departement der ausw. Angelegenheiten, Polit. Abtheilung, beträgt nach dem Etat für 1881/82 184 291 ℳ, darunter für Gesandtschaften und Konsulate 95 975 ℳ, für Archivzwecke 26 300 ℳ

In der **Abtheilung für die Verkehrsanstalten** steht dem Staatsminister neben einem vortragenden Rath und der Kanzlei für den laufenden Dienst in Gemäßheit der beiden Königl. Verordnungen vom 20. März 1881 als berathendes Kollegium der aus den höheren Beamten der Departementsabtheilung zusammengesetzte Rath der Verkehrsanstalten, außerdem der aus Vertretern des Handels, der Gewerbe und der Landwirthschaft gebildete **Beirath der Verkehrsanstalten** zur Seite. Der erstere begutachtet solche Gegenstände im Geschäftskreis des Ministeriums, welchen eine allgemeine Bedeutung für mehrere Dienstzweige zukommt oder die sonst von größerer Wichtigkeit sind. Die Aufgabe des Beiraths ist es, an das Ministerium in wichtigen, den Handel, die Gewerbe und die Landwirthschaft berührenden Fragen des Verkehrswesens gutachtliche Aeußerungen abzugeben. Auch kann er Wünsche und Beschwerden aus jenen Interessekreisen zur Kenntnis des Ministeriums bringen. Seine Berufung erfolgt durch das Ministerium nach Bedürfnis, jedoch jährlich mindestens zweimal.

Den sämmtlichen Verkehrsanstalten oder mehreren derselben gemeinschaftliche Institute sind die Montirungsverwaltung, die Druckmaterialienverwaltung, die nach dem Gesetz vom 19. Januar 1869 erbauten Dienstwohnungen und Gebäulichkeiten, die Centralbibliothek, das Amtsblatt; ferner der Unterstützungsverein für Angestellte der Verkehrsanstalten und ihre Hinterbliebenen.

Als selbständige Direktivbehörden mit den Rechten und Pflichten von Landeskollegien sind dem Ministerium sodann untergeordnet:

I. Die Generaldirektion der Staatseisenbahnen und der Bodenseedampfschiffahrt für die unmittelbare Leitung und Beaufsichtigung des Betriebs der dem Verkehr übergebenen Bahnen und der Bodenseedampfschiffahrt; ferner des Neubaus von Eisenbahnen, sowie von Bauten der im Betrieb befindlichen Bahnen; — sodann noch für die Eisenbahnpolizei, auch auf Privatbahnen; und II. die Generaldirektion der Posten und Telegraphen für die unmittelbare Leitung und Beaufsichtigung des Betriebs der Posten und des Telegraphendienstes für den öffentlichen Verkehr, sowie der Herstellung und Unterhaltung der für Post- und Telegraphenzwecke erforderlichen Einrichtungen; — beide Generaldirektionen auch je für die Verwaltung des für die betreffenden Zwecke bestimmten Staatseigenthums. Der Eisenbahntelegraphendienst und der elektrische Signaldienst gehört unter die Generaldirektion I.

An der Spitze jeder Generaldirektion steht ein Präsident mit der Verantwortlichkeit für die ganze Geschäftsführung derselben. Die Generaldirektion I hat sodann noch 1 Direktor als zweiten Vorstand, 6 Oberräthe, 7 Kollegialräthe und 4 Assessoren — rechtskundige, administrative und technische Mitglieder, die Generaldirektion II 2 Oberräthe, 4 Kollegialräthe, 2 Assessoren. Für die vom Ministerium bezeichneten Gegenstände findet kollegialische Berathung und Beschlußfassung statt. Der Staatsminister kann jederzeit den Sitzungen anwohnen und den Vorsitz übernehmen. Sonst führt letzteren der Präsident oder dessen Stellvertreter. Derselbe gibt nur bei Stimmengleichheit eine Stimme ab. Glaubt er die Ausführung eines Beschlusses beanstanden zu sollen, so hat er solches dem Kollegium mitzutheilen und die Entschließung des Ministeriums einzuholen. Im Uebrigen ist die Geschäftsbehandlung bureaumäßig. Bei der Generaldirektion der Staatseisenbahnen bestehen nach der Ministerialverfügung vom 23. März 1881 3 Abtheilungen: eine für den Betrieb, eine Verwaltungs- und Bauabtheilung, eine Rechnungsabtheilung; ebenso bei der Generaldirektion II eine Post- und eine Telegraphenabtheilung. Dieselben werden von Vorständen geleitet, welche bei der Betriebsabtheilung (I 1) und der Postabtheilung (II 1) die Präsidenten selbst sind. Die letzteren können überdies jeden Gegenstand an sich ziehen oder zur Berathung in Kollegium verweisen.

Den Generaldirektionen sind Beamte zur unmittelbaren Ueberwachung des Betriebsdienstes (4 Betriebs-Oberinspektoren, 4 Postinspektoren, 1 Telegrapheninspektor), ferner das erforderliche Personal für Kanzleizwecke und für Kassen- und Rechnungsführung, sowie die nöthigen Hilfsbureaux beigegeben. Zu erwähnen ist auch der

Die Staatsbehörden.

Obermaschinenmeister und der Kulturinspektor, welch letzterem die Anlage und Instandhaltung der Anpflanzungen auf den Bahnböschungen, sowie die Verwerthung des sonstigen nutzbaren Areals der Bahnverwaltung obliegt.

Der Generaldirektion I ist die Eisenbahnhauptkasse, der Direktion II die Oberpostkasse untergeordnet. Diese Kassen vermitteln den Verkehr mit der Staatshauptkasse.

Unter der Generaldirektion der Staatseisenbahnen stehen ferner:

für die Ausführung neuer Bahnstrecken und der auf denselben zu errichtenden Hochbauten (i. J. 1882) 4 Eisenbahnbauämter und 1 Eisenbahnhochbauamt;

für den Bahnaufsichts- und Bahnunterhaltungsdienst (bei 1 530 km im Betrieb befindlichen Bahnen i. Jahr 1881) 29 Betriebsbauämter, dabei angenommen je 1 auf 55 km Bahnlänge, faktisch 1 auf 52.76 km; sodann 60 Bahnmeister, 1 084 Bahn-, Block-, Brücken- und Tunnelwärter;

für den Betriebs- und Abfertigungsdienst: 13 Eisenbahnbetriebs-Inspektoren, 12 Assistenten, 32 Bahnhofverwalter I., 30 II. Klasse, 199 Stationsmeister, 67 Bahnhofaufseher, 36 Portiers, 538 Stations- und Weichenwärter, 58 Güterbahnhofverwalter, Abfertigungsbeamte und Bahnhofkassiere, 31 Güterexpeditionskassiere, Billetkassiere und Telegraphisten;

für den Zugförderungsdienst: 103 Zugmeister, 194 Konduktuere, 101 Wagenwärter, 202 Lokomotivführer.

Die Gehalte für diese sämmtlichen Angestellten, mit Einschluß der Beamten der Generaldirektion I und des Antheils der Eisenbahnverwaltung an dem Aufwand für die Centralverwaltung der Verkehrsanstalten sind für 1881/82 auf zus. 3 322 056,67 ℳ veranschlagt. Dazu kommen noch für das Werkstättepersonal: 5 Vorstände, 16 Werkführer, 1 Werkmeister u. s. w. 67 960 ℳ; andere persönliche Ausgaben 3 385 669,33 ℳ; sachliche Ausgaben, mit Einschluß der Ausgaben für das Werkstättepersonal 8 Mill. ℳ

Endlich untersteht der Generaldirektion I die Dampfschiffahrtsverwaltung (1 Verwalter, 1 Buchhalter, 6 Kapitäne, 8 Steuermänner, 9 Maschinisten, 11 Heizer, 32 Matrosen u. dergl.) mit zusammen 71 507,50 ℳ Gehalten, 26 009 ℳ sonstigen persönlichen und 134 765 ℳ sachlichen Ausgaben.

Unter der Generaldirektion der Posten und Telegraphen stehen: die Post- und Telegraphenämter, die Postagenturen und Ausgabebureaux. Im J. 1881 waren angestellt u. a. 5 Oberpostmeister, 55 Postmeister, 24 Postverwalter, 152 Postexpeditoren ausschließlich im Postdienst, 131 im vereinigten Eisenbahn- und Postdienst, 13 Telegraphenamtsvorstände oder Kassiere, 15 Obertelegraphisten, 37 Telegraphisten, 588 Postunterbedienstete, 31 Telegraphenboten. (Telegraphengehilfinnen werden 28 gezählt). Unter der Generaldirektion II steht ferner die Telegraphenwerkstätte. Durch sie werden verwaltet die König-Karl-Stiftung (Ges. v. 16. Jan. 1874) und die 1830 errichtete Postillonhilfskasse.

Der Etatsatz für die Gehalte der bei der Post- und Telegraphenverwaltung Angestellten, mit Einschluß der Beamten der Generaldirektion II und des Antheils dieses Verwaltungszweigs an den Kosten der Centralverwaltung, beträgt für 1881/82: 1 944 183,33 ℳ; an sonstigen persönlichen Ausgaben 1 087 762 ℳ, an sachlichen Ausgaben 2 202 054,67 ℳ.

Vergl. endlich noch die K. Verordnung vom 9. Februar 1853 in Betreff der Postdienstprüfung, und die Verfügungen, betr. die Verwendung von Frauen und Mädchen im Dienste der Verkehrsanstalten, vom 23. Februar 1866; betr. die Aufnahmeprüfung zum Eintritt in den Postdienst, vom 29. Oktober 1869; betr. die Ausbildung der nicht wissenschaftlich gebildeten Hilfsarbeiter beim Eisenbahnbetrieb und Telegraphendienst, vom 14. Oktober 1874.

4. Das Departement des Innern.

Das Ministerium des Innern umfaßt das ganze Gebiet des inneren Staatsrechts, der Landespolizei und der Staatswirthschaft, soweit nicht einzelne Zweige einem anderen Departement zugewiesen sind. Zu seinem Wirkungskreise gehört die Wahrnehmung der Hoheitsrechte des Staats überhaupt und insbesondere in Rücksicht auf die Verhältnisse des im Königreich begüterten Adels; die Handhabung der staatsrechtlichen Verhältnisse sämmtlicher Einwohner, namentlich der verfassungsmäßigen Rechte der einzelnen Staatsbürger sowohl, als auch der Gemeinden und Körperschaften; die Staatsaufsicht über die Verwaltung der letzteren; die Ausbildung der Amts- und Gemeindeverfassung; die Oberaufsicht über das Auswanderungswesen. Ihm untersteht ferner das Militär-Einquartierungs-, Naturalleistungs- und Kriegsleistungswesen. Mit dem Kriegsministerium bildet es die Ministerialinstanz in allen Militär-Ersatz-Angelegenheiten. Das Ministerium des Innern hat die Sorge für die öffentliche Sicherheit und Ordnung, für das Vereins- und Versammlungswesen, einschließlich der Angelegenheiten der juristischen Personen, die Preß-, Sitten- und Fremdenpolizei, die Oberaufsicht über das Landjägerkorps und dessen Verwendung, über sämmtliche Polizeianstalten. Demselben ist das Medizinalwesen zugetheilt, ferner das weite Gebiet der öffentlichen Wohlthätigkeit. Unter seiner Aufsicht steht das Versicherungswesen, insbesondere die Gebäudebrandversicherungsanstalt, vollziehen sich die letzten Reste des Grundentlastungsgeschäfts, ist das Hilfskassenwesen eingerichtet, können Lotterien unternommen werden. Maß und Gewicht, die Bergpolizei, das Jagd- und Fischereiwesen, die Bau- und Feuerpolizei, Straßen- und Flußpolizei, die Fürsorge für Landwirthschaft, Gewerbe und Handel, das Landgestüt fallen gleichfalls in seinen Geschäftskreis. Von den öffentlichen Bauten endlich sind ihm die Straßen-, Brücken- und Wasserbauten zugetheilt.

Alle besonderen Behörden, welchen die Besorgung der erwähnten Geschäftszweige zunächst übertragen ist, stehen unter der Leitung und Aufsicht dieses Ministeriums; das letztere erkennt über die Rekurse und Beschwerden der Betheiligten gegen die administrativen Verfügungen der ihm untergeordneten Behörden. Die Bearbeitung der Geschäfte des Ministeriums erfolgt in Bureauweg oder, namentlich für Berufungsgegenstände, in der Oberregierung, einem Landeskollegium unter dem Vorsitz des Ministers oder des hiefür ernannten Vorstandes.

Die Dienstprüfungen für die Aemter und Funktionen im Departement des Innern werden unter der Leitung oder Oberaufsicht des Ministeriums durch die zuständigen Behörden oder die hiezu bestellten Kommissionen vorgenommen.

Mit dem Ministerium steht zunächst in Verbindung das Archiv des Innern, welches die sämmtlichen Registraturen der in den Jahren 1806—1817 aufgehobenen Kollegien, Deputationen, Kommissionen u. s. w. umfaßt, deren Geschäftsführung nun in dem Departement des Innern vereinigt ist.

Die nächsten Organe für die innere Landesverwaltung in regimineller, staatspolizeilicher und staatswirthschaftlicher Beziehung bilden die 4 Kreisregierungen in Ludwigsburg, Reutlingen, Ellwangen und Ulm. Ihr Geschäftskreis umfaßt in der mittleren Instanz die zum Wirkungskreis des Ministeriums gehörenden Gegenstände, soweit dieselben nicht an andere Behörden gewiesen sind. Die Instruktion für die Kreisregierungen datirt vom 27. Dezember 1819. Nach neueren Gesetzen, zunächst dem Gesetz vom 12. August 1879 bilden dieselben ferner die Beschwerdeinstanz gegen polizeiliche Strafverfügungen der Oberämter, sind sie außerdem zur Abrügung des Ungehorsams und der Ungebühr im Sinn der Art. 2 und 3 jenes Gesetzes in erster Instanz zuständig, wenn diese Handlungen ihnen gegenüber verübt wurden. In dem öffentlichmündlichen Verfahren in Gewerbesachen, einschließlich der Entscheidung über die versagte Zulassung einer Hilfskasse (R.Gew.O. 1869 §. 21, Reichsges. 7. April 1876 §. 4), ferner wenn sie als Verwaltungsgerichte erster Instanz in der Regel gleichfalls öffentlich und mündlich verhandeln (Ges. 16. Dezember 1876 Art. 10), beschließen die Kreisregierungen in der Besetzung mit 3 Mitgliedern. Als Verwaltungsgerichte unterstehen sie der dienstlichen Aufsicht durch den Verwaltungsgerichtshof. An diesen geht auch die Beschwerde gegen die vorerwähnten Strafkenntnisse der Kreisregierungen.

Als Bezirksämter im Departement des Innern sind in unmittelbarer Unterordnung unter die 4 Kreisregierungen die 64 Oberämter bestellt, welchen in der Instanz der Bezirksverwaltung kurz gesagt alle diejenigen Geschäfte zufallen, welche weder einer Gerichts- noch einer Finanzbehörde zugetheilt sind. In der Hauptsache ist ihre Geschäftsaufgabe in gleicher Weise umgrenzt wie die des Ministeriums. In ihre Zuständigkeit fällt namentlich die Wahrung der Hoheitsrechte des Staats, die Erhaltung der Landesgrenze und der mit den Nachbarstaaten bestehenden Verhältnisse, die Erhaltung der Amts- und Gemeindeverfassung, die Aufsicht über die Verwaltung des Vermögens der Amtskörperschaften, Gemeinden und Stiftungen, über die Verwaltung ꝛc. der Ortspolizei und die Handhabung der Landespolizei im ganzen Umfange. Sie sind sodann noch besonders befugt zu Erlassung polizeilicher Strafverfügungen bei Uebertretungen, sowie von Strafkenntnissen wegen Ungehorsams, Ungebühr und Disziplinarvergehen (Gesetz 12. August 1879 Reg.-Bl. S. 153) und von Strafbescheiden wegen Hinterziehung örtlicher Verbrauchsabgaben; auch haben sie die übrigen Staatsbehörden in der Ausübung ihres Berufs zu unterstützen.

Für die den Staat und die Kirche, den Staat, die Kirche und die Volksschule gemeinschaftlich betreffenden Gegenstände bildet der Oberamtmann mit dem Dekan, bezw. dem Bezirksschulinspektor, das gemeinschaftliche Oberamt. Die Oberamtsärzte, Oberamtswundärzte, Oberamtsthierärzte; — die von dem Steuerkollegium angestellten Oberamtsgeometer; — die Oberamtswerkmeister, Oberfeuerschauer, Kaminfeger; — die Straßenwärter und Kleemeister sind den Oberämtern theils gleichgeordnete, theils untergeordnete oder unter ihre Aufsicht gestellte polizeiliche Organe.

Der Kreisregierung in Ulm ist noch der Hafendirektor in Friedrichshafen untergeordnet, welcher die Schiffahrts- und Hafenpolizei mit Einschluß der Fremden- und Paßpolizei an den württembergischen Hafen- und Landungsplätzen zu handhaben hat.

Unter die Regierungen in Ludwigsburg und Reutlingen sind gestellt die Arbeitshäuser in Vaihingen und Rottenburg, das erste für Männer, das zweite für Weiber. Dieselben sind zur Aufnahme der nach §. 361 Nr. 3—8 des Deutschen Strafgesetzbuchs und nach Art. 10 Ziff. 2—4 des Polizeistrafgesetzes vom 27. Dezember 1871 Verurtheilten, wenn deren Unterbringung in ein Arbeitshaus von der zuständigen Kreisregierung verfügt wird. Es werden nur solche Personen eingewiesen, welche zur Arbeitsverrichtung nach dem Maß eines gewöhnlichen Lohnarbeiters befähigt sind. Die Aufgabe der Arbeitshäuser besteht darin, die Eingewiesenen zu einer geregelten, für ihr Fortkommen geeigneten Beschäftigung anzuhalten und hiedurch wie durch angemessene moralische und disziplinäre Einwirkung ihre sittliche Besserung zu erstreben. Der Durchschnittsstand der Eingewiesenen ist nach dem Etat für 1881/82 in Vaihingen 125, in Rottenburg 40; der Staatszuschuß berechnete sich 1879/80 dort auf 92,72, hier auf 235,43 ℳ je für 1 Eingewiesenen; der Aufwand für Verköstigung dort bei eigenem Menagebetrieb auf 140,82 ℳ, hier auf 237 ℳ.

Das Landjägerkorps ist eine zur Handhabung der öffentlichen Ordnung, Ruhe und Sicherheit im Innern des Königreichs aufgestellte Landespolizeianstalt und als solche in seinen Dienstverrichtungen ordentlicherweise dem Ministerium des Innern untergeben. Die innere Einrichtung des Korps ist militärisch. Dasselbe hat 1 Korpskommandeur, 9 Bezirkskommandeurs, von welchen der eine zugleich Stabsoffizier des Korps, und besteht neben den Korps- und Bezirksfourieren aus 65 Stationskommandanten und 448 Landjägern, welche nach der Lage und den Bedürfnissen der Oberämter vertheilt sind. Näheres in der K. Verordnung vom 5. Juni 1823 und der Dienstinstruktion vom gleichen Tage. Die Stationskommandanten und Mannschaften des Landjägerkorps sind Hilfsbeamte der Staatsanwaltschaft im Sinn des §. 153 des Reichsger.-Verf.-Gesetz von 1877. Im Durchschnitt der 10 Kalenderjahre 1870—1879 wurden von dem Landjägerkorps jährlich eingeliefert 6 Mörder, 17 Räuber, 14 Brandstifter, 1 099 Diebe, 9 Wilderer, 12 entwichene Kriegsdienstpflichtige, 6 inländische und 7 ausländische Deserteure, 794 Landstreicher (1880: 1 585 solche) 3 716 (1880: 5 946) Bettler, 4 168 sonstige Gesetzesübertreter. Der Aufwand für das Landjägerkorps beträgt für 1881/82 658 690 ℳ, daneben die Gefangenentransportkosten 35 000 ℳ

Die besonderen Organe für einzelne der dem Departement des Innern zugetheilten Verwaltungszweige sind:

1. Die mit dem Ministerium verbundene Kommission für die Adelsmatrikel zu Fortführung der Personalmatrikel des Württembergischen Erbadels, zu Sammlung und Bearbeitung der Materialien für eine standesherrliche und eine ritterschaftliche Gütermatrikel und zu Entscheidung der Frage der Exemtion einzelner Bestandtheile von Standesherrschaften und Rittergütern (Bekanntm. vom 12. Januar 1818, Kön. Entschl. v. 4. April 1833).

2. Das adelige Fräuleinstift zu Oberstenfeld, errichtet aus den Einkünften des 1803 an Württemberg gefallenen Stifts, bestehend aus 1 Aebtissin und 10 Stiftsdamen, welche von dem König unmittelbar ernannt werden. Zur ersten Stelle sind vor anderen die Prinzessinnen des Königl. Hauses berechtigt, zu Stiftsdamen können außer solchen und Prinzessinnen anderer fürstlichen Häuser Gräfinnen und Fräulein von deutschem adeligem Geschlecht berufen werden, welche das 18. Lebensjahr zurückgelegt haben. Die Aebtissin bezieht, wenn sie dem Königlichen Hause angehört 3 430 ℳ, sonst 2 571,43 ℳ, eine Stiftsdame 1 030 ℳ. Die Aebtissin und die 6 ältesten Damen haben auch freie Wohnung in Oberstenfeld anzusprechen. Mit dem Stift steht in Verbindung die Stiftung von Präbenden für unbemittelte Fräulein von dem in Württemberg ansäßigen ritterschaftlichen Adel, zur Zeit 12 Präbenden von jährlich 344 ℳ. Die auf Vorschlag des Ministeriums des Innern nach vorheriger gutächtlicher Vernehmung eines Ausschusses der Ritterschaft von dem Könige präbendirten Fräulein werden als Damen des Stifts Oberstenfeld betrachtet. Das Ordenszeichen für alle ist ein weiß emaillirtes Kreuz in Form des Malteserkreuzes, das an rothem Bande mit goldener Einfassung von der rechten Schulter zur linken Seite getragen wird. Verehlichung hat Austritt aus dem Stift und dem Genuß der Präbende zur Folge.

3. Der Oberrekrutirungsrath (s. unten Departement des Kriegswesens). Als Kosten des Militärersatzgeschäfts sind für 1881/82 vorgesehen 14 360 ℳ

4. Das Medizinalkollegium, theils berathende, theils verwaltende und aufsichtführende Centralbehörde für die Wahrnehmung aller Interessen der öffentlichen Gesundheitspflege (Königl. Verordn. vom 21. Oktober 1880). Eigene Abtheilungen bestehen 1. zur Bearbeitung derjenigen Geschäfte, welche die Staatskrankenanstalten, die Landeshebammenschule, die eine Staatsunterstützung genießenden Privat-

krankenanstalten, sowie die Privatirrenanstalten betreffen; 2. zur Erledigung der in das Gebiet der Thierheilkunde fallenden Geschäfte.

Litteratur: die Medizinalberichte von Württemberg für die Jahre 1872 bis 1878; seit 1873 in den Württemb. Jahrbüchern 1877, 1879, 1881; Dr. Koch, Zur Statistik der Geisteskrankheiten in Württemberg, Württemb. Jahrb. 1878 III.

Staatsirrenanstalten sind die Heil= und Pfleganstalten in Schussenried und Winnenthal, ferner die Pfleganstalt in Zwiefalten. Die Anstalten in Schussenried und Winnenthal, von welchen die erste für 300, die zweite für 200 Pfleglinge eingerichtet ist, sind zur Aufnahme von heilbaren und unheilbaren Geisteskranken bestimmt. In der gegenwärtig für 350 Pfleglinge und nach Vollendung der baulichen Einrichtung für 400 Raum bietenden Anstalt in Zwiefalten werden solche unheilbare Geisteskranke, welche aus irgend einem Grund in den beiden anderen Anstalten nicht aufgenommen oder behalten werden können, und bei welchen auch die Zurückgabe in Privatpflege oder in die anderen öffentlichen Krankenanstalten als unthunlich erscheint, zu angemessener Verpflegung untergebracht. Die Kranken werden in 3 hinsichtlich der Verköstigung und Wohnung verschiedenen Klassen verpflegt, deren Wahl in der Regel von ihren Vertretern abhängt. Das jährliche Verpflegungsgeld beträgt:

	in Schussenried u. Winnenthal	in Zwiefalten
für die I. Klasse	1 260 ℳ	760 ℳ
„ „ II. „	760 „	480 „
„ „ III. „	440 „	300 „

Für ärmere inländische Pfleglinge bestehen noch 2 niedrigere Abstufungen. Nichtwürttemberger gehen den Landesangehörigen bei der Aufnahme nach und haben ein erhöhtes Verpflegungsgeld zu bezahlen (Statut vom 21. Januar 1875).

Der Aufwand der Staatskasse für das Irrenwesen beträgt nach dem Hauptfinanzetat für 1881/82:

Staatszuschüsse	Pfleglinge	ℳ
für Schussenried	300	60 872
„ Winnenthal	200	42 373
„ Zwiefalten	350	74 068
für unentgeltliche Verpflegung unbemittelter Kranken		7 000
an Privatirrenanstalten . . .	325	61 750
(Staatspfleglinge)	1 175	246 063

— allerdings nur etwa 1/7 sämmtlicher Geisteskranken des Landes, zu deren Aufnahme noch eine größere Zahl von Privatanstalten (12 für Irre, 3 für Schwachsinnige und Epileptische) vorhanden ist. Die Verköstigung eines Kranken erfordert in Schussenried 255 ℳ, in Winnenthal dasselbe, dagegen in Zwiefalten 230 ℳ.

Die Landeshebammenschule ist für den Unterricht der Hebammen des Landes bestimmt. Die mit derselben verbundene Gebäranstalt (das Mutterhaus des Katharinenhospitals in Stuttgart) dient hauptsächlich zum praktischen Unterricht der Hebammenschülerinnen. (1878 96 Schülerinnen und 390 Schwangere mit durchschnittlich 22 Verpflegungstagen; Staatszuschuß 26 410 ℳ).

Im Hauptfinanzetat für 1881/83 sind vorgesehen als Mitglieder des Medizinalkollegiums: 1 Direktor (Nebenamt eines Ministerialraths), 2 vollbeschäftigte ärztliche Mitglieder, 4 nicht vollbeschäftigte Obermedizinalräthe, 4 außerordentliche technische Mitglieder, 2 administrative Kollegialmitglieder; — ferner 64 Oberamtsärzte; — Gesammtausgabe der Staatskasse für Kollegium und Oberamtsärzte 93 308 ℳ.

Unmittelbar unter dem Medizinalkollegium steht noch der Centralimpfarzt.

Durch Verfügung des K. Ministeriums des Innern vom 30. Dezember 1875 ist den approbirten Aerzten, Thierärzten und Apothekern des Landes gestattet worden, zur Vertretung ihrer gemeinsamen Interessen, und zwar jeder Berufsklasse für sich, einen Verein zu bilden, der von der Regierung als Organ des betreffenden Standes anerkannt wird. Es besteht demgemäß ein ärztlicher Landesverein, der sich in 8 Bezirksvereine gliedert, ein thierärztlicher Verein und ein pharmazeutischer Landesverein, dem sämmtliche im Genusse der bürgerlichen Ehrenrechte stehenden selbständigen Verwalter von im Lande befindlichen Apotheken beizutreten für berechtigt erklärt wurden.

Am 31. Dezember 1878 zählte man in Württemberg 550 approbirte Aerzte und Wundärzte I. Klasse, 516 Wundärzte II., III. und IV. Klasse, — 18 Zahnärzte, 294 Thierärzte, 32 Militär-Roßärzte, 2 800 Hebammen, 1 700 Leichenschauer, 63 angemeldete nicht approbirte Personen, welche sich mit Behandlung kranker Menschen, 32, welche sich mit Behandlung kranker Thiere abgeben, 6 Heildiener, — 260 Apotheken, 27 Dispensiranstalten, darunter 12 homöopathische; 270 Apotheker, 232 Gehilfen und Lehrlinge; — 118 allgemeine Krankenhäuser, 9 Militärlazarethe, 40 Heil- und Verpflegungsanstalten für besondere Zwecke — außerdem 3 für Schwachsinnige und Epileptische, 15 für Irre (s. oben).

Der Hauptfinanzetat enthält noch 22 000 ℳ Kosten der Epidemien und Viehseuchen, mit dem Vorbehalt der Verwendung von Ersparnissen auf Bezirkskrankenhäuser (bis jetzt 18), dann 25 600 ℳ Beiträge zu den Gehalten der Oberamtsthierärzte, 3 272 ℳ für orthopädische Heilzwecke und 600 ℳ zu Unterstützung armer Ohrenleidender.

5. Die Centralleitung des Wohlthätigkeitsvereins, die Württembergische Sparkasse und die Armenkommission. Die Centralleitung und die Sparkasse, beides Schöpfungen der verewigten Königin Katharina, erfreuen sich bis heute der besonderen Fürsorge Ihrer Majestäten. Die Königin Olga hat das Protektorat übernommen, König Karl sich die unmittelbare Aufsicht vorbehalten. In Verbindung mit der Centralleitung bildet die Armenkommission in Beziehung auf das gesammte Armenwesen die eigentliche Staatsbehörde mit theils berathender, theils vollziehender Funktion.

Literatur. Camerer, Statistik der Sparkassen des Königreichs Württemberg. Württemb. Jahrb. 1875 I; Camerer, Statistik der Fürsorge für Arme und Nothleidende im Königreich Württemberg. Württemb. Jahrbücher 1876 III. — Wohlthätigkeits-Anstalten und Vereine im Königreich Württemberg. Wegweiser über die den Hilfsbedürftigen aus dem ganzen Lande zugänglichen Einrichtungen, von dem K. Ministerium des Innern unter Mitwirkung der Centralleitung des Wohlthätigkeitsvereins bearbeitet und herausgegeben 1879.

Der Wohlthätigkeitsverein wurde in dem Theurungsjahr 1817 errichtet mit einer Verzweigung in Oberamts- und Lokalleitungen. Neuerdings befaßt sich die Centralleitung (Etatsatz 26 000 ℳ) weniger mit der direkten Unterstützung der Armen, sie sucht vielmehr, neben der Förderung der Bestrebungen von Vereinen und Einzelner auf dem Gebiet der Wohlthätigkeit, vorzugsweise auf die bessere Erziehung und Bildung der Jugend der ärmeren Volksklassen einzuwirken und dem Bettel und Müßiggang entgegenzuarbeiten. Dies wird bezweckt durch die Gründung und Unterstützung von Kleinkinderpflegen und Erziehungshäusern, durch die Unterbringung armer, der Verwahrlosung entgegengehender Kinder in Rettungsanstalten oder in geeigneten Familien, sowie in gewerblichen oder landwirthschaftlichen Lehrstellen. Für die erwachsenen Armen wird namentlich gesorgt, indem auf Errichtung weiterer Bezirksarmenanstalten für die Arbeitsunfähigen, wie für Korrektionäre hingewirkt wird. Außerdem soll im Anschluß an den Verband deutscher Frauenvereine die allgemeine Krankenpflege durch vermehrte Ausbildung und Anstellung von Krankenpflegerinnen gefördert werden. In bringenderen Nothfällen werden von der Centralleitung auch besondere Sammlungen z. B. für Hagel-, Brand- oder Wasserbeschädigte eingeleitet. Direkte Armenunterstützungen aber können von ihr nur verwilligt werden, soweit besondere Stiftungen oder andere Beiträge die Mittel gewähren.

Unter der Mitwirkung der Centralleitung erscheinen die „Blätter für das Armenwesen". Auch führt dieselbe die Aufsicht über die Nationalindustrieanstalt in Stuttgart (für Verwerthung von Handarbeiten verschämter Armen) und über verschiedene sonstige Wohlthätigkeitsanstalten und Vereine.

Die mit der Centralleitung in Verbindung stehende und durch 3 ihrer Mitglieder kontrolirte Württembergische Sparkasse hat den Zweck, den ärmeren Volksklassen die Gelegenheit zu verschaffen, ihre Ersparnisse auch in kleinen Summen, bis auf 2 ℳ herab, mit Sicherheit zinstragend anzulegen. Einlagen, welche innerhalb 12 Monaten nicht mehr als 200 ℳ betragen, werden mit 4 %, das weitere mit 3 ½ % verzinst. Die Rückzahlung erfolgt statutengemäß gegen 4wöchige Kündigung von Seiten der Einleger. Das Amt der 16 Vorsteher ist ein Ehrenamt (Bekanntmachung 31. Mai 1875).

Das Gesammtguthaben der Einleger belief sich am 30. Juni 1880 auf 36,3 Mill. ℳ, der Aktivstand auf 38,2 Mill. ℳ

Der seit 1818 bestehenden Armenkommission (Instr. v. 27. Juni) wurde 1855 die Mitwirkung bei Vollziehung des Gesetzes vom 24. Januar, in Betreff der Handhabung der Staatsaufsicht über verwahrloste Gemeinden (Etatsatz 11 400 ℳ), übertragen (Württ. Jahrb. 1875 I S. 179). Im übrigen leitet sie die Industrie- und Beschäftigungsanstalten für Kinder und Erwachsene.

6. Die Ablösungskommission hat die letzten Reste der Ablösungen in Folge der Gesetze von 1836, 1848, 1849 und 1865 zu bereinigen. Von ihren Entscheidungen geht der Rekurs an den Verwaltungsgerichtshof.

7. Die seit dem Jahr 1772 bestehende Gebäudebrandversicherungsanstalt umfaßt zwangsweise mit wenigen im Gesetz vom 14. März 1853 festgesetzten Ausnahmen sämmtliche Gebäude des Landes, für welche im Fall der Beschädigung durch Feuer, Blitzstrahl oder Explosion Entschädigung gewährt wird. Ihre Mittel schöpft sie theils aus den Erträgnissen des eigenen Fonds, theils und hauptsächlich aus Umlagen auf die versicherten, nach dem Grad ihrer Feuergefährlichkeit in 6 Klassen eingetheilten Gebäude.

Die Verwaltung der Anstalt besorgt unter der Oberleitung des Ministeriums des Innern ein mit den Befugnissen eines Landeskollegiums ausgestatteter Verwaltungsrath. Derselbe entscheidet insbesondere über die Theilnahme an der Anstalt, die Klassifizirung der Gebäude, die Größe des Beitrags für die Gebäude in den einzelnen Klassen, sowie über den Anschlag der Gebäude. Dagegen sind für Streitigkeiten über die Ansprüche auf Entschädigung in Folge des Gesetzes über die Verwaltungsrechtspflege die bürgerlichen Gerichte zuständig. Dem Verwaltungsrath sind zwei Brandversicherungs-Inspektoren beigegeben, deren Aufgabe es ist, bei Feststellung des Anschlags von Maschinen und gewerblichen Anstalten, sowie bei der Erhebung des dabei vorkommenden Brandschadens mitzuwirken, endlich die Anschläge überhaupt und in Brandfällen die Schadenserhebungen zu überwachen.

Wenigstens alle 3 Jahre wird von dem Ministerium des Innern aus der Zahl der von jeder Amtsversammlung Gewählten eine Kommission von 15 versicherten Gebäude-Eigenthümern zusammenberufen, zu dem Zweck, die allgemeinen Angelegenheiten der Anstalt zu berathen, insbesondere hinsichtlich der Einrichtung derselben sowie der Verwaltung ihre Ansichten und Vorschläge dem Ministerium mitzutheilen.

Am 1. Januar 1880 waren versichert 299 745 Haupt- und 240 837 Nebengebäude, zusammen 540 582. Der Brandversicherungsanschlag derselben betrug 1 780½ Mill. ℳ. Umgelegt wurden an Brandschaden

1876	1 512 298	ℳ	oder auf	8 Pf.	bei 367	Schaden=
1877	1 968 571	„	100 ℳ	10 „	„ 393	fällen.
1878	1 606 174	„	Umlage=	8 „	„ 434	
1879	1 448 685	„	kapital	7 „	„ 486	
1880	1 881 171	„	i. b. Normal=	9 „	„ 473	
			klasse (III)			

Mit dem Verwaltungsrath ist ferner die Centralkasse für das Feuerlöschwesen verbunden, um den durch ihre Theilnahme an den Löschanstalten Verunglückten oder deren Hinterbliebenen Unterstützung zu gewähren, Beiträge an Feuerwehren und Gemeinden für Feuerlöschzwecke zu geben u. s. w. Die Mittel werden durch Beiträge der Gebäudebrandversicherungsanstalt, sowie der zum Geschäftsbetrieb im Lande konzessionirten Mobiliar-Feuerversicherungs-Gesellschaften aufgebracht. Für die Verwaltung der Kasse ist eine eigene Kommission gebildet, der auch Vertreter dieser Anstalten und der freiwilligen Feuerwehren angehören. Der Kommission ist als ständiger Beamter der Landesfeuerlöschinspektor beigegeben, dessen weitere Aufgabe darin besteht, die Oberämter und Ortsvorsteher in allen auf das Feuerlöschwesen bezüglichen Angelegenheiten zu berathen, Visitationen der Löschgeräthe und Löschmannschaften vorzunehmen, die mit Beiträgen der Centralkasse angeschafften Feuerspritzen zu prüfen, auch an der Baugewerkschule einen regelmäßigen Kursus über Feuerlöschwesen zu halten.

Der Vermögensstand der Centralkasse betrug 1880 19 574 ℳ, der Jahresbeitrag der Brandversicherungshauptkasse 43 460 ℳ, der konzessionirten Privatgesellschaften 20 156 ℳ. Bezahlt wurden an verunglückte Feuerwehrmänner 7 520 ℳ, an Hinterbliebene der in ihrem Beruf gestorbenen Feuerwehrmänner 6 942 ℳ, für Ausrüstung von Feuerwehren, Förderung von Wasserleitungen 41 300 ℳ.

8. Das Oberbergamt, in Gemäßheit des Berggesetzes vom 7. Oktober 1874 zuständig für die Verleihung des Bergwerkseigenthums, die Aufsicht über die Gewerkschaften und Knappschaftsvereine und die Leitung der Bergpolizei. Demselben ist das Bergamt untergeordnet, mit den Befugnissen eines Bezirksamts, während das Oberbergamt zu den Landeskollegien zählt. Unter des letzteren Aufsicht stehen auch die Markscheider. Etatsatz für Oberbergamt und Bergamt 2 000 ℳ.

9. Die Forstdirektion, Abtheilung für Körperschaftswaldungen, besteht aus dem Direktor und 3 technischen Mitgliedern der Forstdirektion, Abtheilung für Staatsforste, und 3 Mitgliedern aus dem Departement des Innern. Sie hat nach dem Gesetz vom 16. August 1875 Art. 1 die Aufsicht über die Bewirthschaftung der Waldungen der Gemeinden, Stiftungen und anderer öffentlicher Körperschaften, auch nach dem Forstpolizeigesetz vom 8. September 1879 Art. 46 die Funktionen der höheren Forstpolizeibehörde für diese Waldungen in Unterordnung unter das Ministerium des Innern auszuüben. (Etatsatz 3 800 ℳ).

10. Die Centralstelle für die Landwirthschaft hat nach den organischen Bestimmungen vom 12. April 1877 die Förderung der Landwirthschaft und der land-

wirthschaftlichen Gewerbe im Allgemeinen, sodann, hier in Unterordnung unter das Ministerium des Kirchen- und Schulwesens, die Leitung und Ueberwachung der ihr unterstellten landwirthschaftlichen Lehranstalten zur Aufgabe. Sie beräth die Regierung in Absicht auf die Landwirthschaft und die landwirthschaftlichen Handels-, Verkehrs- und Zollverhältnisse, beantragt der Landwirthschaft dienliche und die Entfernung der ihr hinderlichen Einrichtungen, sorgt für Verbreitung gemeinnütziger landwirthschaftlicher Kenntnisse, veranstaltet landwirthschaftliche Ausstellungen u. s. w.

Die Centralstelle bildet ferner die Gesammtvertretung des landwirthschaftlichen Vereins des Königreichs, welcher in 64 Bezirksvereine und durch die Vereinigung je von einer Mehrzahl der letzteren in 12 Gauverbände gegliedert ist. In Ausübung dieser Vertretung liegt der Centralstelle ob, die Vereine zu zweckentsprechender Thätigkeit anzuregen, gemeinsame Bestrebungen derselben zu vermitteln, deren Wünsche und Anträge zu berathen und je nach Umständen an die zuständigen Organe zu befördern. Die Berathung der allgemeinen Anordnungen Behufs der Pflege der Landwirthschaft, die Begutachtung von Gesetzesentwürfen, die Aufstellung des Etats und dergleichen unterliegen den Beschlüssen des Gesammtkollegiums, zu welchem auch 12 von den Gauverbänden aus dem Stande der Landwirthe zu dem Ehrenamt gewählte Beiräthe gehören. Die übrigen Geschäfte besorgt mit den Befugnissen eines Landeskollegiums der Verwaltungsausschuß. Die Centralstelle gibt das Württembergische Wochenblatt für Landwirthschaft heraus, hat auch zur Berathung von Behörden, Gemeinden, Vereinen und Privaten besondere Sachverständige und Wanderlehrer aufgestellt.

Der Etat der Centralstelle für die Landwirthschaft beträgt für 1881/82 91 470 ℳ, dabei die Gehalte ihrer Beamten mit 22 050 ℳ nicht eingerechnet. Dagegen sind darunter 16 000 ℳ für das landwirthschaftliche Hauptfest in Cannstatt, das sogenannte Volksfest, inbegriffen.

11. Die Centralstelle für Landeskultursachen ist eine in Gemäßheit des Gesetzes vom 26. März 1862 über Feldwege, Tretz- und Ueberfahrtsrechte, Art. 23 eingesetzte Kollegialstelle mit der Aufgabe, die bei Ausführung des Gesetzes entstehenden Streitigkeiten zu entscheiden, soweit dies nicht dem Civilrichter vorbehalten ist, und die Aufsicht zu führen über den Geschäftsbetrieb der zur Durchführung des Gesetzes bestellten Kommissionen, wie über die einschlägigen Arbeiten der Oberämter. Ein besonderer technischer Kommissär zur Förderung von Feldwegregulirungen steht zu ihrer Verfügung. (Etatsatz 3 450 ℳ).

12. Das Landgestüt, errichtet 1817, besteht aus 150 Hengsten, welche alljährlich über die Beschälzeit an verschiedenen Stationen des Landes (38) aufgestellt sind und zur Deckung der Stuten von Privaten gegen eine mäßige Gebühr (6 ℳ) benützt werden können. In Verbindung damit steht das Stammgestüt zur Hervorbringung und Erhaltung einer konstanten Rasse veredelten Blutes, aus welcher das Landgestüt remontirt wird. Dem Land- und Stammgestüt dienen, der ersteren abgesehen von der Beschälzeit, die Gestütshöfe Marbach, Offenhausen, Güterstein und St. Johann zum Aufenthalt. Die Verwaltung des Ganzen steht unter der Landgestütskommission, welche auch den Beschälbetrieb der Privathengste zu überwachen (Beschälordnung vom 25. Dezember 1875) und die Vertheilung der Staatsprämien für ausgezeichnete Privatzuchtpferde zu vermitteln hat.

Jetziger Normalstand 120 Landbeschäler, 15 drei- bis vierjährige Hengste, 50 Mutterstuten, 105 Fohlen. Staatszuschuß 1881/82 137 112 ℳ

In den 20 Jahren 1860—79 durchschnittlich: in der   in der
                                             1. Hälfte 2. Hälfte
                                             dieſer Zeit

Bestand von Landbeſchälern	. .	150	171	131
Stuten am Jahresſchluß	. . .	72	86	57
Fohlen „	. . .	105	146	63
In Prozenten der gedeckten Stuten				
trächtig gewordene Stuten	. . .	57,0	51,8	66,0
lebendig geborene Fohlen	. . .	48,7	46,1	53,2

Erkauft wurden in jenen 20 Jahren 75 Hengſte, 44 Stuten, 163 Fohlen, zuſammen für 463 520 ℳ; verkauft 386 Hengſte, 269 Stuten, 84 Fohlen, zuſammen für 449 806 ℳ. Staatszuſchüſſe im Ganzen 2 870 409 ℳ, durchſchnittlich in 1 Jahr 143 520 ℳ.

Daneben werden für ausgezeichnete Privatzuchtpferde noch jährlich 15 170 ℳ Prämien gegeben.

13. Die Centralſtelle für Gewerbe und Handel wurde am 8. Juni 1848 errichtet und am 15. April 1875 neu organiſirt. Sie beſteht aus adminiſtrativen und techniſchen Beamten, Lehrern an gewerblichen Unterrichtsanſtalten und aus Beiräthen vom Gewerbe- und Handelsſtand — das letztere ein Ehrenamt.

Alle die Gewerbeförderung im allgemeinen, ſowie die Verwendung bedeutenderer Staatsmittel betreffenden Fragen behandelt das Geſammtkollegium, die übrigen Angelegenheiten der Verwaltungsausſchuß. Beiden Kollegien kann ein Miniſterialkommiſſär mit berathender Stimme anwohnen. Die Centralſtelle für Gewerbe und Handel beſorgt die Begutachtung der auf Gewerbe und Handel, die Zoll- und Schiffahrtsverhältniſſe ſich beziehenden Geſetze, Verordnungen und Verfügungen, ſowie der Maßregeln in Betreff des innern des internationalen Verkehrs; ſie ſorgt für die Verpflanzung der Fortſchritte des Auslandes auf die heimiſche Induſtrie, für die Verbreitung gewerblicher, techniſcher und merkantiler Kenntniſſe und beſchäftigt ſich mit den Erforderniſſen der Vorbildung für Gewerbe und Handel im allgemeinen; ſie fördert die Gewerbsthätigkeit durch Ausſtellungen, Preisvertheilungen und Maßregeln für die Hebung des Waarenabſatzes, ſowie durch Maßnahmen in Beziehung auf die ſittliche und ökonomiſche Lage des Arbeiterſtandes; ſie macht ſtatiſtiſche Erhebungen in ihrem Reſſort und berathet die anderen Regierungsbehörden bei ihrer Thätigkeit in Abſicht auf Gewerbe und Handel.

Als Organe des Handels- und Gewerbeſtandes beſtehen ferner 8 Handels- und Gewerbekammern mit dem Sitz in Stuttgart, Heilbronn, Reutlingen, Ulm, Calw, Heidenheim, Ravensburg und Rottweil. (Geſetz vom 4. Juli 1874.)

Weſentliche Hilfsmittel für die techniſche Wirkſamkeit der Centralſtelle bilden das Muſterlager (Gewerbemuſeum), eine Sammlung derjenigen Gewerbserzeugniſſe des Auslandes, welche der Induſtrie des eigenen Landes zur Belehrung und Nachahmung dienen können, nebſt einer Repräſentation der vaterländiſchen Fabrikationsmaterialien, ſodann die Bibliothek, das Journaliſtikum, der Zeichnungsſaal, die Gipsmodellſammlung, die Modellirwerkſtätte, das chemiſche Laboratorium und das von der Centralſtelle herausgegebene Gewerbeblatt.

Außerdem werden von der Centralſtelle Wanderlehrer verwendet, insbeſondere für die Hebung der Weberei und zu Leitung der von der Centralſtelle ins Leben gerufenen Webſchulen in Reutlingen, Heidenheim und Laichingen.

Die Staatsbehörden.

Nach der K. Verordnung vom 26. Januar 1871, betreffend die technische Beaufsichtigung des Eichungs- (Pfecht-) Wesens, bildet die Centralstelle für Gewerbe und Handel in ihrem Verwaltungsausschuß die technische Aufsichtsbehörde für die Geschäftsführung und die ordnungsmäßige Unterhaltung der Eichungsämter des Landes oder das Central-Eichungsamt. Sie verwahrt die Hauptnormale, versieht die Eichungsämter mit den Kontrolnormalen, erkennt über die Befähigung der Eichmeister (Verf. v. 20. Mai 1871).

Den Dienst von Fabrikinspektoren nach §. 139 b der Reichsgewerbeordnung besorgen in Gemäßheit der K. Verordnung vom 2. Oktober 1879 Mitglieder des Verwaltungsausschusses der Centralstelle für Gewerbe und Handel.

Im Hauptfinanzetat für 1881/82 sind vorgesehen für die Centralstelle im Ganzen 109 380 ℳ, darunter nicht inbegriffen die Beamtengehalte mit 27 550 ℳ, dagegen u. a. eingerechnet 26 722 ℳ für das Musterlager, 12 986 ℳ für die Bibliothek, 4 000 ℳ für das chemische Laboratorium, 18 000 ℳ für die Webschulen. Sodann waren außerordentlicherweise vorgesehen 25 000 ℳ zu Preisen bei der allgemeinen Landesgewerbeausstellung im Jahr 1881. Das Centraleichungsamt erfordert einen Staatszuschuß von 9 500 ℳ.

14. Die Ministerialabtheilung für das Hochbauwesen (K. Verordn. vom 16. Dezember 1872) hat die Aufgabe, die dem Ministerium zukommenden baupolizeilichen Funktionen unter der Oberleitung des Staatsministers des Innern auszuüben und zugleich bei der Ordnung des Feuerlöschwesens und anderer feuerpolizeilicher Angelegenheiten insoweit mitzuwirken, als sie von dem Ministerium hiemit beauftragt wird. Sie besteht neben einem Direktor aus administrativen und technischen Mitgliedern.

15. Die bei dem Ministerium des Innern weiter bestehende Abtheilung für den Straßen- und Wasserbau wurde durch K. Verordnung vom 30. November 1848 errichtet und ist in gleicher Weise besetzt wie die vorhergenannte Abtheilung. Zu ihrem Geschäftskreis gehört insbesondere:

die Oberaufsicht über das gesammte Dienstpersonal: 15 Straßenbauinspektoren, 1 Wasserbauinspektor, 35 Straßen- und 3 Flußmeister, 1 224 Straßenwärter, 5 Flußwärter, 8 Schleußenwärter und ? Floßaufseher;

die Oberleitung der auf 1 km 198,64 ℳ erfordernden, mit Einschluß der Wartekosten aber 502,50 ℳ beanspruchenden Unterhaltung der 2 674 km Staatsstraßen und ihrer Zubehörden, die Prüfung und Feststellung der Pläne und Kostenvoranschläge für den Neubau und die Korrektion von Staatsstraßen und Brücken und die Kontrole der Ausführung derselben. Eine Straßenbauabgabe wird überhaupt nicht, Pflastergelder wurden 1880 nur noch in 12 Gemeinden erhoben mit einem Reinertrag von 40 808 ℳ;

die Verwaltung des Flußbaufonds zur Abhilfe gegen Flußverwilderungen unter Betheiligung der betreffenden Güterbesitzer und Gemeinden (wie z. B. die Anlegung von Sammelweihern an der Steinlach), zur Unterstützung der Ausführung anderer nothwendiger und nützlicher Flußkorrektionen z. B. an der Iller, welche die Kräfte der Gemeinden übersteigen, zu Offenerhaltung der Floßstraßen, insbesondere des Neckars, Entfernung der Hindernisse der Flößerei im Flusse, Sicherung des Betriebs an den Einbind- und Anlandestätten;

die Verwaltung des Neckarschiffahrtsfonds zu Unterhaltung der öffentlichen Schiffahrtsanstalten am unteren Neckar von Cannstatt bis zur Landesgrenze (Leinpfade, Schleußen, Kanäle, Zeilen u. s. w.) und zur Vornahme von Ausräumungen der Fahrstraße.

Auch ist die Abtheilung berufen, wegen zeitlicher Sperrung der Flößerei auf dem Neckar, der Enz und der Nagold Verfügung zu treffen, die Korporationen bei Feststellung von Planen und Kostenvoranschlägen über bedeutendere Straßen- und Wasserbauwesen unentgeltlich zu berathen, Dampfkessel- und Wasserwerksanlagen, sowie Streitigkeiten über die Benützung öffentlicher Wasser in der Instanz des Ministeriums des Innern technisch zu begutachten.

Im Hauptfinanzetat für 1881/82 sind verwilligt im ordentlichen Dienst für Straßenbau 1 843 122 ℳ, für die Neckarschiffahrt 33 315 ℳ, für Flußbauten 188 688 ℳ. Darunter sind noch nicht begriffen die Kosten von Neubauten und größeren Straßenkorrektionen, wofür der außerordentliche Dienst 1 Mill. ℳ enthält, in 2 Jahren verwendbar. Die Kosten der ordentlichen Straßenunterhaltung allein belaufen sich auf 1½ Mill. jährlich.

16. Die Staatstechniker für das öffentliche Wasserversorgungswesen, deren Wirkungskreis die Vornahme sämmtlicher auf Versorgung der Gemeinden mit genügendem Trink- und Nutzwasser bezüglichen technischen Arbeiten umfaßt, insbesondere auch die unentgeltliche Berathung der Amtskorporationen, Gemeinden und Stiftungen in allen solchen Angelegenheiten.

Literatur: Die öffentliche Wasserversorgung im Königreich Württemberg 1881. Insbesondere die Versorgung der Alb mit fließendem Trink- und Nutzwasser (verwilligte Staatsbeiträge bis Ende 1883 1 029 535 ℳ) und das öffentliche Wasserversorgungswesen im allgemeinen (vollständig ausgeführte Gemeindewasserversorgungen bis Ende 1881 mehr als 200 ohne die Alborte; Berathungen einzelner Gemeinden in über 1 000 Fällen).

Der Etat enthält für zwei Techniker 5 200 ℳ.

Im Hauptfinanzetat für 1881/83 werden bei dem Departement des Innern aufgezählt: 1 Staatsminister, 1 Präsident der Oberregierung, 7 Vorstände der Landes- und Kreiskollegien, 9 Oberregierungs- und Oberbauräthe, 29 Kollegialräthe, 9 Regierungsassessoren, 32 Expeditoren, 10 Kanzlisten, 13 Kopisten; — 64 Oberamtsvorstände, 66 zweite Beamte der Oberämter; 64 Oberamtsärzte u. s. w.

Verwilligt sind im ordentlichen Dienst für 1881/82

	Brutto ℳ	davon die Einnahmen ℳ	Netto ℳ
für Ministerium, Kollegien, Bezirksämter, Dispositionsfonds, Landjägerkorps, für polizeiliche Zwecke überhaupt	1 984 544	—	1 984 544
Arbeitshäuser	67 930	45 525	22 405
Militär-Ersatzgeschäft	14 360	—	14 360
Gesundheitliche Zwecke	699 721	375 775	323 945
Milde Zwecke	77 363	—	77 363
Landwirthschaft	405 780	158 048	247 732
Gewerbe und Handel	149 380	5 500	143 880
Straßen- und Wasserbau	2 085 625	20 500	2 065 125
zusammen	5 484 703	605 348	4 879 355

Sodann im außerordentlichen Dienst für die 2 Jahre 1881/83 zu Straßenbauten noch 1 006 000 ℳ, zur Förderung der Albwasserversorgung 206 000 ℳ, für Erbauung einer Schiffsschleuße in Heilbronn, erste Rate 91 000 ℳ.

5. Das Departement des Kirchen- und Schulwesens.

Der Wirkungskreis des Ministeriums des Kirchen- und Schulwesens umfaßt: die Wahrung der verfassungsmäßigen Rechte der im Staat bestehenden Kirchen und religiösen Gemeinden, sowie das obersthoheitliche Schutz- und Aufsichtsrecht über dieselben, woneben dasselbe, was die evangelische Landeskirche betrifft, in innerkirchlichen Angelegenheiten die Entschließung des Landesherrn auf die Anträge des evangelischen Konsistoriums und Synodus zu vermitteln, und zugleich im Namen des Landesherrn die Dienstaufsicht über die genannten Kirchenverwaltungsbehörden zu führen hat (K. Verordn. v. 20. Dezember 1867); — sodann die Oberaufsicht über alle die allgemeine Volks- und spezielle Berufsbildung bezweckenden Unterrichts- und Erziehungsanstalten, sowie über die für Wissenschaft und Kunst bestehenden Staatsinstitute; — endlich die Oberaufsicht über die für die genannten Zwecke bestehenden besonderen Fonds.

Bei dem Ministerium ist zur Aufsichtsführung über das Gelehrten- und Realschulwesen eine besondere Abtheilung durch K. Verordnung vom 2. Oktober 1866 eingerichtet. Gegenstand der Aufsicht in den ihr untergeordneten Lehranstalten ist die wissenschaftliche und sittliche Bildung und die Disziplin der Zöglinge, die Amtsführung der Lehrer und übrigen Diener, die Gesundheitspflege und Oekonomie der Schulen. In ihren Geschäftskreis gehören die Prüfungen in den humanistischen und realistischen Fächern, sowie die Staatsaufsicht über Privatinstitute mit einschlägigen Lehrzwecken. Wichtigere Fragen erledigt auf Grund der Kollegialberathungen unter seinem Vorsitz oder auf den Bureauvortrag des Referenten der Staatsminister unmittelbar, die übrigen Gegenstände in gleicher Weise der Abtheilungsvorstand.

Dem Ministerium des Kirchen- und Schulwesens sind untergeordnet:

1) Das evangelische Konsistorium und der evangelische Synodus — für die Verwaltung des Kirchenregiments der evangelischen Kirche (Verf.-Urk. §. 75); das Konsistorium außerdem noch Oberschulbehörde für sämmtliche evangelische Volksschulen des Landes (Schulgesetz v. 1836 Art. 78), sowie für die israelitischen Volksschulen in den evangelischen und solchen gemischten Orten, wo die evangelischen Einwohner die Mehrzahl bilden. Für die Berathung von Volksschulsachen sind dem Konsistorium 2 Schulmänner als außerordentliche Mitglieder beigegeben.

Das Konsistorium und die 6 Generalsuperintendenten oder Prälaten versammeln sich jährlich ordentlicherweise einmal zum Synodus, um den Zustand sämmtlicher evangelischer Pfarrgemeinden in Berathung zu ziehen. Außerdem sind die Generalsuperintendenten, je 2 im Neckar- und Schwarzwaldkreis, je 1 im Jagst- und Donaukreis, Visitatoren der Dekane, von Amtswegen Mitglieder der Kammer der Abgeordneten, ferner einige derselben erste Prediger an der Hauptkirche ihres Wohnsitzes, einer auch außerordentliches Mitglied des Konsistoriums.

Vorsteher der Kirchen ihres Sprengels sind die 49 Dekane, deren Amt in der Regel mit der (ersten) Stadtpfarrstelle in dem Oberamtssitze verbunden ist. Mit dem Oberamtmann bildet der Dekan das gemeinschaftliche Oberamt für die Behandlung der in der K. Verordnung vom 23. August 1825 bezeichneten Gegenstände, mit Ausnahme derjenigen, welche zum Wirkungskreis der 53 Bezirksschulaufseher gehören (Volksschulges. 1836 Art. 76, Min.-Verf. v. 11. November 1865).

Weggefallen ist die ständige Aufsicht über die Gelehrten- und Realschulen (s. Ges. v. 1. Juli 1876 Art. 10). Gemeinschaftlich mit dem Kameralverwalter behandelt der Dekan die Besoldungsangelegenheiten der ihm untergeordneten Diener.

Der Feldpropst führt die Aufsicht über die 4 evangelischen Militärgeistlichen, sowie über 5 Ortsgeistliche, welche eine Garnison zu pastoriren haben, in Betreff dieses Theils ihrer Funktionen. Er steht unmittelbar unter dem Konsistorium und hat den ihm untergeordneten Geistlichen gegenüber dieselben Rechte wie ein Generalsuperintendent. In einzelnen Angelegenheiten mehr militärischen Charakters verkehrt er unmittelbar mit dem K. Kriegsministerium.

Dem evangelischen Konsistorium als Oberkirchenbehörde sind untergeordnet die 3 geistlichen Fonds: der Besoldungsverbesserungsfonds, der Unterstützungsfonds und die Wittwenkasse (s. hierüber Abschnitt VII Kap. 5 und 6).

Unter dem evangelischen Konsistorium als Oberschulbehörde stehen noch die 4 Schullehrerseminare in Eßlingen, Nürtingen, Künzelsau und Nagold, sowie das Lehrerinnenseminar in Markgröningen.

Durch eine Generalverordnung von 1810 sodann wurde bestimmt, daß alle Jahre in jeder Diözese 4mal Schullehrerkonferenzen gehalten werden sollen. Die Leitung derselben führen die Schulkonferenzdirektoren, 1—4 in jeder Diözese. Der Zweck ist die Beförderung der Bildung der Schullehrer und unständigen Lehrer; als Mittel dienen Besprechungen, Aufsätze, Lehrproben. Nach der Verfügung vom 11. November 1865 soll jedoch an Stelle einer der Konferenzen in jedem Bezirk eine Bezirksschulversammlung unter Theilnahme auch der Geistlichen, des Oberamtmanns, Oberamtsarzts und anderer Männer des Bezirks mit besonderem Interesse für das Volksschulwesen stattfinden. Diese Bestimmungen über Schullehrerkonferenzen und Schullehrerversammlungen gelten in gleicher Weise auch für die katholischen Volksschulen, nur daß bei diesen die Bezirksschulaufseher überall zugleich auch die Konferenzdirektoren sind.

2) Der katholische Kirchenrath — die verfassungsmäßige Behörde (§. 79), durch welche die in der Staatsgewalt begriffenen Rechte über die katholische Kirche ausgeübt werden; ferner Oberschulbehörde für sämmtliche katholische Volksschulen des Landes, sowie für diejenigen israelitischen Volksschulen, welche in katholischen oder gemischten Orten mit einer Mehrzahl von Katholiken errichtet sind (Volksschulges. 1836 Art. 78). Für die Behandlung von Volksschulsachen ist dem Kirchenrath ein Schulmann als außerordentliches Mitglied beigegeben.

Unter dem Kirchenrath und dem bischöflichen Ordinariat gemeinschaftlich stehen die katholischen Konvikte in Tübingen, sowie in Ehingen und Rottweil, die beiden letzteren in Verbindung mit den dortigen Gymnasien, ferner der Interkalarfonds (s. hierüber Abschnitt VII Kap. 6). Dem Kirchenrath als katholischer Oberschulbehörde sind untergeordnet die 40 Bezirksschulaufseher und Konferenzdirektoren, sowie die katholischen Schullehrerseminare zu Gmünd und Saulgau.

Die 29 von den Geistlichen eines jeden Landkapitels gewählten Dekane sind die unmittelbaren kirchlichen Vorgesetzten ihres Sprengels und der Geistlichen in demselben. Mit dem Oberamtmann bildet der Dekan das gemeinschaftliche Oberamt für die in der K. Verordnung vom 23. August 1825 bezeichneten Gegenstände, mit Ausnahme derjenigen, welche zum Wirkungskreis der Bezirksschulaufseher gehören, (s. oben), ferner der in Art. 5 Abs. 2 des Gesetzes vom 30. Januar 1862 angegebenen Angelegenheiten. In jedem katholischen Dekanatsbezirk (Landkapitel) ist der Kämmerer als zweiter geistlicher Vorsteher aufgestellt, welcher die ökonomischen und Rechnungsgegenstände zu besorgen hat.

3) Die israelitische Oberkirchenbehörde — die in Folge des Gesetzes vom 25. April 1828 eingesetzte Stelle zur Beaufsichtigung und Leitung des ganzen israelitischen Kirchenwesens und für die Verwaltung des israelitischen Central-

Kirchenfonds, welcher aus den jährlichen Beiträgen aller selbständig lebenden Israeliten gebildet und nöthigenfalls durch Umlagen auf die Kirchengemeinden zu ergänzen ist. Unter der Oberkirchenbehörde stehen auch die 12 Rabbinate.

Auf die kirchlichen Einrichtungen wird unten im XI. Abschnitt zurückzukommen und in Abschnitt XII das Schulwesen zu behandeln sein. An diesem Orte dürfen wir uns deshalb darauf beschränken, die verschiedenen Unterrichtsanstalten summarisch und nur insoweit aufzuführen, als nöthig ist, um zu zeigen, wie solche dem Behördenorganismus eingefügt sind.

4) Dem Ministerium des Kirchen= und Schulwesens unmittelbar untergeordnet sind:

a. die Landesuniversität Tübingen (Etatsatz: Ausgaben 690 646 ℳ, eigene Einnahmen 54 260 ℳ, Nettoausgabe 636 386 ℳ);

b. die landwirthschaftliche Lehr= und Versuchsanstalt Hohenheim (Etatsatz: 135 481 ℳ Ausgaben, 43 175 ℳ Einnahmen, Nettoausgabe 92 306 ℳ);

c. die Thierarzneischule (Etatsatz: Ausgaben 48 794 ℳ, Einnahmen 10 894 ℳ, Nettoausgabe 37 900 ℳ);

d. das Polytechnikum (die technische Hochschule) und die damit in Verbindung stehende Kunstgewerbeschule (Etatsätze für das Polytechnikum: Ausgaben 275 337 ℳ, Einnahmen 40 526 ℳ, Nettoausgabe 234 811 ℳ; Kunstgewerbeschule: Ausgaben 30 598 ℳ, Einnahmen 1 240 ℳ, Nettoausgabe 29 358 ℳ);

e. die Baugewerkschule (Etatsatz: Ausgaben 146 400 ℳ, Einnahmen 22 956 ℳ, Nettoausgabe 123 444 ℳ);

f. das höhere Lehrerinnenseminar (Etatsatz: Ausgaben 19 780 ℳ, Einnahmen 1 590 ℳ, Nettoausgabe 18 190 ℳ).

Unter der Ministerialabtheilung für Gelehrten= und Realschulen stehen sodann weiter

die evangelisch=theologischen Seminare: das höhere Seminar in Tübingen, die 4 niederen Seminare in Blaubeuren, Urach, Maulbronn und Schönthal;

die 10 Gymnasien, 2 Realgymnasien, 5 Lyzeen, 3 Reallyzeen, 13 Realanstalten, 64 Lateinschulen, 4 Reallateinschulen, 60 Realschulen, 1 Bürgerschule in Stuttgart und 17 Elementarschulen;

die Turnlehrerbildungs= und Musterturnanstalt in Stuttgart.

Dem katholischen Kirchenrath gemeinschaftlich mit dem bischöflichen Ordinariat sind, wie schon erwähnt, die katholischen Konvikte, das höhere in Tübingen, die niederen in Rottweil und Ehingen untergeordnet.

Dagegen hat die Centralstelle für die Landwirthschaft die nächste Aufsicht über

die Ackerbauschulen zu Ellwangen, Ochsenhausen und Kirchberg,

die Weinbauschule zu Weinsberg,

die landwirthschaftlichen Winterschulen zu Ravensburg, Heilbronn, Reutlingen, Hall und Ulm,

die landwirthschaftlichen Fortbildungsschulen, Winterabendschulen, Abendunterhaltungen Erwachsener, Lesevereine und Ortsbibliotheken.

In Unterordnung unter dem Ministerium des Kirchen= und Schulwesens bestehen sodann weiter folgende Behörden:

5) Die Kommission für die gewerblichen Fortbildungsschulen (seit 1853) — mit 157 gewerblichen Fortbildungsschulen, einschließlich der gewerblichen Zeichenschulen, 15 weiblichen Fortbildungsschulen und 15 Frauenarbeitsschulen.

6) Die Kommission für die höheren Mädchenschulen — als nächste Aufsichtsbehörde für die von einer Gemeinde gegründeten und unterhaltenen höheren

Mädchenschulen, deren Lehrer von der Staatsbehörde angestellt oder bestätigt werden (dermalen 7), sowie für diejenigen Privatanstalten, welche eine Staatsunterstützung genießen, direkt durch Staatsbeiträge oder indirekt durch Verleihung von Pensionsrechten an die Lehrer (2). Die Zuständigkeit der Kommission erstreckt sich dagegen nicht auf das K. Katharinenstift und das K. Olgastift in Stuttgart. (Gesetz vom 30. Dezember 1877).

7) Die Kommission für die Erziehungshäuser — die nächste Aufsichtsbehörde über die 3 Staatswaisenhäuser in Stuttgart, Markgröningen und Ochsenhausen, die Taubstummen- und Blindenanstalt zu Gmünd, die Taubstummenschulen in Eßlingen und Nürtingen, das Blindenasyl in Gmünd.

8) **Die Direktion der wissenschaftlichen Sammlungen des Staats.** Unter derselben

A. Die von Herzog Karl 1765 gestiftete öffentliche Bibliothek mit täglich geöffnetem Lesefokal und Gestattung auch der Entlehnung der Bücher in ausgedehntestem Maße. (300 000 Bände, darunter 2 400 Inkunabeln, 7 200 Bibelbände; ferner 3 800 Handschriften, 125 000 Dissertationen und kleine Schriften; etatmäßiger Bücheranschaffungsfonds 21 200 ℳ jährlich; abgelieferte Pflichtexemplare von den 139 Druckereien des Inlandes im Jahr 1875 441 Bücher, 239 periodische Schriften und Zeitungen, 758 Broschüren. Das Lesezimmer besuchen jährlich 10 bis 12 000 Personen. Entlehnt haben 1875/76 2 395 Personen 9 128 Werke mit 16 699 Bänden).

B. Die von Herzog Friedrich I. angelegte, von späteren Regenten erweiterte Münz- und Medaillen-, auch Kunst- und Alterthümer-Sammlung mit über 17 000 Stück Münzen und Medaillen, worunter über 5 600 Stück württembergische; mit egyptischen, römischen und germanischen Alterthümern, besonderem Lapidarium; mit alten Rüstungen und Waffen, Erzeugnissen der Kunsthandwerke u. s. w.; — zu bestimmten Zeiten geöffnet; etatmäßig zu Anschaffungen und Verwaltungskosten 716 ℳ ausgesetzt.

C. Die Naturaliensammlung, in älterer Zeit mit der herzoglichen Kunst- und Raritätenkammer vereinigt, unter König Friedrich und König Wilhelm durch Fürsorge des Staats, wie durch großartige Geschenke von Privaten z. B. des Freiherrn von Ludwig auf dem Kap der guten Hoffnung, des Dr. Barth in Calw dem wissenschaftlichen Studium zugänglich gemacht, auch in neuerer Zeit wieder durch eine in einer Sammlung russischer Mineralien bestehende Widmung der Königin Olga, ferner durch australische Naturalien, welche Freiherr von Müller in Melbourne schenkte, vermehrt, — mit 80 000 Arten in mehr als 310 000 Stücken aus den Gebieten der Zoologie, Botanik, Mineralogie, Geognosie und Paläontologie; — daneben die Centralsammlung württembergischer Naturalien und die Sammlungen des Vereins für vaterländische Naturkunde; — täglich zu bestimmten Stunden dem größeren Publikum zugänglich; — Anschaffungsfonds 5 000 ℳ jährlich.

9) Die Kommission zu Berathung des Ministeriums in Angelegenheiten der bildenden Künste — insbesondere in prinzipiellen und allgemeinen Fragen, sowie bei größeren Anschaffungen für die Sammlungen — zusammengesetzt aus den Mitgliedern des Lehrerkonvents der Kunstschule, den Inspektoren der Sammlungen, Vertretern der Kunstgenossenschaft.

Unter der unmittelbaren Aufsicht des Ministeriums stehen die Institute für die Pflege der bildenden Künste:

A. Die Kunstschule (organische Bestimmungen vom 16. Mai 1867) mit akademischem Charakter und dem Zweck, Künstler in den Fächern der Bildhauerkunst und der Malerei auszubilden. Gelegenheit zu Erlernung der Kupferstecherkunst ist gleichfalls gegeben. Außerdem finden sowohl Angehörige der Kunstgewerbe, als auch solche, welche sich zu Lehrern des höheren Zeichenunterrichts bestimmen möchten, an der Kunstschule geeignete Ausbildung.

B. Die Kunstsammlungen (Statut vom 16. Mai 1867):

a. die an Abgüssen sehr reiche Sammlung von Antiken und Werken der modernen Plastik von Thorwaldsen, Dannecker, Canova, Rauch, Schwanthaler ꝛc.;

b. die Gemäldesammlung, bestehend aus Werken älterer und neuerer Zeit, und im Jahr 1852 durch die von König Wilhelm geschenkte Gallerie Barbini Breganzo ansehnlich erweitert;

c. die Sammlungen von Kupferstichen, Kupferwerken, Steindrucken, Handzeichnungen und Photographien.

Die Sammlungen sind theils dem Unterricht und dem Studium, theils der Anschauung des Publikums gewidmet und deshalb zu bestimmten Zeiten geöffnet. Anschaffungsfonds der Gemäldegalerie 17 143 ℳ, der plastischen Sammlung 2 057 ℳ, der Kupferstichsammlung 5 143 ℳ, Gesammt-Etat für Kunstschule und Sammlungen: Ausgaben 97 366 ℳ, Einnahmen 2 900 ℳ, Nettoausgabe 94 466 ℳ.

10) Das Konservatorium der vaterländischen Kunst- und Alterthumsdenkmale mit der Aufgabe, zunächst eine genaue Kenntniß aller Denkmale des Landes, die öffentlich sichtbar und zugänglich sind und durch ihren Kunstwerth oder auch durch geschichtliche Erinnerungen Bedeutung haben, zu sammeln oder bei deren Eigenthümern dahin zu wirken, daß solche im würdigen Stand und in ihrem eigenthümlichen Charakter erhalten. Solche Denkmale können Bauwerke oder Werke der Bildhauerei, Malerei oder des Kunstgewerbes sein. Dem Konservator ist zur Berathung hauptsächlich in Restaurationssachen eine Kommission von Sachverständigen beigegeben, deren Thätigkeit auch auf die im Besitz des Staats befindlichen Gegenstände der Kunst und des Alterthums sich zu erstrecken hat (Bekanntmachung vom 10. März 1858 und 20. April 1881); Etatsatz 2 700 ℳ.

11) Die Staatssammlung vaterländischer Kunst- und Alterthumsdenkmale (seit 1. Juli 1862) — mit der Aufgabe, solche Denkmale, die in geschichtlicher und namentlich kulturgeschichtlicher Beziehung ein Interesse darbieten, theils durch Erwerbung zu sammeln, theils, soweit es ohne Ankauf thunlich, durch Vereinigung vor Untergang, Zersplitterung oder Verschleppung zu sichern und zugleich durch öffentliche Ausstellung zur Kenntniß und Anschauung des Publikums zu bringen. Die Sammlung begreift zunächst Kunst- und Alterthumsdenkmale aus dem engeren Vaterlande; — Denkmale aus dem weiteren Umkreise nur des Zusammenhangs wegen. Sie umfaßt ferner ebenso Reste aus der keltisch-germanischen und der römischen Periode, wie Denkmale des Mittelalters und Gegenstände aus den letztvergangenen Jahrhunderten. Auch Erzeugnisse der Kunstgewerbe sind aufgenommen. Von Werken der Kunst i. e. S. kommen in Betracht: Werke der Architektur, der Skulptur (in Holz, Stein, Erz), der Malerei, Handzeichnungen und Bilddrucke. An Erzeugnissen der Kunstindustrie gehören hieher Geräthe jeder Art und jeden Stoffs, Gewänder, Schmucksachen, Wappen, Waffen u. drgl. Soweit das Original nicht zu gewinnen ist, werden auch Abgüsse, Abbildungen u. s. w. der Sammlung einverleibt. So bildet die Sammlung, deren Benützung und Besuch möglichst erleichtert ist, zugleich ein historisches Gewerbemuseum, das der heutigen Industrie Muster aus den verschiedensten Zeiträumen zu bieten vermag. Auch hier steht dem Vorstand eine Kommission berathend zur Seite, von welcher ein Verwaltungsausschuß abgezweigt

ist mit theilweise administrativen Befugnissen. (Etatsatz 26 449 ℳ, darunter 8 200 ℳ Anschaffungsfonds, 1 000 ℳ für Ausgrabungen).

Als Privatvereine für Wissenschaft und Kunst, welche sich eines Staatsbeitrags zu erfreuen haben, führt der Hauptfinanzetat für 1881/83 folgende auf: das Konservatorium für Musik, den Württembergischen Kunstverein, die Permanente Kunstausstellung, den Verein für christliche Kunst in der evangelischen Kirche W., den Württembergischen Alterthumsverein, den Verein für Kunst und Alterthum in Ulm und Oberschwaben, die Höhere Handelsschule in Stuttgart, — dann die Deutsche morgenländische Gesellschaft in Leipzig, den Gabelsberger Stenographenverein; die Kaiserliche Leopoldinisch-Karolinische Deutsche Akademie der Naturforscher und die Zoologische Station in Neapel. Auch ist die K. Regierung bei dem wissenschaftlichen Unternehmen der europäischen Gradmessung betheiligt.

12) In Unterordnung unter das Ministerium des Kirchen- und Schulwesens wird endlich die Jubiläumsstiftung verwaltet, eine der Beförderung des Ackerbaus und der Industrie gewidmete Stiftung zum Andenken an die 25jährige Regierung des Königs Wilhelm. Die Einkünfte des durch freiwillige Beiträge aus allen Landestheilen aufgebrachten Fonds dienen zur Unterhaltung der Ackerbauschulen in Ellwangen und Ochsenhausen, sowie der Gartenbauschule in Hohenheim, zu Prämien an Zöglinge der dortigen Ackerbauschule und zu Stipendien an Schüler des Polytechnikums.

Im Hauptfinanzetat für 1881/83 werden bei dem Departement des Kirchen- und Schulwesens aufgezählt 1 Staatsminister, 1 Präsident des evangelischen Konsistoriums, je 1 Ministerialdirektor, Ministerialrath und Ministerialassessor, 2 Kollegialdirektoren, 15 Kollegialräthe, 2 Kollegialassessoren, 16 Expeditoren, 5 Kanzlisten, 2 Kopisten u. s. w.

Bewilligt sind im ordentlichen Dienst für 1881/82

	Brutto ℳ	davon die Einnahmen ℳ	Netto ℳ
für Ministerium, Kollegien, Dispositionsfonds, Reise- und Umzugskosten	253 986	—	253 986
Beiträge zu Kirchen-, Pfarr- und Schulhausbauten	80 000	—	80 000
für kirchliche Zwecke	3 649 464	714	3 648 750
für Zwecke der Erziehung, des Unterrichts, der Wissenschaft und Kunst	4 450 189	294 637	4 155 552
	8 433 639	295 351	8 138 288

Dazu im außerordentlichen Dienst für die 2 Jahre 1881/83 zu einem Staatsbeitrag für die Stadtgemeinde Stuttgart zum Zweck der Erbauung eines zweiten humanistischen Gymnasiums 300 000 ℳ, zu Staatsbeiträgen an Gemeinden für Schulhausbauten 36 000 ℳ, für einen Anbau an das Universitätsgebäude in Tübingen 70 000 ℳ.

6. Das Departement des Kriegswesens.

Die auf die Militärverfassung bezüglichen Bestimmungen der Verfassungsurkunde vom 25. September 1819 §§. 99—101 sind außer Kraft gesetzt oder wesentlich abgeändert durch die Militärkonvention vom 21./25. November 1870 und die Reichsgesetzgebung. Die württembergischen Truppen stehen als XIII. Armeekorps des deutschen Bundesheeres im Frieden und Krieg unter dem Oberbefehl des Deutschen Kaisers. Die Offiziere und Beamten aber ernennt, versetzt, befördert, entläßt und pensionirt der König, den Höchstkommandirenden nach vorgängiger Zustimmung des Kaisers. Für die Organisation sind, soweit nicht durch die Reichsgesetzgebung anders bestimmt wurde, die Preußischen Normen maßgebend. Ausgenommen von der Gemeinsamkeit in den Einrichtungen ist thatsächlich noch die Militärkirchen- und die Strafgerichts-Ordnung. Die Verwilligung der finanziellen Mittel kommt dem Reiche zu. Doch hat Württemberg die eigene Militärverwaltung unter eigenem Kriegsministerium behalten.

Das Kriegsministerium ist für alle Militärangelegenheiten die oberste verantwortliche Staatsbehörde, deren Wirkungskreis neben den Militärsachen die sämmtlichen Zweige der Kriegsverwaltung umfaßt. Die Geschäfte werden theils im Kriegsministerium selbst, theils unter dessen Leitung von den ihm unterstellten Behörden bearbeitet und geführt. Dasselbe ist eingetheilt in das Centralbureau, die Militärabtheilung, die Oekonomieabtheilung, die Justizabtheilung und die Militärmedizinalabtheilung. Jede Abtheilung steht unter einem Chef und hat die erforderliche Zahl von Militär- und Civilreferenten.

In dem Centralbureau, dessen Chef der Adjutant des Kriegsministers ist, werden diejenigen Gegenstände bearbeitet, welche der Minister hiezu besonders bezeichnet. Dem Bureau ist unterstellt die Ministerial-Kanzlei, die Bibliothek und Druckerei des Ministeriums.

Die Militärabtheilung bearbeitet die rein militärischen Angelegenheiten mit Einschluß des Ersatzes und Abgangs bei den Truppen, die Truppen-Etats, das Munitions-, Waffen- und Feldequipagewesen, die Kirchen- und Unterrichtsangelegenheiten, die Remontirung, die Marsch- und Etappenangelegenheiten, endlich die Militär- und Invalidensachen mit Einschluß der Unterstützungen der Militärpersonen und ihrer Hinterbliebenen.

Der Oekonomieabtheilung sind alle die Militärökonomie angehenden Geschäfte, mit Ausnahme der der Militärabtheilung übertragenen, zugetheilt. Dieselbe leitet das Etats-, Kassen- und Rechnungswesen und bearbeitet in der Centralinstanz die auf die Geld- und Naturalverpflegung, Bekleidung, Kasernirung und Einquartierung, sowie die auf das Reisen, das Transport- und Vorspannwesen bezüglichen Angelegenheiten. In den Geschäftsbereich dieser Abtheilung fallen die Personalangelegenheiten der Beamten und Unterbeamten des Kriegsministeriums und der Intendantur, der Zahlmeister und der sämmtlichen Lokalverwaltungsbeamten.

Die Justizabtheilung ist das berathende Organ des Kriegsministeriums in allen Rechtsangelegenheiten und die oberste Militärjustizbehörde (das Oberkriegsgericht), beaufsichtigt als solche die Geschäftsführung der Auditeure und erläßt Bescheide und Verfügungen in den ihr von den Kommandobehörden vorgelegten Untersuchungssachen. Sie bearbeitet die Personalangelegenheiten der Auditeure.

Der Militär-Medizinalabtheilung ist die Leitung und Besorgung der Militär-Medizinal- und Lazareth-Verwaltungs-Angelegenheiten übertragen.

Als Superrevisionsbehörde für die von den Lokalbehörden gefertigten und von der Revisionsinstanz revidirten Projekte und als berathendes Organ des Kriegsministeriums in bautechnischen Sachen ist die Oberbaudeputation bestellt.

Unmittelbar dem Kriegsministerium unterstehen:
1) die Adjutantur des Königs und des Königlichen Prinzen Wilhelm;
2) der Generalstab, soweit er nicht dem Generalkommando zugetheilt ist;
3) der Militärbevollmächtigte in Berlin;

4) der Waffen-Inspizient;
5) das Ehren-Invalidenkorps;
6) die Schloßgarde-Kompagnie;
7) das Artillerie- und das Train-Depot;
8) das Militärrevisionsgericht, welches in kriegsrechtlichen Fällen das Endurtheil in der Revisionsinstanz spricht und über Nichtigkeitsbeschwerden gegen Erkenntnisse der kriegsrechtlichen Kommissionen entscheidet;
9) die Garnisonsaudituere;
10) das Militärkirchenwesen;
11) der Oberrekrutirungsrath, zugleich unter dem Ministerium des Innern;
12) die Militärintendantur;
13) das Kriegszahlamt, die Centralkasse für das Departement;
14) die Sanitätsoffiziere à la suite des Sanitätskorps.

Zu 11. Der Oberrekrutirungsrath besteht unter dem Vorsitze eines Generals aus je 2 Delegirten des Ministeriums des Innern und des Kriegsministeriums, ist in Militär-Ersatzangelegenheiten Ersatzbehörde 3ter Instanz, während die beiden Ministerien gemeinsam die 4te Instanz bilden. Unter dem Oberrekrutirungsrath

a. für jeden Infanteriebrigadebezirk eine Ober-Ersatzkommission: der Brigadekommandeur (Militärvorsitzender) und ein Civilvorsitzender;

b. für jeden Aushebungsbezirk (d. h. jeden Oberamtsbezirk) eine Ersatzkommission, der Landwehrbezirkskommandeur (Militärvorsitzender) und der Oberamtmann als Civilvorsitzender;

c. die Prüfungskommission für Einjährig-Freiwillige: der Civilvorsitzende der Ober-Ersatzkommission im Bezirk der 52. Infanteriebrigade (2. K. W.), 2 Stabsoffiziere oder Hauptleute und 1 Beamter aus dem Ressort der Civilverwaltung; sodann die zur Prüfung heranzuziehenden Lehrer.

Zur Ausstellung von Zeugnissen über die wissenschaftliche Befähigung zum einjährig freiwilligen Militärdienst an diejenigen Schüler, welche einen Jahreskurs an den Oberklassen mit Erfolg absolvirt haben, sind berechtigt: die niederen evangelischen Seminare, die Gymnasien, Lyzeen, die Realgymnasien, Reallyzeen, die Realanstalten in Stuttgart, Ulm und Reutlingen, sowie in Biberach, Cannstatt, Eßlingen, Göppingen, Hall, Heilbronn, Ludwigsburg, Ravensburg, Rottweil und Tübingen.

Die Hauptresultate des Ersatzgeschäfts waren für das ganze Heer auf je 100

	Ausgeschlossen	Ausgemustert	der Ersatzreserve überwiesen	Ausgehoben
1873	0,3	17,9	40,9	40,9
1874	0,3	17,5	39,5	42,7
1875	0,2	16,4	42,7	40,7
1876	0,3	27,4	35,9	36,4
1877	0,4	26,0	34,8	38,8
1878	0,3	24,7	36,9	38,1
1879	0,3	26,0	37,4	36,3

für das XIII. Armeekorps:

1878	0,3	27,3	32,5	39,9
1879	0,4	30,0	27,4	42,2

und in absoluten Zahlen

1879	57	4 430	4 046	6 220

14 753.

Dazu 461 freiwillig Eingetretene, 3 Proz. der Gesammtzahl, während der Durchschnitt für das ganze Heer 4,6 Proz. beträgt. Nach der Schulbildung der Eingestellten nimmt Württemberg mit nur 0,01—0,03 Proz. derjenigen, welche weder lesen, noch schreiben können, die erste Stelle ein.

Zu 12. Der Geschäftskreis der Korps=Intendantur, welche aus dem Intendanten als Chef und mehreren Intendantur=Räthen und =Assessoren als Abtheilungsvorständen, sowie einem Intendantur= und Baurath besteht, umfaßt in der oberen Instanz alle diejenigen Zweige der Militär=Oekonomie des Armeekorps, welche territorialer Natur sind, und außerdem die militärökonomischen Angelegenheiten derjenigen Truppen, Behörden, nicht regimentirten Offiziere und Beamten des Armeekorps, welche sich nicht im Divisionsverbande befinden. Die von der Korps=Intendantur ressortirenden Lokalverwaltungen sind die Magazinsverwaltungen und Proviantämter, die Garnisons= und Lazareth=Verwaltungen, das Montirungsdepot und die Garnisons=Bauinspektoren.

Die Divisions=Intendanturen bearbeiten die militärisch-ökonomischen Angelegenheiten der zu den betreffenden Divisionen gehörigen Truppentheile, Behörden, nicht regimentirten Offiziere und Beamten.

Nach der neuesten Friedensformation hat das XIII. (Königlich Württembergische) Armeekorps 1 Generalkommando, 2 Divisionskommandos, 4 Infanterie=, 2 Kavallerie=, 1 Artillerie=Brigadekommandos, 8 Infanterieregimenter zu 3 Bataillonen und je 4 Kompagnien, 4 Kavallerieregimenter zu 5 Eskadrons, 2 Feldartillerieregimenter zu 2 Abtheilungen zu 4 Batterien, 1 Fußartillerie-Abtheilung zu 4 Batterien, 1 Pionierbataillon zu 4, 1 Trainbataillon zu 2 Kompagnien, 17 Landwehr-Bezirkskommandos, endlich die Gouvernements und die entsprechenden Administrationen.

Die Etatsstärke des Armeekorps für 1882/83 ist berechnet auf 773 Offiziere, 18 815 Mannschaften, 74 Militärärzte, 35 Zahlmeister, 26 Roßärzte, 30 Büchsenmacher, 4 Sattler; ferner 3 443 Dienstpferde.

Die Ausgabe wird veranschlagt für 1882/83
an fortdauernden Ausgaben auf . . . . 14 627 393 ℳ,
an einmaligen Ausgaben auf . . . . . 796 795 ℳ,
die Einnahmen auf . . . . 136 438 ℳ,
s. den Reichshaushalts=Etat Anlage V.

7. Das Departement der Finanzen.

Als sechstes (Verwaltungs=)Departement wird in §. 56 der Verfassungs=Urkunde das Ministerium der Finanzen aufgeführt. Nach §. 40 des V. Edikts vom 18. November 1817 sind in dem Finanzdepartement vereinigt sowohl die gesammte Verwaltung des Staats=Vermögens und =Einkommens aus Domänen, Steuern und Regalien, sowie alle Geschäfte, welche auf die Erhaltung, Benützung und die Verbesserung der Quellen des öffentlichen Einkommens Bezug haben, als auch die Etats= und Rechnungskontrole und die Prüfung und Abnahme von sämmtlichen Rechnungen aus allen Theilen der Staatsverwaltung. Dem Finanzministerium ist ferner unterstellt die Aufsicht über die allgemeine Landesstatistik. Dagegen wurde durch Königliche Verordnung vom 21. Oktober 1864 aus der Verwaltung des Finanzdepartements ausgeschieden die ganze Abtheilung der Verkehrsanstalten und ist schon in Gemäßheit des §. 120 der Verfassungs=Urkunde abgetrennt die unter Leitung und Verantwortlichkeit der Landstände gestellte Verwaltung der Staatsschuld.

Unter dem Präsidium des Finanzministers (Verf.-Urk. §. 111) sollte die zur Bearbeitung der Geschäfte erforderliche Anzahl von Räthen das Ober-Finanzkollegium bilden, mit dem zur Expedition der Verfügungen und Aufbewahrung der Akten nöthigen Kanzlei- und Registraturpersonal. Diesem Kollegium wurden seiner Zeit insbesondere die 4 Kreisfinanzkammern untergeordnet (V. Edikt §§. 41, 47 bis 49). Durch K. Verordnung vom 21. November 1849 wurde an Stelle der letzteren die eine Oberfinanzkammer gesetzt, vorbehältlich der von dem Ministerium auch fernerhin unmittelbar zu behandelnden Angelegenheiten, im übrigen aber unter der unmittelbaren Oberleitung des Ministers selbst. Diese Oberfinanzkammer ist nämlich nicht als ein einheitliches Plenum zu denken, vielmehr überhaupt nur in ihren nach Verwaltungszweigen abgegrenzten, kollegialisch eingerichteten Abtheilungen ins Leben getreten. In den letzteren werden die wichtigeren Gegenstände auf den Vortrag des Referenten und nach Beschaffenheit der Sache auf Grund vorgängiger Kollegialberathung durch den Minister unmittelbar, die übrigen in gleicher Weise unter Leitung des Kollegialvorstands erledigt. Verwaltungsjustizsachen sollen in der zuständigen Abtheilung unter dem Vorsitz des Direktors der letzteren kollegialisch behandelt werden (K. Verordn. vom 21. Nov. 1849 §§. 1—3).

Darnach und weiter nach den Königl. Verordnungen vom 31. August 1850, 17. Juli 1851, 8. November 1858 und 24. Oktober 1864 sind jetzt

A. die Central- und Mittelstellen des Finanzdepartements organisirt, wie folgt:

1) Das Finanzministerium hat die Leitung des Staatshaushalts nach allen seinen Theilen und die oberste Aufsicht über die gesammte Verwaltung des Staatsvermögens und Staatseinkommens, mit Ausnahme der Verkehrsanstalten, ferner über das Hochbauwesen an den Staatsgebäuden, über das Etats-, Kassen- und Rechnungswesen des Staats und über die allgemeine Statistik. Zu Bearbeitung der in seinem Ressort anfallenden Geschäfte allgemeiner Art, sowie insbesondere noch auf den Gebieten der Steuerverwaltung, des Rechnungswesens, der Statistik und der Reichsfinanzen, ist die erforderliche Zahl von Referenten angestellt, welche in einzelnen, übrigens seltenen Fällen als Ober-Finanzkollegium zusammen berufen werden. Unter dem Kanzleidirektor steht das Kanzlei- und Registratur-Personal des Ministeriums, sowie das Finanzarchiv in Ludwigsburg mit den Depots älterer Akten der aufgehobenen Finanzkollegien, Kommissionen und Deputationen, ferner der älteren Staatsrechnungen.

Dem Finanzministerium untergeordnet ist sodann zunächst

2) Die Oberfinanzkammer, unter der unmittelbaren Leitung des Ministers, in den 3 Abtheilungen:

a. Domänendirektion (K. Verordnung vom 21. November 1849 §. 2, vom 8. November 1858 §. 1), für Domänen und Bauten, insbesondere auch für die Beaufsichtigung und Leitung des ganzen Hochbauwesens des Staats; ferner zu Ausübung der Mitaufsicht auf Erhaltung der Hoheitsrechte des Staats und zu Wahrung der hieraus fließenden Einkünfte;

b. Forstdirektion, für die Verwaltung der Staatsforste und Jagden, der Floßanstalten und Floßstraßen an der Enz und Nagold, der Holzgärten und Torfstiche, dann aber auch für die Verwaltung der Forstpolizei in sämmtlichen Waldungen des Landes, mit Ausnahme der Körperschaftswaldungen (s. Departement des Innern Z. 9);

c. Bergrath, für die Verwaltung der dem Staat gehörigen Berg-, Hütten- und Salzwerke und der Münzstätte. Unter dem Bergrath besthalb auch das Münzamt.

Nächst der Oberfinanzkammer sind dem Finanzministerium untergeordnet:

3) Das **Steuerkollegium** (Verf.-Urk. §. 117, V. Edikt §. 44 lit. a, Kgl. Verordnung vom 21. November 1849 §. 6, und vom 9. Dezember 1850) für die Verwaltung der direkten und indirekten Steuern, sowie der innerhalb des Königreichs anfallenden Reichssteuern. Das bei dem Steuerkollegium eingerichtete, mit einer **lithographischen Anstalt** ausgestattete **Katasterbureau** hat zur Aufgabe die Erhaltung und Fortführung der Flurkarten und Primärkataster, d. i. der mathematischen Grundlage für ein definitives Grundsteuerkataster, der Ergebnisse der von 1819—1840 durchgeführten Landesvermessung. Dasselbe wird hiebei durch die 64 Oberamtsgeometer unterstützt. Mit dem Katasterbureau steht die **Katasterkasse** in Verbindung, — diese, wie die lithographische Anstalt zugleich den Zwecken des statistisch-topographischen Bureau dienstbar.

3a) Die **Katasterkommission** für die Leitung der Herstellung der neuen Grund-, Gebäude- und Gewerbekataster in Gemäßheit des Gesetzes vom 28. April 1873 Art. 5, nach Vollziehung des Auftrags wieder aufhörend.

4) Die **Staatskassenverwaltung** (V. Edikt §. 53 u. 54). In die **Obereinnehmerei** der **Staatshauptkasse** fließen alle Einnahmen von den verschiedenen Zweigen der Finanzverwaltung und der Verkehrsanstalten, nach Abzug der unmittelbaren Verwaltungskosten. Durch die **Oberzahlmeisterei** werden, mit dieser Ausnahme, alle Ausgaben der Staatsverwaltung unmittelbar oder mittelst Anweisung auf die Spezialkassen, die **Ministerialkassen**, bestritten und verrechnet. Die Staatshauptkasse bildet zugleich die Landeskasse gegenüber von dem Deutschen Reich, insbesondere bei der Erhebung der Reichssteuern.

5) Die **Oberrechnungskammer** (V. Edikt §. 40 3. 3; Kgl. Edikt vom 13. Dezember 1818; K. Verordnung vom 21. November 1849 §. 5) ist die oberste Rechnungsbehörde des Landes und hat die Aufsicht über das gesammte Staatsrechnungswesen, auch bei den verrechnenden Behörden anderer Departements. Zu ihrem Geschäftskreis gehört die Fürsorge für die Einhaltung des Etatsystems und für die Anwendung zweckmäßiger Rechnungsformen; die direkte Kassenkontrole gegen die ihr unmittelbar untergebenen Kassenbeamten, sowie die Kontrolirung aller übrigen Kassen in Beziehung auf ihr Verhältnis zur Staatshauptkasse; die Anordnung des jährlichen Rechnungsabschlusses sowohl bei der Staatshauptkasse, als bei sämmtlichen Erhebekassen, und die Darstellung der Rechnungsergebnisse; die unmittelbare Abnahme, Prüfung und Abhör der Rechnungen bei sämmtlichen Haupt- und Spezialkassen und Anstalten des Staats, mit Ausnahme der kameralamtlichen **Steuerhauptbücher**, der Hauptbücher der Hauptzoll- und Hauptsteuerämter, und der Rechnungen der Hütten- und Salinenkassen, von denen die letzteren dem Bergrath, die ersteren dem Steuerkollegium überwiesen sind; — die Untersuchung und Bestrafung der formellen Verfehlungen der ihr untergeordneten Beamten in Etats-, Kassen- und Rechnungssachen; endlich die Führung sämmtlicher Pensionslisten und die Würdigung aller Reklamationen in Pensionsangelegenheiten und einzelner, die Leistungen an die verschiedenen Pensionsfonds betreffenden Gesuche. Die Zusammenstellung der Hauptfinanzetats besorgt neuerdings das Finanzministerium unmittelbar; die sog. Verwaltungetats (Verf.-Urk. §. 188) werden nicht mehr aufgestellt.

6) Das **statistisch-topographische Bureau**, gegründet am 28. Novbr. 1820, hat nach seiner Vereinigung mit dem seit 1822 bestehenden **Verein für Vaterlandskunde** laut Statut vom 5. Juni 1856 die Bestimmung, Notizen über alle gesellschaftlichen und staatlichen Erscheinungen, deren Kenntniß für die Staats-

regierung und die Wissenschaft von Wichtigkeit sein kann, als statistische Centralstelle zu sammeln, methodisch zu ordnen und, soweit sie dazu geeignet sind, zu veröffentlichen. Die Geschäftsaufgabe des Bureau begreift demgemäß ebenso die allgemeine, als die administrative Statistik und in Konsequenz dessen die Herausgabe des Hof- und Staatshandbuchs, des Hof- und Staatskalenders und des statistischen Jahrbuchs, beide letztere integrirende Bestandtheile der seit 1818 herausgegebenen Württembergischen Jahrbücher für Statistik und Landeskunde. Den zweiten Theil der letzteren bilden die auch für sich erscheinenden, unter Mitwirkung verschiedener historischer und Alterthumsvereine bearbeiteten Württembergischen Vierteljahrshefte für Landesgeschichte. Weiter erstreckt sich die Thätigkeit des statistisch-topographischen Bureau auch in das Gebiet der Meteorologie, zu welchem Behuf demselben eine Centralstation und 23 mit Instrumenten versehene Stationen untergeordnet sind. Die Centralstation, einerseits mit der deutschen Seewarte, andrerseits mit noch einer größern Zahl freiwilliger Beobachter innerhalb des Landes in Verbindung, verbreitet seit 1881 tägliche Wetterkarten unter Beifügung kurzer Bemerkungen über die Witterungsaussichten für den folgenden Tag. In topographischer Beziehung gehören zu den Arbeiten des Bureau die topographischen Karten: der Atlas in 1 : 50 000, auch als geognostische Spezialkarte behandelt und ausgegeben, die ebenfalls noch für verschiedene besondere Zwecke bearbeitete Generalkarte in 1 : 200 000, die Uebersichtskarte in 1 : 400 000 und neuerdings die im Auftrag des Deutschen Reichs übernommenen 20 Sektionen an der einheitlichen Karte Deutschlands in 1 : 100 000. Die Ergebnisse der Erhebungen, Beobachtungen und sämmtlicher Arbeiten des statistisch-topographischen Bureau trägt dasselbe endlich zusammen in die Beschreibung des Königreichs, welche in 2 Ausgaben erfolgt, in der umfangreicheren, 1822 begonnenen und jetzt ihrem Abschluß sich nähernden Beschreibung nach Oberämtern und in der jetzt zum fünftenmal erscheinenden Beschreibung des Königreichs im Ganzen, von welcher die hier vorliegende Arbeit das vierte Buch bildet.

Bei diesen Central- und Mittelstellen des Finanzdepartements zusammen sind angestellt: 1 Minister, 8 Direktoren, unter denen 1 Hütten- und 1 Forstmann, 9 Ministerialräthe, unter denen 2 Justitiare, 1 Oberbergrath, 2 Oberbauräthe, ferner 42 Ministerialassessoren und Kollegialmitglieder, unter welchen 5 Justitiare, 4 Architekten, 4 Forstleute, 2 Hüttenmänner, 1 Historiker, dann 93 Expeditoren, 12 Kanzlisten; außerdem 17 Kopisten, 19 Kanzleidiener und Aufwärter; — im Ganzen, mit Einrechnung der weiter noch bei der Münze, beim Katasterbureau, der lithographischen Anstalt und beim statistisch-topographischen Bureau Angestellten — 1 Minister, 166 auf Lebenszeit, 39 auf vierteljährige Kündigung, 13 auf jederzeitigen Widerruf und — im statistisch-topographischen Bureau 7 ganz oder theilweise auf den Reichs-Etat Angestellte; zusammen 226 Beamte mit Bezügen von zusammen 679 887,25 ℳ auf Rechnung des Hauptfinanzetats 1881/83.

B. Die Bezirks- und Lokalbehörden des Finanzdepartements.

Von diesen sind zunächst die Kameralämter zu nennen. Dieselben haben
 1. die Verwaltung der Einnahmen aus dem Domanialbesitze des Staats, sowie aus Hoheits- und obrigkeitlichen Rechten,
 2. die Leitung der Einschätzungen für das Grund-, Gebäude- und Gewerbekataster und die Sorge für die richtige Fortführung dieser Kataster,
 3. als Bezirkssteuerämter die Aufnahme der Steuern von Kapital-, Renten-, Dienst- und Berufs-Einkommen unter Mitwirkung der Ortssteuerkommissionen

zu besorgen und mit Hilfe der Ortssteuerbeamten diese Steuern einzuziehen, auch die indirekten Steuern, mit Ausnahme der Zölle und Reichssteuern, zu erheben; endlich

4. nicht blos die unmittelbaren Verwaltungskosten bei diesen verschiedenen Staatseinnahmen zu bestreiten, sondern auch auf allgemeine oder besondere Anweisung den Geldverkehr für die Staatshauptkasse, die Ministerialkassen, das Kriegszahlamt, die Staatsschuldenzahlungskasse, den geistlichen Unterstützungsfonds, die geistliche Wittwenkasse, die Pensionsinstitute u. s. w. zu vermitteln (vergl. Hauptfinanzetat für 1875/76 S. 252).

Von den zur Zeit bestehenden 62 Kameralämtern haben 46 ihren Sitz an demselben Ort, an welchem das Oberamt des Bezirks sich befindet. In dem Bezirk Nagold sind 2 Kameralämter, dagegen haben Herrenberg und Leutkirch kein eigenes Kameralamt. Stuttgart Stadt und Stuttgart Amt haben nur 1 Kameralamt. Es ist aber im Stadtdirektionsbezirk Stuttgart einem besonderen Hauptsteueramt die Feststellung, Kontrolirung und Erhebung der Steuern aus Kapital-, Renten-, Dienst- und Berufs-Einkommen, der Accise, der Abgabe von Hunden, der Wirthschaftsabgaben, der Erbschafts- und Schenkungssteuer und eines Theils der Sporteln übertragen. Dem Vorstand des Kameralamts, dem Kameralverwalter, ist theils zur Unterstützung, theils zur Kontrole der Kameralamtsbuchhalter beigegeben, dieser auch in Verhinderungsfällen der gesetzliche Stellvertreter des ersteren. 6 Kameralämter haben 2 Buchhalter, 2 Aemter eigene Kassiere. Neben den Kameralämtern haben die je für mehrere Bezirke bestellten 28 Umgeldskommissäre und in Stuttgart der Steuerinspektor des Hauptsteueramts die Aufgabe, die Feststellung und Kontrole der Wirthschaftsabgaben zu besorgen. Als Lokalbehörden für die Kontrole und theilweise auch für den Einzug der indirekten Steuern funktioniren die schon erwähnten Ortssteuerbeamten (Acciser, Grenzacciser, Stadtumgelder), gegenwärtig 1926.

Eines der Kameralämter (Cannstatt) ist zugleich Hauptsteueramt für die Verwaltung und Erhebung der Zölle und Reichssteuern. Sonst liegt die Verwaltung der dem Reich zufließenden Zölle und Reichssteuern den Hauptzollämtern ob, von denen 1 (Friedrichshafen) an der Grenze, 3 im Innern bestehen, ferner den diesen untergeordneten 11 Zollämtern im Innern, 1 Nebenzollamt I und 3 Nebenzollämtern II an der Grenze, mit Unterstützung durch die Grenzschutzwache, die Kontroleure und Aufseher bei den Rübenzuckerfabriken, die Salzsteuerämter und die für die Salzsteuer bestimmten Aufsichtsbeamten.

Bei Zuwiderhandlungen gegen die Zoll- und Steuergesetze steht die Untersuchung und Entscheidung in den durch das Gesetz vom 25. August 1879 Art. 8 und Art. 10 Abs. 1 Satz 2 bezeichneten Fällen den Gerichten, in allen übrigen Fällen den Verwaltungsbehörden, und zwar, wenn die Strafe und der Werth der einzuziehenden Gegenstände zusammen 300 ℳ nicht übersteigt, den Kameralämtern, Hauptzollämtern und Hauptsteuerämtern, sonst dem Steuerkollegium zu (Art. 11). Der Beschuldigte hat gegen den Strafbescheid außer dem Antrag auf gerichtliche Entscheidung das Recht der einmaligen Beschwerde bei der höheren Verwaltungsbehörde, dem Steuerkollegium, bezw. dem Finanzministerium (Art. 23).

Die Steuerwache hat die Aufgabe, die Befolgung der Gesetze über die Landes- und Reichssteuern, mit Ausnahme der Katastersteuern, dagegen mit Einschluß der Steuer von Wandergewerben, zu überwachen, Uebertretungen der Steuergesetze durch Belehrung der Pflichtigen möglichst zu verhindern, Verfehlungen gegen die Gesetze zu ermitteln und behufs der Untersuchung und Bestrafung zur Anzeige zu bringen.

Der Einzug der Grund-, Gebäude- und Gewerbsteuer ist in Württemberg Sache der Gemeinde- und Amtskörperschaftsbehörden.

Weitere Bezirks- und Lokalbehörden des Finanzdepartements sind folgende:

13 Bezirkshochbauämter für die Vorarbeiten, nächste Aufsicht und Kontrole bei dem Hochbauwesen des Staats, für die technische Revision der Bauüberschläge und Kostenverzeichnisse;

die Badverwaltung Wildbad und die Verwaltung der im Jahr 1851 käuflich übernommenen Bleich- und Appreturanstalt Weißenau;

23 Forstämter für die Oberleitung und Kontrole der von 149 Revierförstern geführten Wirthschaft in den Staatswaldungen und der technischen Betriebsführung in den unter Staatsbeförsterung stehenden Körperschaftswaldungen, für die Leitung des Forsthaushalts, die Handhabung der Forstpolizei, die Beaufsichtigung und Erhaltung der Floßstraßen und die Verwaltung der Staatsjagden. Jedem Forstmeister steht ein Forstamtsassistent zur Seite. 52 Revieramtsassistenten (früher Forstwarte) unterstützen die Revierförster. Eine weitere Unterstützung haben diese in der zugleich für den Forstschutz bestimmten Forstwache, welcher auch die früheren Waldschützen einverleibt sind. Die jetzt noch aufgeführten Waldschützen besorgen den Forstschutz mehr oder weniger als Nebengeschäft. Unter der Holzverwaltung Stuttgart stehen die Holzgärten in Stuttgart, Ludwigsburg, Vietigheim und Waiblingen. Die Torfmeisterei Schussenried, verwaltet durch den dortigen Revierförster, leitet die größeren Arbeiten in den staatseigenthümlichen Torfstichen, insbesondere in dem Steinhäuser Torfried. Die Geldverrechnung hat das Kameralamt in Waldsee.

Die dem Staate gehörenden Berg-, Hütten- und Salzwerke endlich stehen unter der Verwaltung der 6 Hüttenämter und 4 Salinenämter. Jedes dieser Aemter hat 1 technischen Verwalter; 3 Hüttenämter und 2 Salinenämter haben je 1, Wasseralfingen 2 Kassiere. Dazu kommen je nach der Größe der Werke die Inspektoren, Assistenten, Buchhalter, Korrespondenten u. s. w.

In der Bezirks- und Lokalverwaltung des Finanzdepartements sind angestellt: zunächst bei den Bezirksämtern und den diesen verwandten Stellen 336 Beamte auf Lebenszeit mit 1 019 500 ℳ Gehalt, 137 Beamte mit gleichen Rechten, wofern sie die höhere Dienstprüfung erstanden haben, sonst unter dem Vorbehalt vierteljähriger Kündigung angestellt, mit zusammen 274 600 ℳ Gehalt, 54 Beamte, welche nur unter solchem Vorbehalt angestellt sind, mit 82 800 ℳ und der auf Wartgeld angestellte Badarzt von Wildbad; — ferner 93 Amtsdiener auf vierteljährige Kündigung und 8 auf jederzeitigen Widerruf angestellte Diener; — dann die Forst- und Steuerwache mit 1 gemeinschaftlichen Kommandeur, 2 Unteroffizieren, 1 Aufwärter und 1 Zuschneider, 450 Forstwächtern und 34 Hilfswaldschützen, 30 Steuerwachtmeistern und 165 Steuerwächtern; die Grenzwache mit 1 Oberkontroleur, 2 berittenen und 32 fußgehenden Aufsehern; und im Aufsichtsdienst für Reichssteuern weitere 31 Mann. Zählt man dazu die schon oben genannten 64 Oberamtsgeometer, die 1 926 Ortssteuerbeamten, einzelne weitere Beamte bei verschiedenen Verwaltungszweigen des Departements, so ergeben sich 3 475 Angestellte bei den Bezirks- und Lokalbehörden des Finanzdepartements mit einem die Gebührenbezüge der zuletztgenannten Beamten mit begreifenden Diensteinkommen von zusammen rund 3 300 000 ℳ.

Die Zahl der im Finanzdepartement überhaupt Angestellten, — ohne Einrechnung der Holzhauer, Gewerbegehilfen und Arbeiter bei den Staatsbetrieben — beträgt 3 701, nämlich 1 Minister, 505 auf Lebenszeit und 137 bebingt auf Lebenszeit Ernannte, 2654 unter dem Vorbehalt vierteljähriger Kündigung Angestellte, unter welchen insbesondere auch die Angehörigen der Forstwache und die Ortssteuerbeamten, 397 auf andere Bedingungen oder jederzeitigen Widerruf Verwendete, darunter die Oberamtsgeometer, die Angehörigen der Steuerwache und des Steueraufsichtsdienstes, endlich (für die Militärkarte des Deutschen Reichs) 7 ganz oder theilweise auf den Reichs=Etat Uebernommene. Das Diensteinkommen dieser sämmtlichen Beamten erfordert für die württembergische Staatskasse jetzt einen Aufwand von rund 4 Mill. ℳ, dabei auch das Gebühreneinkommen der Ortssteuerbeamten inbegriffen.

In dem neuesten Hauptfinanzetat sind die Ausgaben des Finanzdepartements in den Kapiteln 98—107 mit 2 987 459 ℳ berechnet. Dabei sind 178 340 ℳ Einnahmen in den Kapiteln 102, 103 und 105 bereits abgezogen. Auf das Finanzdepartement kommen sodann auch die Verwaltungskosten und der Elementaraufwand mit gegen 11,3 Mill. ℳ bei den Domänen und stark 1½ Mill. ℳ bei den Steuern, endlich 17 200 ℳ bei der Münze, so daß als etatmäßige Gesamtausgabe für Zwecke des Finanzdepartements 16 Mill. ℳ zu Grund zu legen sind, von denen also der vierte Theil zu Gehalten u. s. w. erforderlich wäre. Von den übrigen 12 Mill. ℳ sind bestimmt: 4 085 000 ℳ für die Produktion und Fabrikation in den Hüttenwerken, 1 Mill. desgleichen in den Salinen, 1 640 000 ℳ Holzmacherlöhne, 1 Mill. Kultur= und Wegherstellungskosten in den Staatswaldungen, 335 000 ℳ für das Holz in den Holzgärten; 1 220 000 ℳ für Neubauten und Gebäudeausbesserungen, 268 000 ℳ für die Verwaltung und Verbesserung der Kameraldomänen, 80 000 ℳ auf den Betrieb von Weißenau, 670 000 ℳ für Amtskörperschafts= und Gemeindesteuern, Holzberechtigungen, Antheile der Ortsarmenkassen u. s. w.; — ferner für die Erhaltung und Fortführung der Primärkataster und Flurkarten 100 000 ℳ, Einschätzungen zum Grundsteuerkataster 110 000 ℳ, für die Fortführung des Gebäude= und Gewerbesteuerkatasters 35 000 ℳ, für Nachlässe, Rabattvergütungen, Steuerfreischreibungen und Rückvergütungen gegen ½ Mill. ℳ; für die Aufgaben des statistisch=topographischen Bureau 55 000 ℳ; — endlich für Kanzleikosten 370 000 ℳ, Diäten=, Reise= und Umzugskosten gegen 200 000 ℳ u. s. w.

An das Finanzdepartement reiht sich schließlich nach ihrer Geschäftsaufgabe am besten noch an

die landständische Staatsschuldenzahlungskasse.

Dieselbe wird in Gemäßheit der §§. 120—123 der Verfassungsurkunde nach den Normen eines gesetzlich verabschiedeten Statuts von ständischen, durch die Regierung bestätigten Beamten unter Leitung und Verantwortlichkeit der Stände verwaltet. In Ausübung des Oberaufsichtsrechts der Regierung ist ein Königlicher Kommissär bestellt. Der Regierung steht frei, von dem Zustand der Kasse jederzeit Einsicht nehmen zu lassen. Zu dem monatlichen Kassensturz wird ein Mitglied der Oberrechnungskammer und ein Mitglied der ständischen Schuldenverwaltungsbehörde abgeordnet. Von dem monatlichen Kassenbericht erhält sowohl die Regierung, als der ständische Ausschuß oder, während des Beisammenseins der Stände, die Ständeversammlung unmittelbar ein Exemplar. Die Jahresrechnung wird bei der Oberrechnungskammer geprüft, von einer Königlichen und ständischen Kommission abgehört und das Ergebnis durch den Druck öffentlich bekannt gemacht (vergl. Statut von 1837 Art. 12 und 13).

Das Personal der Kasse besteht aus 1 Kassier, 1 Kontroleur, 29 Buchhaltern, 3 Assistenten und 2 Aufwärtern; der jährliche Aufwand beträgt 149 226,66 ℳ; bei einer Staatsschuld am 1. April 1881 von rund 400 Mill. ℳ 0,0375 Proz.

Nach einer im Jahr 1872 veranstalteten Statistik kamen damals auf 1 Buchhalter 16 600 Schuldposten, und in jedem Jahr 1473 Inskriptionen, 90 besondere Vormerkungen, 162 Ablösungen, 83 200 Zinsposten. An der Kasse wurden 42 Proz. aller Zinsen unmittelbar erhoben, 9 Proz. bei Kameralämtern, 1 Proz. bei sonstigen Staatskassen, 16 Proz. bei Amtspflegen, endlich 32 Proz. bei auswärtigen Bankhäusern. Von den im Jahr 1881 konvertirten 4½ prozent. Guldenobligationen (167¼ Mill. ℳ) war mehr als ⅓ eingeschrieben und davon befand sich wieder je ⅓ im Besitz von Pflegschaften, von inländischen Gemeinden, Stiftungen und öffentlichen Anstalten, das letzte Neuntel endlich zum größeren Theil im Kautionsverbande.

IX. Der Staatshaushalt.

Literatur. Außer der im Eingang aufgeführten: Rückblicke auf die Württembergische Finanzverwaltung in den Jahren 1816—1822 von Oberfinanzrath Herzog (Württembergische Jahrbücher 1822 S. 368); Württembergs Finanzzustand im Jahr 1826, in Vergleichung des Zustandes in den Jahren 1815 und 1819 (Württembergische Jahrbücher 1826 II S. 153); G. Hoffmann, Das Finanzwesen von Württemberg zu Anfang des 16. Jahrhunderts, Tübingen 1840; Herdegen, Württembergs Staatshaushalt, Stuttgart 1848; G. Hoffmann, Das Württembergische Finanzrecht I. Band, Tübingen 1857 (blieb unvollendet).

1. Einleitung.

Die ordentlichen Einkünfte des altwürttembergischen Kammerguts in den ersten Zeiten des Herzogs Ulrich werden zu 50 000 fl., die Gesamteinkünfte des Landes kurz nachher, um 1520 unter der österreichischen Herrschaft, zu wenig über 100 000 fl. angegeben. Nach dem Regierungsantritt Christophs soll im Jahr 1551 das Kammergut 100 000 fl. eingebracht haben, daraus aber zunächst der Aufwand für die Hofdiener, die Kanzlei und die Landämter mit nahezu 50 000 fl. zu bestreiten gewesen sein. Freilich erhielten damals selbst die höchsten herzoglichen Beamten neben Naturalien an Geldbesoldung nur je 200 Gulden. Herzog Christoph konnte damit immer noch bei seinen Zeitgenossen als einer der reichsten deutschen Fürsten gelten, — nicht blos in dem Sinne wie einst sein Ahn Eberhard auf dem Reichstag zu Worms. Die Herzoge von Württemberg waren in der That als Besitzer eines großartigen, in Europa seltenen Domaniums an Grundstücken und Gefällen Magnaten ersten Rangs (Rümelin, Württemb. Jahrbücher 1864 S. 286). Ihr Kammergut umfaßte als unmittelbares Eigenthum an Waldungen und Ackerfeld mehrere hunderttausend, dazu grundherrliche Bezüge aus wohl 2 Millionen Morgen. Auf einem Flächenraum von 170 bis 200 Quadratmeilen war der Herzog von Württemberg „der Eine, große Grundherr, neben dem eigentlich blos noch das evangelische Kirchengut in Betracht kam. Die Leistungen der Unterthanen bestanden in bestimmten Zehnten, Gülten, Gefällen. Der Steuern und Abgaben waren nur wenige, und die Stände hielten den Beutel dazu feft in der Hand." Nicht sowohl über den Steuerdruck wurde damals Beschwerde geführt, als über Frohnen, Wildschaden, über Aemterhandel und Schreiberwirthschaft. Das Kammergut war das Vermögen des Fürsten, aus dessen Erträgnissen zugleich der Aufwand für den Hof und die Regierung bestritten werden sollte. Wie der Herzog damit auskam, war seine Sache. "Die Summen, welche die Herzoge von Württemberg im 18. Jahrhundert für ihren Hofhalt und persönlichen Bedarf verwendet haben, waren aller Wahrscheinlichkeit nach nicht nur relativ und mit Rücksicht auf veränderten Geldwerth, sondern auch absolut höher als die königlichen Civillisten des 19. Jahrhunderts. Es war entschieden mehr Pracht und Prunk an den Höfen als in jetziger Zeit", und der württembergische Hof stand nach Pracht und Eleganz fast durch alle Rubriken in der ersten Klasse. Einen vollen Einblick in die ganze Finanzlage auch nur des Kammerguts besaß aber um jene Zeit wohl niemand. So konnten in der ersten Hälfte des 18. Jahrhunderts die Einkünfte des Herzogthums von dem einen Schriftsteller zu 2, von einem andern zu 4 Mill. Gulden angegeben werden und hatten vielleicht beide Recht, je nachdem man die schon bei den Bezirksverwaltungen geleisteten Zahlungen vorweg abzog oder nicht. Waren die Mittel des Kammerguts, einschließlich des Krebits der herzoglichen Kammer, erschöpft, dann konnten allerdings die Landstände um Hilfe angegangen werden, deren Steuerverwilligung nun aber nicht zugleich die Ausgabenverwilligung im heutigen Sinne in sich begriff, sondern lediglich als Ablösungshilfe für bereits kontrahirte Schulden sich darstellte. „Ablösungshilfe" wurde auch wohl seit Herzog Christoph die zu dem Behuf ausgeschriebene Steuer selbst genannt. Dieselbe floß, wie die Accise, in die Landschaftskasse, wogegen der Zoll, die Taxen und das Umgeld dem Herzog unmittelbar verblieben. Die Landschaftskasse war in der Hauptsache Schuldenzahlungskasse; andere Ausgaben wurden auf dieselbe nur nebenbei verwiesen. Nach dem Tübinger Vertrag übernahm die Landschaft jährlich 22 000 fl. an den herzoglichen Schulden zu decken; 1565 betrug die Leistung der Landschaft schon 50 000 fl., die der Prälaten 40 000 fl. Den dritten großen Finanzkörper im Herzogthum Württemberg bildete das aus den ehemaligen Klostergütern und Lokalpfarrdotationen zusammengesetzte evangelische Kirchengut mit eigenen stiftungsmäßigen Zwecken, unter dem Schutze der Verfassung. Nach einem sehr mäßigen Anschlage betrug dessen Grundstockswerth 32 $^1/_4$ Mill. Gulden; sein Ertrag im Jahr 1799—1800 2 $^1/_5$ Mill. Gulden, darunter jedoch $^3/_5$ Mill. Gulden Restvermögen; der Verwaltungsaufwand 846 000 fl., einschließlich 166 500 fl. Steuern zur Landschaft.

Nach Annahme der Königswürde war die Vereinigung jener drei Finanzkörper des Herzogthums unter einer Verwaltung eine der ersten

Regierungshandlungen des Königs Friedrich. Aber zu einer klaren Uebersicht über die Staatsfinanzen im Ganzen kam es auch jetzt ebenso wenig, als zu einem festen Finanzsystem. Die Bedürfnisse des Augenblicks entschieden über die Wahl der Mittel, und die unumschränkte Regierungsgewalt konnte in Form und Wesen Einrichtungen entbehren, welche von der repräsentativen Verfassung unzertrennlich sind. Gegen den Schluß der Regierung des Königs Friedrich, im Jahr 1815, wurden an direkten Steuern erhoben 2 400 000 fl. (Gebäude-, Gewerbe- und Grundsteuer), ferner an Zoll 440 000 fl., Accise 1 120 000 fl., Straßenbauabgabe 220 000 fl., Umgeld und Wirthschaftsaccise 750 000 fl., Tabaksauflage 210 000 fl., Taxen, Sporteln, Stempel 350 000 fl., Zucht- und Waisenhausgefälle 76 000 fl., Salzsteuer 400 000 fl., Impost von Kolonialwaaren 60 000 fl., Impost von ausländischen Weinen 33 000 fl., Stammmiethe 152 314 ℳ, Gestütsbeiträge 15 334 fl., Pferdeverkaufskonzessionsgelder 19 866 fl. — zusammen 6 246 514 fl.

Der Uebergang zur Etatswirthschaft vollzog sich unter König Wilhelm, demselben Regenten, der noch im ersten Jahr seiner Regierung, am 4. September 1817, als Thatsache verkünden konnte: „In allem dem, was Unsere persönlichen Bedürfnisse und Unsere Hofhaltung betrifft, sind große Einschränkungen gemacht worden. Wir haben eine bestimmte Summe gesetzt, welche nicht überschritten werden darf" — und der aus eigener freier Entschließung auch das ganze große Kammergut zum Staatseigenthum erklärt hat, in der Weise, wie dies in den §§. 102 ff. der Verfassungsurkunde vom 25. September 1819 zum Ausdruck gelangt ist. Nach dem V., VI. und VII. Edikt des Königs Wilhelm vom 18. November 1817 sollen als die Grundbedingungen, um in den Staatshaushalt Klarheit, Uebersicht und Ordnung zu bringen, festgehalten werden: die Vereinigung der sämtlichen Einnahmen des Staats in der Staatshauptkasse, aus welcher und durch welche alle Ausgaben zu bestreiten sind; die Anerkennung des Hauptfinanzetats als Grundlage für den gesamten Staatshaushalt; die Ueberweisung sämtlicher Staatsrechnungen an eine Revisionsbehörde, die Oberrechnungskammer. Die Verfassungsurkunde hat noch den Grundsatz voller Offenheit gegenüber von der Ständeversammlung hinzugefügt, indem sie bestimmte, daß den Ständen der Hauptetat zur Prüfung vorgelegt werden müsse (§. 111), und indem sie weiter davon ausgeht, daß der Hauptetat von den Ständen anerkannt und angenommen sein müsse (§. 112), um als Nachweisung über die Nothwendigkeit und Nützlichkeit der zu machenden Ausgaben und über die Unzulänglichkeit der Kammereinkünfte das Ansinnen einer Steuerverwilligung zu begründen, indem sie endlich, der letzteren gleichfalls vorausgehend, auch den Nachweis über die Verwendung der früheren Staats-Einnahmen fordert (§. 110).

Der Rechnungstermin in Württemberg war bis 1822 Georgii (23. April), von da an bis zum Jahr 1879 der 1. Juli. Seit dieser Zeit beginnt das Rechnungsjahr in Württemberg, wie im Deutschen Reich, mit dem 1. April. Verschieden von dem Rechnungsjahr ist die Finanzperiode. Es wird zwar über jedes Jahr besondere Rechnung abgelegt (Verf.-Urk. §. 188 Abs. 2), der von den Ständen anerkannte und angenommene Etat soll aber nach §. 112 der Verf.-Urk. in der Regel auf 3 Jahre giltig sein. Die Finanzperiode umfaßt demgemäß die ganze Giltigkeitsdauer eines Etats. Diese Dauer war eine 1jährige von 1819—20, dann je eine 3jährige von 1820—1829, wieder eine 1jährige von 1829—30, je eine 3jährige von 1830—1848, eine 1jährige von 1848—49, je eine 3jährige von 1849—1870. Das Jahr 1870—71 bildet insofern ein Unikum, als für dasselbe gar kein Etat verabschiedet wurde. Seit dieser Zeit sind nur noch 2jährige Etats, von 1877/79 nur ein 1 3/4 jähriger Etat aufgestellt worden. In den ersten 12 Jahren nach Einführung der Verfassung wurden im engen Anschluß an den Wortlaut des §. 181 nur die verwilligten Abgaben gesetzlich bestimmt, der Hauptfinanzetat zwar gleichfalls bei der Ständeversammlung eingebracht und mit ihr verabschiedet, aber nicht in Gesetzesform verkündet. Erst seit 1830 bildet der Hauptfinanzetat über den Staatsbedarf, den Ertrag des Kammerguts und die hierüber noch erforderlichen Deckungsmittel, insbesondere an Steuern, einen wesentlichen Bestandtheil des Finanzgesetzes. Unser Hauptfinanzetat ist ein Nettobudget, d. h. bei den Staatsausgaben sind die denselben unmittelbar gegenüberstehenden Einnahmen, bei den Staatseinnahmen die unmittelbaren Verwaltungskosten und der Elementaraufwand in Abzug gebracht. Hierauf ist bei Würdigung der im dem Folgenden angegebenen Verhältnißzahlen Rücksicht zu nehmen. In der folgenden Darstellung des Hauptfinanzetats für 1881/82 selbst wird der Versuch gemacht werden, neben dem Nettobudget zugleich das Bruttobudget zu geben. Der Hauptfinanzetat begreift endlich nur die laufende Verwaltung, während die Staatsrechnung zugleich die Restverwaltung, den außerordentlichen Dienst und die Ergebnisse der Grundstocksverwaltung umfaßt. Ausführlichere Nachweisungen der Rechnungsergebnisse sind erstmals vom Jahr 1877/78 an den Ständen gedruckt übergeben worden. Für die frühere Zeit bis 1820 rückwärts werden dieselben, bis auf einen gewissen Grad, ersetzt durch die Veröffentlichungen in den Württembergischen Jahrbüchern 1872 II S. 68 und in dem Beilagenband zu den Verhandlungen der Kammer der Standesherren von 1881 S. 86.

2. Die laufende Verwaltung seit 1820.

Mit der Einführung der Etatswirthschaft gieng unter der Leitung des Finanzministers Weckherlin die erste Einrichtung und Ordnung des Staatshaushalts in solch zweckmäßiger Weise Hand in Hand, daß bis 1847 auch unter den weiteren Ministerien von Varnbüler, Herzog, Herdegen und Gärtner das Gleichgewicht zwischen Einnahmen und Ausgaben kaum je einmal gestört erschien, daß vielmehr von 1828/47 jedes Jahr mit einem Ueberschusse abgeschlossen hat und diese Ueberschüsse die Mittel gewährten, um auch außerordentliche Ausgaben, z. B. für größere Bauten, zu decken. Staatsausgaben und Staatseinnahmen betrugen nach den Etats in runder Summe je 10 Mill. Gulden.

Von den Einnahmen wurde bis zuletzt, wo das Verhältnis sich umkehrte, die kleinere Hälfte durch das Kammergut, die um wenig größere Hälfte durch Steuern aufgebracht. Diese günstige Finanzlage wurde erstmals ernstlicher gestört in den Jahren 1847/52, zuerst in Folge eines großen allgemeinen Nothstandes, dann durch die Ereignisse von 1848. Durch die Ablösungsgesetzgebung verlor die Finanzverwaltung mit einem Schlag fast ihre sämmtlichen Naturalgefälle, in Folge dessen der Uebergang von der theilweisen Naturalwirthschaft zur reinen Geldwirthschaft rasch sich vollzogen hat. Schon im Jahr 1848/49 waren die Einnahmen der Kameralverwaltung nicht mehr halb so groß, als noch zwei Jahre vorher, die Forstverwaltung erzielte, statt zwei Millionen Gulden im Jahr 1845/46, kaum noch 1 Million, auch der Ertrag der indirekten Steuern gieng zurück, und von den direkten mußte man zunächst nur diejenigen ergibiger zu machen, welche die Apanagen der Mitglieder des Königlichen Hauses, die Besoldungen der Beamten und das Zinseneinkommen trafen. Nachdem unter solchen Verhältnissen das Restvermögen der Staatshauptkasse bald aufgezehrt war, hat man sich zunächst zu einer Schuldenaufnahme in der Form von 3 Millionen Staatspapiergeld genöthigt gesehen. Nach dem Märzministerium Goppelt und nachdem kurze Zeit hindurch Herdegen zum zweiten Mal die Finanzen geführt hatte, gieng aber am 2. Juli 1850 die Leitung des Finanzdepartements an Knapp über, dessen Finanzpläne im Jahr 1852 die Zustimmung der Stände gefunden haben. Darnach wurde das bestehende Steuersystem, wurden insbesondere die Einkommenssteuern und einzelne der indirekten Abgaben besser ausgebildet und das Kammergut lukrativer gemacht. Die Post und vor allem die Eisenbahnen fiengen allmählich an, höhere Erträge zu liefern. Bis zum Jahr 1858/59 ließ sich der Staatsaufwand auf einer Höhe von nicht über 13 Millionen Gulden erhalten, trotzdem daß in diesem Jahr die erste Aufbesserung der Beamtenbesoldungen unvermeidlich geworden war. Und als nun in den folgenden Jahren der Staatsbedarf um einige Millionen sich steigerte, hatten die Staatseinnahmen bereits wieder begonnen, Ueberschüsse abzuwerfen. Schon 1854/55 war das Gleichgewicht wieder hergestellt. Die günstigen Verhältnisse, in welchen Knapp bei seinem Tode am 21. Mai 1861 die Finanzen hinterließ, hielten unter der kürzeren Verwaltung des Finanzdepartements durch Sigel an. Wiederholt überstieg jetzt nochmals der Ertrag des Kammerguts denjenigen der Steuern. Die ordentlichen direkten Steuern, welche 1852 von 2 auf 2,6 und 1855 auf 3,3 Mill. Gulden erhöht worden waren, konnten 1858 auf 3 Mill. Gulden ermäßigt werden. Während der ganzen Regierungszeit des Königs Wilhelm haben sich gehoben die wirklichen Ausgaben für die Departements

	1820	1847	1863	
der Justiz	von 0,5 Mill.	auf 0,9 Mill.	und 1,0 Mill.	Gulden
des Innern	„ 1,0 „	„ 1,5 „	„ 1,7 „	„
des Kultus	„ 0,8 „	„ 1,4 „	„ 2,0 „	„
des Kriegs	„ 2,0 „	„ 2,5 „	„ 3,5 „	„
die Gesammtausgaben	„ 9,5 „	„ 12,2 „	„ 15,3 „	„

dagegen zuerst sich ermäßigt, dann gleichfalls sich gehoben die Ausgaben für

die Staatsschuld von 1,4 Mill. auf 1,1 Mill. und 3,86 Mill. Gulden endlich fortgesetzt sich ermäßigt die Ausgaben für

die Civilpensionen „ 0,6 „ „ 0,43 „ „ 0,39 „ „

Nach dem Regierungsantritt des Königs Karl heischten die bis dahin zurückgehaltenen erhöhten Anforderungen in fast allen Zweigen der Staatsverwaltung ihre Befriedigung, welche ihnen um so weniger versagt werden konnte, als der Mehrertrag fast sämtlicher Einnahmen hiezu die Mittel barbot. Ja es konnte unbedenklich auf etwa 200 000 fl. Einnahmen verzichtet werden, als es sich darum handelte, bei der Besteuerung des Branntweinverbrauchs die Maischbütten- und Materialsteuer durch die Steuer vom Brennmalz zu ersetzen, eine Erhebungsform welche die inländische Branntweinfabrikation kaum mehr fühlbar berührt. Die Zollvereinsverträge von 1867 brachten an Stelle des Salzmonopols als gemeinschaftliche Einnahme der Vereinsstaaten die Salzsteuer und daneben, mit unerheblichem Ertrag, die Tabaksteuer. Mehr wurde das württembergische Budget verändert, als in Folge der Neuerrichtung des Deutschen Reichs der Ertrag der Zölle und der Zollvereinssteuern von Zucker, Salz und Tabak seit 1872 dem Reich überlassen werden mußte. Wohl hat das Reich dagegen auch den Aufwand für Militär und Militärpensionen übernommen, und dieser Aufwand war schon nach dem Durchschnitt der Etatsjahre 1867/71 um jährlich stark 1 Million Gulden größer gewesen, als der jetzt dagegen ans Reich gegebene Zollertrag u. s. w. In der Form der Matrikularbeiträge aber erhebt jetzt das Reich Ersatz nicht nur hiefür, sondern zugleich auch für die seither namhaft gesteigerten Kosten des Militärs und die sonstigen Reichsbedürfnisse, wie denn die württembergischen Matrikularbeiträge seit 1872 nie weniger als 5 ½ Mill. ℳ und bis zu 7 ½ Mill. ℳ betragen haben. Jedoch selbst diese namhafte Mehrausgabe hat in den Staatshaushalt von vornherein keine nennenswerthe Störung gebracht, da zu Beseitigung anderer Verschiebungen des Gleichgewichts schon durch das Finanzgesetz vom 23. März 1868 die direkten und indirekten Staatssteuern um 10 Proz. erhöht worden waren und dieser Zuschlag in dem Staatshaushaltsgesetz vom 5. Juli 1871 eine Vermehrung noch um 10—20 Proz. erhalten hatte. Ja, trotz der zweimaligen Aufbesserung der Gehalte innerhalb dieses Zeitraums, schloßen noch die Finanzjahre 1872/73, 1874/75 und 1875/76 mit Ueberschüssen von 2 ¼, 2 ½ und 2 ⅘ Mill. M. ab.

Erst seit 1876/77 hat die Finanzlage sich schwieriger gestaltet. Mit dem fortgesetzt steigenden Staatsbedarf hat die Einnahme aus Kammergut und Steuern nicht gleichen Schritt zu halten vermocht. Während die laufenden Ausgaben in der Zeit von 1864 bis 1880 von 28 Mill. M. (mit Einschluß des Militäraufwands) auf 54 Mill. M. (ohne Militär, aber mit Einschluß der Matrikularbeiträge) sich erhöht haben, betrug bei den laufenden Einnahmen die Steigerung nur 46 Mill. M. (1880) gegen 32 Mill. (1864). Es beliefen sich die Ausgaben

	1864	1880
für das Departement der Justiz	1,9 Mill. M.	3,8 Mill. M.
„ „ „ des Innern	3,2 „ „	4,8 „ „
„ „ „ des Kirchen- und Schulwesens	3,8 „ „	8,1 „ „
„ „ „ der Finanzen	1,5 „ „	3,0 „ „
für die Civilpensionen	0,7 „ „	1,7 „ „
für die Staatsschuld	6,5 „ „	21,7 „ „

Der Aufwand für die Staatsschuld insbesondere hat sich mehr als verdreifacht, dagegen ist der Ertrag der Eisenbahnen nur 2 ½ mal, derjenige des Kammerguts im Ganzen sogar nur 1 ½ mal so groß geworden als im Jahr 1864. Und das Letztere trifft auch bei den Steuern im Ganzen zu, bei welchen der Ausfall an Zollvereinsgefällen, nach der Berechnung des höchsten Ertrags der letzteren mit 6 ⅔ Mill. M. im Jahr 1870, durch den Mehrertrag der übrigen Steuern im Jahr 1880 nur eben wieder ersetzt war. Dies zu erreichen, war aber unter anderem die wesentliche Erhöhung der Gebäude- und Gewerbesteuer im Jahr 1877 nöthig, nachdem die hiezu erforderlichen neuen Kataster auf Grund des Katastergesetzes vom 28. April 1873 fertig gestellt worden waren.

Neue Einnahmequellen hat inzwischen die Reichsgesetzgebung von 1879 in dem Ueberschusse der Zölle und der Tabaksteuer, diejenige von 1881 in den Reichsstempelabgaben erschlossen, welche den Bundesstaaten zu gut kommen sollen (s. den Anhang), nicht zu vergessen auch die erhöhten Gerichtsgebühren auf Grund der Reichsgesetze von 1878 und 1881. Immerhin durfte man bei Verabschiedung des Hauptfinanzetats für die Finanzperiode 1. April 1881/83 der Aufgabe von Reformen auch auf dem eigenen Gebiet der Landesfinanzen sich nicht länger entziehen. Man hat die Malzsteuer von 3,60 M. für den Centner auf 5 M. erhöht, die gebührenartigen Einkünfte und das noch ziemlich wenig angebaute Gebiet der Verkehrssteuern durch das Sportelgesetz vom 24. März 1881 und das Erbschafts- und Schenkungssteuergesetz vom gleichen Tage ergibiger zu machen gesucht, hat ferner, nach einem mit Erfolg durchgeführten Vorgang bei der fünfprozentigen Staatsschuld, auch für den größeren Theil der 4¹/₄ prozentigen Staatsschuld den Zinsfuß auf 4 Prozent herabgesetzt und mit gesetzlicher Ermächtigung die Bedingungen für die Rückzahlung der zu Durchführung jener Maßregel aufgenommenen neuen Schuld freier gestalten können, so daß es ermöglicht ist, hiebei den jeweils bestehenden Finanzverhältnissen Rechnung zu tragen. Für die Deckung eines kleineren Restes des Staatsbedarfs endlich soll der Staatskredit in Anspruch genommen werden, was als eine Ausnahmemaßregel, in der Hoffnung auf einen höheren Ertrag der übrigen Staatseinnahmen mit der Wiederkehr besserer wirthschaftlicher Zustände überhaupt, zulässig erscheint, zu einer bleibenden Institution aber nicht werden dürfte. In dem Folgenden wird der neueste Hauptfinanzetat (für 1. April 1881/82), jedoch in theilweise veränderter Anordnung, und zugleich als Brutto- und als Netto-Budget angelegt, zum Abdruck gebracht:

I. Staatsbedarf.	Brutto-Budget. ℳ	Davon Einnahme. ℳ	Netto-Budget. ℳ
1. **Staatsoberhaupt, Königliches Haus.**			
Civilliste	1 830 517	—	1 830 517
Leistungen für Theile der Kronausstattung	27 700	—	27 700
Apanagen, Donatigelder, Wittume .	297 696	—	297 696
Erhaltung der Apanageschlösser . .	23 824	8 100	15 724
Summe 1 . .	2 179 737	8 100	2 171 637
2. **Landstände** (ohne die Kosten der Schuldenverwaltung)	202 840	—	202 840
3. **Staatsministerium, Geheimer Rath, Verwaltungsgerichtshof**	89 975	—	89 975
4. **Departement der Justiz.**			
Ministerium, Kollegien, Amtsgerichte, Staatsanwaltschaften, Notariate, Dispositionsfonds, Reise- und Umzugskosten	2 658 446	—	2 658 446
Kriminalkosten	790 800	—	790 800
Gerichtliche Strafanstalten	1 416 225	776 970	639 355
Summe 4 . .	4 865 471	776 870	4 088 601

I. Staatsbedarf.	Brutto-Budget. ℳ	Davon Einnahme. ℳ	Netto-Budget. ℳ
5. Departement der auswärtigen Angelegenheiten.			
A. Politische Abtheilung.			
Ministerium u. Dispositionsfonds	62 016	—	62 016
Gesandtschaften und Konsulate	95 975	—	95 975
Haus- und Staatsarchiv	26 300	—	26 300
Summe 5 A	184 291	—	184 291
B. Abtheilung für die Verkehrsanstalten (s. unten)	—		—
6. Departement des Innern.			
Ministerium, Kollegien, Bezirksämter, Landjägerkorps, Dispositionsfonds, Ausgabe für polizeiliche Zwecke überhaupt	1 984 544	—	1 984 544
Arbeitshäuser	67 930	45 525	22 405
Militär-Ersatzgeschäft	14 360	—	14 360
Medizinalwesen	699 721	375 775	323 946
Landwirthschaft, Landgestüt	405 780	158 048	247 732
Gewerbe und Handel	149 380	5 500	143 880
Straßenbau	1 863 122	20 000	1 843 122
Neckarschiffahrt	33 815	500	33 315
Flußbau	188 688	—	188 688
Wohlthätigkeit	77 363	—	77 363
Summe 6	5 484 703	605 348	4 879 355
7. Departement des Kirchen- und Schulwesens.			
Ministerium, Kollegien, Dispositionsfonds, Reise- und Umzugskosten	253 983	—	253 986
Beiträge zu Kirchen-, Pfarr- u. Schulhausbauten	80 000	—	80 000
Für kirchliche Zwecke	3 649 464	714	3 648 750
Erziehung, Unterricht, Wissenschaft und Kunst	4 450 189	294 637	4 155 552
Summe 7	8 433 639	295 351	8 138 288
8. Departement der Finanzen.			
Ministerium, Kollegien, Dispositionsfonds, Reise- und Umzugskosten	663 700	—	663 700
Kameralämter	501 338	—	501 338
Zoll- und Reichssteuerverwaltung	303 240	164 340	138 900
Gebäudekosten	1 263 916	—	1 263 916
Steuerkataster (Landesvermessung, Primärkataster)	106 805	8 000	98 805
Uebertrag	2 838 999	172 340	2 666 659

I. Staatsbedarf.	Brutto-Budget. ℳ	Davon Einnahme. ℳ	Netto-Budget. ℳ
8. Departement der Finanzen.			
Uebertrag . . .	2 838 999	172 340	2 666 659
Vollziehung des Katastergesetzes von 1873	196 000	—	196 000
Steuernachlässe	30 000	—	30 000
Statistisch-topographisches Bureau .	100 800	6 000	94 800
Summe 8 . .	3 165 799	178 340	2 987 459
9. Aufwand der Staatsbehörden an Porto, in Folge der Aufhebung der Portofreiheit in Dienstsachen	290 000	—	290 000
10. Reservefonds	70 000	—	70 000
11. Pensionen an Staatsbeamte, Geistliche und Lehrer, an Witwen und Waisen von solchen	1 715 400	—	1 715 400
Quiescenzgehalte	10 237	—	10 237
Gratialien	339 000	—	339 000
Summe 11 . .	2 064 637	—	2 064 637
12. Staatsschuld.			
Tilgung und Verzinsung der Staatsschuld	19 356 239	—	19 356 239
Rente für Einlösung des Staatspapiergelds	220 643	—	220 643
Verwaltung der Staatsschuld . .	149 227	1 000	148 227
Summe 12 . .	19 726 109	1 000	19 725 109
13. Renten,			
immerwährende, lehenfällige und Haller Siebensrenten	181 378	—	181 378
Militärverdienstordens-Pensionen .	62 424	—	62 424
Summe 13 . .	243 802	—	243 802
14. Entschädigungen,			
auf dem Domanialbesitz haftend .	747	—	747
auf dem Steuerbezug ruhend . .	32 223	—	32 223
Summe 14 . .	32 970	—	32 970
15. Leistungen für das Deutsche Reich.			
Matrikularbeiträge	6 944 195	—	6 944 195
Beschickung des Bundesraths . .	16 400	—	16 400
Militärpensionen	41 500	—	41 500
Summe 15 . .	7 002 095	—	7 002 095
Summe I. Staatsbedarf .	54 036 068	1 865 009	52 171 059

Uebertrag der Summe des Bruttobudgets von I. Staatsbedarf . . 54 036 068 ℳ
  Dazu für das

Bruttobudget
die Ausgaben auf das Kammergut
  Persönliche . . . . 11 481 651 ℳ
  Sachliche . . . . 20 004 669 „
                                zusammen . . 31 486 320 ℳ
  der Elementaraufwand bei der Steuerverwaltung . . . . . 1 552 609 „

  Gesammtausgabe im Bruttobudget . . 87 074 997 ℳ

II. Ertrag des Kammerguts.	Brutto-Budget. ℳ	Davon Ausgaben Persönliche ℳ	Davon Ausgaben Sachliche ℳ	Netto-Budget. ℳ
A. Ertrag der Domänen.				
Bei den Kameralämtern .	1 282 500	—	533 288	749 212
Bei den Forstverwaltungen				
aus Forsten	9 485 568	1 501 214	3 204 261	4 780 093
aus Jagden	19 295	—	6 746	12 549
aus Holzgärten . . .	362 300	13 473	336 494	12 333
Von den Berg- und Hüttenwerken	4 670 412	69 122	4 451 290	150 000
Von den Salinen . . .	1 738 450	39 482	1 048 968	650 000
Von der Bleich- u. Appreturanstalt Weißenau . .	95 100	6 100	84 100	4 900
Summe A. Ertrag der Domänen	17 653 625	1 629 391	9 665 147	6 359 087
B. Ertrag der Verkehrsanstalten.		Ministerialabtheilung. 23 800		
Der Eisenbahnen	27 460 300	6 691 859	8 000 574	12 752 000
Der Posten u. Telegraphen	6 534 000	3 024 012	2 202 055	1 300 000
Der Bodenseedampfschiffahrt	260 714	97 517	134 765	28 432
Summe B. Ertrag der Eisenbahnen . . .	34 255 014	9 837 188	10 337 394	14 080 432
C. Ertrag der Münze . . .	20 000	15 072	2 128	2 800
D. Verschiedene Einnahmen bei der Staatshauptkasse unmittelbar	965 980	—	—	965 980
Summe II. Ertrag des Kammerguts . . .	52 894 619	11 481 651	20 004 669	21 408 299
		31 486 320		

III. Ertrag der Steuern.	Brutto-Budget. ℳ	Davon der Elementar-Aufwand. ℳ	Netto-Budget. ℳ
A. Direkte Steuern.			
Grund-, Gebäude- und Gewerbesteuer	8 723 315	—	8 723 315
Steuer aus Wandergewerben . . .	19 000	—	19 000
Von Apanagen, Kapitalien-, Renten-, Dienst- und Berufs-Einkommen .	4 352 900	158 000	4 194 900
Summe A. Direkte Steuern .	13 095 215	158 000	12 937 215
B. Indirekte Steuern.			
Accise	1 434 000	84 300	1 349 700
Abgabe von Hunden	393 500	185 800	207 700
Wirthschaftsabgaben	10 554 745	1 124 509	9 430 236
Sporteln und Gerichtsgebühren . .	2 380 000	—	2 380 000
Summe B. Indirekte Steuern .	14 762 245	1 394 609	13 367 636
Summe III. Ertrag der Steuern .	27 857 460	1 552 609	26 304 851
Dazu			
IV. Antheil Württembergs an dem Ertrag der Zölle, der Tabaksteuer und der Reichsstempelabgaben	2 800 000	—	2 800 000
V. Zuschuß durch Anlehen zu Deckung der vertragsmäßigen Tilgungsraten der Eisenbahnanlehen	1 490 734	—	1 490 734
VI. Abmangel pro 1881/82, der seine Ausgleichung finden soll durch einen gleichen Ueberschuß pro 1882/83 .	167 175	—	167 175
	85 209 988	33 038 929	52 171 059
Dazu für das **Bruttobudget** die bei dem Staatsbedarf unmittelbar in Abzug gebrachten Einnahmen mit .	1 865 009		
Gesammt-Einnahme im Bruttobudget	87 074 997		

Im Jahr 1826 kamen nach einer Berechnung in den Württembergischen Jahrbüchern S. 157 von dem gesammten Staatsaufwande 23 Proz. auf den Regierungsaufwand im engeren Sinn, auf Besoldungen u. s. w., ferner 20½ Proz. auf das Militär, 18½ Proz. auf die Staatsschuld, 12½ Proz. auf Civilliste und Apanagen, 9½ Proz. auf Kirchen und Lehranstalten, 5½ Proz. auf Straßen- und Flußbau, sowie auf Landgestüte, 3½ Proz. auf das Hochbauwesen. — In der Finanzperiode 1858/61 entfielen auf Militär 22,9 Proz., auf die Staatsschuld 21,3 Proz., auf das Kultdepartement 12,8, das Departement des Innern 12,4, das der Justiz 7,3, das der Finanzen 5,5 Proz., auf Civilliste und Apanagen 8,4 Proz. — Im Jahr 1881 ist das Militär aus dem Staatsbudget verschwunden, in welchem dagegen jetzt die Leistungen für das Deutsche Reich eine beachtenswerthe Position einnehmen. Jetzt vertheilt sich der Aufwand nach dem Nettobudget, wie folgt:

Staatsschuld	37,81 Proz.	Departement der Justiz	7,83 Proz.
Kultdepartement . . .	15,60 „	Departement der Finanzen	5,72 „
Leistungen für das Reich	13,42 „	Civilliste und Apanagen	4,16 „
Departement des Innern	9,35 „	Pensionen	4,00 „
	Landstände . . .	0,39 Proz.	

Die von der Staatskasse zu leistenden Besoldungen und Beiträge zu solchen betragen im Ganzen (unter Staatsaufwand, persönlichen Ausgaben beim Kammergut und Elementaraufwand bei den Steuern) in runder Summe 19 Mill. ℳ oder 21,8 Proz. der Bruttoausgabe; auf den Kopf der am 1. Dezember 1880 ortsanwesenden Bevölkerung aber 9,64 ℳ (auf 1 971 118 Ortsanwesende).

Auf den Kopf der Bevölkerung betrugen im Jahr 1826 (Jahrb. S. 188) die Staatssteuern (Reinertrag mit Hinzurechnung von 6 Proz. Erhebungskosten) 4 fl. 6 kr. oder 7 ℳ; dagegen betragen im Jahr 1881 die Grund-, Gebäude- und Gewerbsteuern nach ihrem Netto-Ertrag 4,44 ℳ, die Steuern von Apanagen, von Kapitalien-, Renten-, Dienst- und Berufseinkommen nach ihrem Brutto-Ertrag 2,21 ℳ, die indirekten Steuern gleichfalls nach ihrem Brutto-Ertrag 7,49 ℳ — und die Steuern im Ganzen 13,34 ℳ auf den Kopf vom Netto-Ertrag und 14,40 ℳ vom Brutto-Ertrag, d. i. von dem was der Steuerpflichtige aufzubringen hat, dabei für die Grund-, Gebäude- und Gewerbsteuer noch die Umlage- und Erhebungskosten zunächst mit 3½ Proz. des Reinertrags in Rechnung gestellt. Im Gotha'schen Kalender für 1880 ist der Netto-Ertrag der direkten und indirekten Steuern, mit Einschluß der aliquoten Antheile an den Reichssteuern berechnet für Württemberg auf 14 ℳ, für Bayern auf 16,1, für Baden auf 16,6, für Sachsen auf 13,7 ℳ. Nach dem Reichshaushalts-Etat für 1881 ergibt sich ein Kopfantheil von 6,68 ℳ an dem Netto-Ertrag der Zölle und derjenigen Reichssteuern, bei welchen Württemberg betheiligt ist, die Reichsstempelabgaben jedoch noch nicht eingerechnet. An dem Netto-Ertrag der Staats- und Reichssteuern zusammen kämen hienach 1881 in runder Summe 20 ℳ auf den Kopf. (Dagegen z. B. in Frankreich 46,5, Großbritannien 39,2, Niederlanden 37,3, Italien 26,8, Oesterreich 24,4, Belgien 19,7, Portugal 19,6 ℳ). Wie viel an Aufnahme-, Umlage- und Erhebungskosten noch dazu kommt, läßt sich genau nicht feststellen; immerhin werden 1½—2 ℳ zu rechnen sein. Auch sind unter vorstehenden 20 ℳ die Gemeinde- und Amtskörperschaftssteuern nicht inbegriffen.

Von dem Nettobetrage des Staatsaufwandes trifft es auf den Kopf der Bevölkerung:

Von dem Aufwand überhaupt	26,47 ℳ	Von dem Aufwand für		
„ „ auf die Staatsschuld	10,00 „	das Departement des Innern	2,48 ℳ
„ „ für das DeutscheReich	3,55 „	Straßen- und Flußbau . .	1,05 „
„ „ für das Kultdepart.	4,13 „	das Finanzdepartement . .	1,52 „
„ „ für kirchliche Zwecke	1,85 „	Hochbau	0,64 „
„ „ für Schule, Wissenschaft und Kunst	2,11 „	Pensionen	1,05 „
		Civilliste und Apanagen .	1,10 „
„ „ für das Justizdepart.	2,07 „	Landstände	0,10 „
„ „ für die Strafanstalten	0,32 „		

Was zur Erläuterung der laufenden Ausgaben der Staatskasse zu sagen ist, darüber wären zu vergleichen die Abschnitte IV, VI, VII, VIII, XI, XII und der Anhang, sowie die nachstehende Ziff. 6 des gegenwärtigen Abschnitts IX. In dem Folgenden sollen nun die Staatseinnahmen und ihre Quellen möglichst kurz geschildert werden.

3. Das Königliche Staats-Kammergut.

Nach §. 102 der Verfassungsurkunde bilden sämtliche zu dem vormaligen **Herzoglich Württembergischen Familienfideikommiß** gehörigen, sowie die von dem Könige neu erworbenen Grundstücke, Gefälle und nutzbaren Rechte, **mit Ausschluß** des sogenannten Hofbomänen-Kammerguts, das Königliche Kammergut, — auf welchem nach §. 103 die Verbindlichkeit haftet, neben den persönlichen Bedürfnissen des Königs als des Staats-Oberhauptes und der Mitglieder des Königlichen Hauses auch den mit der Staatsverwaltung verbundenen Aufwand, soweit es möglich ist, zu bestreiten. Dem Kammergut kommt daher die Eigenschaft eines von dem Königreich unzertrennlichen Staatsgutes zu. Mit dem Kammergut ist seit 1806 das **evangelische Kirchengut des vormaligen Herzogthums Württemberg** aufs engste verbunden, dessen abgesonderte Verwaltung in Gemäßheit des §. 77 der Verfassungsurkunde längst hätte wieder hergestellt werden sollen, dessen Ausscheidung aus dem Verband mit dem Kammergut aber schon unmittelbar nach Verabschiedung der Verfassung unüberwindlichen Schwierigkeiten begegnet ist und jetzt in dem Sinne, in welchem sie geplant war, kaum mehr durchführbar wäre. Solang diese Ausscheidung nicht erfolgt ist, muß die Staatskasse die mannigfachen auf dem Kirchengut haftenden Lasten ihrerseits forttragen, was wenigstens zu einem Theil die relative und absolute Höhe der Ausgaben für das Kultdepartement, insbesondere für kirchliche Zwecke, erklärt.

Das Kammergut soll in seinem wesentlichen Bestande erhalten, kann daher ohne Einwilligung der Stände weder durch Veräußerung vermindert, noch mit Schulden oder sonst mit einer bleibenden Last beschwert werden. Als eine Verminderung des Kammerguts ist es jedoch nicht anzusehen, wenn zu einer entschieden vortheilhaften Erwerbung ein **Geldanlehen aufgenommen, oder zum Vortheil des Ganzen eine Veräußerung oder Austauschung einzelner minder bedeutender Bestandtheile** desselben vorgenommen wird. Es muß aber den Ständen in jedem Jahr eine genaue Berechnung über den Erlös aus solchen Veräußerungen und über dessen Wiederverwendung zum Grundstock vorgelegt werden (Verf.-Urkunde §. 107).

Eine wesentliche Veränderung im Bestande des Kammerguts hat namentlich die Ablösungsgesetzgebung bewirkt. Die Zehnten und Theilgebühren, welche vor 1848 bis zu 1 ½ Mill. fl. jährlich eingebracht haben, dann die Lehen und Zinsgüter mit einem jährlichen Ertrag von fast 600 000 fl. vor 1848 sind in Folge der Ablösungsgesetzgebung bis auf einen kleinsten Rest von 229 ℳ. verschwunden. Auf der anderen Seite ist, fast um dieselbe Zeit beginnend, in den **Verkehrsanstalten** dem Staatskammergut ein neuer sehr werthvoller Bestandtheil zugewachsen, zu dessen Erwerbung zwar auch eigene Mittel des Grundstocksvermögens haben in Anspruch genommen werden können, vorwiegend aber doch nicht sowohl solche, als vielmehr Anlehensgelder erforderlich geworden sind.

Seiner rechtlichen Entstehung nach setzt sich das Königliche Staatskammergut zusammen 1) aus dem altwürttembergischen Kammergut, 2) aus dem altwürttembergischen evangelischen Kirchengut, 3) aus den bis zur Vereinbarung der Verfassung von 1819 dazu neu erworbenen Grundstücken, Gefällen und Rechten, 4) aus den mit Ablösungsgeldern und anderen Einnahmen von Veräußerungen einzelner minder bedeutender Bestandtheile gemachten Wiederverwendungen zum Grundstock, 5) aus den theils mit solchen, theils mit anderen Mitteln, insbesondere unter Verwendung von Anlehensgeldern hergestellten und eingerichteten Verkehrsanstalten, endlich 6) aus den einer endgiltigen Verwendung noch gewärtigen mobilen Werthen in Folge der Ablösungen und anderer Veräußerungen von älteren Grundstocksbestandtheilen. Zu dem altwürttembergischen Kammergut (Ziff. 1) gehörte nicht das sog. Kammerschreibereigut, — ebensowenig als jetzt zu dem Staatskammergut das Königliche Hofdomänen-Kammergut (Verf.-Urkunde §. 102, 108). Zu unterscheiden von dem Kammergut ist ferner das **Krongut**, d. i. das Vermögen der Krondotation oder das „Grundvermögen der Civilliste", ein für den Gebrauch des Königs und den Bedarf der Hofhaltung bestelltes, theils aus dem Kammergut, theils aus dem ererbten Vermögen des Königs und der Königlichen Familie ausgeschiedenes „Staatsfideikommiß". Die obige Ziffer 6 insbesondere berührt der in §. 107 Abs. 2 der Verf.-Urkunde verlangte jährliche Nachweis über den Erlös aus Grundstocksveräußerungen und dessen Wiederverwendung zum Grundstocksvermögen. Dieser Nachweis ist dem Hauptbuch der Staatskasse unmittelbar zu entnehmen, in welchem er unter dem Titel „Grundstocksverwaltung" eine eigene Abtheilung bildet.

Im Hauptfinanzetat und dem entsprechend in der laufenden Verwaltung der Staatskasse erscheinen nur die Erträge des Kammerguts nach den Hauptgruppen der Domänen und Verkehrsanstalten, denen die Erträge der Münze und die sogen. verschiedenen Einnahmen bei der Staatshauptkasse unmittelbar angehängt sind, unter den letzteren auch die Zinse aus den zunächst in Werthpapieren angelegten Grundstocksgeldern.

Nach ihrer natürlichen Beschaffenheit endlich kann man die Kammergutsbestandtheile unterscheiden wie folgt: 1) Staatswaldungen, 2) landwirthschaftlich benützte Domänen und Grundstücke, 3) Staatsgebäude, 4) Gebäude mit Gewerbebetrieb verbunden, 5) Berg- und Hüttenwerke, 6) Salzwerke, 7) die Münze, 8) die Bleich- und Appreturanstalt Weißenau; — sodann 9) die Staatseisenbahnen 10) die Bodensee-Dampfschiffahrtsanstalt, 11) die Posten, 12) die Telegraphen; — endlich 13) die auf Zinsen angelegten Gelder und verschiedene andere Einnahmen der Staatskasse unmittelbar.

1) Die Staatswaldungen (Literatur: Die forstlichen Verhältnisse Württembergs. Stuttgart 1880). Nach dem Stande vom 1. Januar 1880 192 236,8 ha, 32,2 Proz. der Gesammtwaldfläche des Landes, 10 Proz. der Grundfläche des Königreichs. 96 Proz. der Staatswaldfläche sind in ertragsfähigem Stand, 3 Proz. nicht ertragsfähig, 1 Proz. landwirthschaftlich benützt. Der Hochwaldbetrieb mit einer Umtriebszeit von 80—120 Jahren ist in den Staatswaldungen Regel (97,4 Proz.); Mittelwaldbetrieb (1,6 Proz.) auf 2 947,3 ha. Eichenschälbetrieb im Jahr 1877 auf 466 ha, die Ausdehnung bis auf 1800 ha beabsichtigt. Für 1881/83 wird eine Fläche von 190 000 ha, eine Nutzung von nahezu 4 Festmeter Derbholz, woran gegen 40 Proz. Nutzholz, dazu die entsprechende Quote von Reisig und Stockholz, und ein Erlös von nicht ganz 12 ℳ vom Festmeter Derbholz zu Grund gelegt. Dem Rohertrag aus dem Holz mit 9,1 Mill. ℳ stehen unter den Ausgaben hauptsächlich gegenüber die Besoldungen und der übrige Aufwand der Forst- und Revierämter mit 5,4 ℳ, die Kosten des Forstschutzes mit 2,8 ℳ, — dann, nach dem Durchschnitt von 1861—1878, die Kulturkosten mit 2,2, die Wegbaukosten mit 2,1 ℳ je auf 1 ha der Gesamtwaldfläche, die Holzhauerlöhne mit 15,1 Proz. des Holzertrags. Nach dem gleichen Durchschnitt hat sich der Verwaltungsaufwand im Ganzen auf 21,4 ℳ, dagegen nach dem Durchschnitt von 1874—78 auf 25,5 ℳ für den ha berechnet. So würde man auf einen Reinertrag (1861—78) von 26,6, oder (1874 bis 78) 22,5 ℳ auf 1 ha gelangen, während derselbe thatsächlich im Jahr 1877 noch 27 ℳ, 1878 29 ℳ, — aber 1873 (dem Maximum) 46 ℳ betragen hat. In dem Hauptfinanzetat für 1881/83 selbst wird derselbe, bei 4³⁄₄ Mill. Netto-Einnahme, auf 25,2 ℳ geschätzt.

Unter dem Ertrag der Forstverwaltung verrechnet die Staatshauptkasse, neben den Pachtgeldern aus dem Waldfeldbau (8 360 ha), aus Steinbrüchen, und neben dem Ertrag der Wässerwiesen auf 238,6 ha (mit 85 ℳ pro ha und Jahr), auch die Einnahmen aus 857,5 ha Torffeldern mit rund 21 000 ℳ netto, bei einer Ausbeute von 90 000 Ctrn., — auf den ha 23,4 Pf. netto. — Die Abgabe von Prügel- und Stockholz an die K. Hüttenwerke, und zwar bereits in Kohlenform, wechselt, je nachdem die Hüttenverwaltung es vortheilhafter findet, ihren Bedarf aus den Staatswaldungen oder von Privaten zu beziehen. Zu Deckung des Brennholzbedarfs der Staatsbehörden in der Residenz, sowie der Königl. Civilliste, theilweise auch zum freien Verkauf an Private ist in Stuttgart ein Holzgarten errichtet; kleinere Holzgärten bestehen ferner in Ludwigsburg, Bietigheim und Waiblingen. Das Holz wird aus den waldreichen Landestheilen beigeführt. Die jährliche Abgabe beträgt 30—36 000 Raummeter, theils Buchen-, theils Nadelholzscheiter. Den Reinertrag bedingen wesentlich die Holzpreise; im Durchschnitt der letzten 10 Jahre stellte er sich auf 29 000 ℳ. Die zum Betrieb der Langholzflößerei an der Enz und Nagold und den Nebenbächen beider erforderlichen Einrichtungen sind von der Staatsforstverwaltung herzustellen und zu unterhalten, soweit nicht Privaten oder Gemeinden für die ausschließlich in ihrem Interesse gemachten Anlagen einzustehen oder „Schifferschaften" z. B. die Floßstraßen unterhalten müssen. Die Jagd wird auf 58 000 ha in eigener Regie betrieben, 113 616 ha sind an Angehörige des Forstpersonals verpachtet, in dem Rest der Staatswaldungen ist das Waidwerk in Händen von Privatpächtern. Die Jagd im Ganzen trägt 12 550 ℳ; im Selbstbetrieb beträgt der Reinertrag 7,6 Pf., die Pachtjagden bringen seit 1880 6,6 Pf. vom ha. — Die Reinerträge der Forst- und Jagdverwaltung überhaupt haben sich seit 1864 zwischen 4 und 9½ Mill. ℳ. bewegt. Die letzten Jahre zeigen einen Rückgang. Immerhin sollte man auf einen durchschnittlichen Reinertrag von rund 5 Mill. ℳ. auch für die Zukunft rechnen dürfen. Geht man hievon aus und legt man einen Zinsfuß von 2½ bis 3 Proz. zu Grund, so käme man auf einen Kapitalwerth der Staatswaldungen von 170 bis 200 Mill. ℳ.

2) **Landwirthschaftlich benützte Domänen und einzelne Grundstücke**, nach dem Hauptfinanzetat für 1881/83 10 216 ha, nach der Domänenliste von 1876 10 239,17 ha, und zwar 4 766,73 ha Maiereien, 5 472,44 ha Einzelgüter. Nach den Kulturarten bestanden . . . aus

	Gärten und Ländern	Weinbergen	Aeckern	Wiesen	Weiden und Wechselfeldern	Seen
die Maiereien	83,36	30,64	2 567,40	995,35	768,30	14,46
die Einzelgüter	196,06	17,03	2 896,94	2 304,25	58,16	—
	279,42	47,67	5 464,34	3 299,60	826,46	14,46

zusammen 9 931,95 ha,
dazu die Domäne Hohenheim . 307,22 „

Zu den Maiereien gehörten 82 Haupt-, 253 Neben-Gebäude. 42 Maiereien waren an Private, 6 zu Staatszwecken verpachtet. Das Pachtgeld betrug 1876 193 573,87 ℳ (40,61 ℳ auf 1 ha), für 1881 ist dasselbe zu 191 547 ℳ veranschlagt, darunter 32 404,50 ℳ für zu Geld gerechnete Früchte. Von den Einzelgütern waren 1876 52 ha mit Gebäuden und Gewerben verpachtet (s. unten 4), weitere 91,75 ha befanden sich in Selbstadministration mit einem Ertrag von 5 408,46 ℳ — für 1881 sind nur 4 232 ℳ in Aussicht genommen. Das Pachtgeld der übrigen 5 328 ha betrug 1876 485 000 ℳ (91,04 ℳ auf 1 ha), für 1881 wird dasselbe zu 481 841 ℳ veranschlagt, darunter 4 988 ℳ zu Geld gerechnete Früchte. Legt man bei den Maiereien einen Zinsfuß von 3 Proz., bei den Einzelgütern einen solchen von 4½ Proz. zu Grund, so würde sich als Kapitalwerth der landwirthschaftlich benützten Staatsgüter eine Summe von 17 Mill. ℳ ergeben.

3) Als Stand der auf Rechnung des Hochbaufonds zu unterhaltenden Staatsgebäude am 1. Mai 1880 werden in dem Hauptfinanzetat für 1881/83 2 219 Haupt- und 2 617 Neben-Gebäude angegeben, zusammen 4 836 Gebäude. Darunter sind jedoch inbegriffen die mit Maiereien oder Gewerben verpachteten Gebäude (Z. 2), dagegen nicht inbegriffen z. B. die Gebäude der Hütten- und Salzwerke, diejenigen unter der Verwaltung der Staatseisenbahnen und der Posten, der höheren Strafanstalten, der Landgestüte u. s. w., welche auf Rechnung des Elementaraufwands oder mit den Mitteln eigener Fonds unterhalten werden. Ebenso wenig be-

greift die bei den Kameraldomänen verrechnete Ausgabe an Brandschadensbeiträgen mit rund 41 000 ℳ die sämmtlichen Staatsgebäude. Doch gewährt die letztere einen Anhaltspunkt zu Berechnung des Kapitalwerths der damit versicherten Staatsgebäude. Der Prämiensatz, welcher hiebei zu Grund gelegt ist, beträgt 9 Pf. für 100 ℳ Umlagekapital. Das letztere ist also 45 ½ Mill. ℳ. Als Ertrag der einzeln vermietheten Gebäude und Gebäudetheile sind im Etat 124 408 ℳ vorgesehen.

4) Unter den Gebäuden mit Gewerben nehmen die Badanstalten in Wildbad die erste Stelle ein, welche theils verpachtet sind (das königl. Badhotel), theils selbst betrieben werden (die Bäder, das Katharinenstift u. s. w.). Die übrigen, auch mit Grundstücken verbundenen Gewerbe sind Mühlen, Bierbrauereien, Ziegeleien, eine Wirthschaft (auf der Solitude) u. s. w. — Der Reinertrag der Kameraldomänen (Ziff. 2—4) beträgt seit 1875, wo zuerst die Gehalte der Kameralbeamten u. s. w. auf den Ausgabe-Etat des Finanzministeriums übernommen worden sind, 750—800 000 ℳ jährlich.

5) Die Berg- und Hüttenwerke, im Ganzen 6, von denen 3 mit Hochofenbetrieb und einer Roheisenproduktion, einschließlich Gußwaaren 1. Schmelzung, 1877 von 234 734 Ctr., 1878 von 227 776 Ctr., dagegen nach dem Voranschlag für 1881/83 noch von 140 400 Ctr. Als weiteres Erzeugniß sämmtlicher Hüttenwerke sind dort in Aussicht genommen 50 300 Ctr. Gußwaaren, 152 680 Ctr. Schmied- und Walzeisen, 6 000 Ctr. Rohstahl — alles zusammen mit einem Rohertrag von 4 209 548 ℳ und einem Reinertrag von 150 000 ℳ, während der letzere von 1864 bis 1867 450—500 000 ℳ, von 1867 bis 1873 750—900 000 ℳ betragen hat, seit 1873 aber rasch auf 660 000 ℳ, 500 000 ℳ, 180 000 ℳ (1877/78) gesunken ist. Der Werth der Grundkapitalien der Hüttenwerke ist amtlich, nach dem Stand vom 31. März 1879, auf 3¾ Mill. ℳ eingeschätzt, worunter Wasseralfingen allein mit 2⅔ Mill. und die mit den Werken nicht unmittelbar in Verbindung stehende Erzgrube bei Kuchen mit 50 000 ℳ. Dabei wurde so verfahren, daß auf den Grundstock nur die Kosten für solche neue Einrichtungen und Erweiterungen übernommen sind, mittelst deren die Erzielung eines nachhaltigen höheren Ertrags der Werke zu erwarten ist.

6) Die Salzwerke, im Ganzen 4, von denen 2 mit Steinsalzwerken verbunden. Das jährliche Erzeugniß an Steinsalz betrug in den letzten Jahren stark 1¼ Mill. Ctr.; an Siedesalz werden über ½ Mill. Ctr. hergestellt, davon die kleinere Hälfte durch Auflösen von Steinsalz. An Stelle des in früheren Zeiten lebhaft betriebenen Salzverkaufs nach der Schweiz geht jetzt der auswärtige Salzabsatz vorzugsweise Neckar- und Rheinabwärts. Die württemb. Salzwerke am unteren Neckar bilden mit den benachbarten badischen und hessischen Salzwerken den Neckarsalinenverein (gegründet zu Heidelberg den 12. September 1828). Für 1881/83 hofft man jährlich an Steinsalz 1 310 000 Ctr., an Siedesalz 532 000 Ctr. verkaufen zu können. Der Rohertrag hieraus ist auf nahezu 1½ Mill. ℳ, der Reinertrag der Salzwerke auf 650 000 ℳ veranschlagt. Im Jahr 1868, nach Aufhebung des Salzmonopols, war der letztere nur ⅓ Mill. ℳ, hätte sich also jetzt beinahe verdoppelt. Auch hier liegt, auf denselben Grundsätzen wie bei Z. 5 beruhend, eine amtliche Einschätzung der Grundkapitalien der Salzwerke vor, nach welcher deren Werth am 31. März 1879 in runder Summe 3 Mill. ℳ betragen hat. Friedrichshall ist hierunter mit 2¼ Mill. ℳ begriffen. Der künftig etwa nothwendig werdende Aufwand für neue Bergwerks- (Schacht-) Anlagen soll in allen Fällen wenigstens vorläufig aus den laufenden Salinenerträgnissen bestritten und erst, wenn durch den-

selben der beabsichtigte Zweck zum Vortheil des Grundstocks nachweislich erreicht worden wäre, der laufenden oder der Restverwaltung aus Grundstocksmitteln ersetzt werden. Dabei ist zu erwähnen, daß der beiläufig 786 000 fl. erfordernde Aufwand für den Schachtbau in Friedrichshall (1859/60) thatsächlich längst als amortisirt betrachtet werden kann.

7) Die Münze (Literatur: F. G. Jäger, Beiträge zur Geschichte des Münzwesens in Württemberg, Inaug. Dissert. 1840; Pfaff, Geschichte des Münzwesens in Württemberg, Jahrb. 1858 II S. 44; vergl. auch Württemb. Jahrbücher 1872 II S. 53), in früheren Jahren in der Regel mit einer Mehrausgabe, statt mit einem Ertrag abschließend, hat in Folge einer stärkeren Betheiligung bei der Ausprägung von deutschen Reichsmünzen (1871/77 160¼ Mill. Stück Münzen im Gesammtwerth von 124½ Mill. ℳ) in 6 Jahren 655 960,64 ℳ Reinertrag abzuliefern vermocht, woneben noch 107 205,32 ℳ auf Neubauten, Maschinenanschaffungen und andere Verbesserungen der Einrichtung verwendet werden konnten. Seit 1877 geht allerdings mit den Aufträgen für die Rechnung des Reichs auch der Ertrag erheblich zurück, indem die Münze vorzugsweise nur noch mit der Prägung von Medaillen und der Herstellung von Scheidgold und Scheidsilber für den Bedarf der Edelmetallindustrie beschäftigt ist.

8) Die Bleich= und Appreturanstalt Weißenau, 1851 von der Finanzverwaltung um die Summe von 168 554 fl. käuflich übernommen, nachdem der Staat bei dem Unternehmen schon seit 1839 mit einem größeren niederverzinslichen Anlehen betheiligt gewesen ist. Bis 30. Juni 1860 waren 193 791 fl. Grundstocksmittel auf die Anstalt verwendet; am letzten Juni 1874 soll das Grund= und Betriebskapital der Anstalt auf 202 781 fl. sich berechnet haben (Hauptfinanzetat 1875/76 S. 332), d. i. in runder Summe 382 000 ℳ Die Erträge schwankten von 1865 bis 1874 zwischen 4 000 und 32 000 ℳ Seither hatte die Anstalt wiederholt mit einem Defizit zu kämpfen, was übrigens auch zu Anfang der Sechziger Jahre schon der Fall gewesen ist. Ein Verkaufsversuch in der ersten Hälfte der Siebenziger Jahre erzielte kein Ergebniß.

9) Die Staatseisenbahnen (Literatur: Württ. Jahrb. 1874 II S. 115 ff.; 1879 I S. 159 ff.; ferner die Verwaltungsberichte des K. Min. d. ausw. Angel. Abth. für Verkehrsanstalten, früher durch den Staatsanzeiger, neuerdings besonders veröffentlicht). Am 31. März 1880 1 487,52 km im Betrieb, während die Länge der von Württemberg gebauten Bahnen 1 495,08 km beträgt. Doppelgeleise liegen auf 169,50 km Bahnlänge. Die Zahl der Bahnstationen beträgt 269 und mit Einschluß der Haltstellen 296; 1 auf 5 km Bahnlänge. Das Grundeigenthum der Bahn umfaßt eine Fläche von rund 6 000 ha, darunter an Böschungen und Abschnitten, welche land= oder forstwirthschaftlich nutzbar sind, rund 4 000 ha mit einem Ertrag von 152 000 ℳ — Das Gesetz vom 13. April 1843, betreffend den Bau von Eisenbahnen, bestimmt in Art. 3, daß an dem Aufwand für die auf Kosten des Staats zu bauenden Eisenbahnen nur die Kaufschillinge für die Bauplätze der nothwendigen Gebäude und für die Grundflächen zu den Bahnhöfen auf das Grundstocksvermögen des Staats übernommen werden sollen. Von diesem Grundsatz ist bis jetzt nur in 2 Fällen abgewichen worden, das erstemal durch das Gesetz vom 28. Dezember 1851, welches den gesammten Bauaufwand für die Herstellung der Verbindungsbahn zwischen Württemberg und Baden von Bietigheim bis Bruchsal, desgleichen den ganzen Aufwand für die Herstellung einer Verbindungsbahn zwischen Württemberg und Bayern (in Ulm) der Grundstocksverwaltung überwiesen hat, — das zweitemal durch das Gesetz vom 17. September 1855, nach welchem der bis

dahin noch vorhandene Rest des Aufwands für den Bau und die Ausrüstung der Bahnlinie zwischen Heilbronn und Friedrichshafen gleichfalls auf den Grundstock übernommen wurde. In Folge dieser Gesetzesbestimmungen sind bis jetzt aus Grundstocksmitteln selbst für den Eisenbahnbau aufgewendet worden 13 190 578,66 ℳ Baukosten und 12 019 103,71 ℳ Kaufschillinge, zusammen 25,2 Mill. ℳ. Im Einklang mit der Verfassungsurkunde sind sodann im Eingang zu dem Gesetz vom 28. Dez. 1851 die auf Staatskosten gebauten Eisenbahnen überhaupt für einen Bestandtheil des Kammerguts erklärt, so zwar, daß die Verzinsung und Tilgung der zum Bau sonst aufgenommenen Anlehen, als einer nicht speziell auf dem Königl. Kammergut haftenden Schuld, der Staatskasse im Allgemeinen obliege. Neben obigen 25,2 Mill. ℳ Grundstocksgeldern sind auf den Eisenbahnbau bis jetzt verwendet worden 25,35 Mill. ℳ Restmittel und aus dem laufenden Ertrag zu Erweiterungen und Verbesserungen 7,74 Mill. ℳ. Zu diesen Aufwendungen auf den Eisenbahnbau aus Grundstocks- und anderen bereiten Mitteln der Staatskasse mit zusammen 58,3 Mill. ℳ ist hinzuzurechnen der Gesammtbetrag der Eisenbahnschuld auf den 1. April 1880 mit 386,76 Mill. ℳ, darunter 7,7 Mill. ℳ Zinse aus dem Baukapital während der Bauzeit und 15,77 Mill. ℳ Kosten der Beschaffung der Anlehen, so daß sich als Anlagekapital der Eisenbahnen auf den 1. April 1880 eine Summe von rund 445 Mill. ℳ ergibt (auf 1 km Bahnlänge 297 605 ℳ — der Durchschnitt sämmtlicher deutscher Bahnen ist 1879 auf 1 km 261 364 ℳ). Auch für andere Zwecke der Verkehrsanstalten, für Telegrapheneinrichtungen und Postgebäude, dann 1 117 533 ℳ für Dienstwohnungen der niederen Diener der Verkehrsanstalten in Stuttgart, waren im Weg von Anlehen die Mittel im Gesammtbetrag von 3 587 000 ℳ aufzubringen.

Diese und die Eisenbahnschuld, an welcher zu Ende März 1880 stark 1 Mill. ℳ noch nicht förmlich verbrieft war, also hier außer Betracht bleibt, beliefen sich zusammen auf 389 ¼ Mill. ℳ und hieran waren bis zum 1. April 1880 getilgt 30,8 Mill. ℳ. Der Ertrag der Staatseisenbahnen war nach den Lieferungen zur Staatshauptkasse in Tausenden von ℳ in den Etatsjahren, welche begannen am 1. Juli:

1864	5 138,	1871	9 997,	1878 auf ¾ Jahre		9 586;
1865	6 037,	1872	11 632,	ferner in den m. 1. April beginnenden Jahren:		
1866	6 253,	1873	9 795,	1879		12 678,
1867	7 838,	1874	11 241,	1880		11 320;
1868	6 649,	1875	12 808,	und nach den Voranschlägen		
1869	6 199,	1876	12 752,	1881		12 752,
1870	8 120,	1877	12 801,	1882		12 765.

Den wirklichen Reinertrag für das Verwaltungsjahr 1879/80 gibt die Eisenbahnverwaltung zu 12 416 328 ℳ an oder auf 1 km wirkliche Betriebslänge 8 660,64 ℳ (1878/79 9 163,88 ℳ, 1877/78 9 639,60 ℳ). Die Betriebsausgaben berechneten sich 1879/80 auf 51,5 Proz. der Einnahme. In Prozenten des Anlagekapitals betrug der Reinertrag 1879/80 3,09 Proz. (1877/78 3,46 Proz.; — 1867/68 5,21 Proz.)

10) Die Bodensee-Dampfschiffahrtsanstalt, früher in Händen einer Aktiengesellschaft, nach dem Ankauf sämmtlicher Aktien für den Staat seit 1854 im Staatsbetrieb. Gesammtaufwand für die Anschaffung der Schiffe und des sonstigen Eigenthums, abgesehen von dem aus den Betriebserträgnissen von 1868/70 geleisteten Zuschuß von 60 305 ℳ zu den Kosten des Trajektschiffs, bis letzten März 1880 1 046 309 ℳ, davon 984 000 ℳ Vorschüsse der Grundstocksverwaltung, der Rest Vorschüsse des Baufonds für Eisenbahnerweiterungsbauten. Hieran sind bereits

erſetzt, und zwar an den Vorſchüſſen des Grundſtocks 813 998 ℳ, an denjenigen des Baufonds 16 500 ℳ. Der nach Abzug ſolcher Rückzahlungen noch verbliebene Reinertrag iſt ein ſchwankender. Der für 1879/80 mit 11 200 ℳ erzielte gehört zu den günſtigeren Ergebniſſen. Der Betrieb der im Jahr 1857 erworbenen Neckar-Dampfſchiffahrtsanſtalt iſt l. J. 1870 eingeſtellt worden.

11) Die **Poſten**, zufolge Vertrags vom 22. März 1851 von dem fürſtlichen Hauſe Thurn und Taxis in das Staatseigenthum übergegangen, am 31. März 1880 mit 524 Poſtbureaux oder 1 auf 37,9 km und auf den gleichen Termin mit einem Anlagekapital von 4 337 589 ℳ, zum größeren Theil aus Grundſtocksmitteln, zum kleineren mittelſt Geldanlehen beſchafft. Die Erträge giengen in der Periode 1864—1868 von 361 000 ℳ auf 242 000 ℳ zurück, hoben ſich alsdann bis 1871 bis auf 678 000 ℳ, ſtanden 1874 auf 4 000 ℳ, 1875 und 1877 wieder auf 474 000 ℳ, 1879 auf 635 000 ℳ und werden ſich künftig noch mehr erhöhen, nachdem die Porto-befreiung der Staatsbehörden für Sendungen in Dienſtangelegenheiten des Staats, der Kirchen, der Schulen u. ſ. w. mit dem 1. April 1881 aufgehört hat.

12) Die **Telegraphen**, am 31. Dezember 1879 mit 2 753 km Linien und 7 194,4 km Leitungen, worunter 96,01 km Kabel; dann mit 373 dem allgemeinen Verkehr dienenden Stationen, 1 auf 52,9 km; und am 31. März 1879 mit einem Anlagekapital von 2 346 508 ℳ, theils Grundſtocksmittel, theils Anlehens-gelder, theils Reſtmittel und Kriegsentſchädigungsgelder. Ein finanzieller Ertrag war hiebei zunächſt weniger der Zweck. Doch ſind einige tauſend ℳ faſt immer erzielt, iſt ein Defizit meiſt vermieden worden. Mit **Telephonanlagen** wurde i. J. 1881 begonnen.

13) Die auf **Zinſen angelegten Grundſtocksgelder**. Wie ſchon er-wähnt, werden die für veräußerte Beſtandtheile des Staatskammerguts eingehenden Gelder, ſowie die Zahlungen für neue Erwerbungen zu demſelben bei der Staats-kaſſe unter der Abtheilung **Grundſtocksverwaltung** abgeſondert verrechnet. Früher kamen derartige Veränderungen nur in kleinerem Umfang vor. Vereinzelte Staats-güter und entbehrliche Gebäude wurden verkauft, Grundgefälle abgelöst, die dafür eingegangenen Gelder aber zur Abrundung des Staatswaldbeſitzes, zu Erwerbung von geſchloſſenen ſtandesherrlichen oder ritterſchaftlichen Gütern, zu Erweiterung der eigenen gewerblichen Anlagen des Staats und zur Ablöſung der auf dem Kammer-gut haftenden Laſten verwendet. Durch die Ablöſungsgeſetze von 1848 und 1849 iſt jedoch ein Kapitalwerth von mehr als 20 Millionen Gulden flüſſig geworden. Be-reits wurde gezeigt, in welch verſchiedener Weiſe über einen Theil dieſer Summe inzwiſchen Verfügung getroffen wurde. Nach der auf den 31. März 1879 abgelegten Rechnung der Staatshauptkaſſe befanden ſich indeſſen noch über 25 Mill. ℳ meiſt in **Staatsſchuldſcheinen** im Beſitze des Staatsgrundſtocks, deren Zinsenertrag neben dem Ertrag einiger an Private und Privatinſtitute gemachten Anlehen, dem Ertrag von 81 600 ℳ Aktien des G. Werner'ſchen Bruderhauſes in Reutlingen, der geſetzlichen Leiſtung der Stuttgarter Notenbank, nämlich 33¹/₃ Proz. von dem 5 Proz. überſteigenden jährlichen Reingewinn, unter den „Verſchiedenen Einnahmen bei der Staatskaſſe unmittelbar" mit verrechnet wird.

Eine Berechnung des Grundſtocksvermögens im Ganzen liegt amtlich nicht vor. Herdegen hat im Jahr 1848 durch Kapitaliſirung des damaligen Reinertrags des Kammerguts von 4 Mill. Gulden, unter Zugrundlegung eines Zinsfußes von 3¹/₃ Proz., einen Werth von 120 Mill. Gulden berechnet (Staatshaushalt S. 50). Bei den jetzigen Ertragsverhältnissen der älteren Kammergutsbestandtheile, ferner nach den amtlichen Feststellungen der Schätzungswerthe bei den Hüttenwerken und Salinen, der aufgewendeten Anlagekapitalien bei den Verkehrsanstalten, endlich unter Berücksichtigung der in Werthpapieren angelegten Gelder würde sich für den Grundstock ein Aktivvermögen (ohne Abzug der gegenüberstehenden Schuld) ergeben, dessen genauerer Betrag zwischen 720 und 750 Mill. ℳ liegen sollte. Bei einem Netto-Ertrag von rund 22 Mill. ℳ würde sich dieser Werth noch zu 3 Proz. verzinsen. Nahezu 26 Mill. ℳ sind im Rechnungsjahr 1875/76 erzielt worden. Der neueste Voranschlag (1881/83) geht nicht über 21,4 Mill. ℳ.

4. Die Steuern.

Soweit der Ertrag des Kammerguts nicht zureicht, wird der Staatsbedarf nach §. 109 der Verfassungsurkunde durch Steuern bestritten. Ohne Verwilligung der Stände, — die jedoch nach §. 113 nicht an Bedingungen geknüpft werden darf, welche die Verwendung dieser Steuern nicht unmittelbar betreffen, — kann weder in Kriegs-, noch in Friedenszeiten eine direkte oder indirekte Steuer ausgeschrieben und erhoben werden. Die auf einen gewissen Zeitraum verwilligten Jahressteuern werden, wie es in §. 114 der Verfassungsurkunde heißt, nach Ablauf dieses Zeitraums in gleichem Maße auch im ersten Drittel des folgenden Jahres auf Rechnung der neuen Verwilligung eingezogen, — vorausgesetzt daß die letztere nicht rechtzeitig vorher erfolgt sein sollte. Gehen auch die ersten 4 Monate des neuen Etatsjahrs vorüber, ohne daß das Finanzgesetz zu Stand gekommen wäre, so muß im Wege der Gesetzgebung für die Forterhebung der Steuern Fürsorge getroffen werden. Zahlreiche provisorische Steuerverlängerungsgesetze zeigen, daß in den Fünfziger und Sechziger Jahren fast regelmäßig ein derartiger Nothbehelf praktisch geworden ist.

Der Hauptfinanzetat unterscheidet direkte und indirekte Steuern. Die ersteren sind durchweg Ertragssteuern, auch soweit sie Einkommenssteuern heißen. Die indirekten Steuern bestehen aus Aufwandssteuern, gebührenartigen Einnahmen und Verkehrssteuern.

Die direkten Steuern zerfallen in zwei Gruppen, von denen die eine durch die Grund-, Gebäude- und Gewerbesteuer, die zweite durch die Steuer von Apanagen, von Kapitalien-, Renten-, Dienst- und Berufs-Einkommen gebildet wird. Auf die Grund-, Gebäude- und Gewerbesteuer insbesondere beziehen sich die §§. 115 und 118 der Verfassungsurkunde, wogegen die §§. 116 und 117 auf das Steuerwesen überhaupt Bezug haben. Diese Paragraphen lauten im Zusammenhang:

§. 115. Die verwilligten Steuern werden auf die Amts-Körperschaften ausgeschrieben und von diesen [sowohl] auf die einzelnen Gemeinden, [als auch auf die in keinem Gemeinde-Verbande stehenden Güterbesitzer] vertheilt. — (Das in [ ] Gestellte ist gegenstandslos geworden in Folge des Gesetzes vom 18. Juni 1849.)

§. 116. Von den Amts-Pflegern, sowie von den Ober-Einbringern der indirekten Steuern, werden die Steuergelder theils an die Staatskasse, theils an die Schulden-Zahlungskasse nach der deshalb bei der Verwilligung zu treffenden Verabschiedung eingeliefert. Die erwähnten Steuer-Einnehmer sind dafür verantwortlich, daß sie die eingehenden Steuergelder unter keinem Vorwande an eine andere, als an die durch die Verabschiedung bestimmte Kasse, oder auf eine von derselben im gesetzlichen Wege ausgestellte Anweisung verabfolgen.

§. 117. Die höhere Leitung des Einzuges der direkten und indirekten Steuern ist einer Central-Behörde übertragen. Diese hat die Akkorde über indirekte Steuern zu schließen, die Repartition der direkten zu entwerfen, für deren Beitreibung zu sorgen, über Steuer-Nachlässe nach verabschiedeten Grundsätzen Anträge zu machen, und diese, sowie die Steuer-Repartition, dem Finanzministerium vorzulegen.

§. 118. Das Finanz-Ministerium hat den Ständen die ihm vorgelegte Steuer-Repartition, sowie monatlich den Kassen-Bericht über die eingegangenen Steuern und etwaigen Ausstände mitzutheilen. —

Im Einzelnen sind die Steuern (Sammlung der Württembergischen Staatssteuergesetze, Stuttgart 1882, im Verlag von W. Kohlhammer, gegenwärtig, April 1882, im Druck):

A) **Direkte Steuern** (s. Württ. Jahrbücher 1879 I S. 71 ff.), und zwar folgende:

1) **Die Grund-, Gebäude- und Gewerbesteuer.**

Als die Grafen von Württemberg mit den Erträgnissen ihres Kammerguts und mit den ihnen vom Kaiser verliehenen Zöllen und Regalien nicht mehr ausreichten, um daraus auch den Aufwand für die Regierungszwecke zu bestreiten, mußten zuerst freiwillige Gaben einzelner Städte und Aemter, bald aber Schatzungen auf die ganze Landschaft, und zwar mit Zustimmung der letzteren, hinzutreten. Es ist bereits gezeigt worden, wie sich aus dieser Steuerverwilligung das altwürttembergische Verfassungsrecht verhältnismäßig rasch herausgebildet hat. Die erste bekannte Ordnung, wie die Schatzung einzubringen, datirt vom 19. November 1470. Die Schatzung war eine Vermögenssteuer. Uebrigens sollten auch Personen, die nichts haben, — Dienstboten ausgenommen — [mit dem Ertrag ihrer Arbeit] beigezogen werden. Daneben wird genannt der **Landschaden** als Verpflichtung des Landes, Leistungen eines einzelnen Amts in Landesangelegenheiten aus den Beiträgen aller zu entschädigen. In gleicher Weise gab es damals schon einen Amts- und Gemeindeschaden. (Amts- und Landschadens-Ordnung von 1489). Der Tübinger Vertrag vom 8. Juli 1514 brachte als Steuerreform die **Landsteuer.** Außer verschiedenen Schatzungen und Türkenhilfen kommt sodann 1543 ein **Schloßgeld** vor zu Unterhaltung der befestigten Städte. Landsteuer und Schloßgeld wurden unter Herzog Christoph ersetzt durch die Ablösungshilfe, auch Katharina- oder Ordinaristeuer genannt Bis 1565 stand die Steuerkasse zugleich unter dem Herzog und der Landschaft, von da an ausschließlich unter einem ständischen Einnehmer. 1583 flossen 141 675 fl., 1607 200 000 fl., 1623 271 400 fl. Eine Art Kataster hatte schon Herzog Ulrich anlegen lassen, das aber zur Umlage nicht zu gebrauchen war und verbrannt wurde, „um für die Zukunft viel Aergernis und Zank zu verhüten". Man verlangte von den Steuerpflichtigen die Fassion, 1470 sogar eine eidliche, an welche sich die amtliche Schätzung anschloß. Die erste ins Einzelne gehende Instruktion und Ordnung, was bei Anrichtung durchgehender Gleichheit der Ablösungshilfen in Achtung zu nehmen, datirt vom 11. Mai 1629; sie nimmt Bezug auf die das Jahr zuvor angeordneten Güter- und Giltbücher. Dem Prinzip der Ertragsbesteuerung näherte sich die dritte Instruktion für die Umlage und Erhebung der Ablösungshilfe vom 24. Januar 1713, indem sie bei den Grundstücken den Ertrag als Grundlage der Besteuerung ausdrücklich anerkannte, bei den Gebäuden äußerlich am Kapitalwerth festhielt und bei den Gewerben vorwiegend den Umsatz zu berücksichtigen suchte. 28 Jahre lang, von 1713 bis 1741, dauerte das Katastrirungsgeschäft, und auch 1744 noch bedurfte es erst eines Machtspruchs, das Kataster mit einem Gesamtsteuerkapital von gegen 34 Mill. Gulden für geschlossen zu erklären. Der neue Landessteuerfuß war jedoch nur erst für die Umlage auf die einzelnen Aemter zu gebrauchen. Innerhalb dieser, sowie in den Gemeinden blieb die Umlage von gütlichen Vergleichen und Gemeindebeschlüssen abhängig. An der Mehrzahl der schon damals mit größerer Bestimmtheit aufgestellten Steuergrundsätze, so an dem Prinzip der Ertragsbesteuerung, an dem Reinertrag als Grundlage der Grundsteuer, am Kapitalwerth als Grundlage der Gebäudesteuer wird auch heute noch festgehalten, und es zeigt sich so auch an der Erfahrung unseres Landes, welch konservative Kräfte bei den direkten Steuern walten. Was in den letzten 1½ Jahrhunderten daran noch verbessert wurde, ist kurz Folgendes.

Der Landeskonkurrenzfuß unter König Friedrich war eine Uebergangsmaßregel, wobei man unter Kombinirung der Zahl der Bevölkerung, der Morgen, der Gebäude, der Gewerbe und des Viehstandes das Verhältnis der Beitragspflicht der verschiedenen Landestheile zur Gesamtsteuer festzustellen gesucht hat. Nach diesem Steuerfuß wurden in den letzten Jahren der Regierungszeit des Königs Friedrich je 2½ Mill. Gulden umgelegt, daneben 1813 eine Vermögenssteuer von 2¼ Mill. Gulden. Zu einer Weiterbildung des Steuersystems gelangte man erst unter König Wilhelm durch das Gesetz vom 15. Juli 1821, die Herstellung eines provisorischen Steuerkatasters betreffend. In diesem kam der Grundsatz der Allgemeinheit der Steuerpflicht entschieden zur Durchführung, warb auch die Umlage der Steuern bis auf die Gemeinden herab gesetzlich geregelt. Als Maßstab der Gebäudeeinschätzung blieb es bei dem Kapitalwerth. Die Gewerbesteuer sollte einerseits auf dem Kapitalgewinn, andrerseits auf dem Arbeitsverdienst der Gewerbetreibenden ruhen. Der reine Ertrag der Ortsmarkungen, abgeschätzt nach Fluren und Gewänden, bildete die Unterlage für die Grundsteuer. Schon 1818 hatte man die ersten Einleitungen zu der Landesvermessung getroffen, die 1820 begonnen, 1840 beendigt, zu einem definitiven Abschluß aber erst 1850 gebracht, einen Aufwand von 6 ½ Mill. ℳ. verursacht hat. Zu einer Summe von 2 400 000 fl. sollten die Gebäude 400 000 fl., die Gewerbe 300 000 fl., das Grundeigenthum 1 700 000 fl. beitragen. Dieses „auf Grund oberflächiger Notizen" mit dem Vorbehalt baldiger Revision angenommene Verhältniß sanktionirte das Abgabengesetz vom 18. Juli 1824 ausdrücklich durch Einführung der bekannten Vierundzwanzigstel: $^4/_{24}$, $^3/_{24}$ und $^{17}/_{24}$; dabei blieb es aber dann wieder mehr als 50 Jahre, bis zum 1. Juli 1877, bis wohin immer nach demselben Maßstab umgelegt wurden zuerst 2,5, dann 2,6, von 1836 an 2,4 und von 1839 an 2 Mill Gulden; ferner 1852—55 2,6, 1855—58 3,3, 1858—68 3,0, 1868—71 3,3, 1871—75 3,9 Millionen Gulden und seit 1875 6 685 715 ℳ.

Die Gewinnung definitiver und richtiger Kataster war der Hauptzweck des unter der gegenwärtigen Regierung zur Verabschiedung gelangten Gesetzes vom 28. April 1873.

Nach dem Gesetz vom Jahr 1821 waren bei der Grundsteuer für die Unterausteilung auf die einzelnen Steuerobjekte innerhalb der Gemeinden noch örtliche Normen maßgebend geblieben. Dies beseitigt für die Zukunft das Gesetz von 1873, in welchem die Grundsteuer als eine Steuer von dem nach Kulturarten und Klassen eingeschätzten Reinertrag der einzelnen Grundstücke deutlich bezeichnet ist. Die Grundlage für das Grund- und Gefällkataster bildet bezüglich der Markungsfläche das Primärkataster, bezüglich des Flächengehaltes der einzelnen Kulturarten und Parzellen das berichtigte und ergänzte Güterbuch. Eine Hauptgarantie für die möglichst gleichmäßige Behandlung des seinem Abschlusse nicht mehr fernen Einschätzungsgeschäfts ist in dem Institut der Landesschätzer gegeben. — Als Maßstab für die Besteuerung der Gebäude wurde angenommen der durch Schätzung zu ermittelnde volle Kapitalwerth der Gebäude, d. h. derjenige Werth, um welchen ein Gebäude sammt Grundfläche und Hofraithe nach seiner Lage, Nutzbarkeit, seinem Umfange, Bauzustande, seiner inneren baulichen Einrichtung und nach den übrigen auf den Werth einwirkenden Verhältnissen, jedoch ohne Berücksichtigung der mit dem Gebäude etwa verbundenen nutzbaren Rechte, — zur Zeit der Katastrirung von dem Besitzer abgegeben werden könnte und einen Käufer finden würde. — Die Gewerbesteuer endlich, eines der schwierigsten Probleme der Steuerpolitik, soll auch fernerhin nach dem doppelten Maßstab des Arbeitsverdiensts und des Gewinns aus dem in dem Gewerbe umgesetzten Betriebskapital im Weg der Einschätzung bestimmt werden. Während der letztere Ertrag dem Einkommen aus verzinslich angelegten Kapitalien, sowie der Grundrente gleichzuwerthen ist, will man den Arbeitsverdienst wie ein Berufseinkommen behandeln. Es werden unterschieden die festen oder seßhaften und die Wander-Gewerbe. Für die Einschätzung der ersteren sind bestimmend die von dem Gewerbetreibenden selbst zu machenden **Angaben** (Fassionen) über Zahl und Gattung der in dem Gewerbe verwendeten **Gehilfen**, dann über die Größe des in demselben angelegten **Betriebskapitals**. Dieses Kapital kann nach einer im Weg der Verordnung aufzustellenden **Klassentafel** angegeben, es können ferner die Wasserkräfte und Gewerbeeinrichtungen näher bezeichnet, mit gesondertem Anschlag aufgeführt werden. Mit Benützung der von dem Steuerkommissär geprüften eigenen Angaben der Gewerbetreibenden **schätzt** sodann die Schätzungskommission den persönlichen Arbeitsverdienst jedes Steuerpflichtigen, sowie den in Prozenten auszudrückenden Ertrag aus dem von der Kommission festgestellten Betriebskapital. Beträgt das letztere weniger als 700 ℳ, so ist ein Ertrag aus demselben nicht zu berechnen. Für die Einschätzung des persönlichen Arbeitsverdiensts sind wieder zwei Klassentafeln gegeben, die eine für den Verdienst in Fabrikations-, Dienst- und Wirthschaftsgewerben, die andere für den Verdienst in Handelsgeschäften und Hilfsgeschäften des Handels. Besondere Bestimmungen sind noch gegeben für die Einschätzung der auf Gewinn berechneten, nicht auf Gegenseitigkeit gegründeten Versicherungsgesellschaften. Schließlich wird das Gewerbekataster oder Steuerkapital der einzelnen Steuerpflichtigen in der Weise berechnet, daß als steuerbarer Betrag angesehen wird 1) bei dem persönlichen Arbeitsverdienst bis 850 ℳ einschließlich $^1/_{10}$, von den Mehrbeträgen von 850 bis 1700 ℳ $^2/_{10}$, von 1700—2550 ℳ $^3/_{10}$, von 2550—3400 ℳ $^4/_{10}$, von dem weiteren Einkommen der ganze Betrag; 2) bei dem Betriebskapital der eingeschätzte volle Jahresertrag. — Bei der Besteuerung der Wandergewerbe kommen in Betracht die Wanderlager und der Hausirhandel. Die Steuer wird berechnet auf Grund von Fassionen der Pflichtigen und mit Hilfe von Klassentafeln nach Schätzungen, eventuell des Bezirks-, selbst des Ortssteueramts. Nichtwürttembergische Musterreisende, deren Regierungen nicht etwas anderes vereinbart haben, unterliegen einer jährlichen Patentabgabe von 30 ℳ. Strenge Strafbestimmungen vervollständigen die Vorschriften über die Gewerbesteuer.

Die Ergebnisse der Katastrirung liegen noch nicht vollständig vor. Nach dem Stande der Arbeiten im Jahr 1877 glaubte man ein Grund- und Gefällkataster von 95 bis 100 Mill. ℳ in Aussicht nehmen zu können (unter Annahme eines durchschnittlichen Reinertrags von 22 ℳ auf den Morgen bei 3$^3/_4$ Mill. Morgen Feldgütern = 83 Mill. ℳ und von 10 ℳ bei 1,2 Mill. Morgen Wald = 12 Mill. ℳ). Das Gebäudekataster wurde berechnet bei 479 149 steuerpflichtigen Gebäuden auf 1 647 $^2/_3$ Mill. ℳ. Den Hauptbestandtheil, mehr als $^3/_4$, bilden hier die großentheils für landwirthschaftliche Zwecke bestimmten Gebäude auf dem Lande, so daß die Rente durchschnittlich nicht höher als zu 3 Proz. (49 $^1/_2$ Mill. ℳ) angenommen werden konnte. Die Zahl der steuerfreien Gebäude beläuft sich auf 19 300: Kirchen-, Schul- und Pfarrhäuser, Kranken- und Armenhäuser, Rathhäuser, Gebäude für Verkehrszwecke, Kasernen, Gebäude für allgemeine Zwecke des Staatsdienstes u. s. w.

Bei der Einschätzung der Gewerbetreibenden zum Gewerbesteuerkataster wurde mit möglichster Vorsicht verfahren. Insbesondere wurde die materielle Uebereinstimmung der Schätzungen unter sich dadurch zu erzielen gesucht, daß die größeren

Gewerbe des ganzen Landes zusammengestellt und für die Einschätzung jeder Art derselben unter Zuziehung von Sachverständigen aus der Mitte der betreffenden Gewerbetreibenden bestimmte Anhaltspunkte aufgesucht wurden, nach denen sämmtliche Gewerbe gleicher Art beurtheilt und in ein richtiges Verhältniß gesetzt werden konnten. Die Ergebnisse der Einschätzung waren nun folgende: Bei den **Fabrikations-, Dienst- und Handelsgewerben** berechnete sich der **persönliche Arbeitsverdienst** der Gewerbetreibenden für das ganze Land auf 133 501 671 ℳ oder bei einer Gesammtzahl von 155 438 Gewerbebetrieben auf 858 ℳ für 1 Gewerbe (in Stuttgart 2 733 ℳ, in Münsingen 426 ℳ durchschnittlich auf 1 Gewerbe). Der steuerbare Betrag aus jenen 133½ Mill. ℳ stellte sich auf 33 603 081 ℳ oder 25,1 Proz. jenes Verdiensts, nach dem Prinzip des Gesetzes, welches ein gewisses Existenzminimum eines jeden einzelnen Gewerbesteuerpflichtigen frei läßt, so daß derjenige, welcher einen kleineren Arbeitsverdienst hat, nicht blos relativ, sondern in stärkerem Verhältnisse weniger zu bezahlen hat, als der mit einem größeren Verdienst. Steuerfrei bleibt allein der Ertrag der **Betriebskapitalien** von weniger als 700 ℳ, und selbst dieser im Grunde nicht, da hier zwar die Fassion nicht verlangt, bei Berechnung des Arbeitsverdiensts aber der Ertrag solch kleiner Betriebskapitalien schon mit in Betracht gezogen wird. Die Summe der gewerblichen Betriebskapitale von 700 ℳ und darüber beträgt im ganzen Land 514½ Mill. ℳ mit einer Rente von 33¼ Mill. ℳ oder 6,46 Proz. Der Gesammtertrag der **Fabrikations-, Dienst- und Handelsgewerbe** beläuft sich somit auf 166⅘ Mill. (1 073 ℳ auf 1 Gewerbe), von denen 66 870 024 ℳ steuerbar sind (407 ℳ auf 1 Gewerbe, 3 470 ℳ auf 1 qkm, 35,97 ℳ auf 1 Einw.). Dazu kommt das Gewerbekataster der 10 666 **Wandergewerbe** mit 849 426 ℳ. — Eine besondere Auszählung hat das Verhältnis der Betriebe von weniger als 700 ℳ Betriebskapital zu den größeren Betrieben festgestellt = 68,2 : 31,8, und auf 1 der letzteren nun im Durchschnitt 10 449,4 ℳ Kapital ergeben. Ferner wurde ermittelt, daß 71,3 Proz. sämmtlicher Betriebe weniger als 1 000 ℳ, 18,2 % 1 000—1 999 ℳ, 8,1 Proz. 2 000—4 999 ℳ, und 2,4 Proz. endlich 5 000 ℳ und mehr ertragen sollen.

Das Steuerkapital nach dem Grund- und Gebäudekataster bleibt so, wie es einmal angesetzt ist, maßgebend für die Steuer des ganzen Jahrs. Dagegen wer ein der Gewerbesteuer unterworfenes Geschäft anfängt, hat dasselbe von dem auf den Beginn des Betriebs folgenden Quartal an zu versteuern. Wer ein dieser Steuer unterworfenes Geschäft aufgibt, hat die Steuer nur bis zum Schlusse des Quartals zu entrichten, in welchem die Einstellung des Geschäfts bei dem Ortsvorsteher angemeldet wurde.

Die ordentliche Richtigstellung sämmtlicher 3 Kataster erfolgt alljährlich mit Beginn des Steuerjahrs. Eine außerordentliche Berichtigung ist nur für das Gebäudekataster vorbehalten, wenn durch äußere Verhältnisse in einem Steuerdistrikt der Werth sämmtlicher Gebäude oder eines Theils derselben um mindestens 20 Proz. sich erhöht oder vermindert hat.

Erhoben wird zur Zeit die Grundsteuer noch nach dem Gesetz vom 15. Juli 1821, wogegen bei der **Gebäude- und Gewerbesteuer** seit 1. Juli 1877 die Bestimmungen des Gesetzes vom 28. April 1873 in Wirksamkeit sind. Nach Art. 111 des letzteren soll der Beginn der Steuererhebung auf Grund der neuen Kataster durch das Finanzgesetz bestimmt, diesem aber überlassen werden, die Erhebung auch schon für die einzelnen Steuerquellen eintreten zu lassen, sobald die Kataster für jede derselben fertig wären. Demgemäß wollte die K. Regierung bei Einbringung des Hauptfinanzetats für 1877/79 die Grundsteuer auf der Höhe von 4 735 715 ℳ, wie in den letzten Jahren vorher, belassen, die Gebäudesteuer aber auf 4 Proz. der zu berechnenden steuerbaren Rente (3 Proz. des Kapitalwerths), die Gewerbesteuer auf 3 Proz. des steuerbaren Betrags des Gewerbeeinkommens festsetzen. Dabei war gerechnet auf einen Ertrag der Gebäudesteuer von 1 977 600 ℳ, der Gewerbesteuer 2 020 000 ℳ, der 3 Steuern zusammen von 8 733 315 ℳ — Statt dessen wurde im Finanzgesetz vom 28. Juni 1877 bestimmt: „Die direkte Steuer aus Grundeigenthum und Gefällen, sowie aus Gebäuden und Gewerben wird für das Jahr 1. Juli 1877 bis 1878 auf 8 723 315 ℳ festgesetzt, woran das Grundeigenthum und die Gefälle ¹³/₂₄ (b. i. 4 730 547 ℳ), die Gebäude und die Gewerbe zusammen ¹¹/₂₄ und zwar je zur Hälfte (b. i. je 1 996 384 ℳ) zu tragen haben. Der Abgang und Zuwachs geht auf Rechnung der Staatskasse und ist nach dem Steuersatz zu berechnen, welcher bei der Umlage der Steuern auf die neuen Kataster am Anfang des Steuerjahrs sich ergibt. Nach demselben Steuersatz ist die von den Wandergewerben nach Art. 99 des Gesetzes von 1873 an die Staatskasse zu entrichtende Steuer festzustellen und sind als deren Ertrag vom 1. Juli 1877/78 10 000 ℳ in den Etat aufzunehmen". Bei dieser Bestimmung ist es auch in den folgenden Finanzgesetzen verblieben; statt einer Quotitätssteuer hat man so abermals eine Repartitionssteuer, die allerdings in ihrer Wirkung auf die einzelnen Steuerobjekte von dem, was mit der ersten beabsichtigt war, thatsächlich bis jetzt wenig abweicht, aber doch mit jedem Jahr mehr davon sich entfernen muß und jedenfalls ein viel umständlicheres Anlageverfahren zur Folge hat.

Weniger bedenklich ist die Erhaltung einer zweiten Eigenthümlichkeit, daß für den sicheren und richtigen Eingang der Grund-, Gebäude- und Gewerbesteuer auch fernerhin die Gemeinden und Amtskörperschaften auf ihre Gefahr zu haften haben und die erhobene Steuer von den Gemeindekassen an die Oberamtspflegen, von den letzteren an die Staatskasse rechtzeitig und kostenfrei abzuliefern ist.

2) Die Steuer von Apanagen, von Kapitalien- und Renten-, Dienst- und Berufs-Einkommen.

Im Jahr 1728 war den Gemeinden die Kapitaliensteuer, sammt der Steuer von ewigen Wein-, Frucht- und Geldgilten überlassen worden. Das hat nicht gehindert, daß die Kapitalien später außerordentlicherweise in Form von Vermögenssteuern auch für den Staat herangezogen worden sind. Anfänge einer Dienst- und Berufs-Einkommenssteuer findet man dagegen schon frühe, bald als Zwangsanlehen, bald als Anstellungssporteln, — in der Zeit des Herzogs Karl Alexander auch die Konfirmationstaxe (Besoldungsabzug bei Neuanstellungen) und den Judengroschen (3 Kreuzer vom Gulden bei jeder Gehaltszahlung); nicht zu gedenken des traurigen Aemterhandels im vorigen Jahrhundert. Eine ordentliche Besoldungs- und Pensionssteuer verfügten die Generalreskripte vom 7. Mai 1798 und 30. Dezember 1812. Im Jahr 1820 wurde die direkte Steuer von Kapitalien, Grundgefällen und Renten, Besoldungen und Pensionen als Ergänzungssteuer neben den ordentlichen direkten Steuern von Grundeigenthum, Gebäuden und Gewerben neu eingeführt.

Eine solche ist sie auch bis heute noch in dem Sinne geblieben, daß sie sich enge an das Ertragssteuersystem anschließt, nirgends einen Schuldenabzug gestattet und auch das in das Ausland fließende inländische Einkommen von Landesangehörigen noch zu erreichen sucht, soweit neuerdings nicht die Reichsgesetzgebung einen Riegel vorgeschoben hat. Von der Einkommensteuer im eigentlichen Sinn haben die württembergischen Steuern somit nur den Namen, die Selbstschätzung durch die Fassion und — die Dienst- und Berufs-Einkommensteuer auch die Degression, die Berücksichtigung eines sog. Existenzminimums entlehnt.

Vor 1852 betrug die Kapitalsteuer: im J. 1820 20 Kr., 1830 10 Kr., 1833 12 Kr., 1836 6 Kr. von 100 fl. Kapital; — die Besoldungs- und Pensionssteuer im J. 1820 bei Beträgen von mehr als 300 bis 600 fl. je 1 fl von 100 fl., dann aus jedem weiteren 100 fl. von 600—1200 fl 2 fl. u. s. w. bis bei Beträgen von mehr als 4800 fl. 5 fl. von jedem diese Summe übersteigenden Hundert. Im J. 1821 trat die Aenderung ein, daß schon bei Beträgen von 100 fl. begonnen und die Steuer aus solchen bis zu 600 fl. mit je 1 fl. 20 kr. vom Hundert, bei den weiteren 600 fl. mit je 2 fl. 40 kr, u. s. w., bei Beträgen über 4800 fl mit je 6 fl. 40 kr. vom Hundert des überschießenden Betrags erhoben wurde. 1830 erfolgte Ermäßigung auf $^1/_2$, 1833 Erhöhung wieder auf $^3/_4$, 1836 Herabsetzung auf $^3/_8$ der Sätze von 1821.

Im Jahr 1849 sodann wurde die früher schon kurze Zeit erhobene Apanagensteuer, jetzt mit 20 Proz. der Apanagen u. s. w. eingeführt, die Kapitalsteuer auf 15 Kr. von 100 fl. Kapital, die Besoldungssteuer progressiv von 10 Kr. bis 12 fl. von 100 fl. und hievon abgesondert die Pensionssteuer mit höheren Sätzen, auch bis zu 20 Proz., festgestellt.

Dieser maßlosen Besteuerung hat das im Wesentlichen noch giltige Gesetz vom 19. September 1852, betreffend die Steuer von Kapital-, Renten-, Dienst- und Berufs-Einkommen, abzuhelfen gesucht, freilich zunächst nur mit getheiltem Erfolg, sofern nach den Finanzgesetzen bis 1858 das Dienst- und Berufs-Einkommen von 200 fl. bis 300 fl., ferner von 2000 fl. bis 4200 fl. sogar noch höher betroffen wurde, als vor 1852. Nachträgliche Aenderungen des Gesetzes vom 19. September 1852 erfolgten am 20. August 1861, 30. März 1872 und 24. Juni 1875, theilweise auch durch das oben besprochene Grund-, Gebäude- und Gewerbesteuergesetz vom 28. April 1873 Art. 1 und 2.

Der Besteuerung unterliegen I. die auf dem K. Kammergut haftenden, im Königlichen Hausgesetz begründeten Bezüge der Mitglieder des Königlichen Hauses; II. das Einkommen 1) aus verzinslichen, im In- oder

Ausland angelegten eigenthümlichen oder nutznießlichen Kapitalien, verzinslichen oder unverzinslichen Zielforderungen; 2) das Einkommen aus Renten, als Leibgedingen, Leibrenten, Zeitrenten und vererblichen Renten; ferner die Entschädigungen, welche an frühere Berechtigte für verlorenen Umgeldsbezug oder genossene Umgeldsfreiheit, für aufgehobene Kammersteuern und dergleichen gewährt werden; die von adeligen Gutsbesitzern an Mitglieder ihrer Familien zu entrichtenden Apanagen, Wittume, Alimente; Ordenspensionen und Präbenden; endlich Renten und Dividenden aus auf Gewinn berechneten Aktienunternehmungen, ohne Rücksicht darauf, ob das Unternehmen hier oder anderswo schon einer Gewerbesteuer unterliegt; sowie der Ertrag der Privateisenbahnen; III. das Dienst= und Berufseinkommen jeder Art, als Gehalte, Honorare der Aerzte, Bezüge der Rechtsanwälte und immatrikulirten Notare, der Architekten, Künstler und Literaten, der Vorstände und Mitglieder von Verwaltungs= und Aufsichtsräthen bei Aktiengesellschaften, die Löhne der in Privatdiensten verwendeten männlichen und weiblichen Gehilfen; nicht minder auch Quiescenz= und Ruhegehalte, Gnadengehalte und ständige Unterstützungen in Beziehung auf frühere Dienstleistungen, Wittwen= und Waisenpensionen; überhaupt aller Erwerb aus persönlichen Dienstleistungen, der nicht der Gewerbesteuer unterliegt.

Diesen Einkommensteuern sind unterworfen alle Landesangehörigen, sowie andere im Königreich wohnende Angehörige des Deutschen Reichs insoweit, als sie nach dem Reichsgesetz vom 13. Mai 1870 wegen Beseitigung der Doppelbesteuerung zu den direkten Steuern in Württemberg herangezogen werden dürfen, und als nicht nach Punkt b von Art. 2 des Gesetzes vom 30. März 1872 bei Landesangehörigen, welche ihren Wohnsitz außerhalb des Deutschen Reichs, und bei Reichsangehörigen, welche neben dem Wohnsitz in Württemberg noch einen solchen außerhalb des Deutschen Reichs haben, eine Ausräumung stattfindet. Ausländer, welche dem Deutschen Reich nicht angehören, sind in Ansehung ihres in Württemberg erwachsenden Einkommens, wenn sie am Anfang des Steuerjahrs 6 Monate in Württemberg wohnen, unbedingt, andernfalls nur dann zu besteuern, wenn in dem Heimatlande derselben die Württemberger eine gleiche oder ähnliche Steuer trifft.

Die Apanagensteuer wird auf Grund eines von der K. Staatskasse alljährlich übergebenen Verzeichnisses der auf dem K. Hausgesetz begründeten Bezüge der Mitglieder des Königlichen Hauses von dem Steuerkollegium bestimmt und durch die Staatskasse unmittelbar eingezogen. Die übrigen Einkommensteuern beruhen auf der eigenen am Anfang eines jeden Steuerjahrs (1. April) abzugebenden Erklärung (Fassion) des Steuerpflichtigen; ob er im Besitz steuerbarer Kapitalien und Renten sich befindet und wie hoch sich nach dem Stande vom 1. April der Jahresertrag beläuft? wie hoch sich sein Dienst= und Berufseinkommen, sowohl in festen, als veränderlichen Bezügen beläuft? Das feste, ständige, Einkommen ist nach dem Stande vom 1. April, das veränderliche, wechselnde, nach dem Ergebnisse des vorangegangenen Jahres anzugeben. Diese Fassion ist für den Steueransatz unmittelbar maßgebend. Eine Ergänzung derselben durch eine hinzutretende Schätzung oder Einschätzung in Klassen durch eine besondere Kommission oder durch die Steuerbehörde selbst findet nicht statt.

Als steuerbarer Betrag ist anzusehen I. bei den hausgesetzlichen Bezügen der Mitglieder des Königlichen Hauses der volle Jahresbetrag; II. bei den Kapitalien und Renten der volle Jahresbetrag nach dem Bestande vom 1. April, ohne Abzug von Passivzinsen oder Schulden; III. bei dem Dienst= und Berufseinkommen von einem jährlichen Gesammteinkommen bis 850 ℳ einschließlich $^1/_{10}$, von ben Mehrbeträgen von 850 bis 1 700 ℳ ³/₁₀, von 1 700—2 550 ℳ ⁴/₁₀, von 2 550—3 400 ℳ ⁵/₁₀, von dem weiteren Einkommen der ganze Betrag.

Die Festsetzung des Betrags der Steuer erfolgt je durch die Finanzgesetze. Auf diesem Wege wurde bestimmt: Die Steuer von Apanagen, sowie von dem Dienst- und Berufseinkommen 1852 zu 8 Proz., die Steuer von dem Kapital- und Renteneinkommen gleichzeitig zu 5 Proz. des steuerbaren Betrags. Seit 1858 betragen sämmtliche 3 Steuerarten 4 Proz., 1868 mit 10 Proz., 1871 mit 20 Proz. Zuschlag, also dermalen 4 ⁸/₁₀ Proz. des steuerbaren Betrags.

Die Steuer wird je zur Hälfte auf 1. Juli und 1. Januar erhoben. Eine Vergütung der Kapitalsteuer darf dem Schuldner nicht anbedungen werden.

Wenn ein der Besteuerung unterliegendes Einkommen der Steuerbehörde ganz oder theilweise verschwiegen wird, desgleichen wenn ein Kapitalbesitzer dem Schuldner die Entrichtung der Steuer anbedingt, so ist als Strafe der 10fache Betrag der Steuer verwirkt, sowie die letztere nachzuholen. Strafe und Steuernachholung treten auch ein, wenn die Thatsache, durch welche beide begründet werden, erst nach dem Tode des Schuldigen bekannt wird.

Die Strafgelder fließen in die Unterstützungskasse für die niederen Diener der Steuerverwaltung. Statt der Legalstrafe kann unter Umständen auf Ordnungsstrafe erkannt werden. Für das Strafverfahren ist jetzt das Gesetz vom 25. August 1879 maßgebend.

Der Bruttoertrag der Apanagensteuer war im Maximum (1852) 33 455 ℳ und ist für 1881 mit 14 500 ℳ vorgesehen; der Bruttoertrag der Kapitalien- und Renten-Einkommenssteuer, 1860 wenig mehr als 1 Mill. ℳ, 1866 stark 1¼ Mill. ℳ, 1875 nah an 3 Mill. ℳ, stellt sich jetzt auf mehr als 3½ Mill. ℳ, — entsprechend einem Gesamt-Einkommen von 73 Mill. ℳ (1866 33 Mill. ℳ, 1875 60 Mill. ℳ) und einem Kapitalvermögen von rund 1¾ Milliarden (1866 ⅔ Milliarden, 1875 1½ Milliarden); der Bruttoertrag der Dienst- und Berufs-Einkommenssteuer endlich, 1852 erst ¼ Mill. ℳ und 1860, nach der Steuerherabsetzung, 183 833 ℳ, 1866 237 166 ℳ, 1875 788 696 ℳ, beträgt jetzt 900 000 ℳ. Die Zahl der Steuerpflichtigen war

	1866:	1875:	1880:
bei der Kapitalien- und Rentensteuer	105 763	124 948	138 711
bei der Dienst- und Berufs-Einkommenssteuer	28 746	68 697	79 837
Auf 1 Steuerpflichtigen kam	ℳ	ℳ	ℳ
Kapitalien- und Rentensteuer	12,15	23,48	25,23
Kapitalien- und Renteneinkommen	310	485	526
Dienst- und Berufs-Einkommenssteuer	8,31	11,41	11,28

Das gesammte fatirte Dienst- und Berufs-Einkommen betrug 1866 30 Mill. ℳ, 1875 73½ Mill. ℳ. Für 1880 ist dasselbe nicht zusammengestellt.

Von der Gesammtbevölkerung des Königreichs bezahlten Kapitalsteuer 1875 6,7 Proz., 1880 7 Proz.; Dienst- und Berufs-Einkommenssteuer 1875 3,7 Proz., 1880 4,5 Proz.

Weitere für die allgemeine Steuerpolitik vielleicht beachtenswerthe statistische Daten sind noch folgende:

Im Jahr 1866 befanden sich von 105 763 Personen, welche die Steuer von Kapitalien- und Renten-Einkommen zu bezahlen hatten 81,9 Proz. in der untersten Steuerstufe mit einem Zinsen-Einkommen bis zu 200 fl. und 97,15 Proz. sämtlicher Pflichtigen hatten kein größeres Zinsen-Einkommen als bis zu 1 000 fl. angegeben. Jene 81,9 Proz. entrichteten aber nur 23,14 Proz., die 97,15 Proz.

nur 57,58 Proz. der Gesammtsteuer. Bei der Dienst- und Berufs-Einkommensteuer stellte sich das Verhältnis so, daß 57,18 Proz. der 28 746 Steuerpflichtigen ein Einkommen von nicht mehr als 500 fl., 94,74 Proz. ein solches von nicht mehr als 1 000 fl., angegeben hatten, jene mit einem Antheil von 15,84 Proz., diese mit einem solchen von 56,25 Proz. an der Gesammtsteuer. — Am 1. Juli 1875 haben von 138 711 Kapitalsteuerpflichtigen 63 Proz. ein Kapital-Einkommen von bis zu 200 ℳ, 89,5 Proz. ein solches bis zu 850 ℳ und 95,2 Proz. ein solches bis zu 1 700 ℳ (nahezu 1 000 fl.) angegeben. Jene 63 Proz. aber trugen zu der Gesammtsteuer aus Kapital-Einkommen nur mit 9,1 Proz., auch jene 95,2 Proz. erst mit 45,5 Proz. bei, so daß also die ganze übrige größere Hälfte des Kapitalsteuerertrags von nur 4,8 Proz. der Kapitalsteuerpflichtigen überhaupt aufgebracht wurde. Von sämtlichen Steuerpflichtigen hatten sodann 84,9 Proz. ein Dienst- und Berufs-Einkommen von 350—1 700 ℳ, aus welchem sie zum ganzen Steuerertrag nur 29 Proz. beitrugen, so daß die Aufbringung der weiteren 71 Proz. des letzteren einer Minderheit von 15,1 Proz. zufiel. Auch zur Gewerbesteuer ist, wie schon oben erwähnt, die überwiegende Mehrzahl der Gewerbetreibenden in die unteren Klassen eingeschätzt; nur ¹/₁₀ sämmtlicher Gewerbetreibenden soll ein größeres gewerbliches Einkommen haben als 2 000 ℳ; 68,2 Proz. aller hatten nicht einmal ein Betriebskapital von 700 ℳ; — nach der Gewerbestatistik von 1875 betrug die Zahl der Kleinbetriebe (mit 5 Gehilfen und weniger) 98,4 Proz., diejenige der in Kleinbetrieben beschäftigten Personen 75,5 Proz. — Der populationistische Schwerpunkt der Steuerpflichtigen liegt hienach immer in den unteren Stufen, hierin aber auch eine Mahnung zur Vorsicht bei Steuererleichterungen oder Steuerbefreiungen!

Der von Engel seiner Zeit (Zeitschrift des k. preuß. statist. Bureaus 1875 S. 105 ff.) aufgestellte Satz: „je größer die Einkommen, desto rascher das Wachsthum" findet sodann durch die Statistik der württembergischen Einkommensteuer gleichfalls seine Bestätigung. Der Zuwachs der Bevölkerung von 1866 bis 1875 beträgt 6,7 Proz., bei den Besitzern eines Kapital-Einkommens bis zu 1 000 fl. (1 700 ℳ) 15,8 Proz., bei denen eines größeren Einkommens aber 132 Proz. Mit einem Kapitalien-Einkommen von mehr als 10 000 fl. wurden 1866 gezählt 84, mit einem solchen von über 20 000 ℳ im J. 1875 184. Das durchschnittliche Kapital-Einkommen der Steuerpflichtigen mit bis zu 1 000 fl. (1 700 ℳ) stellte sich 1866 auf 183 ℳ, 1875 auf 232 ℳ; das der Steuerpflichtigen mit einem höheren Einkommen als 1 000 fl. (1 700 ℳ) 1866 auf 5 083 ℳ, 1875 auf 5 513 ℳ Bei den vom Dienst- und Berufseinkommen Steuerpflichtigen hat von 1866 bis 1875 die Zahl derjenigen, welche nur ein Einkommen von 200 bis 1 000 fl. (350—1 700 ℳ) zu fatiren hatten, zugenommen im Verhältnis von 100:239, die Zahl derjenigen mit einem größeren Einkommen im Verhältnis von 100:221. Das durchschnittliche Berufs-Einkommen der ersten Gruppe aber hat abgenommen von 780 ℳ auf 730 ℳ, das der zweiten ist gestiegen von 2 600 ℳ auf 3 000 ℳ

Schließlich sind zu erwähnen die gesetzlichen Steuerbefreiungen bei den direkten Steuern überhaupt.

Die Ausnahmen von der direkten Besteuerung in Württemberg sind im Wesentlichen die gemeinüblichen: der Staat und seine Institute sollen steuerfrei bleiben, diese Steuerfreiheit soll auch anderem für öffentliche Zwecke bestimmten Eigenthum in beschränktem Maße zu gut kommen (den ihrer Hauptbestimmung nach zu öffentl. Zwecken dienenden Gebäuden und Grundflächen, den Aktiven der Schulfonds, Aktivzinsen und Renten der unter öffentlicher Verwaltung stehenden Witwen- und Waisenkassen, Aktiv- und Passivkapitalzinsen der allgemeinen Sparkasse in Stuttgart und anderer unter öffentlicher Verwaltung stehender Sparkassen, Aktivkapitalzinsen des Wohlthätigkeitsvereins und der unter öffentlicher Verwaltung stehenden Hilfskassen). Andere Ausnahmebestimmungen suchen bei den auf Gegenseitigkeit gegründeten Gesellschaften und Kassen einer Doppelbesteuerung vorzubeugen. Endlich sollen Objekte, die auch in Privathänden keinen Ertrag abwerfen, ferner die niedersten Erträge und Einkommen steuerfrei bleiben, so: die einen Jahresertrag von 350 ℳ nicht übersteigenden Zinse und Renten derjenigen Witwen, Waisen und gebrechlichen Personen, welche im Ganzen nicht mehr als 350 ℳ Einkommen beziehen, ohne Unterschied ob sie bei einer Witwen= und Waisenanstalt betheiligt sind oder nicht (am 1. April 1880 einige weniger als 30 000); ferner das Dienst= und Berufs=Einkommen, welches bei einer Person im Ganzen den jährlichen Betrag von 350 ℳ nicht übersteigt; die Löhnung und Verpflegung der Soldaten, Unteroffiziere, Landjäger, Forst=, Steuer= und Grenzwächter; endlich bis auf einen gewissen Grad auch noch hieher gehörig, als frei von der Gewerbesteuer der Handel mit Produkten von eigenen oder gepachteten Grundstücken, sowie mit den davon ernährten Thieren und deren Erzeugnissen, sei es daß die Produkte roh oder in einem anderen Zustande verkauft werden, der in dem Kreise des land= und forstwirthschaftlichen Betriebs liegt. —

1874 betrugen die steuerfreien Spargutbaben bei der Landessparkasse und den Oberamtssparkassen gegen 45 Mill. ℳ, die wenigstens theilweise steuerfreien Aktivkapitalien der wohlthätigen Vereine, Anstalten, Stiftungen über 25 Mill. ℳ. Der Kapitalwerth der versteuerten Einkommen aus Kapitalien und Renten (im J. 1880) wurde oben zu 1 3/4 Milliarden berechnet. Das gesammte verzinslich angelegte Kapitalvermögen wird daher nach dem dermaligen Stande immerhin auf 1 850 Mill. ℳ veranschlagt werden dürfen. Wie viel hierunter an nichtdeutschen Aktien, Renten und Schuldverschreibungen begriffen sein mag, darauf läßt das Ergebnis der Abstempelung solcher Papiere auf Grund des Reichsgesetzes vom 1. Juli 1881 schließen, wornach in der für Anwendung des ermäßigten Stempelsatzes offenen Frist vom 1. September bis 29. Dezember 1881 ein Nennwerth von 213 1/2 Mill. ℳ bei den 21 württemb. Stempelstellen vorgelegt worden ist.

Von den Objekten der direkten Besteuerung in Württemberg sollen nach dem Vorstehenden das Grundeigenthum einen Ertrag abwerfen von 100 Mill. ℳ, die Gebäude von 50 Mill. ℳ, die in den Gewerben angelegten Betriebskapitalien von 33 1/4 Mill. ℳ, die dort erzielten Arbeitsverdienste von 133 1/4 Mill. ℳ; endlich sollen die verzinslich angelegten Kapitalien ein Einkommen abwerfen von 73 Mill. ℳ, soll an Dienst= und Berufseinkommen im Jahr 1875 fatirt worden sein ein Betrag von 73 1/2 Mill. ℳ; zusammen also in runder Summe ein besteuerter Ertrag sämtlicher Steuerobjekte von 465 Mill. ℳ, auf welche nach dem Hauptfinanzetat für 1881/83 eine direkte Steuer von jährlichen 13 Mill. ℳ netto, nach Abzug der Aufnahme= und Erhebungskosten, oder von 2,8 Proz. jenes Ertrags gelegt ist. Dabei sind die Zinsen aus den in Grund und Boden, Gebäuden und Gewerben angelegten fremden Kapitalien, aus sonstigen Passivkapitalien doppelt begriffen, andere Einkommenstheile dagegen nicht eingerechnet, wie z. B. der Ertrag der landwirthschaftlichen Arbeit, der nicht schon im Futterertrag seinen Ausdruck findenden Viehnutzungen, bis auf einen gewissen Grad der Ertrag der gewerblichen Betriebskapitale unter 700 ℳ, der häuslichen Nebengewerbe, der Wandergewerbe, des gesamten Staatseigenthums.

B. Die indirekten Steuern.

Die indirekten Steuern Altwürttembergs waren hauptsächlich die Zölle, das Umgeld und die Accise. Daneben kamen noch Taxen, Stempel, Sporteln vor. In der unter König Friedrich ergangenen Acciseordnung vom Jahr 1808 wird die Accise, als Steuer von den Geschäften und Handlungen des inneren Verkehrs, dem Zoll gegenübergestellt, als der Abgabe von den in das Königreich einkommenden und aus demselben abgehenden Gütern. Nach Verabschiedung der Verfassung von 1819 bildeten in der Etatsabtheilung III B „Indirekte Steuern": Zoll, Accise, Auflage auf die Hunde, Wirthschaftsabgaben und Sporteln bis 1871 ständig die einzelnen Kapitel; — die Auflage auf die Hunde allerdings erst seit 1824, dagegen bis 1826 noch eine Tabaksauflage und bis 1828 eine Straßenbauabgabe. Der Zoll, mit Gründung des Deutschen Zollvereins vom 1. Januar 1834 vorwiegend in dem Antheil Württembergs an den Vereinszollgefällen bestehend, dann vom 1. September 1844 an auch den entsprechenden Antheil an der gemeinschaftlichen Rübenzuckersteuer, seit 1. Januar 1868 weiter die Salzsteuer und seit 1869 die Tabakssteuer begreifend, ist nach Wiederaufrichtung des Deutschen Reichs mit dem 1. Januar 1872 aus dem Landesbudget verschwunden. Die unter der Etatsrubrik „Zoll" früher gleichfalls enthaltenen Wasserzölle sind theils, wie die Neckarzölle, schon 1835, theils, wie die Abgaben von der Flößerei auf der Enz, Nagold, Kinzig und Schiltach, dann auf den Grundbächen des Neckars und bei der Durchfahrt der Flöße in Berg und Cannstatt, im Jahr 1867 gefallen, jene in Verbindung mit dem Anschluß Badens an den Zollverein, die letzteren Abgaben ebenfalls auf Grund einer Uebereinkunft mit Baden, welches dagegen insbesondere noch auf seine sämtlichen Neckarschiffahrtsabgaben verzichtet hat. Was jetzt noch an privativen Zollgefällen, Niederlagegebühren, Krahnengeldern u. dergl., erhoben wird, beläuft sich auf nicht mehr als jährliche 20 000 ℳ, welche im Ausgabe-Etat bei den Kosten der Zoll- und Reichssteuerverwaltung in Abzug gebracht sind. Auch die Accise umfaßt lange nicht mehr die ganze Summe der unter diesem Begriff früher zusammengefaßten Steuern. Von den noch in dem Accisegesetz vom 18. Juli 1824 benannten Abgaben sind inzwischen weggefallen: die Accise von Markt- und Handelswaaren ausländischer Kaufleute (Ges. v. 28. April 1873 Art. 111, Finanzges. 28. Juni 1877 Art. 3 Ziff. 1, Art. 4 Z. 2); die Accise von Fahrnisversteigerungen (Finanzges. 24. Dezember 1833 Art. 4 Z. 1 a); die Accise von Wein und anderen Getränken (Wirthschaftsabgabengesetz vom 9. Juli 1827 Art. 1 und Finanzges. 22. Juli 1836 Art. 4 lit. a); die Accise von Schlachtvieh und Fleisch (Finanzges. 1. Juli 1839 Art. 4 lit. a); die Accise von Holz (Finanzges. 22. Juli 1836 Art. 4 lit. b); die Accise von vermischten Artikeln (Finanzges. 24. Dezember 1833 Art. 4 Z. 1 b). Auf der anderen Seite haben die Wirthschaftsabgaben, das frühere Umgeld, wiederholt eine weitere Ausbildung und in Folge dessen eine namhafte Steigerung ihres Ertrags erfahren: 1831 war erstmals 1 Mill. Gulden, 1861 waren 2 Mill., 1869 schon 3 Mill. Gulden oder beinahe 5 $^1/_2$ Mill. ℳ erreicht. Die Wirthschaftsabgaben brachten ferner ein 1871/72 6 $^3/_4$ Mill., 1872/73 7 $^1/_2$ Mill., 1873/74 7 $^1/_2$ Mill., 1876/77 über 8 Mill. und sollen vom 1. April 1881 an jährlich 9 $^1/_2$ Mill. ℳ rein ertragen. Auch die Sporteln endlich sind erst unlängst durch Gesetz vom 24. März 1881 neu geregelt und ist dieses Etatskapitel durch ein zweites Gesetz vom gleichen Tag um die Erbschafts- und Schenkungssteuer, sowie nach dem Reichsgesetz vom 18. Juni 1878 um die neu geregelten Gerichtsgebühren bereichert worden. Man hofft in Folge dessen auch die Verdopplung ihres zuletzt (1877/78) mit 1 $^1/_4$ Mill. ℳ verrechneten Netto-Ertrags. Im Einzelnen besteht zur Zeit

a. Die Accise noch aus dreierlei Abgaben: aus der weitaus vorwiegenden Liegenschaftsaccise von dermalen 1 $^8/_{10}$ Proz. des Kaufpreises [oder Tauschwerthes] aus Veräußerungen von Gütern und Grundgefällen, oder, nach dem Wortlaut des §. 11 des Accisegesetzes vom 18. Juli 1824, von allen (Kauf- und Tausch-) Kontrakten über liegende Güter, Gebäude, Grundgefälle, ewige Renten und Realgerechtigkeiten, worüber gerichtlich erkannt wird; sodann nach §. 5 des Gesetzes vom 18. Juli 1824 aus der Accise von Lotterien, endlich aus der Accise von Theatern und ausgestellten Seltenheiten.

Die Liegenschaftsaccise erstreckt sich auch auf Fässer, Gewerbegeräthschaften und Vorräthe, welche mit einem Gebäude oder Gut in einem Gesammtverkauf veräußert werden. Wenn dagegen bei einem Kauf, einem Kontrakt, bei Vermögensübergaben u. s. w. eine gewisse Summe als Heiratgut abgezogen werden darf, so ist diese von der Accise befreit. Frei von der Accise sind sodann nach §. 3 Ziffer 1 des Gesetzes von 1824 Veräußerungen aus dem unmittelbaren Eigenthum des Königs; nach Art. 4 des im übrigen durch das Finanz-Gesetz vom 5. November 1858 wieder aufgehobenen Gesetzes vom 18. September 1852 Eigenthumsveränderungen, welche zum Behuf von Güterzusammenlegungen für den Zweck einer Markungs- oder Gewände-Regulirung, oder zum Behuf von Feldwegregulirungen, oder von (Ent- oder Be-) Wässerungsanlagen vorgenommen werden; ferner Tauschverträge, wodurch die Vereinigung eines Grundstücks des einen Kontrahenten mit einem Grundstück des anderen bewirkt wird, soweit die Tauschobjekte in Grundstücken bestehen. Nach §. 12 des Gesetzes von 1824 liegt die Entrichtung der Accise dem Verkäufer ob; derselbe haftet dafür auch in dem Fall, wenn er die Bezahlung dem Käufer anbedungen hat. Nur wenn die Accise sonst' auf die Staatskasse fallen würde, ist sie von dem Käufer zu entrichten. Sie verfällt bei dem gerichtlichen Erkenntnis. —

Die Liegenschaftsaccise, 1824 1 Proz., 1839 ½ Proz., 1852 1 Proz. und bei Wiederveräußerungen binnen 3 Jahren, wodurch eine Vermehrung der Eigenthümer entstand, 5 Proz., 1858 durchweg wieder 1 Proz., 1868 mit 10 Proz., 1872 mit 20 Proz. Zuschlag, hat 1872/73 stark 2⅕ Mill. ℳ eingebracht, ist aber nach den Ergebnissen der letzten Jahre im Etat für 1881/82 nur noch mit 1 400 000 ℳ Rohertrag eingestellt; ersteres entsprechend einem Umsatz in Liegenschaften im Werthe von 178 ½, letzteres entsprechend einem solchen von stark 100 Mill. ℳ. Daneben die Accise von den beiden anderen Accisearten mit 29 000 ℳ, oder nach den Rechnungsergebnissen von 1879/80 die Lotterieaccise mit 11 350 ℳ, die Accise von Theatern und ausgestellten Seltenheiten mit 14 817 ℳ. Der Lotterieaccise unterliegen Lotterien oder sonstige Ausspielungen, wie Preiskegelschieben, Preisschießen, Ringwurfspiele und dergleichen, durch welche ein Unternehmer Gegenstände verwerthet. Sie erstreckt sich **nicht auf Geldgewinne** und nur auf den **wirklichen Erlös, nicht auf den Werth der verlosten Gegenstände**. Sie beträgt nach dem Gesetz vom 24. Juni 1875 Art. 5 Ziff. 2 für solche, welche mit Lotterien, Glückshäfen und dergleichen zu Markte oder auf Kirchweihen ziehen, täglich 7 ℳ, sonst für Württemberger und andere Reichsangehörige 3 Pf., für Nichtdeutsche 5 Pf. von der Mark des Erlöses; dazu überall noch 20 Proz. Zuschlag. Der Accise von **Theatern und ausgestellten Seltenheiten** unterliegen diejenigen, welche sich selbst oder ihre Kunstwerke oder sonstige Seltenheiten gegen Entgelt zur Schau tragen; ferner herumziehende Musikanten, welche nicht aus ihrem Musikgewerbe in Württemberg Gewerbesteuer bezahlen. Die Abgabe beträgt nach dem Gesetz vom 24. Juni 1875 Art. 5 Ziff. 2 ohne den noch hinzuzurechnenden Zuschlag von 20 Proz. 5 Pf. von jeder Mark, wenn ein Eintrittsgeld erhoben wird; wenn dagegen blos willkürliche Gaben eingesammelt werden, wie beim Herumziehen in den Straßen und Häusern, bezahlen Seiltänzer, Taschenspieler, Gaukler täglich 3,50 ℳ, Musikanten mit spielenden Uhren, Orgeln und anderen Instrumenten täglich 0,60 Pf. — und in beiden Fällen, wenn die Gesellschaft aus mehr als zwei Personen besteht, das Doppelte dieser Sätze. Personen, welche fremde Thiere sehen lassen, bezahlen täglich 1,75 ℳ. Accisefrei dagegen sind unter andrem Vorstellungen von Deklamatoren oder Improvisatoren, die zu den eigentlichen Künstlern gehören; wissenschaftliche Vorträge mit erläuternden Schaustellungen und Experimenten; Instrumental- und Vokalkonzerte eigentlicher Tonkünstler. — Neuerdings sind durch das Reichsgesetz vom 1. Juli 1881 Loose öffentlicher Lotterien, mit Ausnahme der Lotterien zu milbthätigen Zwecken, auch einer Reichsstempelabgabe von 5 ℳ von 100 ℳ des Nennwerths sämtlicher planmäßig auszugebenden Loose unterworfen und ist hiedurch die Nr. 49 des Sporteltarifs des Gesetzes vom 24. März 1881 theilweise wieder aufgehoben worden, nach welcher für die Erlaubnis zur Veranstaltung einer öffentlichen Lotterie u. s. w. eine Sportel von 7, beziehungsweise von 3 Proz. des planmäßigen Preises aller auszugebenden Loose erhoben werden soll, ersterer Satz wenn die Gewinne ganz oder theilweise in Geld bestehen. Diese letztere Bestimmung bleibt in Wirksamkeit nur für die Lotterien zu milbthätigen Zwecken. Desgleichen bleibt giltig die Sportel von 1—30 ℳ für die Abweisung oder Zurücknahme eines Gesuchs zum eine solche Lotterie. Die Absicht ist die, mit der Stempelabgabe oder der Sportel die Spieler, mit der Lotterieaccise aber die Spielunternehmer zu besteuern; m. a. W. die Stempelabgabe und die Sportel sind mehr als Aufwandsteuer oder Verkehrsteuer, die Accise ist mehr als eine Gewerbesteuer gedacht.

b. **Die Auflage auf die Hunde oder die Abgabe von Hunden** (beiderlei Benennungen kommen in der Gesetzessprache vor), 1809 erstmals eingeführt, 1818 aufgehoben und eventuell den Gemeinden überlassen, dann 1824 als allgemeine Auflage wieder eingeführt, beträgt nach den Gesetzen vom 16. Januar 1874 und 20. Juni 1875 7 ℳ von jedem Hund, welcher über 3 Monate alt ist; die Hälfte des Ertrags dieser Steuer in jedem Gemeindebezirk fließt in die Ortsarmenkasse. Dazu kommt dann für die Staatskasse noch ein Zuschlag von 1 ℳ in Folge der letzten Finanzgesetze. Steuerpflichtig ist nach dem Gesetz vom 8. September 1852 derjenige, welcher den Hund innehat. Die früheren Unterscheidungen zwischen Sicherheits-, Gewerbe- und Luxus-Hunden, zwischen dem ersten Hund und den weiteren Hunden eines und desselben Besitzers, haben aufgehört. Die Zahl der versteuerten Hunde betrug 1878 47 683, 1879 46 185, 1880 45 002, 1881 43 281. Der Reinertrag der Abgabe von Hunden für die Staatskasse ist für 1881/82 noch mit 207 700 ℳ berechnet.

c. **Sporteln und Gerichtsgebühren.** Diese Abgaben beruhen jetzt auf dem Allgemeinen Sportelgesetz vom 24. März 1881, sodann noch die Notariatssporteln auf den Gesetzen vom 4. Juli 1842, 18. Juli 1871 und 20. Juni 1875, die gleichfalls einzurechnende Erbschafts- und Schenkungssteuer auf dem zweiten Gesetze vom 24. März 1881, die Gerichtsgebühren endlich auf dem Reichsgerichtskostengesetz vom 18. Juni 1878. Der Ertrag dieser Abgaben zusammen ist für 1882/83, wo derselbe erstmals voll anfallen kann, auf 2,4 Mill. ℳ veranschlagt. Kanzlei- und Gerichtstaxen begegnet man in Württemberg schon in den ersten Zeiten des Herzogthums, und mit der Erhebungsform des Stempels wurden bereits 1719 Versuche gemacht. Die Stempel- und Taxordnung des Königs Friedrich vom 14. November 1808 benennt nicht weniger als 17 Kategorien von stempelpflichtigen Gegenständen, und aus dem angehängten Tarif ist noch des Näheren zu ersehen, welche Menge von Gegenständen oder Handlungen dem Stempel und den Taxen überhaupt unterworfen war. Das am 23. Juni 1828 erlassene Allgemeine Sportelgesetz vereinigte die bis dahin unter dem Namen von Taxe, Stempel, Gerichtssporteln und Notariatssporteln, Waisen-, Arbeits- und Zucht-Haus-Gefällen erhobenen Gefälle, gilt aber längst als veraltet. Aehnliche gebührenartige Abgaben enthielt noch die seit den Tagen des dreißigjährigen Kriegs für die Landschaftskasse erhobene Accise. Was von dieser bis heute erhalten blieb, wurde bereits gezeigt. Das neueste Sportelgesetz vom 24. März 1881 hatte nun zunächst den Zweck, die auf das Sportelwesen bezüglichen Bestimmungen, abgesehen von den Notariatssporteln und der besonders zu behandelnden Erbschafts- und Schenkungssteuer, wieder zu kodifiziren und in Uebereinstimmung zu bringen. Die Accise sollte dadurch nicht berührt, nur in einer Beziehung, wo sie eine Lücke läßt, durch Besteuerung der Erwerbungen eines liegenschaftlichen Vermögens unter Zwangsenteignung (Tarif-Nr. 47) noch ergänzt werden. Sodann aber war die Absicht auch die, der Staatskasse höhere und neue Einnahmen zu verschaffen, letzteres namentlich durch die Einführung einiger in das Gebiet der Verkehrssteuern fallenden neuen Abgaben. Ein Blick auf andere Staaten konnte hiezu nur ermuthigen. Frankreich erhebt auf diesem Weg $^1/_4$, Großbritannien und Oesterreich $^1/_6$, Ungarn $^1/_{10}$ der gesamten Staatseinnahme, und würden auch nur die bayerischen oder badischen Sätze in Württemberg eingeführt worden sein, so hätten wir auf eine Mehreinnahme von 2$^1/_2$ Mill. ℳ jährlich hoffen dürfen. Dort haben die entsprechenden Abgaben 2,85 und 2,76 ℳ auf den Kopf ertragen, in Württemberg vor 1881 nur 1,51 ℳ. Man ist jedoch nicht so weit gegangen, wollte sich mit 1 Mill. Mehreinnahme begnügen, wovon noch die größere Hälfte auf die Erbschafts- und Schenkungssteuer kommen sollte. Der Schwerpunkt des Sportelgesetzes liegt in dem Sporteltarif, der, für den praktischen Gebrauch alphabetisch geordnet, in dieser Fassung allerdings die Uebersichtlichkeit und das Verständnis des Gesetzes nicht zu fördern vermag.

Sachlich lassen sich unterscheiden I. die Gebühren, im Wesentlichen als Entgelt für die Thätigkeit der Behörden zu Gunsten von Einzelinteressen. Das Gesetz hat Umgang genommen von einem Eingabenstempel, von Protokollgebühren und Gebühren für Endentschließungen. Sämtliche Verwaltungszweige zugleich berühren nur die übrigens fakultativen Beschwerdesporteln, die Gebühren für die Abweisung oder Zurückziehung angebrachter Gesuche, die Schreibgebühren, Sporteln für Beglaubigungen oder Zeugnisse, Prüfungs- und Dienstanstellungssporteln, Sporteln für die Erlaubnis zur Annahme und Führung fremder Titel und Orden und dergleichen. Es folgen sodann die Gebühren für eine Thätigkeit der Behörden auf den verschiedenen Gebieten der streitigen und der nichtstreitigen Rechtspflege, soweit namentlich in ersterer Beziehung die Reichsgesetzgebung nicht vorgegriffen hat, sowie auf den Gebieten der Verwaltung, am ausgibigsten im Departement des Innern. Der Art nach sind die württembergischen Sporteln theils feste, theils veränderliche. Wo der Tarif einen Rahmen läßt, ist die Sportel zu bemessen nach der den Behörden verursachten Mühe, nach der Bedeutung des Gegenstands und nach den Vermögens- und Einkommensverhältnissen der Sportelpflichtigen (Art. 3). Der Sportelertrag fließt in die Staatskasse (Art. 18). Nur einzelne Dienstprüfungs- und Dienstanstellungssporteln sind besonderen Kassen vorbehalten (Art. 13). II. Die Verkehrssteuern, Steuern vom Verkehr mit Vermögenswerthen, im Anschluß an einzelne Verkehrsakte, durch welche Erträge erworben oder realisirt werden. Sie ergänzen das System der Ertragssteuern, welche nur nach gewissen Durchschnittserträgen bemessen, auch nicht über ein gewisses Maß gesteigert werden dürfen, und sie sollen zugleich die Besteuerung des mehr zufälligen Erwerbs, die Erfassung des einer produktiven Verwendung dauernd entzogenen, mit dem Volkswohlstand verhältnismäßig zunehmenden Genußvermögens ermöglichen. Dahin gehören 1) die Steuern auf den Verkehr mit Liegenschaften, also, neben der

Liegenschaftsaccise, der Erbschafts- und Schenkungssteuer (s. unten), die Gebühren für Fideikommisse (Tarif Nr. 24), für Zwangsenteignungen (Tarif Nr. 47), für die Dispensation vom Verbot des Grundeigenthumserwerbs der „Todten Hand" (Tarif Nr. 76) und für Veräußerungsverträge über exemte oder fideikommissarisch gebundene Güter u. s. w. (Tarif Nr. 83); 2) die Steuern auf das **Mobiliarvermögen**, zunächst auf Feuerversicherungsverträge (Nr. 23) und auf Weinurkunden (Nr. 89); 3) die Besteuerung der auf Konjunkturgewinn abzielenden Aktien-, Kommandit- und offenen Handelsgesellschaften, wie der auf Gewinn berechneten Erwerbs- und Wirthschaftsgenossenschaften (Nr. 31); 4) die Besteuerung der Glücksspiele (Nr. 32) und Lotterien (Nr. 49).

Auch die **Erbschafts- und die Schenkungssteuer** sind Verkehrssteuern, die erstere in Württemberg seit 1808 für Erbschaften und Vermächtnisse an Seitenverwandte vom dritten und entfernteren Grad und an andere mit dem Erblasser nicht verwandte Personen in dem mäßigen Betrage von 1 Proz. eingeführt und seit 1868 und 1871 mit 1,80 ℳ vom Hundert erhoben, die letztere gleichzeitig mit der Erhöhung und Erweiterung der Erbschaftssteuer durch Gesetz vom 24. März 1881 am 1. April gleichen Jahrs in Kraft gesetzt. Die Erbschaftssteuer wird erhoben von dem Erwerbe von Erbschaften, Vermächtnissen und Schenkungen von Todes wegen (Art. 1). Ausgenommen sind die Erwerbungen von Liegenschaften und denselben gleichgeachteten Rechten, welche sich außerhalb Württembergs befinden; auch ist das im Inland befindliche, zu einem auswärtigen Nachlaß gehörige bewegliche Vermögen nicht zu besteuern, es wäre denn, daß der Erwerber ein in Württemberg wohnender Württemberger ist (Art. 2). Befreit von der Erbschaftssteuer sind A. die Vermögensanfälle, welche gelangen 1) an Descendenten, 2) an Ehegatten, 3) an Dienstboten oder andere Personen, welche dem Hausstande des Erblassers angehört und in demselben in einem Dienstverhältnis gestanden oder den Erblasser verpflegt haben, bis zu dem Betrag von 1 000 ℳ; B. Vermögensanfälle an das Staatsoberhaupt, den Staat oder das Reich; C. Vermögenszuwendungen zu kirchlichen, wohlthätigen, Unterrichts- und sonstigen gemeinnützigen Zwecken, soweit dieselben in beweglichem Vermögen bestehen, den Betrag von im Ganzen 1 000 ℳ für den einzelnen Erbschaftsnehmer nicht übersteigen und nach der von dem Erblasser gegebenen Bestimmung nicht außerhalb des Deutschen Reichs zur Verwendung gelangen; D. Anfälle an beweglichem Vermögen, wenn der Werth des gesammten Anfalls für eine und dieselbe Person den Betrag von 100 ℳ nicht übersteigt (Art. 3). Die Erbschaftssteuer darf in ihrem niedrigsten Satze 2 Proz. vom Werth des Anfalls nicht übersteigen und wird im übrigen für jede Etatsperiode durch das Finanzgesetz bestimmt. A. der niedrigste Ansatz (gegenwärtig 2 Proz.) findet Anwendung, wenn der Anfall gelangt 1) an Eltern, 2) an voll- und halbbürtige Geschwister; B. das 1½fache dieses Satzes (3 Proz.) bei 1) Großeltern, 2) Kindern und deren Abkömmlingen im Fall der Adoption, Arrogation oder eines Einkindschaftsvertrags, 3) Stiefkindern und deren Abkömmlingen, sowie Schwiegerkindern, 4) Neffen und Nichten; C. das Doppelte des Satzes von A (4 Proz.) bei 1) Stiefeltern, Adoptiveltern, Schwiegereltern, 2) Oheimen, Tanten, Großneffen, Großnichten; 3) wenn die Zuwendung zu kirchlichen, wohlthätigen, Unterrichts- oder sonstigen gemeinnützigen Zwecken gemacht ist, soweit dieselbe in beweglichem Vermögen besteht, den Betrag von 1 000 ℳ für den einzelnen Erbschaftsnehmer übersteigt und nach der von dem Erblasser gegebenen Bestimmung nicht außerhalb des Deutschen Reichs zur Verwendung gelangt; D. das Dreifache des Satzes A (6 Proz.), wenn der Anfall gelangt an andere Verwandte des vierten Grads; E. das Vierfache des Satzes A (8 Proz.) in allen übrigen Fällen

(Art. 4). Die Schenkungssteuer wird erhoben von den durch Schenkung unter Lebenden vermittelten Vermögenserwerbungen und zwar a. von Schenkungen lan Liegenschaften (innerhalb Württembergs) b. von einer Schenkung an beweglichem Vermögen, wenn deren Werth den Betrag von 500 ℳ übersteigt (Art. 17). Befreit von der Schenkungssteuer sind A. die Schenkungen an Descendenten, den Ehegatten, das Staatsoberhaupt, den Staat oder das Reich; B. die Schenkungen von beweglichem Vermögen, 1) an Dienstboten oder andere Personen, welche dem Hausstande des Geschenkgebers angehören oder angehört haben und in demselben in einem Dienstverhältnisse stehen oder gestanden oder sich um ihn oder seine Familie durch Krankenpflege verdient gemacht haben, insoweit solche den Betrag von 1 000 ℳ nicht übersteigen; 2) an Verlobte, sowie diejenigen Geschenke, welche anläßlich eines Verlöbnisses oder einer Hochzeit von den Verlobten, deren Eltern, Geschwistern oder Kindern unter sich gemacht werden; 3) zu kirchlichen, wohlthätigen, Unterrichts- oder sonstigen gemeinnützigen Zwecken, soweit dieselben den Betrag von 1 000 ℳ nicht übersteigen u. s. w. (Art. 18). Die Schenkungssteuer wird nach Maßgabe der Verwandtschaftsbeziehungen und Zweckbestimmungen des Art. 4 nach den dort festgesetzten Sätzen erhoben (Art. 19). — Die in solcher Weise geordnete Erbschaftssteuer bleibt in ihrer Höhe theilweise noch unter dem Maße der in anderen deutschen Staaten längst bestehenden entsprechenden Steuer. Ihre nothwendige Ergänzung bildet die Besteuerung der Schenkungen unter Lebenden. Beide Steuerarten erfüllen die Funktionen der Verkehrssteuer, sie bilden, wie Wintterlin in der Vorrede zu seiner Handausgabe des Gesetzes sagt, eine passende Ausgleichung und Nachlese, indem sie, wenigstens in vielen Fällen, schließlich den bezogenen Gewinn erfassen, der durch die Ertragssteuern nicht hat getroffen werden können. Sie werden erhoben bei einem unentgeltlichen Vermögenszuwachs in dem Augenblick, wo der Steuerpflichtige erwirbt und zahlungsfähig ist, gehen also sicher ein, wirken allgemein und schließen eine Ueberwälzung auf andere nahezu aus.

Bei der kurzen Dauer der Wirksamkeit der Gesetze vom 24. März 1881 kann über die Ergebnisse derselben noch nichts mitgetheilt werden.

Hier ist noch die durch Gesetz vom 19. März 1868 eingeführte, schon 1871 aber in Folge der Annahme des Deutschen Wehrsystems, durch Gesetz vom 5. Juli 1871 Art. 2 lit. f wieder weggefallene Abgabe von nicht eingereihten Kriegsdienstpflichtigen zu erwähnen. Dieselbe wurde mit 20 ℳ von jedem wegen Untauglichkeit vom Waffendienst ausgeschiedenen oder in die Ersatzreserve verwiesenen Kriegsdienstpflichtigen erhoben, abgesehen von solchen, die an Gebrechen leiden, wodurch sie in ihrem Nahrungserwerb beträchtlich gehindert sind, und hat pro 1867/68 168 020 fl., pro 1869/70 197 220 fl. ertragen, woran übrigens viel im Ausstand geblieben ist und theilweise noch 1882 nachgeführt werden muß.

d) Die Wirthschaftsabgaben (Württemb. Jahrbücher 1871 S. 165 ff.).

Sie nehmen unter sämtlichen Steuern nach dem Hauptfinanzetat für 1881/83 ihrem Ertrage nach die erste Stelle ein. Ihr Reinertrag, 1820 ½ Mill., 1870 über 3 Mill. Gulden, ist 1881 auf jährliche 9 ½ Mill. ℳ veranschlagt, gegenüber dem Ertrag der ordentlichen direkten Steuern von 8 ¾ Mill. ℳ. Wie die letzteren, so gehören auch die Wirthschaftsabgaben zu den ältesten Einrichtungen des württembergischen Staats. Das Umgeld wird schon 1312 erwähnt, und daß der Herzog Maß und

Gewicht, des Umgelds und einer Fleischsteuer wegen, "ringerte", war mit ein Anlaß des Armen Konrad, des Bauernaufstands von 1514, gewesen. Die noch heute im Hauptfinanzetat nachgeführten Umgeldsentschädigungen (s. unten Ziff. 6) beweisen, daß eine ähnliche Abgabe auch in den erst seit diesem Jahrhundert mit Württemberg vereinigten Landestheilen erhoben worden ist. Eine Königliche Verordnung vom 31. Juli 1807 suchte zum erstenmal die verschiedenen Umgelds- und Wirthschaftsabgaben auf gleichmäßige Grundlagen zu bringen. Mit derselben stand in Zusammenhang die Bestimmung der Maßordnung vom 30. November 1806, nach welcher die Schenkmaß von der Eichmaß fortgesetzt unterschieden wurde, 176 Schenkmaß = 160 Maß oder einem Eimer nach Helleich; — eine Bestimmung, die sich bis in unsere Tage, bis zu Erlassung des Gesetzes vom 12. Dezember 1871, erhalten hat, wo erst in Konsequenz der Deutschen Maß- und Gewichtsordnung vom 17. August 1868 für die Messung der Getränke im Groß- und Kleinverkehr einerlei Maß eingeführt wurde. Neben dem in 10 Prozent des Ausschankpreises der Getränke der Wirthe bestehenden Umgeld wurden noch erhoben das Halbthalergeld von dem Erzeugnisse der Bier- und Essigbrauereien und Branntweinbrennereien, ferner Konzessions- und Rekognitionsgelder. In dem Accisegesetz vom 18. Juli 1824 §. 6 lit. b wird weiter die sog. Wirthschaftsaccise erwähnt, mit dem Anfügen, daß dieselbe, eine Abgabe von 3 Kr. vom Gulden von dem Getränkeverkauf der Wirthe im Detail nach der Schenkmaß, mit der Verwaltung der Wirthschaftsabgaben in Verbindung stehe. Dies war thatsächlich seit 1821 der Fall, wo man, "um die Beschwerlichkeiten zu entfernen, welche die bisherige Erhebungsform des Umgelds in die demselben unterworfenen Gewerbe und in die Verwaltung selbst legt, und um zugleich in diesen Zweig der Verwaltung mehr Sicherheit zu bringen", kraft Gesetzes vom 19. Mai eine Aversalsumme von 736 150 fl. auf die Oberamtsbezirke umgelegt hat, welche diese der Staatskasse für Umgeld, Sud- und Halbthalergeld und Wirthschaftsaccise gewähren sollten, soweit sie dieselbe nicht auf die einzelnen Wirthschaftsgewerbe vertheilen könnten. Dieser eigenthümliche Versuch, eine Verbrauchsabgabe als eine Repartitionssteuer zu behandeln, erhielt sich bis 1827, mit wenig befriedigendem Ergebnisse für die Staatsfinanzen, wie auch für das friedliche Verhältnis unter den Abgabepflichtigen selbst. In dem Gesetz vom 19. Mai 1821 war vorbehalten worden, die Gesetze über die indirekten Steuern überhaupt einer Revision und durchgreifenden Verbesserung zu unterwerfen. Unter dem Datum vom 18. Juli 1824 waren dann auch wirklich die neuen Gesetze über Zoll, Accise, Hundeauflage, Wirthschaftsabgaben, über Vertheilung und Erhebung der Tabakauflage, die Regulirung der Straßenbau-Abgabe für Fuhrwerke mit breiten Radfelgen erschienen. Gerade das Wirthschaftsabgabengesetz von diesem Jahr hatte aber noch einen provisorischen Charakter behalten. Dabei drängten die ihrem Abschlusse sich nähernden Verhandlungen über einen Zollverein mit Bayern zu Annahme des bereits erprobten Systems der Bayerischen Malzsteuer. So kam das Gesetz über die Wirthschafts=Abgaben vom 9. Juli 1827 zu Stande, das zwar in der Mehrzahl seiner Bestimmungen jetzt veraltet ist, aber immer noch die Grundlage für die Gruppe der Wirthschaftsabgaben in dem württembergischen Steuersystem bildet.

Dasselbe hatte eine gewerbepolizeiliche, wie eine steuerpolitische Aufgabe. In der ersteren Beziehung regelte es die Bedingungen für Erlangung der Befugniß zum Betrieb der Wirthschaftsgewerbe und für den Verlust der Wirthschaftsberechtigung. Die hierauf bezüglichen Bestimmungen gelten jedoch nicht mehr. Sie wurden schon durch das Gesetz vom 3. November 1855, betreffend die Berechtigung zum Bierbrauen und Branntweinbrennen und zum Betrieb von Wirthschaftsgewerben, beseitigt, und das letztere hat dann wieder durch die mittelst Reichsgesetzes vom 10. November 1871 eingeführte deutsche Gewerbeordnung vom 21. Juni 1869 §. 33 und durch spätere Reichsgewerbegesetze eingreifende Aenderungen erlitten. — Die wichtigere Aufgabe des Wirthschaftsabgabengesetzes vom 9. Juli 1827 war jedoch, wie schon der Name sagt, die steuerpolitische. Dasselbe bestimmte folgende Abgaben: 1. Konzessions= und Rekognitionsgelder, 2. die Abgabe von Wein und Obstmost (Obstwein), 3. die Abgabe vom Bier, 4. Abgaben vom Branntwein, 5. Abgaben vom Essig. Die Bestimmungen über die Konzessions= und Rekognitionsgelder sind schon durch das Finanzgesetz vom 24. Dezember 1833 Art. 4 Ziff. 2 a und b, dann durch das oben erwähnte Gesetz vom 3. November 1855, das letztere wieder durch Art. 2 des Gesetzes vom 12. Dezember 1871, betreffend die Abänderung einzelner Bestimmungen der Wirthschaftsabgabengesetze, und jetzt durch das Allgemeine Sportelgesetz vom 24. März 1881 Art. 19 und Tarif Nr. 90 abgeändert und aufgehoben worden. Unter dieser Nummer begreift jetzt das **Sportelgesetz** in erster Linie die **Wirthschaftskonzessionssporteln**, mit Sätzen bis zu 150 und 300 ℳ, sodann aber auch die schon früher sogenannten „**Wirthschaftssporteln**", jährliche Sporteln von 3,5 und 8 ℳ für Gastwirthe, gewerbsmäßige Bierbrauer und größere Schenkwirthe, von 1, 2 und 3 ℳ für alle übrigen Personen, welche den Ausschank oder Kleinverkauf von geistigen Getränken ständig betreiben. Die Abgaben vom Essig werden längst nicht mehr erhoben. So hat man es also bei den eigentlichen **Wirthschafts=Abgaben** nur noch mit der **Weinsteuer**, der **Biersteuer** und der **Branntweinsteuer** zu thun, bei den beiden letzteren unter Berücksichtigung zugleich der Uebergangssteuer von den Erzeugnissen anderer Staaten des deutschen Zollgebiets, nach dem Grundsatz der Zollvereinsverträge, daß, wenn in einem Vereinsstaat innere Steuern auf die Hervorbringung oder Zubereitung eines Konsumtionsgegenstandes gelegt sind, bei der Einfuhr eines solchen Gegenstandes in einen Vereinsstaat aus einem anderen Staat des Zollvereins der letztere nur so viel an Steuer erheben darf, als sich ergibt bei Berechnung des Betrags der auf den fertigen Gegenstand fallenden Abgabe selbst.

aa) Die **Wirthschaftsabgabe von Wein** (das Umgeld i. e. S.), deren unmittelbare Erhebung beim Wirth in Prozenten des Erlöses vom ausgeschenkten Getränke im Jahr 1827 wesentlich durch ständische Einwirkung wieder hergestellt worden ist, soll nach Art. 8 des Gesetzes vom 9. Juli 1827 in der Regel durch Akkorde erhoben werden, welche von 3 zu 3 Jahren mit den Wirthen abzuschließen sind. Wenn die Verwaltungsbehörde keine sicheren Anhaltspunkte hat oder der Wirth keinen Akkord eingehen will, wird die Steuerschuldigkeit durch Kelleruntersuchung und vierteljährigen Abstich der Getränkevorräthe mittelst Erhebung der Ausschankspreise bestimmt. (Akkordswirthe 1876: 68, 1880 55 Proz. der Gesammtzahl; aufgebrachtes Umgeld in Weg des Akkords 1876 70, 1880 69 Proz. der Gesammteinnahme). Als Abgabe wurden anfänglich 15 Proz. des Erlöses von dem ausgeschenkten Wein berechnet, vom 1. Juli 1834 an 13½ Proz., vom 1. Juli 1839 an 10 Proz., seit 1. Juli 1868 aber 11 Proz. Als Maximalsteuersatz sind 11 Pf. vom Liter einzuhalten, in Gemäßheit einer Bestimmung der Zollvereinsverträge (Vertr. 8. Juli 1867 Art. 5 II §. 2 Abs. 2 lit. c. aa), deren Voraussetzungen z. B. 1880/81 bei 15,47 Proz. der von Akkordswirthen, bei 11,80 Proz. der von Abstichswirthen und bei 78,35, bezw. 18,40 Proz. der von Weinkleinverkäufern ausgeschenkten Weinmengen zugetroffen sind. Der Ausschank von Obstmost unterliegt der gleichen Abgabe wie der von Wein (Art. 20). Steuerfrei ist jeder Verkauf im Großen von 20 Liter an; ferner sind frei die als Hefe, Trübwein u. s. w. zum Abbrennen verwendeten, oder im Großen verkauften, oder ausgeschütteten Quantitäten, überhaupt was erwiesenermaßen durch Unglück zu Grund gegangen oder unbrauchbar geworden ist; steuerfrei ist endlich auf Grund der Zollvereinsverträge der außer den Staaten des Zollvereins erzeugte, von den Wirthen unmittelbar verzollte Wein. Nach der Zahl der Hausgenossen und nach dem Umfang des landwirthschaftlichen oder sonstigen Gewerbebetriebs wird, unter Berücksichtigung des etwaigen Bierverbrauchs in der gleichen Haushaltung, der sog. Hausbrauch bemessen, aus welchem von dem Wirth eine Steuer so wenig zu bezahlen ist, als von den sämmtlichen Nichtwirthen aus ihrem Weinverbrauch zu Hause. Dieses Prinzip der württembergischen Weinsteuer, daß dieselbe nur den in den Wirthshäusern getrunkenen Wein, nicht auch den häuslichen Weinkonsum trifft, bildet allerdings den erheblichsten und auf den ersten Anschein bestechendsten Einwand gegen dieselbe, sowohl vom Standpunkt der Gleichmäßigkeit der Steuer, als von allgemeinen sozialpolitischen Erwägungen aus. Nach einer auf die 40 Jahre 1836/75 sich stützenden Durchschnittsberechnung würden 60 Proz. des Verbrauchs auf die Wirthshäuser, 40 Proz. auf den Privatkonsum fallen, dort 25,48 Liter, hier 15,23 Liter auf den Kopf. Dagegen kommt aber wesentlich in Betracht, daß im Falle der Ausdehnung der Weinsteuer auf den ganzen häuslichen Wein- und Obstmostverbrauch Kontrolen und Belästigungen der einzelnen Haushaltungen von unerträglicher Härte nothwendig werden würden, während bei dem württemb. Steuersystem Produktion und Handel ganz ungestört bleiben, auch die Kontrolen der Akkordswirthe nicht erheblich sind. — Nun ließe sich immerhin eine Steuerform denken, bei welcher angeknüpft würde an den Naturalertrag der Weinberge oder an den Verkauf unter der Kelter (32 bis 70 Proz. des Herbstertrags). Allein hiegegen spricht der Umstand, daß beides sehr ungleiche und schwankende Größen von einem Jahr zum andern geben würde, während die dermalige württembergische Weinsteuer zwar durch Fehljahre, namentlich wenn mehrere aufeinander folgen, auch beeinflußt wird, aber doch keine zu großen und namentlich keine plötzlichen Sprünge zeigt und daher, was fürs Budget sehr ins Gewicht fällt, viel mehr stetig sich erweist, nicht blos weil der Verbrauch in den Wirthshäusern sich nicht so rasch ändert, sondern auch weil die Ausschankspreise, nach denen die Steuer sich richtet, mit dem Sinken der Vorräthe in die Höhe gehen. (Weinvorräthe der Abstichs-Wirthe 1878 7½ Mill., 1880 5 Mill. Liter; Durchschnittspreise für 1 Liter 1878 68,8, 1880 78,3 Pf.) Endlich wird bei dem württembergischen Steuersystem die Abgabe von den unmittelbar Steuerpflichtigen erst erhoben, wenn diese sich dafür durch den Verkauf des Weins an die Konsumenten schon bezahlt gemacht haben. Die von dem Getränkeverkauf im Großen früher neben dem Umgeld erhobene **Weinaccise** ist theils schon 1821, theils zu Anfang der dreißiger Jahre gefallen; ein im Jahr 1852 ernstlich gemachter Versuch, eine allgemeine Weinsteuer einzuführen, ist nach eingetretener Besserung in den Finanzen aufgegeben worden.

bb) Die Abgabe von **Bier** ist schon nach dem Gesetze vom 9. Juli 1827 eine **Malzsteuer** geworden, in der Ausdehnung auf die Malzsurrogate (hauptsächlich Reis). Die Steuer verfällt, sobald das zum Schroten bestimmte Malz zur Mühle oder das Surrogat in die Braustatt gebracht ist (Malzsteuergesetz vom 8. April 1856 Art. 3). Bis zum Schlusse des Jahrs 1871 erfolgte die Erhebung der Malzsteuer nach dem **Maß**, seit dem Gesetz vom 20. September 1852 ohne Unterscheidung zwischen trockenem und eingesprengtem Malz, — 1827 21 Kr. für das Sri. eingesprengtes Malz, 1833 20 Kr., 1852 24 Kr. für das Sri. eingesprengtes und trockenes Malz, 1868 26,4 Kr., 1871 23,8 Kr. Im Jahr 1872 ist man im Interesse der besseren Kontrole, nach Art. 3 des Gesetzes vom 12. Dezember 1871, dazu übergegangen, das **Nettogewicht** des ungeschroteten Malzes der Steuererhebung zu Grund zu legen; — man rechnete 23 Pfund = 1 Sri., darnach 1872 2 fl. 5 kr. für den Ctr. Malz, 1875 3,60 ℳ, 1881 5 ℳ; daneben die **Uebergangssteuer** vom vereinsländischen geschroteten Malz in derselben Höhe (1 Ctr. von diesem = 1 Ctr. ungeschrotenem) und vom vereinsländischen Bier für 1 hl braunes Bier 1875 2 ℳ, 1881 2,75, für 1 hl Weißbier 1875 1,20 ℳ, 1881 1,65 ℳ. Es werden also 55 Pfund Malz auf 1 hl Braunbier, 33 Pfund auf 1 hl Weißbier gerechnet, gegenüber einem durchschnittlichen Malzverbrauch der einheimischen Brauereien von 48,21 Pfund für 1 hl obergähriges, von 23,21 Pfund für 1 hl untergähriges Bier (1880/81). Einen Abzug für Hausbrauch gibt es bei der Malzsteuer nicht; ein Erlaß oder eine **Rückvergütung** der verfallenen oder bereits entrichteten Steuer tritt ein im Falle der Vernichtung oder vollständigen Verderbnis des geschroteten Malzes oder des daraus erzeugten Fabrikats, ferner im Falle der Ausfuhr oder der Verwendung des versteuerten Bieres zur Essigbereitung. Die mit der Malzsteuer verbundenen Kontrolen beschränken sich im wesentlichen auf die Ueberwachung des Transports des Malzes zur Mühle und von derselben zurück (Malzbegleitschein, Registerführung durch den Ortssteuerbeamten und die gewerbsmäßigen Brauer), sodann auf die Visitation der Brauereien. Die steuerliche Abfertigung des Malzes, die Feststellung der steuerpflichtigen Menge, ist dem **Müller** (1870/71 auf 2510 gewerbsmäßige Bierbrauereien 2119 Mühlen) übertragen, welcher das Schroten besorgt und das Malzregister führt. Besitzt der Brauer mit Erlaubnis der höheren Steuerbehörde eine **Privatschrotmühle** (1881 431) oder sonstige Maschine, auf welcher Malz geschroten werden kann, so steht diese unter Verschluß des Ortssteuerbeamten und darf nur in fortgesetzter Anwesenheit eines von dem Bezirkssteueramt aufzustellenden Aufsehers benützt werden, welcher unter Aufsicht des Ortssteuerbeamten mit dem den Müller vertretenden Malzbrecher die Menge des zu versteuernden Malzes festzustellen hat. Das Steuerpersonal kontrolirt das Malz auf dem Transport und in der Mühle, ist auch zur Visitation der Gewerbsgelasse der Bierbrauereien berechtigt. Die Erhebung der Malzsteuer erfolgt vierteljährlich. Auf Verlangen der Steuerpflichtigen ist die Abgabe von dem für braunes Bier in der Zeit vom 1. Oktober bis 31. Mai geschrotenen Malz ein weiteres Halbjahr anzuborgen, wenn keine besonderen Anstände bestehen (31. März 1881 stark 1½ Mill. ℳ kreditirt; 1880/81 Verluste in Proz. des Bruttoanfalls 0,067). — An dieser Malzsteuer hat Württemberg eine Abgabe, die mit verhältnismäßig geringen Kontrolen schon vor der Erhöhung des Abgabensatzes, wie sie in erheblicherer Weise erst 1881 eintrat, einen fortgesetzt steigenden Ertrag abgeworfen hat, welche ferner der zunächst durch die allgemeinen wirthschaftlichen Verhältnisse bedingten Entwicklung des Gewerbes der Bierbrauerei und dessen Uebergang zum Großbetrieb sich anpassen konnte, für dieselbe keinenfalls ein Hemmnis gewesen ist.

ee. Die Abgaben vom Branntwein. Nach dem Wirthschaftsabgaben-Gesetz vom 9. Juli 1827 wurde vom Branntwein erhoben 1) die Malzsteuer von dem zur Branntweinbereitung verwendeten Malz, 2) eine Fabrikationssteuer mit 1 fl. 48 kr. vom Eimer, wenn Malz verwendet wurde, und sonst mit 5 fl., ohne Unterschied der Stärkegrade, 3) eine Patentabgabe, bestehend in 15 Proz. des Erlöses für den Ausschank und das Hausiren. Landwirthe und Private waren für den Branntwein aus eigenen Früchten steuerfrei. Durch Gesetz vom 19. September 1852 wurde statt dessen die preußische Maischraumsteuer eingeführt, nur mit erheblich niedrigeren Sätzen (10 fl. 40 kr. vom württ. Eimer zu 50° Tralles), in Verbindung mit einer Materialsteuer für den aus Weintrestern, Kernobst, Beerenfrüchten, sowie für den aus Wein, Obstmost, Weinhefe und Steinobst dargestellten Branntwein, und eine vielfach abgestufte Abgabe vom Kleinverkauf des Branntweins. Nachdem sich aber dieses Besteuerungssystem für die württembergischen Betriebsverhältnisse in seiner strengen Durchführung als unhaltbar erwiesen hatte, kam man bei günstigen Finanzzuständen und unter der Pression der Essigfabrikanten, denen nach den Zollvereinsverträgen sonst wieder eine Steuer hätte aufgelegt werden müssen, im Jahr 1865 thatsächlich zum Verzicht fast auf jede eigene Branntweinfabrikationssteuer. Denn was jetzt noch von Branntweinsteuer besteht, ist nach den Gesetzen vom 21. August 1865 und 24. Juni 1875 eine mäßig hohe Abgabe vom Branntweinkleinverkauf, die in einem Rahmen von 2—100 fl. (jetzt 4—200 ℳ und 20 Proz. Zuschlag) durch das Bezirkssteueramt nach dessen Einschätzung angesetzt wird, dann eine im Grund mehr zur Vereinfachung der Kontrole der Biersteuer, als aus inneren Gründen beibehaltene Steuer von dem zur Branntweinbereitung verwendeten Malz, in derselben Höhe, wie die Steuer für das Biermalz, endlich eine entsprechende Uebergangssteuer von dem aus anderen Zollvereinsländern eingehenden Branntwein, Sprit u. s. w. (1875 2 ℳ, 1881 2,75 für 1 hl von 50° bei 12,44° Reaumur), mit Steuerfreiheit für den zu technischen Zwecken verwendeten Branntwein nach dem Gesetze vom 24. März 1881; — Abgaben, die unter sich wenig Zusammenhang zu haben scheinen und ganz verständlich nur dem sind, welcher die wirthschaftlichen Verhältnisse des Landes und den geschichtlichen Verlauf der Sache näher kennt. Denn was ist in Württemberg über das Branntweinsteuergesetz von 1852 nicht alles gesprochen und gedruckt worden! 452 doppelspaltige Seiten in Großquart füllen allein die Verhandlungen der Kammer der Abgeordneten darüber, und nicht weniger als 75 Verfügungen sind neben der Hauptinstruktion (von 55 Paragraphen) zu Vollziehung des Gesetzes ergangen, das selbst 44 Artikel zählte. Man war bis dahin an Steueraufseher von sehr harmloser, friedlicher Erscheinung gewöhnt gewesen; da erregte, wenigstens für den Anfang, schon der Anblick des bewaffneten und uniformirten Steuerwächters Anstoß. Vielleicht wenn man von vornherein schonender und weniger pedantisch vorgegangen wäre, hätte sich das entschieden rationelle Prinzip des Gesetzes von 1852 aufrecht halten und ein Steuersystem sich retten lassen, auf das man nach Lage der Zollvereinsverträge auch im Interesse der Gleichförmigkeit der verwandten Steuern bei der Mehrzahl der übrigen deutschen Staaten Werth zu legen gehabt hätte.

Der Staatshaushalt.

Finanzielle Ergebnisse der Wirthschafts-Abgaben je in 1 000 ℳ	Soll-Einnahme.						Soll-Ausgabe.	Rein-Ertrag.
	Konzessionsgelder.	Weinsteuer.	Malzsteuer.	Branntweinkleinverkaufs-Abgabe.	Uebergangssteuern.	Gesammt-Einnahme.		
1. Juli 1870—71	72	1 833	3 519	164	145	5 752	619	5 133
1871—72	146	1 899	5 021	180	188	7 456	712	6 744
1872—73	133	1 970	5 590	189	222	8 134	769	7 365
1873—74	140	2 044	5 710	196	254	8 375	854	7 521
1874—75	132	2 325	5 353	206	248	8 295	872	7 423
1875—76	138	2 564	5 233	224	233	8 435	951	7 484
1876—77	138	2 675	5 821	227	214	9 115	971	8 144
1877—78	141	2 603	5 643	239	218	8 885	987	7 898
1. Juli 1878 31. März 1879	80	1 925	4 879	180	186	7 278	703	6 575
1. April 1879—80	102	2 344	5 287	236	237	8 244	953	7 291
1880-81	68	2 090	5 788	236	266	8 489	942	7 547

Von dem Bruttoertrag der Weinsteuer kamen auf den Kopf der Bevölkerung im Durchschnitt von 1866/75 1,06 ℳ, 1876/77 1,43 ℳ 1880/81 wieder 1,06 ℳ, von dem Bruttoertrag der Braumalzsteuer 1854—59 0,94 ℳ, 1864—69 1,72 ℳ, 1870—71 1,90 ℳ, 1880/81 2,91 ℳ Die Verwaltungskosten haben in den 11 Jahren 1870/81 im Maximum 10,14 Proz., im Minimum 7,8 Proz. der Solleinnahme (ohne Konzessionsgelder) ausgemacht; die Malzsteuerrückvergütungen zwischen 81 000 ℳ und 148 000 ℳ.

Die Zahl der konzessionirten Wirthschaften hat am 1. April 1881 20 606 betragen, von denen 17 878 im Betrieb standen, 1 auf 110,2 Einw. (1870 1 auf 150,8, 1854/59 1 auf 181,2), — auch ein Beleg dafür, welch wichtigen Faktor im schwäbischen Leben das Wirthshaus bildet! Daneben 731 Weinproduzenten, die das eigene Erzeugniß ausschenken und 350 Kleinverkäufer von Wein und Obstmost über die Straße. 2 583 gewerbsmäßige Bierbrauereien standen im Betrieb (1 auf 763,1 Einw. gegen 1 auf 707 im Durchschnitt von 1864/69). Unter den letzteren waren je 2 mit einer Steuerschuld von 80—100 000 ℳ und von 60—80 000 ℳ, 6 mit einer solchen von 40—60 000 ℳ, 7 mit einer Steuer von 30—40 000 ℳ Mehr als 8 000 ℳ Umgeld bezahlte 1 Wirthschaft, 3 600—4 800 ℳ gleichfalls 1. 3 000—3 600 ℳ 5, 2 400—3 000 ℳ 3, 1 800—2 400 22 u. s. w. Die Zahl der im Betrieb stehenden Branntweinbrennereien wurde 1871 mit 13 178 (1 auf 137,2 Einw.) festgestellt, was sich bei der untergeordneten Bedeutung dieses Gewerbes und der wenig hervortretenden Gewohnheit des Branntweingenusses in Württemberg allein daraus erklärt, daß die Brennerei auf dem Lande als Nebenbeschäftigung betrieben wird, hauptsächlich um in der Schlempe ein geeignetes Viehfutter zu gewinnen. Im Jahr 1880/81 verwendeten 2 130 Brennereien Malz, darunter 61 fabrikmäßig betriebene, alle zusammen mit einer Malzsteuer von 19 402 ℳ Die Gesamtzahl der Branntweinkleinverkäufer war 17 157.

„Zu den Hauptaufgaben eines Gesetzes über indirekte Abgaben gehört es, durch angemessene Kontrolvorschriften Steuergefährdungen möglichst zu verhüten, für Verfehlungen, bei welchen ein auf Gefährdung der Abgaben gerichteter Vorsatz erweislich nicht vorliegt, milde, mehr auf Warnung berechnete Strafbestimmungen zu treffen, wirklichen Steuergefährdungen aber, welche ein Unrecht des Einzelnen gegen seine sämtlichen Mitbürger enthalten und nach allgemeinen Rechtsgrundsätzen unter den Begriff des Betrugs fallen, mit nachdrücklichen Strafsanktionen entgegenzutreten". Mit diesen Worten der Motive zu einem im Jahr 1853 eingebrachten, nicht zur Verabschiedung gelangten Gesetzesentwurf werden wir auf die Strafbestimmungen geführt, welche die verschiedenen Gesetze über die indirekten Abgaben noch enthalten. Ordnungsstrafen neben den Legalstrafen sind erst durch das Gesetz vom 13. März 1881 allgemein durchgeführt worden. Bei den letzteren kommen auch arbiträre Strafen vor, die dem Ermessen des Richters einen Spielraum lassen (Wirthsch.Abg.Gesetz von 1827 Art. 45); die Mehrzahl aber hat bestimmte Strafsätze, sei es absolut feste oder prozentuale, vom 4fachen bis 30fachen Betrag der Abgabe; neben oder an Stelle der Strafen kann Konfiskation und Abgabennachholung eintreten. Für das Strafverfahren ist das Gesetz vom 25. August 1879 maßgebend. Die eingehenden Strafgelder und Konfiskationserlöse fließen in die Unterstützungskasse für die niederen Diener der Steuerverwaltung.

5. Die Restverwaltung.

Nicht alle in einem Etatsjahr anfallenden Einnahmen gehen in diesem Jahr wirklich ein, nicht sämtliche einem Etatsjahr obliegenden Ausgaben lassen sich in demselben wirklich leisten. Jene Aktivausstände, darunter insbesondere die kraft Gesetzes angeborgten Steuerreste, z. B. bei der Malzsteuer, dann im weitern Sinn auch die Materialvorräthe an (geschlagenem) Holz, Hütten- und Salinenprodukten, sowie die Kassenbestände früherer Jahre, dann die Zahlungsrückstände und Restvorbehalte bilden das eine Element der im württembergischen Staatshaushalt abgesondert gehaltenen Restverwaltung. — Dazu kommen dann, je nach den Rechnungsergebnissen, die Ueberschüsse oder die Abmängel der laufenden Verwaltung früherer Jahre. Der Hauptfinanzetat hat die Aufgabe, zwischen den laufenden Staatsausgaben und den laufenden Staatseinnahmen eines jeden Finanzjahrs oder einer größeren Finanzperiode das Gleichgewicht herzustellen und dieses so sicher zu stellen, als dies im wirthschaftlichen Leben überhaupt und bei den zu einem großen Theil auf Schätzungen beruhenden Voranschlägen für ein oder mehrere Jahre im voraus geschehen kann. Erhöhen sich daher die wirklichen

Ausgaben über die Etatsätze oder bleiben die wirklichen Einnahmen hinter den Voranschlägen zurück, so entsteht ein Abmangel; waren umgekehrt die Ausgaben zu hoch in den Etat eingestellt oder haben die Einnahmen mehr ertragen, als man bei Aufstellung des Etats annehmen zu dürfen geglaubt hatte, so ergibt sich ein Ueberschuß. Der württembergische Staatshaushalt hat sich bis jetzt häufiger der Ueberschüsse zu erfreuen, als mit Abmängeln zu rechnen gehabt. Doch sind die vor 1848 angesammelten Ueberschüsse, soweit sie nicht früher Verwendung gefunden haben, in den darauf folgenden Jahren ziemlich aufgebraucht worden, und ebenso ist über die in der Zeit von 1855 bis 1878 allmählich erzielten Ueberschüsse in einem Gesamtbetrage von rund 70 Mill. ℳ. jetzt im Sinne des §. 110 der Verf.Urk. nahezu vollständig wieder verfügt. Eine ständige Verwendung findet ein Theil des Restvermögens in dem Betriebs= und Vorrathskapital der Staatshauptkasse in dem Betrag von 4 286 000 ℳ. Weitere Verwendungen erhielt das Restvermögen durch den Hauptfinanzetat oder auch durch das Finanzgesetz theils zu Deckung der Abmängel der laufenden Verwaltung einzelner Jahre, theils zu größeren Ausgaben namentlich für öffentliche Bauten, welche sonst entweder hätten unterbleiben müssen oder mit Mitteln der laufenden Verwaltung oder des außerordentlichen Dienstes, d. i. mit Anlehensgeldern zu bestreiten gewesen wären. Abgesehen hievon ändert sich das Restvermögen durch Ausfälle oder Abzüge an Aktivposten, oder durch nachkommende Passivrückstände, nicht minder durch heimfallende Restvorbehalte oder nachträgliche Erhöhung oder Vermehrung der Aktivausstände.

Das Betriebs= und Vorrathskapital der Staatshauptkasse beruht auf Art. 5 des Finanzgesetzes vom 24. März 1881. Dasselbe kann durch Schatzanweisungen je nach Bedarf bis zum Betrag von 5 Mill. ℳ ergänzt werden. — Von Verwendungen des Restvermögens sind bereits erwähnt worden 25,35 Mill. ℳ für den Eisenbahnbau, die Dotationen der Pensionsfonds u. s. w. Weiter sind hervorzuheben aus der Zeit vor 1848 5 Mill. Gulden zu Linderung des Nothstandes im Jahr 1847, 2⅔ Mill. zur Vollziehung der Ablösungsgesetzgebung von 1836, 2 Mill. zu außerordentlichen Schuldentilgungen. Von den seit 1855 verwendeten 70 Mill. ℳ des Restvermögens waren 22 Mill. erforderlich zu Deckung des Abmangels bei der laufenden Verwaltung seit 1876; dem Eisenbahnbau wurden zugewendet 23 Mill., Straßen= und Wasser=Bauten 8½ Mill., der Post und den Telegraphen 1½ Mill.; ferner zu militärischen Zwecken 7 Mill., zu kirchlichen Zwecken 1¼ Mill., für Schulzwecke 3 Mill., für Gerichtsgebäude und Gefängnißbauten 1½ Mill., für Zwecke der inneren Verwaltung 1,1 Mill., zu Unterstützung der wasserarmen Gemeinden der Alb bei Herstellung einer Wasserversorgung 0,7 Mill., zu Finanzausgleichungen mit standesherrlichen Häusern 1 Mill., für Wildbad ½ Mill. ℳ

Der Restverwaltung sind seit 1876 auch die bis dahin unverwendeten Mittel der französischen Kriegsentschädigung zugewiesen worden. Nach §. 87 der Verf.Urkunde sind alle Subsidien und Kriegskontributionen, sowie andere ähnliche Entschädigungsgelder oder sonstige Erwerbungen, welche dem Könige zufolge eines Staatsvertrags, Bündnisses oder Kriegs zu Theil werden, als Staatseigenthum erklärt. Der Antheil Württembergs an der französischen Kriegsentschädigung von 1871 hat 85,4 Mill. ℳ betragen, wovon 56,1 Mill. (65,7 Proz.) zur Deckung der Kriegskosten und zu weiteren militärischen Zwecken nöthig gewesen sind, 11,3 Mill. (13,2 Proz.) zur Zurückzahlung von Anlehen bestimmt wurden, welche mit dem Krieg von 1870/71 in keinem Zusammenhang standen, 15,4 Mill. (18 Proz.) zu sonstigen Staatszwecken verbraucht und 2,6 Mill. (3,1 Proz.) in die Restverwaltung übertragen wurden.

Von jenen 15,4 Mill. wurden zu allgemeinen Staatszwecken verwendet 0,87 Mill., zu Straßen- und Flußbauten 2,53 Mill., für kirchliche Zwecke 0,23 Mill., für Schulen, wissenschaftliche und Kunstsammlungen 7,07 Mill., für Gerichtsgebäude und Gefängnisse 2,82 Mill., für Krankenanstalten 1,39 Mill., zu Unterstützung der wasserarmen Albgemeinden 0,21 Mill., für die Stuttgarter Wasserversorgung 0,11 Mill., zur Entschädigung der durch die reichsgesetzliche Aufhebung der Flößereiabgaben Benachtheiligten 0,13 Mill., der Stadt Reutlingen Beitrag zur Herstellung einer Frauenarbeitsschule 0,07 Mill. ℳ

6. Die Staatsschuld und der außerordentliche Dienst.

In den Erörterungen über die württembergische Staatsschuld (Zeitschrift für die ges. Staatswissenschaft III S. 619 ff.) bemerkt Robert Mohl, daß es unbekannt sei, wie groß der Gesamtbetrag der zu Zeiten des Herzogthums Württemberg von der Herzoglichen Rentkammer, von der Landschaft und von dem Kirchengut gemachten und wieder bezahlten Schulden sich belaufen habe; nur die von der Kammer auf die Landschaft übernommenen Schulden können angegeben werden: 1 Million Gulden unter Herzog Ulrich beim Tübinger Vertrag, 1,2 Mill. unter Christoph, 0,6 Mill. unter Ludwig, 1,1 unter Friedrich, 1,6 unter Johann Friedrich, 3 Mill. unter Eberhard III., 2 Mill. nach dem Tod Eberhard Ludwigs, 5,3 Mill. unter Herzog Karl beim Erbvergleich. Im Jahr 1806 bestanden die Schulden der Rentkammer in 3,29 Mill., die der Landschaft in 4,67 Mill., der Schuldenzahlungskasse in 1,39 Mill., der Kriegsprästationskasse in 3,58 Mill., der Straßenbaukasse in 0,2 und des Kirchenraths in 1 Mill. Gulden, zusammen 14,134 473 fl. 6 kr. 5 hlr. Dazu von den neuwürttembergischen Kassen 1½ Mill., wogegen wieder 0,3 Mill. in Abzug kamen, welche einzelne der genannten Kassen gegen andere zu fordern hatten. Bis zum Ende der Regierung des Königs Friedrich hatte sich die Staatsschuld auf 24¾ Mill. Gulden erhöht, darunter beinahe 8 Mill. von weiteren neu erworbenen Landestheilen. Am 30. Juni 1819 waren es noch 21 895 620 fl. 39 kr.

Nach der Verfassungsurkunde vom 25. September 1819 §. 119 ist die Staatsschuld unter die Gewährleistung der Stände gestellt. Die Schuldenzahlungskasse wird unter der Leitung der Stände nach einem verabschiedeten Statute von ständischen, im Zusammentritt beider Kammern gewählten, durch die Regierung bestätigten Beamten verwaltet. Die Regierung hat die Oberaufsicht. Die zur Verzinsung und Tilgung der Staatsschuld erforderlichen Gelder werden den Ständen nach den in jedem Finanzgesetz festzustellenden Bestimmungen von den Obereinbringern der direkten und der indirekten Steuern geliefert, welche dafür verantwortlich gemacht sind, daß sie die bezeichneten Gelder nur in diese Kasse leiten.

In Folge der Uebernahme weiterer älterer Schulden stieg die Staatsschuld bis 1. Juli 1833 auf 26 ¼ Mill., erreichte aber, Dank den fortgesetzten Tilgungen, ihren niedrigsten Stand am 1. Juli 1844 mit etwas über 21 Mill. Gulden. Der Zinsfuß war zuerst 5 Proz., von 1824 an 4 ½ Proz., von 1829 an 4 Proz., von 1843 an 3 ½ Proz.

Kurz darauf erfolgte der Beschluß, die Eisenbahnen auf Staatskosten zu bauen (Gesetz vom 18. April 1843) und 1845 die Umwandlung der Staatsschuld in eine Seitens der Gläubiger unaufkündbare (Gesetz vom 30. Juni 1845). Letztere Maßregel war jedoch schon mit dem Opfer eines Kurses von 97 ¹/₄₄ verbunden und von 1847 an der Zinsfuß der Staatsanlehen wieder 4 ½ Proz. (Kurs 97 ½), nachdem das Angebot von 4 Proz. im Jahr 1846 kaum mehr einen Erfolg (wenig über 1 Mill. fl.) zu erzielen vermocht hatte. Einzelne kleinere Anlehen konnten von 1857 bis 1861 wieder zu 4 Proz. (Kurs 96, 97 und 98), 1862 sogar eines zu 3 ½ Proz. (Kurs 98) angebracht werden. 1866 aber sank der Emissionspreis selbst der 4 ½ prozentigen Anlehen von 98 und 98 ½ auf 90 ¼ und hatte sich derselbe bis 1869 erst auf 92 ³/₃₂ erholt, so daß man sich 1870 und 1871 zum Abschluß von Anlehen gegen 5 Proz. mit Sistirung der Tilgung bis 1880 und trotzdem noch unter pari entschließen mußte. 1876 giengen wieder 2 große Anlehen auf 4 ½ Proz. zu höheren Kursen (98,5 und 99,6) ab, als 5 und 6 Jahre vorher die 5 prozentigen, das zweite Anlehen allerdings mit Sistirung der Tilgung bis 1887. Unter einer ähnlichen Bedingung, der Aufschiebung der Tilgung bis 1890 und 1891, wurden darauf zu immer günstigeren Kursen (100,65 bis 101,40) die Anlehen von 1877 bis 79 zu 4 ½ Proz. abgeschlossen, so daß im Dezember 1879, in Verbindung mit der vom 1. Mai 1880 an vertragsmäßig gestatteten Umwandlung der 5 prozentigen Staatsschuld, auf den Zinsfuß von 4 Proz. abgeschlossen werden konnte (Kurs von 96,75). Hiebei sind in runden Summen 24 ¼ Mill. ℳ zur Umwandlung gebracht und 10 Mill. ℳ zur Heimzahlung Seitens der Gläubiger gekündigt worden. Noch günstiger verlief die viel umfangreichere Operation der Umwandlung der 4½ prozentigen Guldenschuld in eine gleichfalls zu 4 Proz. verzinslich neue Schuld in Mark, sofern hier zu einem Kurs von 99 an einem Gesamtbetrage von 167¼ Mill. ℳ gegen 158½ Mill. ℳ einfach umgewandelt werden konnten und nur für die kleine Summe von 8¾ Mill. ℳ Rückzahlung begehrt worden ist. Der Börsenkurs der Württemb. Staatspapiere war für die 4½ prozentige Schuld mit aufgeschobener Tilgung beim Beginn des Jahrs 1881 105¼, am Schluß des Jahrs 105½ und im Maximum 106⅜, für die 4 prozentige Schuld ebenso 100¼, 101¼ und 102¼.

Ende Mai 1882 belief sich die Staatsschuld in runder Summe auf 423¾ Mill. ℳ, worunter 100 Mill. zu 4½ und nahezu 300 Mill. zu 4 Proz., ferner ½ Mill. zu 5 Proz., nicht kündbar, endlich 21 Mill. zu 3½ Proz. und 5 Mill. ℳ Schatzanweisungen.

Die älteren Staatsschuldstatute von 1816, 1817 und 1820, sowie im wesentlichen damit übereinstimmend das revidirte Staatsschuldenstatut vom 22. Februar 1837 hatten als jährlichen Kapitaltilgungsfonds bestimmt:

a. ein halbes Prozent der Staatsschuld nach ihrem höchsten Stande,
b. die Jahreszinse aus den getilgten Schulden,
c. etwaige Ersparnisse am Zinsenzahlungsfonds.

Die Ablösungsordnung aber war so geregelt, daß in erster Linie die von den Gläubigern selbst aufgekündigten Posten, dann die höher zinsenden, weiter, nach den früheren Statuten, die der Zeit der Aufnahme nach älteren, nach dem Statut von 1837 die Kapitalposten von 100 Gulden oder weniger, endlich — wieder nach allen Statuten bis 1837 einschließlich, die durch das Loos bestimmten Schuldverschreibungen zu tilgen gewesen sind.

Diese in Art. 7 des Gesetzes von 1837 vorgeschriebene Ablösungsordnung hat das Gesetz vom 4. September 1853 in Art. 3 aufgehoben. Außerdem hat dasselbe auch den Kapitaltilgungsfonds anders geordnet, indem es in Art. 1 bestimmte, der für jedes Jahr auszusetzende Kapitaltilgungsfonds für die kündbare Schuld sei nach den, den einzelnen Bestandtheilen dieser Schuld zu Grunde liegenden vertragsmäßigen Bestimmungen über deren Tilgung zu bemessen. Zugleich wurden die strengeren Grundsätze der älteren Statute, welche die völlige Rückzahlung der ganzen damaligen Schuld binnen etwa 45 Jahren gesichert hätten, verlassen und, allerdings im Einklang mit den seit 1845 abgeschlossenen Anlehensverträgen, Regierung und Stände freier gestellt. Thatsächlich hat man daran festgehalten, für jedes einzelne Anlehen einen Tilgungsplan zu vereinbaren, nach welchem, in der Regel mit dem Aufnahmejahr beginnend, mittelst der die Zinsen und Tilgungsquoten in sich begreifenden Annuitäten meist binnen fünfzig Jahren das ganze Anlehen zurückbezahlt werden soll. Ausnahmen hievon kamen erst im letzten Jahrzehnt nach den zwei Richtungen hin vor, daß die Tilgung in den ersten Jahren nach der Aufnahme der Anlehen überhaupt ausgeschlossen, und daß bei den letzten Anlehen von 1879 und 1880, die Tilgungsfrist von fünfzig Jahren auf siebzig Jahre ausgedehnt wurde.

Das Gesetz vom 20. März 1881, betreffend die Staatsschuld, ist nun noch einen Schritt weitergegangen, indem dort in Art. 1 bestimmt wurde, daß bei den bis zum Ablauf der Finanzperiode 1881/83 aufzunehmenden Staatsanlehen rücksichtlich der Tilgung vertragsmäßig festgesetzt werden darf, daß diese Tilgung entweder in jährlichen Raten nach einem zum Voraus festgesetzten Plane stattzufinden, oder daß sie sich nach den Bestimmungen zu richten hat, welche im Wege der Gesetzgebung werden getroffen werden. Jedoch ist auch im letzteren Fall der Schlußtermin der Heimzahlung zum Voraus festzusetzen.

Von der letzteren Befugniß wurde bei den 1881 und 1882 abgeschlossenen Anlehen, insbesondere bei dem Anlehen zum Zweck der Umwandlung der 4½prozentigen Guldenschuld in eine 4 prozentige Markschuld in der Weise Gebrauch gemacht, daß als Schlußtermin der Heimzahlung der 1. Juli 1950 bestimmt, der Modus der Tilgung im Einzelnen aber weiterer gesetzlicher Verabschiedung noch vorbehalten worden ist.

Die jüngsten Maßregeln, die freiere Hand in der Tilgung bei den neuen Anlehen und die Herabsetzung des Zinsfußes für einen großen Theil der Staatsschuld, erklären es, daß trotz der fortgesetzten Vermehrung derselben auch noch in den letzten Jahren der Aufwand der laufenden Verwaltung für Zwecke der Staatsschuld jetzt um mehrere Millionen ℳ. niedriger geworden ist, als in der unmittelbar vorangegangenen Finanzperiode. Es wurden, je in Tausenden von ℳ, erigirt:

	1879/80	1880/81	1881/82	1882/83
für die Verzinsung . .	16 556	17 312	17 146	16 969
„ die Tilgung . . .	4 403	4 409	2 191	2 287
„ Provisionen wegen Einlösung von Coupons .	18	19	19	20
	20 977	21 740	19 356	19 277

Wohl ist der laufende Aufwand der Staatskasse für die Staatsschuld mit jährlich 10 ℳ. auf den Kopf auch jetzt noch ein erheblicher zu nennen. Die württembergische Staatsschuld selbst aber mit 213 ℳ auf den Kopf, ist nicht größer, als die der übrigen deutschen Mittelstaaten (Bayern, Sachsen und Baden), und die Leistungen des deutschen Volks im Ganzen bei Verzinsung und Tilgung der öffentlichen Schuld stellen sich nach „Gerstfeld, Beiträge zur Reichssteuerfrage, 1879" alljährlich um gegen 700 Mill. ℳ niedriger, als diejenigen von Frankreich, um 400 Mill. ℳ. niedriger, als die Leistungen von Großbritannien, und selbst um über 70 Mill. ℳ. niedriger, als diejenigen von Oesterreich, dessen Bevölkerung nur etwas über die Hälfte derjenigen des Deutschen Reichs repräsentirt.

Nach dem Staatsschuldstatut vom 22. Februar 1837 Art. 1 sind als Staatsschuld diejenigen Passivkapitalien anzusehen, welche schon ein erworbenes Recht auf die Staatsschuldenzahlungskasse haben, oder solche Schulden, welche durch gemeinschaftliche Verabschiedungen zwischen der Regierung und den Ständen künftig auf die Staatsschuldenzahlungskasse werden übernommen werden. Auf den gesetzlichen Verabschiedungen zwischen Regierung und Ständen und den darauf hin abgeschlossenen Anlehensverträgen mit den Staatsgläubigern beruht jetzt insbesondere die ganze kündbare Staatsschuld. Nicht kündbar (Gesetz vom 4. September 1853 Art. 2) nur die Kapitalien der Pensionsfonds (gegen 10 Mill. zu 4%) und ein Theil des Brautschatzkapitals der verewigten Königin Katharina (noch gegen ½ Mill. ℳ). In Gemäßheit der Verträge werden die Staatsschuldscheine in Abschnitten früher von 1000 fl., 500 fl., 300 fl. und 100 fl., seit Einführung der Markrechnung in Beträgen von 2000 ℳ, 1000 ℳ, 500 ℳ und 200 ℳ auf den Inhaber ausgestellt, sie können aber auch auf den Namen eingeschrieben werden. Die Inhaber-Schuldscheine sind mit halbjährlich verfallenden Zinscoupons versehen. In besonders bezeichneten Ausnahmefällen werden die Zinse von den auf den Namen eingeschriebenen Staatsschuldscheinen nur gegen Quittung verabfolgt. Die Führung des Schuldbuchs, das Einschreibwesen, die Zinsenzahlung, die Verloosung der zur Heimzahlung kommenden Staatsschuldscheine, die Verjährung, Sperrung und Amortisirung von Schuldscheinen und Zinscoupons ist gut geordnet (vgl. den von dem Abgeordneten Schneider verfaßten Bericht über die Frage der Vereinfachung der württemb. Staatsschuldenverwaltung, Verhandlung der Kammer der Abgeordneten von 1870 bis 1874 I Beil. Bd. S. 1783; sodann das Gesetz vom 18. August 1879, betreffend die auf den Inhaber lautenden Staatsschuldscheine, und die K. Verordnung, betreffend die Vollziehung dieses Gesetzes vom 27. September 1879), theilweise auch von anderen Staaten als Vorbild benützt worden.

Als **schwebende Schuld** sind in den Württembergischen Staatshaushalt durch das Finanzgesetz vom 24. März 1881 Art. 5 Abs. 2 zur Verstärkung des Betriebs- und Vorrathskapitals der Staatshauptkasse die Schatzanweisungen im Maximalbetrag von 5 Mill. ℳ eingeführt worden, mit einer Umlaufszeit, welche den 1. Oktober 1883 nicht überschreiten soll. Dieselben wurden in Stücken zu 100 000, 50 000 und 10 000 ℳ ausgegeben, mit einer Umlaufsfrist von nur wenigen Monaten für das einzelne Stück. Andere Bestandtheile einer schwebenden Schuld: das freiwillige Staatsanlehen zu 6 Proz. vom Jahr 1870 und die verzinslichen Kassenscheine der Staatsschuldenzahlungskasse aus demselben Jahre, endlich das auf die Gesetze vom 1. Juli 1849, 10. Mai 1850 und 16. Juli 1871 begründete Staatspapiergeld im Gesamtbetrag von 6 Mill. Gulden (10¼ Mill. ℳ) sind bis auf eine noch 9 Jahre (1. Januar 1883/91) der Reichskasse als Vorschußersatz zu zahlende Rente von je 220 643 ℳ getilgt.

Verwandt mit der Staatsschuld (Kap. 3) sind die in dem Hauptfinanz-Etat besonders aufgeführten immerwährenden, lehenfälligen und Haller Siebens-Renten (Kap. 4 Tit. 1 181 377,83 ℳ), sodann die theils auf dem Domanialbesitz haftenden, theils auf dem Steuerbezug ruhenden Entschädigungen (Kap. 5 Tit. 1 und 2 747,43 ℳ. und 32 223,41 ℳ).

Endlich ist hier zu erwähnen die kraft Gesetzes vom 1. Juli 1876 übernommene Staatsgarantie für eine Aktiengesellschaft zu Errichtung der Ketten- und Kabelschiffahrt auf dem Neckar. Der Staat garantirt eine Dividende von 5 Proz. auf die Dauer von 20 Jahren, erhält dagegen von einem 6 Proz. übersteigenden Reinertrag die Hälfte des Ueberschusses.

Die Staatsanlehen werden im Sinne der Verfassung durch die Stände unter Mitwirkung des K. Finanzministeriums aufgenommen und fließen zunächst in die Staatsschuldenzahlungskasse, von welcher die Anlehensgelder den Verabschiedungen entsprechend an die Staatshauptkasse verabfolgt werden. Diese Einnahmen und die weitere Verwendung der Gelder bei der letzteren werden in den Büchern der Staatshauptkasse als der außerordentliche Dienst nachgewiesen, der sich begrifflich mit dem Extraordinarium des Reichshaushalts nicht deckt.

X. Die Gemeinden und Amtskörperschaften.

Literatur: Mayer, Die Gemeindewirthschaft, Stuttgart 1851; W. Camerer, Direkte Staatssteuern und Amts- und Gemeindeanlagen in Württemberg im Etatsjahr 1. Juli 1868—1869, Württ. Jahrb. 1868 S. 313 ff.; Derselbe, Gemeinde-, Stiftungs- und Amtskörperschafts-Verwaltung in Württemberg, a. a. O. 1870 S. 174 ff.; Derselbe, Die Stiftungen in Württemberg, a. a. O. 1872 II. S. 79 ff.; Bäzner, Der Einfluß der neuen Steuergesetzgebung auf die Unterausteilung der Staats-, Amtskörperschafts- und Gemeindesteuern und auf die Aufgaben der mit dieser beauftragten Behörden; Derselbe, Die Amtskörperschaftsverbände in Württemberg, ihre Entstehung und Ausbildung, ihre Aufgaben und Leistungen, und die auf die Erreichung ihrer Zwecke verwendeten Mittel — beides im Amtsblatt des Königl. Ministeriums des Innern 1878 S. 158 ff., 339 ff. und 356 ff.; — endlich Württ. Jahrb. 1879 S. 185 ff.

Die Gemeinden sind, nach §. 62 f. der Verfassungs-Urkunde, die Grundlage des Staatsvereins. Jeder Staatsbürger muß daher, soferne nicht gesetzlich eine Ausnahme besteht, einer Gemeinde als Bürger oder Beisitzer angehören. Die Aufnahme der Gemeindebürger hängt von der Gemeinde ab, unter Vorbehalt der gesetzmäßigen Entscheidung der Staatsbehörden in streitigen Fällen. Indessen setzt die Ertheilung des Gemeindebürgerrechts die vorgängige Erwerbung des Staatsbürgerrechts, die letztere hinwiederum die vorläufige Zusicherung einer bestimmten Gemeinde voraus, daß sie gegebenen Falls ihr Bürgerrecht verleihen werde. Die durch die Gesetze vom 15. April 1828 und 4. Dezember 1833 geregelten besonderen Rechte der Gemeindebürger, z. B. auf häusliche Niederlassung und Gewerbebetrieb, auf Unterstützung im Falle der Dürftigkeit, auf Wahlrecht und Wählbarkeit bei Besetzung der Ortsvorstehers- und der Gemeinderathsstellen und für den Bürgerausschuß, auf Wahlrecht bei der Landtagswahl u. s. w., sind nun allerdings theils durch neuere Landesgesetze, theils durch die Reichsgesetze über Freizügigkeit und den Unterstützungswohnsitz, sowie durch die Reichs-Gewerbe-Ordnung verallgemeinert worden, und hat sich darnach als einziges wesentliches Sonderrecht der Gemeindebürger nur deren Anspruch auf Theilnahme an den Gemeindenutzungen da erhalten, wo solche noch gereicht werden. Die

Aufnahme in das Beisitzrecht findet seit 1849 nicht mehr statt. Das Reichsgesetz vom 4. Mai 1868 über die Aufhebung der polizeilichen Beschränkungen der Eheschließung, ferner das Reichsgesetz vom 1. Juni 1870 über den Erwerb und Verlust der Bundes- und Staats-Angehörigkeit haben auf unsere Bürgerrechtsgesetzgebung weiterhin abändernd eingewirkt. Auf diese Weise ist die Bedeutung des Ortsbürgerrechts nach der subjektiven Seite hin jetzt mehr in den Hintergrund getreten. Auf der anderen Seite sind dagegen in Gemäßheit des Gesetzes vom 18. Juni 1849 alle Theile des Staatsgebiets, einschließlich der darauf betriebenen Realgewerbe, welche bisher nicht in dinglichem Gemeinde- und Amtskörperschafts-Verbande standen, in die bestehenden oder damals neu gebildeten Gemeinden und Amtskörperschaften aufgenommen worden, mit der Wirkung, daß dieselben von da an zu den Gemeinde- und Amtskörperschaftslasten, einschließlich der Amtsvergleichungskosten, in demselben Verhältnisse wie andere Besteuerungsgegenstände derselben Gemeinde beizutragen haben.

Die Amtskörperschaft besteht aus sämtlichen zu einem Oberamt gehörigen Gemeinden. Veränderung der Oberamtsbezirke ist Gegenstand der Gesetzgebung (Verf.Urk. §. 64).

Jede Gemeinde bildet in der Regel für sich einen Ortsarmenverband im Sinne des Reichsgesetzes vom 6. Juni 1870 über den Unterstützungswohnsitz §. 3. Daneben bestehen eine Anzahl von Theilgemeinden, welche mit eigener Markung versehen sind und schon früher die Unterstützung nothleidender Genossen für sich zu bestreiten hatten, als besondere Ortsarmenverbände fort. Bis zu Konstituirung größerer Landarmenverbände versieht jeder Oberamtsbezirk die Funktionen eines solchen und es erfolgt die Verwaltung des Landarmenwesens nach Maßgabe der für die Verwaltung der Amtskörperschaften bestehenden gesetzlichen Bestimmungen.

Im übrigen bestimmt die Verfassungsurkunde in §. 67: „Weder die Amtskörperschaften, noch einzelne Gemeinden sollen mit Leistungen und Ausgaben beschwert werden, wozu sie nicht vermöge der allgemeinen Gesetze oder kraft der Lagerbücher oder anderer besonderer Rechtstitel verbunden sind" — und in §. 68: „Was nicht auf örtliche Bedürfnisse der Gemeinden und Amtskörperschaften, sondern zur Erfüllung allgemeiner Landesverbindlichkeiten zu verwenden ist, kann nur auf das gesamte Land vertheilt werden".

Schon in den Zeiten der Grafen von Württemberg bildete Stadt und Amt die politische Einheit der Bezirke, bei einem Theil jedenfalls in Folge der Art und Weise, wie sie, die Stadt schon Mittelpunkt größerer oder kleinerer Herrschaften, an Württemberg gekommen sind (Uebelen, Entstehung der Landstände u. s. w. S. 10 Anm.). Das Institut der Amtskörperschaften reicht gleichfalls bis in das 15. Jahrhundert zurück und wird z. B. in der bereits im vorigen Abschnitt erwähnten Amts-

und Landschadensordnung von 1489 als bestehend vorausgesetzt, wo einzelne Leistungen benannt sind, welche den Gegenstand der Amtsvergleichung bilden sollen. Mit Recht hebt Gäßner es hervor, daß Württemberg schon längst nicht blos eine auf dem Prinzip der Selbstverwaltung beruhende freisinnige Gemeindeverfassung, sondern in seinen Amtskörperschaften auch größere Verbände besitzt, welche sich unter allen Wandlungen der staatlichen Einrichtungen erhalten, den Kreis ihrer Wirksamkeit erweitert, in Friedens= wie in Kriegszeiten und Jahren allgemeiner Noth als segensreiche Institute entwickelt haben und im Wesentlichen alles das leisten, was durch die Bildung kommunaler Körperschaften anderwärts erst angestrebt wird.

Die Gesetze, auf denen die Verwaltung der Gemeinden und Amtskörperschaften hauptsächlich beruht, sind die unter Mitwirkung des Landschaftskonsulenten J. J. Moser bearbeitete Kommunordnung des Herzogs Karl vom 1. Juni 1758, sodann die ersten drei Edikte vom 31. Dezember 1818, das fünfte Kapitel der Verfassungs=urkunde vom 25. September 1819, das Verwaltungsedikt vom 1. März 1822, das Gesetz vom 17. Juli 1824, betreffend die Behandlung der bei den einzelnen Steuerpflichtigen haftenden Rückstände, die Gesetze vom 18. Juni 1849, betreffend die Ausdehnung des Amts= und Gemeindeverbands auf alle Theile des Staatsgebiets, und vom 6. Juli 1849, betreffend einige Abänderungen und Ergänzungen der Gemeindeordnung, weiter vom 17. September 1853, betreffend die Verhältnisse der zusammengesetzten Gemeinden, und vom 24. Juni 1855, betreffend die Handhabung der Staatsaufsicht über verwahrloste Gemeinden, endlich das Gesetz über die Bewirthschaftung und Beaufsichtigung der Waldungen der Gemeinden, Stiftungen und sonstigen öffentlichen Körperschaften, vom 16. August 1875.

Die Verfassungs=Urkunde bestimmt ferner in §. 65: „Die Rechte der Gemeinden werden durch die Gemeinderäthe unter gesetzmäßiger Mitwirkung der Bürgerausschüsse, die Rechte der Amtskörperschaften durch die Amtsversammlungen verwaltet, nach Vorschrift der Gesetze und unter der Aufsicht der Staatsbehörden". Dann in §. 66: „Keine Staatsbehörde ist befugt, über das Eigenthum der Gemeinden und Amtskörperschaften mit Umgehung oder Hintansetzung der Vorsteher zu verfügen". Endlich in §. 69: „Sämtliche Vorsteher der Gemeinden und Amtskörperschaften sind ebenso, wie die Staatsdiener, auf Festhaltung der Verfassung und insbesondere auch auf Wahrung der dadurch begründeten Rechte der Gemeinden und Körperschaften zu verpflichten".

Die Gemeinden werden nach ihrer Größe in drei Klassen getheilt, deren erste die Städte von mehr als 5 000 Einwohnern, die zweite die Gemeinden von mehr als 1 000 Einwohnern, endlich die dritte alle übrigen Gemeinden begreift. Doch hat diese Unterscheidung, abgesehen davon, daß die Ernennung der Ortsvorsteher in der ersten Klasse, auf Grund der vorangegangenen Wahlvorschläge der Gemeinde, dem Könige vorbehalten ist, abgesehen ferner von den Strafbefugnissen der Gemeindeorgane und dem Rahmen für das Recht der Gemeinderäthe zur Veräußerung von Grundstücken oder Realrechten der Gemeinde, endlich abgesehen von dem Umfange der Zuständigkeit der Gemeindegerichte, keine weitere praktische Bedeutung.

Die **Gemeindeverwaltung** wird, unter der Aufsicht und Leitung des Oberamts, durch den Ortsvorsteher und den Gemeinderath besorgt.

Dem **Gemeinderath** kommt zu die Ausübung der Ortspolizei, die Feststellung der Einnahmen und Ausgaben, die Vermögensverwaltung, die Bestellung der Gemeindediener, die Vertretung der Gemeinden nach außen und gegenüber von den Staatsbehörden, endlich, auf Anordnung des Amtsgerichts, die Zwangsvollstreckung in unbewegliches Vermögen. Er besteht, mit Einschluß des Vorstands, aus 7 bis 21 Mitgliedern, welche, mit Ausnahme des Vorstands, auf 6 Jahre in der Weise gewählt werden, daß alle 2 Jahre ⅓ austritt. Die Annahme der Wahl ist das erstemal obligatorisch. Ein Gehalt ist mit der Stelle nicht verbunden, wohl aber der Bezug von verschiedenen Gebühren.

Der Vorstand des Gemeinderaths ist der **Ortsvorsteher** (**Schultheiß, Stadtschultheiß,** — in Stuttgart, Ulm, Heilbronn und Ludwigsburg dermalen mit dem persönlichen Titel **Oberbürgermeister**). Derselbe leitet die Berathungen des Gemeinderaths und vollzieht dessen Beschlüsse; er hat zugleich im Namen der Regierung die Landespolizei zu handhaben, ist für seinen Gemeindebezirk der Vollstreckungsbeamte und in den Gemeinden, in welchen sich ein Gerichtssitz nicht befindet, der Zustellungsbeamte für diejenigen Zustellungen, welche innerhalb des Gemeindebezirks mittelst Behändigung durch einen Gerichtsvollzieher bewirkt werden sollen; er hat endlich überhaupt die zu Ausführung der bestehenden Gesetze und Verordnungen ergehenden Weisungen und Aufträge der Staatsbehörden zu vollziehen. Aus drei von den Gemeindebürgern gewählten Kandidaten ernennt den Ortsvorsteher für Gemeinden erster Klasse der König, für die übrigen Gemeinden die Kreisregierung. Wenn jedoch einer der Vorgeschlagenen zwei Dritttheile sämtlicher abgegebenen Stimmen auf sich vereinigt, so wird diesem **immer** der Vorzug vor den übrigen gegeben. Die Ernennung geschieht auf Lebenszeit. Ist der Ernannte nicht schon zuvor Bürger der Gemeinde, so erlangt er hieburch das Ortsbürgerrecht. In Absicht auf Entfernung vom Amte sind die Ortsvorsteher nach Maßgabe des §. 47 Abs. 2 der Verf.Urk. zu behandeln.

Dem Gemeinderath als der verwaltenden Gemeindebehörde steht als Vertreter der Bürgerschaft der **Bürgerausschuß** gegenüber. Seine Mitglieder werden auf 2 Jahre, jährlich zur Hälfte, gewählt. Er hat bei den ökonomischen Angelegenheiten der Gemeinde die Funktionen einer theils kontrolirenden, theils mitwirkenden Behörde. Die jährliche Feststellung des Etats, die Veränderungen im Gemeindevermögen, Käufe und Verkäufe, die Uebernahme bleibender Leistungen erfordern seine Zustimmung; in anderen wichtigen Angelegenheiten der Gemeinde wird sein Gutachten eingeholt. Seine Berathungen leitet ein Obmann aus seiner Mitte.

In einer Reihe gesetzlich bestimmter Fälle bedürfen die Beschlüsse der Gemeindebehörden der Genehmigung der Staatsaufsichtsbehörden.

Die weiteren ständigen Gemeindebeamten, außer dem Ortsvorsteher, sind der Rathsschreiber und der Gemeindepfleger (früher Bürgermeister genannt). Der Erstere hat die Sekretariatsgeschäfte zu besorgen, die Rathsprotokolle zu fertigen, die Registratur in Ordnung zu halten. Der Gemeindepfleger steht dem Kassen- und Rechnungswesen vor. Wo und soweit derselbe hiezu nicht befähigt wäre, kann als Hilfsbeamter ein Verwaltungsaktuar aufgestellt werden.

In Verbindung mit dem Ortsgeistlichen und dem Stiftungspfleger bildet der Gemeinderath den Stiftungsrath, welchem die Verwaltung der in der Gemeinde vorhandenen Stiftungen für Kirchen-, Schul- und Armenbedürfnisse anvertraut ist, ausgenommen die ausschließlich für die Zwecke der öffentlichen Armenunterstützung bestimmten Stiftungen, welche in der Verwaltung der Ortsarmenbehörden stehen. Vorstand des Stiftungsraths ist der erste Ortsgeistliche. Als beständiger Ausschuß des Stiftungsraths besorgt der Kirchenkonvent die laufenden Geschäfte, verwaltet die im Allgemeinen genehmigten Ausgaben und Einnahmen im Einzelnen und wacht zugleich über die Erhaltung der Sitten- und Kirchenpolizei.

Die Ortsschulpolizei handhabt die Ortsschulbehörde, unter Leitung des ersten Geistlichen und des Ortsvorstehers bestehend aus einem oder mehreren Lehrern und ebenso vielen gewählten Mitgliedern aus der Schulgemeinde. Daneben die sogenannte Studienkommission, als Ortsschulbehörde für diejenigen Gelehrten- und Realschulen einer Gemeinde, welche der Hauptsache nach nicht unmittelbar vom Staat unterhalten und nicht der Oberstudienbehörde unmittelbar unterstellt sind (Gesetz vom 1. Juli 1876).

Die Verwaltungsstelle der Amtskörperschaft, die Amtsversammlung, unter dem Vorsitz des Oberamtmanns, hat zu Mitgliedern die Ortsvorsteher sämmtlicher Gemeinden und eine verhältnismäßige Anzahl weiterer Vertreter der größeren Gemeinden. Die laufenden Geschäfte besorgt ein Ausschuß, Kassier ist der Oberamtspfleger. Der von der Amtsversammlung für die laufenden Geschäfte der Landarmenpflege zu bestellende Ausschuß, die Landarmenkommission, ist durch 2 von jener gewählte, ihr nicht angehörige Mitglieder zu verstärken.

Die Gehalte, Taggelder, Diäten und Reisekosten der Amtskörperschafts- und Gemeindediener, sowie die Belohnungen der Verwaltungsaktuare sind im Jahr 1875 neu geregelt worden. Darnach erhält z. B. ein Oberamtspfleger an Einzugsgebühren aus einem Betrag bis zu 120 000 ℳ ⅕ und von den überschießenden Beträgen ⅗ Prozent, außerdem fix 600 bis 1000 ℳ, ein Ortsvorsteher bei Gemeinden unter 300 Einwohnern 90 bis 180 ℳ, bei solchen von 300 bis 450 Einwohnern 110 bis 220 ℳ, ... bei Gemeinden von 1751 bis 2000 Einwohnern 860 bis 1300 ℳ, ... bei Gemeinden von 3001 bis 4000 Einwohnern 1300 bis 2100 ℳ, ... bei solchen von 5001 bis 10000 Einwohnern 2100 bis 3500 ℳ Bei Gemeinden mit noch größerer Einwohnerzahl bleibt dem Ermessen der zuständigen Behörden überlassen, die Größe des Gehalts des Ortsvorstehers den jeweiligen Verhältnissen der betreffenden Gemeinden entsprechend zu bestimmen.

Die den Gemeinden gesetzlich obliegenden Leistungen erstreckten sich von vornherein nicht blos auf die Kosten der örtlichen Verwaltung und Polizei, sondern auch in weiterem Umfange auf die Kirchen-, Schul- und Armenbedürfnisse, soweit nicht privatrechtliche Verpflichtungen oder die vorhandenen und wenigstens in einzelnen Gemeinden sehr reichen Stiftungen in Anspruch genommen werden konnten. In den letzten 1½ Jahrzehnten haben sich aber die Anforderungen an die Gemeinden ganz erheblich noch gesteigert. Allgemein bewirkte schon die eingetretene Geldentwerthung eine Erhöhung aller Preise und Löhne. Auch das rasche Anwachsen der größeren Städte, die Zunahme der Bevölkerung mußte sich nothwendig fühlbar machen. Dazu kommt aber die quantitative und qualitative Vermehrung der Gemeindeaufgaben in Folge der neuen Reichs- und Landesgesetzgebung über den Unterstützungswohnsitz, über die Beurkundung des Personenstandes, über das Impfwesen, die Quartierleistung, die Güterbuchsführung, ferner in Folge der Bauordnung, der Gesetze über das Schulwesen und die Lehrergehalte u. s. w. So hat sich z. B. in Stuttgart von 1870 bis 1876 der Aufwand für das Unterrichtswesen, ohne die Ausgaben für die Schullokale, um 158 Proz. erhöht, derjenige für die Polizei um 156, für Brunnen- und Wasserleitungen um 144 Proz., für das Stadtpflaster um 135, für Besoldungen um 133, für das Armenwesen um 97 Proz., — dann insbesondere der Aufwand für die städtische Schuld um 167 Proz. und der Gesammtaufwand, in 6 Jahren, um 101 Proz. Und ähnliche Verhältnisse bestehen auch in den übrigen größeren Gemeinden des Landes.

Den Amtskörperschaften waren von den ihnen vor 1819 auferlegten Ausgaben für allgemeine staatliche Zwecke nach und nach einzelne abgenommen worden, andere aber verblieben, wie z. B. die Kosten der Erhebung und Ablieferung der älteren direkten Staatssteuern, die Kosten der Erhebung der Brandversicherungsbeiträge für die allgemeine Brandversicherungsanstalt, die Einrichtung und Erhaltung der oberamtlichen Gefängnisse, sowie die Verpflegung der Gefangenen in denselben, die Bestreitung der Kosten des Militär-Ersatzgeschäfts, soweit solche auf Civilfonds fallen und nicht auf die Staatskasse übernommen sind. Als eigentliche körperschaftliche Aufgaben wurden ihnen neu zugewiesen die Landarmenpflege im Bezirk, die Leistung der Landlieferungen im Sinn des §. 16 des Reichsgesetzes über die Kriegsleistungen vom 13. Juni 1873, die Leistung von Hand- und Fuhrfrohnen beim Abräumen des Brandplatzes nach großen Brandfällen; — ausdrücklich ist gestattet die Uebernahme einzelner zunächst den Gemeinden obliegenden Verbindlichkeiten, so des Aufwands für die öffentlichen Impfungen, Verwendungen für die Ausgleichung von Kriegsleistungen und von Leistungen für die bewaffnete Macht im Frieden. Die Mehrzahl der Amtskörperschaften hat jedoch ihre Thätigkeit noch weiter ausgedehnt auf den Bau und die Unterhaltung von Straßen, auf die Pflege landwirthschaftlicher Interessen, auf die Unterstützung von

Bildungs- und gewerblichen Lehranstalten, auf die Gründung von Bezirkskrankenhäusern, Armenbeschäftigungsanstalten u. dgl. Dazu endlich der Aufwand für die Zwecke der Verwaltung, für Beschaffung der Lokale, Besoldung der Angestellten, des Oberamtspflegers, Oberamtswundarzts, der verschiedenen Techniker.

Nach den Mittheilungen bei Sätzner a. a. O. S. 358 haben nach dem Durchschnitt der 3 Jahre 1873—76 die Ausgaben sämmtlicher 63 Amtskörperschaften jährlich 1 891 660 ℳ betragen, wovon entfielen auf Straßenbau und -Unterhaltung 32 Prozent, auf allgemeine Verwaltungskosten 12,50, auf Verzinsung und Tilgung der Passivkapitalien und Steuern aus dem Kapitalvermögen 9,11, auf den Landpostverkehr 8,72, auf Medizinalzwecke 8,29, für den Landarmenverband 6,34 Prozent ꝛc. Während im Durchschnitt auf 1 Bezirk 30 000 ℳ kamen, haben geleistet die Bezirke Leonberg 76 774 ℳ, Aalen 74 545 ℳ, Oehringen 68 021 ℳ, — dagegen Spaichingen 11 851 ℳ, Tettnang 13 327 ℳ, Wangen 13 727 ℳ

Zum Behuf der Deckung ihrer Ausgaben sind die Gemeinden und Amtskörperschaften zunächst auf den Ertrag ihres eigenen Vermögens verwiesen. Derselbe ist sehr verschieden. Doch reichte er 1875/76 noch in 231 Gemeinden für jenen Zweck vollständig aus. Bei einer Unzulänglichkeit des Gemeindevermögens ist sodann nach dem Verwaltungs-Edikt vom 1. März 1822 §§. 25 ff. jede Gemeinde berechtigt, das Defizit der Gemeindeeinkünfte (den Gemeindeschaden) in erster Linie auf die steuerpflichtigen Grundstücke, Gefälle, Gebäude und Gewerbe nach dem Ortssteuerfuß umzulegen. Ebenso wird zu Deckung der Bedürfnisse der Amtskörperschaft der von der Amtsversammlung festgesetzte und von der Regierung genehmigte Amtsschaden auf die einzelnen Gemeinden des Oberamtsbezirks nach Verhältnis ihrer steuerpflichtigen Grundstücke, Gefälle, Gebäude und Gewerbe umgelegt. Das erste Gesetz vom 23. Juli 1877 bezweckte die letzte Bereinigung der Markungs- und Steuergrenzen, das zweite Gesetz vom gleichen Tag in seinem ersten Abschnitt die Anwendung des Gesetzes vom 28. April 1873 auch auf die Besteuerung des Grundeigenthums, der Gebäude und Gewerbe durch die Amtskörperschaften und die Gemeinden. — Eine Ergänzung dieser Ertragssteuern bildet in Folge der Gesetze vom 6. Juli 1849 und 15. Juni 1853 die Steuer von Apanagen, vom Kapitalien-, Renten-, Dienst- und Berufs-Einkommen, welche in der Beschränkung auf 1 Proz. des für die Staatsbesteuerung ermittelten steuerbaren Jahresertrags diejenigen Gemeinden erheben dürfen, die auch von Grundeigenthum u. s. w. eine Steuer zu fordern genöthigt sind. Die Besteuerung der Amtswohnungen und Besoldungsgüter öffentlicher Diener für Zwecke der Amtskörperschaften und Gemeinden ist durch Gesetz vom 5. Oktober 1858 besonders geregelt worden. — In solchen Gemeinden, in welchen das bisher durch die Gemeindeschadensumlage gedeckte Defizit des Gemeindehaushalts größer ist, als der Betrag der in derselben Gemeinde erhobenen direkten Staatssteuer vom Grundeigenthum, von Gebäuden und von Gewerben, dürfen, nach dem zweiten Abschnitt des zweiten Gesetzes vom 23. Juli 1877 und nach dem Gesetz vom 8. März 1881, auch noch örtliche Verbrauchsabgaben von Bier, Fleisch und Gas erhoben werden, vorbehältlich besonderer im Verordnungsweg zu ertheilender K. Genehmigung. Die Gemeindesteuer vom Grundeigenthum, von Gebäuden und Gewerben soll übrigens mit Hilfe der Verbrauchssteuern keinenfalls unter den hälftigen Betrag der Staatssteuer von jenen Objekten herabgedrückt werden. Auch ist die Vollmacht zu Erhebung solcher Verbrauchsabgaben vorerst nur bis zum 31. März 1887 gegeben. Die örtliche Verbrauchsabgabe von Bier wird, soweit möglich, mittelst eines Zuschlags zur Malzsteuer oder zur Uebergangssteuer von dem aus anderen Staaten eingeführten Bier aufgebracht. Eine alte, schon in der Kommunordnung von 1758 begründete Gemeindesteuer ist endlich die **Bürger- und Wohnsteuer**, eine Personalsteuer.

Die Bürger- und Wohnsteuer hat nach dem Durchschnitt von 1860—63 im ganzen Land 600 000 ℳ eingebracht; im Jahre 1880 in Stuttgart allein 100 000 ℳ. Im ganzen Land hat ferner betragen

in den Jahren:	der Amtsschaden:	der Gemeindeschaden:
1819/20	757 192 fl.	690 879 fl.
1831/32	414 164 fl.	769 030 fl.
1868/69	637 973 fl.	2 885 034 fl.
darunter		
Grund-, Gebäude-, Gewerbesteuer	593 780 fl.	2 703 126 fl.
	(1 017 908 ℳ)	(4 633 929 ℳ)
Einkommensteuer	44 193 fl.	181 908 fl.
	(75 760 ℳ)	(311 843 ℳ)
1877/78		
Grund-, Gebäude-, Gewerbesteuer	1 873 270 ℳ	10 105 628 ℳ
Einkommensteuer	787 366 ℳ	

Amts- und Gemeindeschaden zusammen also in diesem Jahr nahezu so viel, als die direkte Staatssteuer, nur mit dem Unterschied, daß die letztere sich auf sämmtliche Gemeinden des Landes vertheilt hat, ein Amts- und Gemeindeschaden aber in etwa einem Zehntheil der Gemeinden (1875/76 12 Prozent) nicht umgelegt, und, wo die Umlage erfolgte, in sehr ungleichen Beträgen zum Ansatz gebracht worden ist. Die Amts- und Gemeindeumlagen auf Grundeigenthum, Gebäude und Gewerbe haben 1877/78 in denjenigen Städten, welche seither örtliche Verbrauchsabgaben eingeführt haben, betragen 109,3 (Friedrichshafen) bis 353,4 (Aalen) Prozent der Staatssteuer — bei Stuttgart 191, Ulm 141,7, Heilbronn 150, Gmünd 336 Proz. Es betrugen aber überhaupt in jenem Jahr, nach der Erhöhung der Staats-, Gebäude- und Gewerbesteuer und nach Einführung der örtlichen Verbrauchssteuern in einzelnen Gemeinden jene Gemeindeumlagen

in 465 Gemeinden	zwischen	100	und	150	Prozent der Staatssteuer
„ 268	„	„	150	„	200	„ „ „
„ 130	„	„	200	„	250	„ „ „

in 63 Gemeinden zwischen 250 und 300 Prozent der Staatsteuer
„ 32 „ 300 „ 400 „ „ „
„ 6 „ über 400 Prozent.

Im Etatsjahr 1879/80 haben die in 15 Gemeinden erhobenen örtlichen Verbrauchsabgaben nach Abzug der Steuervergütungen 1 314 190,79 ℳ, im Jahr 1880/81 1 375 250,39 ℳ ertragen. Dieselben erstreckten sich auf das Gas in Stuttgart, Heilbronn und Eßlingen, auf das Fleisch in diesen 3 Gemeinden und außerdem in Reutlingen, Cannstatt, Gmünd und Ravensburg, auf das Bier in diesen 7 Gemeinden und noch weiter in Ulm, Tübingen, Hall, Aalen, Weingarten, Crailsheim, Langenau und Friedrichshafen. Im Jahr 1881 ist die Gassteuer auch noch in Gmünd, dann die Fleisch= und Biersteuer in Calw, die Biersteuer allein in Ellwangen eingeführt worden. Der jährliche Erhebungsaufwand hat 1879/80 5,5 Prozent, 1880/81 4,7 Prozent des Abgabenertrags ausgemacht. Im Jahre 1880 beliefen sich die Verbrauchsabgaben in Heilbronn auf 33,3, in Ravensburg auf 31,7, in Reutlingen auf 29,4, in Stuttgart auf 28,3 Prozent der gesammten dort eingehenden Amtskörperschafts= und Gemeindesteuern. In Prozenten der Staatssteuer betrug ferner der pro 1879/80 umgelegte Amts= und Gemeindeschaden in Gmünd 382,8 Prozent, die dortigen Verbrauchsteuern 111,1 Prozent; in Aalen jener 296, diese 63,7 Prozent; in Stuttgart der Gemeindeschaden 184,1, die Verbrauchssteuern 87 Prozent der direkten Staatssteuern von Grund und Boden, Gebäuden und Gewerben.

Eine Anomalie bildet es immerhin, daß in vielen Gemeinden, welche Gemeindeschaden umlegen, unter dem Titel bürgerlicher Nutzungen oft nicht unbeträchtliche Gaben an Holz, Güternutz, Obst u. dgl. zur Vertheilung gebracht werden können. Der Gesammtwerth dieser Nutzungen im ganzen Land ist im Jahr 1863 auf 7—800 000 fl. angeschlagen worden.

XI. Staat und Kirche.

Literatur: Außer der schon im Eingang erwähnten — C. C. Gaupp, Das bestehende Recht der evangelischen Kirche im Königreich Württemberg. 3 Bände. Stuttgart 1829 ff. Fr. Albert Hauber, Recht und Brauch der evangelisch-lutherischen Kirche Württembergs in Sachen des Kirchenregiments, des Gottesdienstes und der Zucht. Stuttgart 1854. Paul Friedrich Stälin, Das Rechtsverhältnis der religiösen Gemeinschaften und der fremden Religionsverwandten in Württemberg nach seiner geschichtlichen Entwicklung. Württembergische Jahrbücher für Statistik und Landeskunde 1868 S. 151 ff. L. Golther, Der Staat und die katholische Kirche im Königreich Württemberg. Stuttgart 1874. Palmer, Die Gemeinschaften und Sekten Württembergs. Aus dessen Nachlasse herausgegeben von Professor Jetter. Tübingen 1877. Rümelin, Reden und Aufsätze II, Freiburg i. B. und Tübingen 1881, S. 205 ff. Zur katholischen Kirchenfrage.

1. Kirchliche Verhältnisse vor der Reformation.

In das Gebiet des jetzigen Königreichs Württemberg kamen die ersten christlichen Glaubensboten im 7. Jahrhundert. Im gleichen Jahrhundert war der alemannische Theil des Landes, im 8. Jahrhundert der fränkische Theil zum Christenthum bekehrt. Ein Bischofssitz befand sich nicht auf jetzt württembergischem Boden. In das Gebiet hatten sich getheilt die Bisthümer Konstanz, Augsburg, Würzburg, Speier und Worms, sie mit noch anderen vereinigt unter dem 745 an Bonifacius verliehenen Erzstuhl von Mainz. Innerhalb der bischöflichen Sprengel war das Land in Archidiakonatsbezirke, diese in Archipresbyterate oder Ruralkapitel, je unter einem Dekan, eingetheilt. Der in den Ruralkapiteln vereinigten Weltgeistlichkeit standen gegenüber die Klöster, deren es auch in Schwaben schon in früher Zeit eine große Zahl von verschiedenen Regeln und Orden gab. Die im jetzigen Württemberg bis 1127 gegründeten begüterten Mönchs- und Nonnenklöster gehörten dem Benediktinerorden, die seit 1140 gestifteten der Cistercienserreform dieses Ordens an. Außerdem waren vertreten Augustiner (Prämonstratenser, regulirte Chorherren), Dominikaner, Eremiten, Franziskaner; von den Ritterorden die Johanniter und der Deutschorden. Weltliche Chorherrenstifte bestanden vor 1268 zu Wiesensteig, Faurndau, Oehringen, Sindelfingen, Backnang, Lorch, Boll und Beutelsbach; Chorfrauenstifte zu Buchau und Oberstenfeld. Lollharden- und Beguinenhäuser waren am Schlusse des Mittelalters auch in Schwaben zahlreich vertreten. (F. Sauter, Die Klöster Württembergs. Stuttgart 1879.)

Für jene Klöster war der Schluß des 11. und 12. Jahrhunderts eine gesegnete Zeit, in welcher ihnen die bedeutendsten Erwerbungen an Güterstücken, Nutzungsrechten in Forsten und Gewässern, Zinsen, Gülten und dergl. zuflossen. Meilenweit gelangte häufig alles freie Eigenthum in geistliche Hände. So war z. B. Kloster Maulbronn begütert in 60 jetzt württembergischen Orten, dann in Baden, Rheinbayern, zu Worms und Colmar; Kloster Bebenhausen ferner in den jetzigen Oberämtern Tübingen, Böblingen, Freudenstadt, Herrenberg, Urach und Ludwigsburg, es besaß das Beholzungs- und Waiderecht im Schönbuch, hatte eigene Höfe in Tübingen, Stuttgart, Eßlingen, Reutlingen, Ulm und Weilberstadt.

Die kirchlichen Einkünfte der Weltgeistlichkeit bestanden im Anfange aus den von den Gläubigen freiwillig dargebrachten Gaben der Liebe. Später traten hinzu die Erträge der von den Kaisern der Kirche überwiesenen oder ihr sonst übereigneten Güter. Früh gelangte der Grundsatz zur Anerkennung, daß mit den Parochien die Benutzung bestimmter Grundstücke als stehendes Amtseinkommen verbunden sein müsse. Seit dem 8. Jahrhundert bildete der Zehnte einen wesentlichen Theil des Einkommens der Geistlichkeit. Ein Viertel sollte dem Bischof, ein zweites den Klerikern, die dritte Quart den Armen gehören und das letzte Viertel für die Kirchenbaukasse, die fabrica ecclesiae, den Kirchenkasten, zurückgelegt werden. Auch die Ruralkapitel hatten ihre Einkünfte und Fonds, zu deren Bildung insbesondere Schenkungen und Vermächtnisse der Kapitelbrüder beitrugen. Die weltlichen Chorherrnstifte waren dotirt wie die übrige Weltgeistlichkeit; den vornehmsten Theil ihrer Einkünfte machten aber inkorporirte Kirchen aus.

Von den ums Jahr 1500 im damaligen Herzogthum Württemberg vorhandenen 494 Pfarrstellen und ungefähr 400 Kaplaneien und Frühmessereien waren zwei Drittheile, meist an Klöster, inkorporirt, welche dem Pfarrverweser nur eine portio congrua zu leisten schuldig waren.

Daß sodann die Stifter einzelner Kirchen und Pfründen Einfluß auf deren Besetzung sich und ihren Erben sicherten, auch die Verwaltung des Kirchenvermögens noch beaufsichtigten, ist erklärlich. „Je größer aber das Gut der Kirchen durch Schenkungen und je bedeutender der Zuwachs durch die der Kirche von Karl dem Großen zugewiesenen Zehnten wurden (779), desto mannigfachere Eingriffe in dasselbe geschahen von Seiten habsüchtiger Laien. Bald mit Gewalt, bald unter dem Titel einer förmlichen Belehnung durch die Könige, Kaiser und Bischöfe hatten sie sich in den Besitz vieler kirchlichen Güter, Kirchensätze, gesetzt. Von diesen Laien, als patroni, rectores ecclesiae, Kastenvögten, hieng dann eben damit ab die Aussetzung eines beliebigen Unterhaltes für den Geistlichen, welcher gewöhnlich in Ueberlassung des kleinen Zehntens oder eines Theils der Oblationen oder einiger Güter bestand, — und das Recht Beneficiaten einzusetzen oder gar auch abzusetzen." (Eisenlohr, Band IX der Reyscher'schen Gesetzsammlung S. 19).

Auch die Klöster scheinen vor solchen Eingriffen keineswegs sicher gewesen zu sein.

Die Grafen von Württemberg waren bei der Gründung geistlicher Stiftungen wenig betheiligt. Stift Beutelsbach, 1321 nach Stuttgart verlegt, die Karthause Güterstein, 1439, St. Peter zum Einsiedel, 1492, sind in 2½ Jahrhunderten die einzigen größeren Stiftungen, welche sich an ihren Namen knüpfen. Wohl aber gieng Hand in Hand mit der Vergrößerung Württembergs der Erwerb von Patronatsrechten und Kirchensätzen. Bei Beginn der Reformation war in dem Umfang von Württemberg der Bischof aus dem ordentlichen Besetzungsrechte der geistlichen Stellen fast ganz verdrängt und übten dieses Recht in Folge von Inkorporationen Klöster, Stifte, Hospitäler u. s. w., im übrigen aber die Herren von Württemberg oder deren Lehensleute aus. Weiter noch als die aus den Patronatsverhältnissen abgeleiteten Rechte reichte die Schirmvogtei, in welcher sich um jene Zeit schon Jurisdiktions-, Aufsichts- und Besteuerungsrechte vereinigten und aus welcher sich nun die Landeshoheit selbst weiter entwickeln sollte. Um die Mitte des 15. Jahrhunderts hatten die Grafen die Schirmvogtei schon erlangt über die Klöster und regulirten Stifte Adelberg (gegründet 1181), Alpirsbach (1095), Bebenhausen (1190),

Denkendorf (1130), Ellwangen (744 oder 764), Güterstein (1439), Herrenalb (1150), Hirsau (um 830 und wieder 1049), Lorch (1102), Murrhardt (9. Jahrh.), Sindelfingen (um 1060), Zwiefalten (1089) und über einen Theil der Besitzungen des erst 1504 erworbenen Klosters Maulbronn (gegr. 1140). Dazu kam bald noch die Vogtei über Blaubeuren (gegr. 1085) und das zu Anfang des 19. Jahrhunderts an Baden abgetretene St. Georgen (gegr. 1084). Güterstein und Sindelfingen giengen ein, Ellwangen und Zwiefalten wußten sich unabhängig zu machen. Die übrigen genannten Klöster und regulirten Stifte aber und mit denselben die 1503 wieder hinzugekommenen Anhausen (gegr. 1125), Herbrechtingen (1171) und Königsbronn (gegr. 1302), sowie Maulbronn traten, anfänglich noch neben dem Adel, als „Zugewandte" zur Landschaft hinzu, mit der Wirkung, daß sie auf den Landtagen mitzurathen, zur Schuldenablösung mitzusteuern hatten. Bei den Hausverträgen zwischen 1473 und 1492 betheiligten sich gleichfalls schon die Prälaten, welche zuerst die zweite Regimentsordnung von 1492 unter des Fürstenthums höchste „Klaineten und Gezierden" zählt.

2. Die Reformation in Württemberg.

Für die Reformation war in Schwaben der Boden günstig vorbereitet. Bekannt sind die Bemühungen von Eberhard im Bart um Herstellung einer besseren Zucht in den Klöstern. Thatsache ist ferner, daß zu Stuttgart schon 1511 durch den Augustiner-Eremiten Mantel, zu Weinsberg schon 1516 durch den von dort gebürtigen Heußgen, genannt Oekolampadius, auf den Kanzeln das Wort Gottes in der Richtung des neuen Glaubens verkündigt wurde. Die Reformation selbst ward im Gebiet des jetzigen Württemberg zuerst 1520 in Reutlingen (Matth. Alber) dann in Hall 1523 (Joh. Brenz) und 1524 in Ulm (Konrad Sam) eingeführt. Von fürstlichen Besitzungen war 1528 das markgräflich ansbachische Amt Crailsheim (Adam Weiß) die erste, welche folgte. Von der schwäbischen Ritterschaft schloßen die Gemmingen zuerst sich an.

Herzog Ulrich war 1523 der Reformation beigetreten. Durch die Schlacht bei Lauffen am 13. Mai 1534 wieder Herr seines Landes geworden, beeilte er sich, die neue Lehre in seinen Erblanden einzuführen. Von Konstanz wurde Ambrosius Blarer, von Marburg in Hessen Erhard Schnepf berufen, jenem das Land ob der Steig, diesem das Land unter der Steig zur Reformirung überwiesen, — und schon im Februar und März 1535 war das Meßelesen eingestellt, wurde das Nachtmahl unter beiden Gestalten gereicht, traten in den Kirchen deutsche Lieder an die Stelle der lateinischen Gesänge. Auch die Klöster erhielten Prediger der neuen Lehre und wurden angehalten, ihre Patronatspfarreien mit evangelischen Geistlichen zu versehen. Die katholischen Aebte durften zwar bleiben, wurden aber ihrer geistlichen Funktionen enthoben und mußten für die Verwaltung der Klostereinkünfte einen fürstlichen Beamten neben sich leiden. Von den weltlichen Chorstiften wurde die Mehrzahl aufgehoben und die verbleibenden zwei zu Stuttgart und Tübingen (wohin dieselben von Beutelsbach und Sindelfingen verpflanzt worden waren) in evangelische Probsteien umgewandelt. Auch auf die Universität Tübingen erstreckte sich das Reformationswerk. Insbesondere wurde dort in dem theologischen Stipendium eine für den ganzen theologischen Geist Württembergs hochwichtige Anstalt zur Heranbildung evangelischer Kirchendiener gegründet.

Herzog Christoph, von gleichem Eifer für die protestantische Sache erfüllt, aber überlegter als der Vater, ließ „sachte", wie Chr. Fr. Stälin V, 737 sich ausdrückt, die Meßpriester entfernen, an deren Stelle wieder evangelische Prediger traten. Mit großer Vorsicht und Beobachtung mancher Rücksichten gieng er darauf auch an die Reformirung der Klöster. Die katholischen Aebte ließ Christoph zunächst noch fortwährend als seines Fürstenthums einverleibte Prälaten und Glieder ihren Staat führen. Den Mönchen ward freigestellt, aus den Klöstern auszutreten und eine Abfertigung für immer anzunehmen oder zu bleiben. Die Nonnen ließ man in den Klöstern absterben. Denen, welche auszutreten begehrten, wurde ihr Eingebrachtes zurückgegeben, ärmeren eine Abfindung gereicht. Die zahlreichen Beguinenhäuser wurden zu Spitälern eingerichtet, einige auch zu Lateinschulen benützt, wie z. B. in Stuttgart das Pädagogium ein ehemaliges Beguinenhaus eingeräumt erhielt.

Aber erst nach dem Religionsfrieden vom 26. September 1555 gewann Herzog Christoph freiere Hand und jetzt fieng er auch an, evangelische Aebte zu ernennen, zunächst für Herbrechtingen und Herrenalb, 1557 für Denkendorf und Königsbronn, 1558 für Maulbronn und Anhausen, 1560 für Bebenhausen und Hirsau, 1563 für Alpirsbach, Blaubeuren und Lorch, 1565 für Adelberg, 1566 für St. Georgen. Murrhardt erhielt erst 1574 von Herzog Ludwig einen evangelischen Abt. Von jenen 13 geistlichen Sitzen hatte Christoph schon 1557 12, mit Ausnahme von Herbrechtingen alle, zur Aufnahme der für den künftigen Kirchendienst sich vorbereitenden Jünglinge bestimmt, welche dort je drei Jahre lang in klösterlicher Zucht leben und unter Anleitung eigener Präzeptoren Unterricht erhalten sollten. „Die Erziehung und Bildung der künftigen Theologen innerhalb der Klostermauern, das war fortan das kirchliche Berufsfeld der Prälaten geworden" (Hauber, S. 50). An der Berathung und Leitung der kirchlichen Angelegenheiten dagegen hatten die altwürttembergischen Prälaten als solche keinen Antheil, sofern sie nicht zugleich

Konsistorialräthe oder, wie in der Regel die zu Adelberg, Bebenhausen, Denkendorf und Maulbronn, Generalsuperintendenten waren. Ebensowenig hatten sie Antheil an der Verwaltung des Kirchenguts. Die Zahl der Klosterschulen wurde später auf 5, von 1713 an auf 4 beschränkt: Bebenhausen, Blaubeuren, Denkendorf und Maulbronn. Die 14 Prälaten aber und ihr Landstandsrecht blieben, auch nachdem St. Georgen und Herrenalb im dreißigjährigen Krieg zerstört worden waren, bis zum Ende des Herzogthums.

Hand in Hand mit den Reformen in der Einrichtung der geistlichen Anstalten gieng die Thätigkeit Christophs auf dem Gebiete der kirchlichen Gesetzgebung. Der von Ulrich mit der Synodalordnung betretene Weg wurde nicht weiter verfolgt, sonst aber baute der Sohn da weiter, wo es der Vater gelassen hatte. Die ehemaligen Jurisdiktions- und Aufsichtsrechte der Bischöfe in geistlichen Sachen giengen nun an den Landesherrn und seine Kollegien über. Die Ehesachen hatte schon Ulrich an seine Räthe gewiesen, und dies wurde auch von Christoph in seiner Eheordnung vom 1. Januar 1553 bestätigt. Schließlich ward, was für die kirchlichen Verhältnisse und das Wichtigste von dem, was in Hinsicht auf Schuleinrichtungen, Armenwesen und polizeiliche Ueberwachung der Unterthanen eingeführt und verordnet worden war, zusammengefaßt in der (zuerst in Herzog Ludwigs Testament vom J. 1587 so genannten) Großen Kirchenordnung vom 15. Mai 1559, welche für die evangelische Landeskirche Württembergs nahezu symbolisches Ansehen erlangt hat.

Ihren Abschluß fand die Kirchenreformation des Herzogthums Württemberg auf dem Stuttgarter Landtage von 1565 durch das feierliche Anerkenntnis und die ausdrückliche Gewährleistung der Landstände. Dieselben erhielten das Recht zugestanden, — wenn ihnen etwas der Augsburgischen und der Württembergischen Konfession, sowie den Apologien beider Zuwiderlaufendes aufgedrungen werden sollte, sich zu widersetzen, „soviel christlichen Unterthanen gegen ihre ordentliche Obrigkeit gebühre". Die lutherisch-evangelische Religion ward ausdrücklich zur einzig zuläßigen Landesreligion und ihre von Fürst und Ständen feierlich zugesagte stete Erhaltung zum Staatsgrundgesetz gemacht. Einheit von Staat und Kirche war erreicht.

3. Die Entstehung des altwürttembergischen Kirchenguts.

„Auf das Kirchengut, unter welchem allein die Klöster ein ungefähres Drittel des Einkommens in Altwürttemberg überhaupt abwarfen, griff Herzog Ulrich, so viel ihm auch an der evangelischen Kirche lag, bei seiner großen Geldbedürftigkeit sehr hastig zu und ließ die durch Todesfälle sich mehrende Ersparung aus den Abfindungen, welche er durchsetzen konnte, an die Rentkammer abliefern." (Chr. Fr. Stälin IV, 398.) Bei der unzweifelhaft stark vorhandenen Neigung Ulrichs zu eingreifenden Säkularisationen war das Augsburger Interim, welches hiegegen Halt gebot, jedenfalls ein Glück für die Erhaltung des großen Kirchenvermögens. Nachdem dasselbe durch Wiederherstellung der Klöster in der Hauptsache nochmals vereinigt worden war, führte Christophs Gewissenhaftigkeit und edle Uneigennützigkeit dasselbe als unantastbares Eigenthum dauernd der Kirche zu. Mehr als in irgend einem anderen deutsch-protestantischen Lande blieb so in Württemberg von dem alten Kirchengut bewahrt und wurde durch den Landtagsabschied von 1565 hinsichtlich der zweckgemäßen Verwendung noch besonders in die Gewährschaft der Stände genommen.

Gebildet wurde die neue Schöpfung, laut der Großen Kirchenordnung, zunächst aus den dotirten und zugehörigen Gefällen der Pfarreien, Prädikaturen, Diakonate, Subdiakonate, desgleichen der erledigten Stellen und Frauenklöster, dann auch aller und jeder Präbenden von Chorstiften, Kaplaneien und Frühmeßpfründen und der Ruralkapitel. Bei jeder Amtsstadt sollten solche durch einen frommen Mann eingezogen werden. Dieser Verwalter sollte den hiemit mancher Mühe enthobenen Kirchendienern, Schulmeistern und anderen Besoldeten die bestimmten Kompetenzen reichen, die Ausgaben für Gebäude besorgen, dem Kirchenrath Rechnung stellen und den Ueberschuß seines Partikularkirchenkastens, seiner geistlichen Verwaltung, an den allgemeinen Kirchenkasten des Kirchenraths abliefern. Ein weiterer Hauptbestandtheil des Kirchenguts, welcher in der Kirchenordnung noch nicht, aber bereits 1565 eingeworfen erscheint, war das von besonderen Verwaltern besorgte Vermögen der Prälaturen und der seit 1559 erledigten Stifte und Frauenklöster. Aus diesen beiden Bestandtheilen, den **Lokalpfarrdotationen** und den **Klostergütern**, war das Kirchengut zusammengesetzt.

Daneben bestanden für sich weiter die vielen frommen Ortsstiftungen, vermehrt durch die Ersparnisse aus dem wegfallenden Aufwande für Messen, ewiges Licht u. s. w., welche schon Herzog Ulrich den Gemeinden überlassen und der Vermehrung durch Kirchenopfer empfohlen hatte. Auch nach der Kastenordnung Christophs von 1552 verblieb der Ortsobrigkeit in Verbindung mit den Pfarrgeistlichen dasjenige örtliche] Kirchengut, welches von Alters her nicht zur Unterhaltung der Geistlichkeit bestimmt war; nur daß Christoph die Einkünfte der erledigten Pfarreien und Frühmessereien, welche sein Vater den Gemeinden hatte lassen wollen, jetzt auch zum allgemeinen Kirchengute zog.

Was nun die Verwendung der Kirchengüter anlangt, so waren zu leisten: die Ausgaben

1) für die Kirche und für einzelne Schulanstalten,

2) für die Armenpflege; was darüber bevor sein würde, war

3) zur Ablösung der wachsenden Landschaftsschulden zu verwenden, bis diese ganz abgelöst wären.

Und was endlich dann noch übrig bliebe, sei

4) zu nothwendigem Schutz und Schirm von Land und Leuten verwahrlich zu behalten; — alles dies mit stattlichem gutem Rath der Landschaft.

Hiezu ist zu bemerken, daß

unter 1) auch der Unterhalt für emeritirte ältere Pfarrer und die Aufbesserung solcher Stellen fiel, welche mit den alten, durch die Reformation geschmälerten Bezügen nicht mehr auszureichen vermochten. Die Schulanstalten, welche auf Kosten des Kirchenguts erhalten wurden, waren das Stipendium zu Tübingen, die Klosterschulen, das Pädagogium zu Stuttgart (von 1685 an Gymnasium illustre) und zu Tübingen (später die Schola anatolica), in der Folgezeit auch das Collegium illustre daselbst.

Zu 2) Schon bei der Stiftung der Klöster und bei späteren Schenkungen zu denselben war nicht selten bestimmt, daß auch die Armen ihren Antheil haben sollten.

Zu 3) und 4). Die Beitragspflicht des Kirchenguts für Landeszwecke war eine zweifache. Sie bestand einmal in der Theilnahme des Kirchenguts an den allgemeinen Landessteuern, sodann in der Verwendung eines etwaigen Ueberschusses für öffentliche Zwecke. Dort gieng die Leistung in die ständische Steuerkasse, hier an die fürstliche Rentkammer, welchen der Kirchenkasten als dritter großer Finanzkörper selbständig gegenüberstand.

Was die Theilnahme des Kirchenguts an der Ablösung der Landschaftsschulden, mit anderen Worten dessen Steuerpflicht, anlangt, so hatte sich hier die Regel gebildet, das geistliche Gut überhaupt zu den Landessteuern mit einem Drittel des Ganzen beizuziehen. Diese Norm galt, weil seine Güter und Einkünfte etwa ein Drittel der Gesammtgüter und Gesammteinkünfte von Altwürttemberg ausmachten.

Viele Erörterungen veranlaßte endlich die Verwendung des Ueberschusses, residuum, depositum, Ueberlauf genannt. Das Recht des weltlichen Fürsten hieran wurde nicht aus einem Eigenthum, sondern aus dem vormaligen Patronats-, Schirm- und Kastvogteirechte abgeleitet. Damit das residuum nicht zu klein ausfalle, wollte die Regierung, auch im Interesse der Kirche, das Kirchengut nicht zu sehr mit Steuern belasten. Und die Landstände beanspruchten das Residuum, um die Landessteuern ermäßigen zu können. Zuletzt kamen beide Theile überein, das Residuum nur zu öffentlichen Landeszwecken, zu Schutz, Schirm und Trost von Land und Leuten und zur Erhaltung öffentlicher Anstalten zu verwenden.

4. Die altwürttembergische Kirchenverfassung.

Die durch Herzog Christoph in der Großen Kirchenordnung von 1559 begründete Organisation des Kirchenregiments beruhte auf der damals fast im ganzen protestantischen Deutschland anerkannten Konsistorialverfassung, wornach das Regiment in den Händen des Landesherrn liegt und dieser dasselbe mit Hilfe kirchlicher Behörden führt. Der altwürttembergische Kirchenrath zur Zeit Herzog Christophs, ein Nachfolger der sogenannten Visitation von 1547 und 1553, war ein Glied der breitheiligen Kanzlei, neben Oberrath und Rentkammer, und gebildet aus zwei Superattendenten — dem Landhofmeister und dem Probst von Stuttgart, dem Träger der höchsten kirchlichen Würde des Landes —, sodann aus einem weltlichen Direktor, drei Theologen, vier politischen Räthen und einem Advokaten. Dieser Kirchenrath unterschied sich nur dem Namen nach von den Konsistorien anderer Länder und erhielt im Jahr 1698 auch den Namen Konsistorium, während die Bezeichnung Kirchenrath für das aus seiner Mitte ausgeschiedene Kollegium, das die ökonomischen Angelegenheiten, insbesondere die Verwaltung des Kirchenguts, zu besorgen hatte, beibehalten wurde. Gleichzeitig erlosch die Superattendenz und die Würde des Probsts von Stuttgart. Der erste Probst war Joh. Brenz gewesen, von 1553—1570. In kirchlicher Beziehung war das Land in 4 Generalsuperintendenzen eingetheilt, unter welchen, an Stelle der früheren 23 Dekanate, die Spezialsuperintendenzen, meist an die Bezirke der weltlichen Aemter sich anschließend, 1577 schon in der Zahl von 28, zuletzt 39 eingesetzt waren. Zweimal im Jahr traten die Generalsuperintendenten mit dem Kirchenrath, später dem Konsistorium zusammen zum Conventus, den Christoph sein zweites Auge nannte, dem nachmaligen Synodus, um über die Ergebnisse ihrer Visitationen zu berathen. Wichtige Sachen mußten Konsistorium und Kirchenrath zur Genehmigung an den Geheimen Rath bringen, an den auch die Anträge des Synodus giengen. Als mit Karl Alexander im Jahr 1733 die katholische Linie des herzoglichen Hauses an die Regierung kam, erhielt nach dem Vorbilde Kur-Sachsens der Geheime Rath den Auftrag, alle und jede die evangelische Religion, das Kirchen- und dahin einschlagende Oekonomie- und Polizeiwesen betreffenden Angelegenheiten allein und ohne Anfrage zu besorgen; — ein Auftrag, der, solenniter in vim perpetui pacti acceptirt, einen Hauptbestandtheil der sog. Religionsreversalien bildet.

Die evangelisch-lutherische Religion blieb dabei während des ganzen Rests der herzoglichen Periode die Staatsreligion. Die Beamten, Magistrate, Lehrer mußten sich nicht blos zu derselben bekennen, sondern sogar die Konkordienformel unterschriftlich anerkennen. Angehörige einer andern Konfession konnten nicht einmal zu Bürgern und Beisitzern einer Gemeinde aufgenommen werden. Evangelische Einwohner, welche zur katholischen Kirche übertraten, mußten das Land verlassen. Der Uebertritt war ein Enterbungsgrund. Erst gegen das Ende der Periode wurde einzelnen Katholiken erlaubt, sich im Lande niederzulassen. Katholischer Gottesdienst findet sich, abgesehen von den Schloßkapellen zu Stuttgart und Ludwigsburg, nur in wenigen Orten, wie Zustingen, Magolsheim, dem 1753 erkauften Hofen bei Cannstatt, Ebersberg, das 1786 an Württemberg kam; in der Hauptsache blieb er verboten. Im Jahr 1793 wurden unter 637 165 Einwohnern des Herzogthums nur etwa 5000 Katholiken gezählt, und waren auf den im Land zerstreuten 34 katholischen Inseln, wie Hauber sie nennt, 30 katholische Geistliche wirksam; so noch in Jagsthausen (bei Ellwangen), Oberkochen, Wäschenbeuren, Schelklingen, Altsteußlingen, Hohenstadt, Großengstingen, auf dem Michaelsberg u. s. w.

Der Grundstock des Kirchenguts des Herzogthums W. bestand in 450 Ortschaften, Weilern, Höfen, Mühlen. Sie waren in 22 Kloster-Oberämter und -Stabsämter eingetheilt und enthielten eine Volksmenge von 68 412 Menschen (auf 650 000 Einwohner des Herzogthums im ganzen), darunter 7—8 000 Leibeigene. Nach einem sehr mäßigen Anschlage betrug der Werth des Grundstocks des gesammten Kirchenguts 32 3/4 Mill. Gulden. Es gehörten dazu 3 605 Gebäude, — 1 463 benützten die Kirchen- und Schuldiener, 370 dienten zu Amtswohnungen der weltlichen Diener u. s. w. —, sodann 157 745 Morgen eigene Güter, einschließlich 128 005 Morgen Waldungen, ferner 351 497 Morgen Theil- und Zehentgüter. Von den Gebäuden erscheinen 3 353 mit einem Brandversicherungsanschlag von 3 1/4 Millionen, der Werth von 124 724 Morgen Waldungen ist angegeben zu nahezu 4 Millionen, der Werth der Zehenten und Theilgebühren allein zu 16 2/3 Millionen, also zu mehr als der Hälfte des Werths des ganzen Grundstocks. Einem Aktivkapitalienstand von 860 642 fl. 25 kr. standen 631 471 fl. Passiva gegenüber.

Im Jahr 1799—1800 beliefen sich die Einkünfte auf 2 370 415 fl. 33 kr., darunter ein Restvermögen von 649 298 fl. 49 kr. Der Verwaltungsaufwand betrug 845 961 fl. 17 kr., und blieb darnach ein freier laufender Ertrag von 875 155 fl. 27 kr. Unter dem Verwaltungsaufwand sind begriffen 166 517 fl. Steuern zur Landschaft, welchen gegenüberstehen die Steuern der Klosterhintersaßen mit 71 513 fl. 30 kr. Aus dem freien Ertrag des Kirchenguts wurden bestritten die Ausgaben

für Kirchen und Schulen mit . . 472 839 fl. 12 kr.
für die Armut mit . . . . . 46 087 fl. 23 kr.
zur herzoglichen Rentkammer mit . 66 199 fl. 18 kr.
zum allgemeinen Besten . . . . 274 867 fl. 19 kr.
zusammen mit . . . 859 993 fl. 12 kr.

Der Aufwand auf Kirchen und Schulen wird vom Jahrgang 1793—94 angegeben, wie folgt: für die Konsistorialkanzlei 7 988 fl., für Besoldungen und Wohnungen von Kirchendienern 370 674 fl., für die vom Kirchengut zu unterhaltenden 85 Kirchengebäude 6 000 fl., für Baukostenbeiträge zu anderen Kirchen 4 174 fl., für Kirchenmusik 8 554 fl., zusammen auf die Kirche 397 390 fl.; sodann für die Universität 2 480 fl., für das Collegium illustre 6 256 fl., für das theologische Stift 37 550 fl., für das Gymnasium in Stuttgart 7 950 fl., für 4 Klosterschulen 25 189 fl., für 55 lateinische Trivialschulen 10 290 fl., für 603 unter 1 025 deutschen Schulen

10 149 fl., für regelmäßige Reisegelder an Studirende 1 500 fl., zusammen auf die Schule 101 364 fl. Angestellt waren 14 Prälaten, 39 Dekane, 686 Pfarrer und Helfer, 10 reformirte und 30 katholische Geistliche, zusammen 779, von denen aus dem Kirchengut besoldet wurden 566 ganz, 92 zum Theil. Eine andere Quelle spricht von 2 397 Kirchen= und Schuldienern, für welche die kirchenräthliche Administration zu sorgen gehabt.

Von den weiteren Ausgaben, mit denen das Kirchengut allmählich noch belastet worden war, gibt der Erbvergleich von 1770 ein Bild. Außer den Besoldungen des Geheimenraths, des Konsistoriums, des Kirchenraths und der Landbeamten desselben, eine Zeit lang auch denen der Regierung und den Ausgaben für die Unterhaltung der Hofmusik, — mußten fürstliche Heirathgelder, Römermonate, Türkenhilfe, Proviantfuhrlöhne, Deputate zur Landschreiberei, jährliche Beiträge zu der Erbauung von Freudenstadt, zum Residenzschloßbau, zur Festung Hohentwiel (jährlich 10 000 fl.), zur Straßenkasse, zur herzoglichen Jägerei, zum Gestüte, zum Zucht= und Arbeitshause in Ludwigsburg und Besoldungen von Aerzten aus dem Kirchengut bestritten und auf die Spiegelfabrik große Summen verwendet werden.

Bei der Kirchengutsverwaltung waren 1 090 Beamte und Diener angestellt. Der Kirchenrath hatte 1 798 1 Direktor, 1 Advokaten, 8 Expeditionsräthe, von denen 1 zugleich Kastenverwalter, 12 Rechenbankräthe, 8 Sekretäre, 5 Registratoren, 6 Buchhalter, 9 Kanzlisten, 4 Renovationskommissäre, 1 Baumeister und 1 Forstrath. Verausgabt wurden hiefür 1793—94 33 241 fl. Der äußere Dienst kostete 148 090 fl. Es wurden besoldet 16 Klosteroberamtleute, 6 Stabsbeamte, 59 Verwalter, 23 mit anderen verbundene Beamtungen, 320 Gefälleinbringer, 137 Kastenknechte, 66 Küfer, viele Güterinspektoren, Amtsknechte, Thorwarte, Boten u. s. w.

5. Die Vereinigung des altwürttembergischen Kirchenguts mit dem Staatskammergut.

König Friedrich, nach mehr als 60 Jahren wieder der erste protestantische Regent, hatte schon als Herzog bei verschiedenen Anlässen eine freisinnigere Toleranz bethätigt und als Kurfürst zuerst für Neuwürttemberg in dem Religionsedikt vom 14. Februar 1803 den Katholiken vollständige Religionsübung zuerkannt.

Das im Jahr 1806 insbesondere durch die Vereinigung von Alt= und Neuwürttemberg gebildete Königreich war sodann überhaupt ein paritätischer Staat geworden, mit etwa ⅓ Katholiken unter seinen Unterthanen, wogegen die Zahl der Reformirten weniger ins Gewicht fiel. Durch das Religionsedikt vom 15. Oktober 1806 sind demgemäß die beiden evangelischen und die katholische Kirche, wie auch deren Genossen in ihren Rechten im ganzen Land einander völlig gleichgestellt worden. Bei Aemterbesetzungen, wie bei der Aufnahme in das Ortsbürgerrecht und in Einräumung des Genusses der hievon abhängenden Rechte sollte hinfort auf den Unterschied in der christlichen Religion keine Rücksicht genommen werden.

Nach Annahme der Königswürde ließ König Friedrich es eine seiner ersten Regierungsmaßregeln sein, nächst Aufhebung der alten Landesverfassung das Kirchengut der alten Lande mit dem Staats=

kammergut zu vereinigen. In dem General-Reskript vom 2. Jänner 1806 wurde verkündet: „Als eine nothwendige Folge der in Beziehung auf Unsere Staaten vorgegangenen Veränderungen haben Wir in der bereits angeordneten Verbindung des bisherigen sogenannten Kirchenraths mit Unserem Königl. Ober-Finanzdepartement eine in jeder Hinsicht für den Zweck des allgemeinen Besten erforderliche Verfügung getroffen, zugleich aber damit die feierlichste Zusicherung bei Unserem Königlichen Wort verbunden, alle auf der bisher unter der Benennung des geistlichen Guts laufenden Fundation haftende Schulden und Obliegenheiten, insofern solche kirchliche, Lehr-, Schul- oder andere gemeinnützige Armen-Anstalten betreffen, wie seither, auf das genaueste und pünktlichste für Uns und Unsere Thronfolger zu übernehmen."

Bei den im Jahr 1815 wieder aufgenommenen Verhandlungen über eine Verfassung bildete nun allerdings die Herstellung des Kirchenguts eine der ersten Forderungen und das Ergebnis der Verhandlungen war auch die Zusicherung in §. 77 der Verfassungs-Urkunde vom 25. September 1819: „Die abgesonderte Verwaltung des evangelischen Kirchenguts des vormaligen Herzogthums Württemberg wird wieder hergestellt. Zu dem Ende wird ungesäumt eine gemeinschaftliche Kommission niedergesetzt, welche zuvörderst mit der Ausscheidung des Eigenthums dieser Kirche in dem alten Land und mit Bestimmung der Theilnahme der Kirche gleicher Konfession in den neuen Landestheilen sich zu beschäftigen, und sodann über die künftige Verwaltungsart desselben Vorschläge zu machen hat."

Dieser Verfassungsparagraph ist aber nicht zur Vollziehung gelangt, trotzdem daß die hiefür im Jahr 1820 niedergesetzte Kommission, in welche als Hauptreferenten die tüchtigsten Kräfte des Staatsdienstes wie Schmidlin, Schlayer, Herzog u. A. berufen worden und bei welcher ständischerseits namentlich Weishaar, Zahn, die Prälaten Schmid, Abel u. A. betheiligt waren, in 11 Jahren sehr viel gearbeitet hat. Die Gründe, warum es trotz alledem zu einem positiven Ergebnisse nicht gekommen ist, waren im wesentlichen folgende:

1) Das Kirchengut befand sich im Jahr 1820 nicht mehr mit dem vollen Bestande, in welchem dasselbe 1806 dem Staatskammergut einverleibt worden war, im Besitze der Staatsfinanzverwaltung. Durch die Staatsverträge von 1806 und 1810 waren Unteröwisheim, St. Georgen und Hornberg mit den Besitzungen des vormaligen Kirchenguts an Baden übergegangen. Zahlreiche Gefälle desselben fielen unter die ersten Ablösungsgesetze der Jahre 1817—1821. Durch Tausch waren manche Gefällrechte an die Königliche Hofdomänenkammer gekommen; manches Grundstück auch war verkauft worden.

2) Auch eine Wiederherstellung des Kirchenguts, unter Berücksichtigung der Werths- und Ertragsverhältnisse, in quali et quanto, mußte sich bei näherem Eintreten in die Sache schwierig erweisen. Es fehlte an einer genauen Kenntnis schon des Flächengehalts der dem Kirchengut einverleibt gewesenen Grundstücke. Noch größere Anstände ergab die Feststellung der Ausgaben, mit denen das Kirchengut rechtlich wieder belastet werden könnte. Statt eines Reinertrags endlich hatten die königlichen Mitglieder der Kommission nach dem Zustande des Kirchenguts im Jahr 1806 vielmehr einen Abmangel des letzteren von 123 278 fl. 52 kr. berechnet, dessen Richtigkeit hinwiederum die ständischen Kommissionsmitglieder anfechten zu können glaubten.

3) Der Hauptanstand ergab sich jedoch nicht einmal bei der Frage: was soll ausgeschieden werden, sondern über das etwaige Wie der Ausscheidung und die Verwaltung des Ausgeschiedenen. Gegenüber von denen, welche sich unter strenger Wahrung des rechtlichen Standpunkts für die Wiederherstellung des Kirchenguts, und zwar möglichst in dessen noch erhaltenen früheren Objekten, und für die Wiederherstellung auch seiner getrennten Verwaltung aussprachen, machten sich bald andere, mehr auf praktische und Zweckmäßigkeits-Rücksichten fußende Anschauungen geltend, welche zuerst das Kirchengut zu arrondiren und demgemäß auf eine Reihe von Kameralamtsbezirken zu begrenzen wünschten, dann sich auch dazu herbeilassen wollten, daß die Domänen des Kirchenguts neben dem Domanialvermögen des Staatskammerguts durch die gleichen Beamten verwaltet und durch letztere auch die Ausgaben für beiderlei Zwecke gleichmäßig geleistet werden sollten. Noch weiter sah man von dem anfänglich allseitig eingenommenen und in §. 77 der Verfassungsurkunde zum Ausdruck gelangten Rechtsstandpunkte sich abgedrängt, als in die Erörterung darüber eingetreten wurde, ob man, statt der Ausscheidung des Vermögens, nicht mit einer dem Ertrag entsprechenden Rente sich begnügen könnte. Am 30. März 1830 beschloß in dem letztgedachten Sinne die Kammer der Abgeordneten die Regierung zu bitten, „sie möchte der evangelischen Kirche für ihr unter dem Staatsgute begriffenes Vermögen eine dem Reinertrage des letzteren nach seinem Zustande im Jahr 1806 in Qualität und Quantität gleichkommende Rente auf dem Domanialvermögen des Staats als Eigenthum einräumen, jedoch mit dem Vorbehalte, diese Grundrente, wenn es späterhin für angemessen erachtet werde, in Grundstücke und Grundgefälle zu verwandeln. Dieselbe soll auf eine zu ihrer nachhaltigen Gewährung hinreichende Anzahl von Kameralämtern fundirt, es sollen die nöthigen Verschreibungen darüber ausgestellt und der Kirche übergeben und die Kameralämter zur vierteljährigen Entrichtung ihrer Rentenquote an die kirchliche Verwaltungsbehörde, selbst mit Hint-

ansetzung der Staatskasse, verpflichtet werden. Weil aber die Kirche den Ueberschuß ihrer Einkünfte über ihre Bedürfnisse an die Staatskasse abzugeben schuldig sei, soll neben jener, als ihr Eigenthum konstituirten Rente, die Summe dessen, was sie von derselben bedarf, je auf eine längere Periode (von 18 Jahren) durch Verabschiedung festgesetzt und auf gedachte Kameralämter angewiesen, auch der Staat durch das Gesetz zum Zuschusse dessen, was der Kirche zu ihrem Jahresbedarfe fehle, für verbunden erklärt und eine Vermehrung des Kircheneigenthums wegen der Theilnahme der neueren Landestheile mit den Ständen verabschiedet werden." Dieser Bitte ist die Kammer der Standesherren am 3. April 1830 beigetreten.

4) Eine Quelle weiterer Schwierigkeiten endlich lag noch in den §§. 82 und 83 der Verfassungsurkunde, denen zufolge auch die katholische Kirche zu Bestreitung derjenigen kirchlichen Bedürfnisse, wozu keine örtlichen Fonds vorhanden sind, oder die vorhandenen nicht zureichen, und besonders für die Kosten der höheren Lehranstalten, einen eigenen, diesen Zwecken ausschließlich gewidmeten Kirchenfonds ausgeschieden erhalten, desgleichen zum Unterhalt der Kirchen- und Schuldiener der reformirten Kirchengemeinden und zu Bestreitung ihrer übrigen kirchlichen Bedürfnisse für Ausmittlung hinreichender Einkünfte gesorgt werden soll. Würde nun auch das Verhältnis zu der reformirten Kirche einen Anstand weiter nicht gebildet haben, so lag dagegen die Sache gegenüber der katholischen Kirche schwieriger, welcher bis jetzt nur bei Einsetzung des Bischofs und Domkapitels zu Rottenburg (am 21. Mai 1828) die Leistungen für das Bisthum und für die mit diesem verbundenen Institute auf die Kameralämter Horb und Rottenburg besonders angewiesen wurden, im übrigen aber das durch die Verfassung gegebene Versprechen einer Fondsausscheidung noch zu erfüllen bliebe, sobald in dieser Beziehung auch die evangelische Kirche befriedigt werden würde.

Mit der Adresse der Ständeversammlung vom 3. April 1830, der Bitte um Einbringung eines Gesetzesentwurfs, nach welchem eine dem Reinertrag des Kirchenguts entsprechende Rente auf das Domanialvermögen des Staats radizirt werden sollte, schloßen die Verhandlungen wegen Wiederherstellung des altwürttembergischen Kirchenguts zwischen Regierung und Ständen vorläufig ab. Einem der ausdauerndsten Verfechter des alten Rechts, dem einstigen Kirchenkastenadvokaten und Landschaftskonsulenten, zuletzt Obertribunalpräsidenten Eberhard Friedrich von Georgii, dem „letzten Württemberger", sei darüber das Herz gebrochen. (Pahl's Denkwürdigkeiten S. 408). Die Regierung gab der Adresse die gewünschte Folge nicht und die Stände begnügten sich, den Gegenstand noch einmal, im Jahr 1833, in Erinnerung zu bringen. Seitdem hat sich die Lage nur insofern verändert, als durch die Ablösungsgesetzgebung von 1836, 1848, 1849 und 1865 auch die vom altwürttembergischen Kirchengut herrührenden Vermögensobjekte und Einkünfte des Domanialvermögens sehr erheblich betroffen wurden, als ferner insbesondere in Folge der gestiegenen Naturalienpreise, wie aus Anlaß der seit 1861 bewilligten wiederholten, zusammen nahezu 700 000 ℳ betragenden Aufbesserungen die Leistungen für Besoldungen der evangelischen Kirchendiener sehr namhaft (auf jetzt 2 Mill. ℳ) sich erhöht haben; — Ausfälle und Mehrleistungen, welche auch durch den seit Anfang dieses Jahrhunderts ums mehrfache gestiegenen Ertrag der einst kirchenräthlichen Waldungen schwerlich ganz ausgeglichen sein dürften.

6. Die Bestimmungen der Verfassungs-Urkunde vom 25. September 1819 über das Verhältnis der Kirchen zum Staat.

§. 70. Jeder der drei im Königreiche bestehenden christlichen Konfessionen wird freie öffentliche Religions-Uebung, und der volle Genuß ihrer Kirchen-, Schul- und Armenfonds zugesichert.

§. 71. Die Anordnungen in Betreff der inneren kirchlichen Angelegenheiten bleiben der verfassungsmäßigen Autonomie einer jeden Kirche überlassen.

§. 72. Dem Könige gebührt das obersthoheitliche Schutz- und Aufsichtsrecht über die Kirchen. — Vermöge desselben können die Verordnungen der Kirchengewalt ohne vorgängige Einsicht und Genehmigung des Staatsoberhaupts weder verkündet, noch vollzogen werden. — An Stelle des zweiten Satzes gilt für die Verordnungen der katholischen Kirchengewalt in Gemäßheit des Gesetzes vom 30. Januar 1862 Art. 1 Folgendes:

Die von dem Erzbischof, dem Bischof und den übrigen kirchlichen Behörden ausgehenden allgemeinen Anordnungen und Kreisschreiben an die Geistlichkeit und Diözesanen, wodurch dieselben zu etwas verbunden werden sollen, was nicht ganz in dem eigenthümlichen Wirkungskreise der Kirche liegt, sowie auch sonstige Erlasse, welche in staatliche oder bürgerliche Verhältnisse eingreifen, unterliegen der Genehmigung des Staates. Solche allgemeine kirchliche Anordnungen und öffentliche Erlasse dagegen, welche rein geistliche Gegenstände betreffen, sind der Staatsbehörde gleichzeitig mit der Verkündigung zur Einsicht mitzutheilen. Denselben Bestimmungen unterliegen die auf Diözesan- und Provinzialsynoden gefaßten Beschlüsse; ebenso die päbstlichen Bullen, Breven und sonstigen Erlasse, welche immer nur von dem Bischof verkündet und angewendet werden dürfen.

§. 73. Die Kirchendiener sind in Ansehung ihrer bürgerlichen Handlungen und Verhältnisse der weltlichen Obrigkeit unterworfen.

§. 74. Kirchen- und Schuldiener, welche durch Altersschwäche oder eine ohne Hoffnung der Wiedergenesung andauernde Kränklichkeit zur Versehung ihres Amtes unfähig werden, haben Anspruch auf einen angemessenen lebenslänglichen Ruhegehalt.

§. 75. Das Kirchenregiment der evangelisch-lutherischen Kirche wird durch das Königliche Konsistorium und den Synodus nach den bestehenden oder künftig zu erlassenden verfassungsmäßigen Gesetzen verwaltet.

§. 76. Sollte in künftigen Zeiten sich der Fall ereignen, daß der König einer anderen, als der evangelischen Konfession zugethan wäre, so treten alsdann in Hinsicht auf dessen Episkopalrechte die dahin gehörigen Bestimmungen der früheren Religions-Reversalien ein.

§. 77. (Wiederherstellung und Verwaltung des evangelischen Kirchenguts; — s. oben.)

§. 78. Die Leitung der inneren Angelegenheiten der katholischen Kirche steht dem Landes-Bischofe nebst dem Domkapitel zu. Derselbe wird in dieser Hinsicht mit dem Kapitel alle diejenigen Rechte ausüben, welche nach den Grundsätzen des katholischen Kirchenrechts mit jener Würde wesentlich verbunden sind.

§. 79. Die in der Staatsgewalt begriffenen Rechte über die katholische Kirche werden von dem Könige durch eine aus katholischen Mitgliedern bestehende Behörde [den Kirchenrath] ausgeübt, welche auch bei Besetzung geistlicher Aemter, die von dem König abhängen, jedesmal um ihre Vorschläge vernommen wird.

§. 80. Die katholischen Kirchendiener genießen ebendieselben persönlichen Vorrechte, welche den Dienern der protestantischen Kirchen eingeräumt sind.

§. 81. Auch wird darauf Rücksicht genommen werden, daß katholische Geistliche, welche sich durch irgend ein Vergehen die Entsetzung vom Amte zugezogen haben, ohne zugleich ihrer geistlichen Würde verlustig geworden zu sein, ihren hinreichenden Unterhalt finden.

§. 82. Die katholische Kirche erhält zur Bestreitung derjenigen kirchlichen Bedürfnisse, wozu keine örtlichen Fonds vorhanden sind oder die vorhandenen nicht zureichen, und besonders für die Kosten der höheren Lehranstalten, einen eigenen, diesen Zwecken entsprechenden Fonds. Zum Behuf der Ausscheidung desselben vom Staatsgut, und der näheren Bestimmung der künftigen Verwaltungsweise, wird auf gleiche Art, wie oben (§. 77) bei dem altwürttembergischen Kirchengut festgesetzt ist, eine Kommission niedergesetzt werden.

§. 83. Was die in dem Königreich befindlichen reformirten Kirchengemeinden betrifft, so wird sowohl auf Verbesserung ihrer kirchlichen Einrichtung und besonders ihrer Unterrichtsanstalten, als auch auf Ausmittlung ausreichender Einkünfte zum Unterhalt ihrer Kirchen- und Schuldiener und zu Bestreitung der übrigen kirchlichen Bedürfnisse gesorgt werden. — [Die ersten Reformirten kamen gegen das Ende des 17. Jahrhunderts nach Altwürttemberg, wo z. B. 1699 gegen 2 000 Waldenser aufgenommen und auf einigen Markungen der Oberämter Maulbronn und Leonberg angesiedelt wurden. Gleichzeitig fanden etliche 400 reformirte französische Familien eine neue Heimat in Cannstatt. Einzelne Reformirte, insbesondere Mömpelgarder, hatten sich auch in Stuttgart und Ludwigsburg niedergelassen. Doch sollen es im alten Herzogthum im Ganzen noch 1793 nicht über 2 000 gewesen sein. Auch 1817 zählte man erst 2 308 Reformirte gegen 950 632 Lutheraner und 432 616 Katholiken. Diese fortdauernd geringe Zahl der Reformirten führte, zumal da auch in Glauben und Lehre kein wesentlicher Unterschied mehr entgegenstand, am 1. September 1823 zur Vereinigung der reformirten Kirchengemeinden des Landes mit der lutherischen Kirche in dem Sinne, daß die Reformirten in den Organismus und den Mitgenuß der Anstalten und Rechte der evangelisch-lutherischen Kirche aufgenommen, dabei aber nicht auch veranlaßt worden sind, ihr Glaubensbekenntnis zu ändern, und, namentlich die Waldenser, selbst einige Besonderheiten hinsichtlich des religiösen Kultus, so beim heiligen Abendmahl, haben beibehalten können. Seit 1847 haben jedoch Stuttgart und Cannstatt zusammen wieder eine eigene reformirte Gemeinde mit einem von dieser gewählten, durch die Regierung bestätigten Geistlichen in unmittelbarer Unterordnung unter das Ministerium des Kirchen- und Schulwesens].

7. Die evangelisch-lutherische Kirche.

Bei der evangelisch-lutherischen Kirche kommt vor allem die Stellung des Königs von zwei Gesichtspunkten aus zur Geltung. Als Staatsoberhaupt hat er ihr wie den übrigen Kirchen den staatlichen Schutz zu gewähren und das obersthoheitliche Aufsichtsrecht über sie zu üben (V. U. §. 72). Als evangelischem Landesherrn aber gebühren ihm auch die Rechte eines summus episcopus, die oberste Leitung der kirchlichen Gewalt und die Sanktion der kirchlichen Gesetze. Seine staatshoheitlichen Rechte, das jus circa sacra, macht der König geltend durch den **Minister des Kirchen- und Schulwesens**. Im Kirchenregiment, bei Wahrung des jus in sacra, steht unter dem Landesherrn das evangelische **Konsistorium und der Synodus** (V. U. §. 75). Hier vermittelt das Ministerium des Kirchen- und Schulwesens in Gemäßheit der K. Verordnung vom 20. Dezember 1867 die Königlichen Entschließungen auf die Anträge des Konsistoriums und Synodus und führt im Namen des Königs die Dienstaufsicht über diese Behörden. Das evangelische Konsistorium ist aber zu unmittelbarem Vortrag an den König, für sich oder in seiner Erweiterung zum Synodus, ermächtigt, wenn es bei der von dem Ministerium unterlassenen Uebermittlung eines von ihm gestellten Antrags zur Königlichen Entschließung sich nicht glaubt beruhigen zu können, oder wenn ihm durch eine von dem Ministerium ausgegangene oder vermittelte Verfügung eine kirchengesetzliche Vorschrift oder ein anerkannter Grundsatz der Kirche oder sonst ein kirchengenossenschaftliches Recht oder Interesse verletzt oder mit Verletzung bedroht erscheint. Die Staatshoheitsrechte kann der König auch dann ausüben, wenn er sich **nicht zur evangelischen Kirche bekennen würde**. Bei den Episkopalrechten dagegen sollen in einem solchen Fall nach §. 76 der V.U. die dahin gehörigen Bestimmungen der früheren Religions-Reversalien wieder aufleben. Dieselben sind in 8 im wesentlichen gleichlautenden Urkunden enthalten, welche von den 4 katholischen Herzogen aus den Jahren 1729 bis 1795 herrühren. Darnach wäre in dem vorausgesetzten Falle die Ausübung des ganzen Kirchenregiments dem Geheimen Rath unbedingt zu übertragen, — eine Bestimmung übrigens, die schon deshalb nicht mehr ganz zutreffend ist, weil der Geheime Rath selbst gleichfalls nichtevangelische Mitglieder haben kann (s. Hauber S. 27, Golther S. 60, 254). Die oben erwähnte K. Verordnung vom 20. Dezember 1867 hat sodann auch den Fall vorgesehen, wenn der **Kultminister** einer andern als der evangelischen Kirche angehören sollte, und dem Könige vorbehalten, über die Ausübung der **innerkirchlichen Aufträge** durch ein Mitglied der evangelischen Kirche nach Vernehmung der evangelischen Oberkirchenbehörde das Nöthige zu verordnen.

Oberkirchenbehörde ist das evangelische Konsistorium, welchem in dieser Eigenschaft die Handhabung der bestehenden Kirchengesetze zusteht, insbesondere die Wahrung der Lehre, des Gottesdienstes, der Kirchengebräuche und der kirchlichen Ordnung; die Prüfung der Geistlichen; der Vorschlag bei Besetzung erledigter geistlicher Stellen und die Ernennung der Hilfsgeistlichen; die Aufsicht über die Amtsführung und das sittliche Betragen der Geistlichen; die Sorge für die Erhaltung der Kirchen- und Pfarr-Gebäude, des Kirchenvermögens und der Pfarrbotationen; die unmittelbare Leitung der Verwaltung der kirchlichen Fonds: des Besoldungsverbesserungsfonds, des Unterstützungsfonds und der geistlichen Witwenkasse (s. oben).

Mit dem Konsistorium stehen die 6 Generalsuperintendenten (Prälaten) in Verbindung, welche je die Dekane ihres Sprengels zu investiren und von drei zu drei Jahren zu visitiren, auch auf das Betragen der ihnen untergeordneten Angestellten zu achten haben, sie in vorkommenden Fällen entweder selbst oder durch die ihnen nächst vorgesetzten Behörden an Erfüllung ihrer Pflichten erinnern und erforderlichen Falls dem Konsistorium Anzeige machen sollen. „Die ganze Stellung (der Prälaten) weist (hier) vornehmlich auf persönliches, vertrauliches, unter Umständen seelsorgerisches Verrichten" (Hauber). Mit den Mitgliedern des Konsistoriums bilden die Generalsuperintendenten den Synodus, welcher sich jährlich versammelt, um an der Hand der Visitationsberichte der letzteren den Zustand sämmtlicher evangelischer Pfarrgemeinden in Berathung zu ziehen. Ueber die vorgekommenen Mängel erkennt der Synodus mittelst besonderer Rezesse. Außerdem beschäftigt er sich mit allgemeinen Anordnungen zum Besten der Kirche, deren Entwürfe, soweit sie nicht blos zum Gebiet der Vollziehungsverordnungen gehören, durch das Ministerium dem König zur Genehmigung vorgelegt werden. Auch liegt dem Synodus ob die Untersuchung des Zustandes der geistlichen Witwenkasse, die Festsetzung des Betrags der Witwen- und Waisenportionen, die Verwilligung der übrigen Ausgaben, wie Gratialien u. s. w.

Unter dem evangelischen Konsistorium stehen die 6 Generalate mit 49 Dekanatämtern, ferner, nach dem Staatshandbuch von 1881, mit 906 Pfarrorten und 1021 ständigen Geistlichen, sodann der Feldprobsteisprengel mit 4 Garnisonspfarreien und 5 von den Ortsgeistlichen versehenen Stellen. Unter besonderen Oberbehörden stehen, und zwar unter der Kommission für die Erziehungshäuser: die Waisenhauspfarrei in Stuttgart; unter dem Strafanstaltenkollegium 5 Pfarreien an den Strafanstalten zu Stuttgart (verbunden mit der Stelle des Geistlichen am Katharinenhospital), Ludwigsburg, Gotteszell, Hall und Heilbronn; unter den Kreisregierungen in Ludwigsburg und Ulm die 2 Pfarreien der Brüdergemeinden Kornthal und Wilhelmsdorf (s. u.); unmittelbar unter dem Ministerium des Kirchen- und Schulwesens: die Pfarrei der reformirten Kirchengemeinde in Stuttgart.

Den Dekanen liegt in ihren Bezirken die Handhabung der Kirchengesetze, sowie die Aufsicht über die Geistlichen ob, welche sie zu investiren und von 2 zu 2 Jahren zu visitiren haben. Die Angelegenheiten der einzelnen Kirchengemeinden werden zunächst durch die Ortsgeistlichen verwaltet. Die letzteren erstatten alljährlich Berichte über den Zustand ihrer Gemeinde an die Dekane, durch welche dieselben an den Generalsuperintendenten und den Synodus gelangen.

Das landesherrliche Kirchenregiment und die damit verbundene Konsistorialverfassung hatten sich in Altwürttemberg im Ganzen erprobt. Wenn je eine Vertretung der Kirchengemeinde angezeigt gewesen wäre, durfte man eine solche damals in den Landständen erkennen, welche ja nach dem Landtagsabschiede von 1565 berechtigt sein sollten, sich zu widersetzen, falls etwas der Augsburgischen und der Württembergischen Konfession und den Apologien beider Zuwiderlaufendes dem Lande aufgedrungen werden möchte. Nachdem aber Württemberg ein paritätischer Staat geworden und eine neue politische Landesverfassung erhalten hatte, machte sich allerdings nach den Vorgängen anderer deutscher Staaten der Wunsch nach einer Synodalverfassung geltend, die man sich nun gerne nach der Analogie einer konstitutionellen Staatsverfassung eingerichtet gedacht hat. „Und doch mußte man sich von vornherein hüten, diese Analogie weiter gelten zu lassen, als dies in der Sache selbst wirklich begründet ist. Kirchliche Fragen — hat der Verfasser dieser Schrift in dem Kommissionsbericht über den Entwurf einer Kirchengemeinde- und Synodalordnung bei der zweiten evangelischen Landessynode vorgetragen — sind nun einmal an sich schon von zärterer Natur, als daß sie unbedingt dieselbe Art der parlamentarischen Erörterung ertragen könnten, wie politische Fragen. Selbst wo es sich nur um das Ceremoniel oder die Liturgie handelt, hat man sich stets vor Augen zu halten, daß davon schließlich an heiliger Stätte Gebrauch zu machen sein würde, und es wird daher, wo nicht schon durch Gesetz und Geschäftsordnung vorgebeugt werden kann, bei der öffentlichen Verhandlung mindestens eine größere Selbstbeschränkung Platz greifen müssen. Abgesehen aber von dieser mehr das Gefühl oder den Takt berührenden Seite, darf man ja nicht vergessen, daß das konstitutionelle System stets im Gegensatz zur Volksvertretung ein verantwortliches Organ der Regierung voraussetzt, welches in gleichem Sinne, wie auf dem politischen Boden, auf dem kirchlichen Gebiete nicht vorhanden ist und nicht vorhanden sein kann, weil man es nicht wie dort mit einer einzelnen Person, dem verantwortlichen Minister, sondern mit einem Kollegium, dem evangelischen Konsistorium, zu thun hat und auch sonst die Konsequenzen des Grundsatzes der Verantwortlichkeit nicht zu ziehen vermöchte."

Die Analogie des politischen Konstitutionalismus ist daher auch als das ausschlaggebende Motiv für die 1851 begonnene und 1867 zum Abschluß gebrachte Einführung einer Gemeindevertretung in der Kirche wohl nicht wirksam gewesen, vielmehr hat sich hiebei wesentlich noch das den Presbyterial- und Synodalverfassungen der reformirten Kirche zu Grund liegende Prinzip Geltung verschafft, nach welchem der Gemeindevertretung auf deren verschiedenen Stufen ein gewisser Antheil auch am Regiment zukommt. Das Konsistorialregiment, heißt es in dem Kirchenrecht von Richter-Dove, 7. Aufl. S. 478, hat viele edle Thätigkeiten in der Kirche nicht zu wecken und zu pflegen gewußt: es hat die Zucht verfallen lassen und die Pflege christlicher Liebeswerke der Privatassociation übergeben. Hier könne die um die Ortsgeistlichen und die Dekane als Mittelpunkt sich sammelnde Vertretung der Gemeinden und Diözesen mit Erfolg thätig sein, während namentlich in Fällen, wo es darauf ankäme, den Widersachern gegenüber treu den evangelischen Glauben und das Bedürfnis und Bewußtsein der Kirche zu bezeugen, eine aus geistlichen und weltlichen Abgeordneten der Diözesansynoden gebildete Landessynode mit dem Regiment zu gemeinsamer That sich zu vereinigen habe.

Die Gemeindevertretung ist jetzt in der evangelischen Kirche Württembergs auf den drei Stufen der Pfarrgemeinderäthe, der Diözesensynoden und der Landessynode eingeführt.

Nach der K. Verordnung vom 25. Januar 1851 besteht in jeder evangelischen Pfarrgemeinde zu Leitung ihrer kirchlichen Angelegenheiten ein aus den ordentlichen Geistlichen und einer Anzahl gewählter Kirchenältester gebildeter Pfarrgemeinderath zur Pflege christlichen Lebens, Sorge für Zucht und Ehrbarkeit, Wahrnehmung der kirchlichen Ordnung, zur christlichen Armen- und Krankenpflege, Ueberwachung der niederen Kirchendiener und Vertretung der Pfarrgemeinde und ihrer Interessen namentlich bei Besetzung der geistlichen Aemter. Nach der Königl. Verordnung vom 18. November 1854 sodann tritt alljährlich in jeder Diözese auf Berufung des Dekans die Diözesansynode zusammen, bestehend aus sämmtlichen ordentlichen Geistlichen und ebenso vielen gewählten Kirchenältesten. Zum Wirkungskreis derselben gehört: Wahrnehmung des kirchlichen und sittlichen Zustands der Diözese und ihrer einzelnen Gemeinden, Förderung christlicher Gottesfurcht und Sitte, sowie allgemeine Fürsorge für Arme, Kranke und Verwahrloste; Aufsicht über die Geistlichen und Aeltesten der Diözese; Berathung und Begutachtung von an die höhere Kirchenbehörde zu richtenden Wünschen und Beschwerden, Beantwortung von Fragen der letzteren und Vollziehung ihrer Aufträge. Ein aus dem Dekan, einem geistlichen und einem weltlichen Beisitzer und einem Schriftführer bestehender Ausschuß besorgt die Diözesanangelegenheiten von einer Synode zur anderen. Durch K. Verordnung vom 20. Dezember 1867 endlich ist die evangelische Landessynode in's Leben gerufen worden.

Dieselbe ist zu Vertretung der Genossen der evangelischen Landeskirche gegenüber von dem landesherrlichen Kirchenregiment bestimmt, tritt ordentlicherweise je im vierten Jahre auf Berufung des evangelischen Landesherrn zusammen, und besteht:

1) aus 50 von den Diözesansynoden erwählten Abgeordneten, 25 geistlichen und 25 weltlichen;

3) einem Abgeordneten der evangelisch-theologischen Fakultät der Landes-Universität und

2) aus 6 von dem evangelischen Landesherrn zu ernennenden Mitgliedern, wovon die Hälfte dem weltlichen, die Hälfte dem geistlichen Stande angehören soll.

Die Hauptaufgabe der Landessynode besteht in der Mitwirkung zur kirchlichen Gesetzgebung in deren ganzem Umfang. Außerdem liegt ihr die Begutachtung der von dem Kirchenregiment an sie gebrachten Vorlagen aus dem Gebiete der kirchlichen Verwaltung ob. Sie hat ferner das Recht, in Wahrnehmung des Zustandes der Landeskirche nach den verschiedenen Lebensgebieten derselben — Lehre, Liturgie, Verfassung, Zucht und christlichem Leben, religiöser Erziehung der Jugend und christlicher Armenpflege — Anträge, Wünsche und Beschwerden an das Kirchenregiment zu bringen. Auch ist die Landessynode befugt, von dem Stande und von den Rechnungen der unter der Verwaltung der Oberkirchenbehörde bestehenden kirchlichen Fonds (s. o.), sowie von den für die evangelisch-kirchlichen Bedürfnisse bestimmten Positionen des Staatshaushaltungsetats behufs etwaiger Erinnerungen Kenntnis zu nehmen.

Für die Zwischenzeit von dem Schluß der Synode bis zum nächsten Zusammentritt derselben wird als Vertreter der Landessynode ein Synodalausschuß bestellt, welcher aus dem Präsidenten der Synode und 4 von derselben gewählten Mitgliedern, 2 geistlichen und 2 weltlichen, gebildet wird, und in den Jahren, wo kein Zusammentritt der Landessynode stattfindet, ordentlicherweise je einmal auf Berufung der Oberkirchenbehörde sich versammelt.

Der bei der II. evangelischen Landessynode im Jahr 1877 eingebrachte und von dieser im Frühjahr 1878 durchberathene und im Wesentlichen angenommene Entwurf einer Kirchengemeinde- und Synodalordnung für die evangelische Landeskirche wurde hauptsächlich veranlaßt durch das Bedürfnis, für die Kirchengemeinden Organe zu bestellen, welche zur Vertretung derselben in vermögensrechtlicher Beziehung befugt und zur Anordnung von Umlagen berechtigt wären. Die Auseinandersetzung der kirchlichen und politischen Gemeinde in vermögensrechtlicher Beziehung, welche durch das Gesetz vom 17. April 1873 angebahnt ist, sollte baldmöglichst zum Abschluß gebracht werden.

Wie bei der Lokalkirchengemeinde, so ist auch eine Neuordnung der Diözesanorgane und ihrer Zuständigkeit in vermögensrechtlichen Dingen erforderlich und kann selbst die Landessynodalordnung hiebei nicht ganz unberührt bleiben. Daneben war dann auch sonst dem Wunsche Rechnung zu tragen, den Genossen der Landeskirche auf allen Stufen der Vertretung ein größeres Maß der Mitwirkung bei der kirchlichen Gesetzgebung und Verwaltung zuzugestehen. — Dieser Entwurf bedarf, um in's Leben treten zu können, der vorgängigen Erlassung von Staatsgesetzen, die in Vorbereitung begriffen, aber zum Abschlusse noch nicht gediehen sind.

Auf Veranlassung der deutschen evangelischen Kirchenkonferenz sind im Jahre 1880 statistische Notizen über den Umfang und die Einrichtungen der Kirchenkreise, sowie über Aeußerungen des kirchlichen Lebens gesammelt und im Januar 1882 die Ergebnisse bekannt gemacht worden. Darnach zählt Württemberg bei einer Gesammtbevölkerung von 1 971 118 Einwohnern 1 361 559 Evangelische, 590 178 Katholiken, 13 331 Israeliten und 6050 Angehörige sonstiger Bekenntnisse. Evangelische Pfarrorte sind vorhanden 904, außerdem 306 Orte, in welchen eigene Gottesdienste stattfinden. 1156 Kirchen, 228 Kapellen und Betsäle. Festgegründete geistliche Stellen gibt es 991, darunter 6 Militärpfarrämter und 14 Stellen, in welchen das Pfarramt ein Nebenamt bildet. Daneben 65 Stadtvikariate und ständige Pfarrverwesereien. Das Besetzungsrecht wird ausgeübt vom landesherrlichen Kirchenregiment bei 894, von der Landesuniversität bei 14, von Privatpersonen bei 148 Stellen. Auf je 1000 Einwohner evangelischen Bekenntnisses kommen 0,78 Geistliche, 1 solcher auf 1282 Evangelische. — Von den Kindern evangelischer Eltern, welche im Jahre 1880 geboren wurden, sind 97,67 Prozent getauft worden, 2,33 ungetauft geblieben. Ohne kirchliche Trauung blieben von den in diesem Jahr geschlossenen Ehen rein evangelischer Paare 1,8 Prozent, ohne evangelische Trauung von gemischten Paaren 36,65 Prozent. Von den 1880 gestorbenen evangelischen Gemeindemitgliedern wurden kirchlich beerdigt 79,07 Prozent. Die nicht kirchlich Beerdigten waren zum größten Theil kleine Kinder. Die Zahl der Kommunikanten betrug ³/₄ Millionen, auf 100 Evangelische 55,38 Kommunikanten. Uebertritte zur evangelischen Kirche 59, Austritte aus derselben 478, darunter 454 zu den Dissidenten. Bei der Ergänzungswahl der Pfarrgemeinderäthe im Jahre 1878 haben 20,02 Prozent von dem Wahlrecht Gebrauch gemacht. Die Kirchenkollekten im Jahre 1880 ertrugen für besondere kirchliche Zwecke 57 275 ℳ. Für die Heidenmission wurden 76 094 ℳ. ersammelt, soweit die Pfarrämter ermitteln konnten.

Am 1. Januar 1882 befanden sich von nicht ständig angestellten 152 examinirten Predigtamtskandidaten 97 im Kirchendienst, 20 im Lehrdienst, 1 im einjährig-freiwilligen Dienst; 34 waren beurlaubt. Auf der Universität verweilten 248 Studirende der evangelischen Theologie, darunter 192 im evangelischen Seminar.

8. Die katholische Kirche.

In Folge der Kriegsereignisse zu Anfang des 19. Jahrhunderts kamen an das bis dahin fast ausschließlich lutherische Württemberg über 500 000 Katholiken. Dieselben waren, abgesehen von der exemten Probstei Ellwangen, welche nur aus der Stiftspfarrei bestand, — nach dem statistischen Personalkatalog des Bisthums Rottenburg von B. J. Neher, Schwäb. Gmünd 1878, — 5 verschiedenen Bisthümern zugetheilt: dem in Augsburg 78 Pfarreien in 7 Landkapiteln, unter denen Ellwangen, Gmünd, Lauingen, Neresheim, Wallerstein; dem Bisthum Konstanz 490 Pfarreien in 23 Landkapiteln vom Bodensee bis Laupheim, Blaubeuren, Geislingen, Ebingen, Rottenburg, Horb, Rottweil, Wurmlingen; dem Bisthum Würzburg 60 Pfarreien in 5 Landkapiteln: Buchheim, Bühlerthann, Krautheim, Mergentheim und Neckarsulm; dem Bisthum Worms 4 Pfarreien in dem Landkapitel Schwaigern; dem Bisthum Speier 3 Pfarreien in den Landkapiteln Bruchsal und Weil der Stadt. Als im Jahr 1812 der letzte Kurfürst von Trier, Klemens Wenzeslaus, starb, der zugleich Bischof von Augsburg und Probst von Ellwangen gewesen war, errichtete König Friedrich in Ellwangen ein Generalvikariat unter dem Weih-

bischof von Augsburg Franz Karl Fürsten von Hohenlohe. Das General=
vikariat, zunächst für die landesangehörigen Katholiken der Probstei Ell=
wangen und des Bisthums Augsburg bestimmt, wurde 1814 auf den
im Königreich gelegenen Theil des Bisthums Würzburg ausgedehnt, endlich
1817 durch päbstliches Breve auch mit der geistlichen Verwaltung in den
bisher zu den übrigen Diözesen gehörigen Landestheilen betraut. Durch
Verordnung vom 11. Dezember 1817 erfolgte die Verlegung des General=
vikariats nach Rottenburg, wo nun an dessen Spitze der Provikar Joh.
Bapt. von Keller trat, Bischof von Evara i. p. i., nachmals erster
Bischof von Rottenburg.

Die jetzige äußere Organisation der katholischen Kirche
in Württemberg gründet sich auf die beiden päbstlichen Bullen Provida
solersque vom 16. August 1821 und Ad dominici gregis custodiam
vom 11. April 1827, auf das Fundationsinstrument vom 14. Mai 1828
und die Königl. Verordnung vom 30. Januar 1830. Durch die erst=
genannte Bulle sind die Katholiken in Württemberg, Baden, den beiden
Hessen, Nassau, den beiden Hohenzollerischen Fürstenthümern und Frankfurt
zu der oberrheinischen Kirchenprovinz vereinigt worden mit dem
Erzbischof in Freiburg, zugleich als Landesbischof für Baden und
Hohenzollern, und den 4 Suffraganbischöfen in Rottenburg, Mainz, Fulda
und Limburg. Das Bisthum Rottenburg begreift alle württem=
bergischen Katholiken unter sich. Die zweite Bulle enthält die Grund=
sätze für die Wahl der Bischöfe und Mitglieder der Domkapitel. Der
württembergische Landesbischof hat seinen Sitz in Rottenburg. Das
Domkapitel besteht aus einem Dekan und 6 Kapitularen, mit dem
nöthigen Kanzleipersonal. Unter dem Bischof bildet es die oberste Ver=
waltungsbehörde für die Diözese, und sorgt auf gesetzliche Weise für die
Diözesanverwaltung, wenn der Bischofssitz gehindert oder erledigt ist. Das
Domkapitel wählt aus dem Diözesanklerus den Bischof, der außerdem nach
dem Fundationsinstrument Deutscher von Geburt und württembergischer
Staatsbürger sein muß, entweder die Seelsorge oder ein akademisches Lehr=
amt oder sonst eine öffentliche Stelle mit Verdienst und Auszeichnung
verwaltet haben, auch der inländischen Staats= und Kirchengesetze und
Einrichtungen kundig sein soll. Den Domdekan, die Domkapitulare und
den Kapitelsvikar wählt abwechslungsweise der Bischof oder das Kapitel.
Der Gewählte muß Priester, mindestens 30 Jahre alt und tadellosen
Wandels sein, vorzügliche theologische Kenntnisse besitzen u. s. w. Sowohl
bei der Bischofswahl, als bei den Wahlen für das Domkapitel ist die
Regierung berechtigt, aus den vor der Wahl ihr vorgelegten Listen der
als tauglich in Betracht kommenden Personen die ihr minder angenehmen
Namen zu streichen und diese dadurch von der Wahl vorweg auszuschließen.

Das Verhältnis der Staatsgewalt zur katholischen Kirche ist geregelt durch das Gesetz vom 30. Januar 1862, nachdem der zuvor betretene Weg, dasselbe auf dem Weg der durch die Bulle vom 22. Juli 1857 Cum in Sublimi Principis und die Königliche Verordnung vom 21. Dezember gleichen Jahrs bekannt gemachten Konvention vom 8. April 1857 zu ordnen, wegen des hiegegen am 16. März 1861 eingelegten Veto der Kammer der Abgeordneten wieder hat verlassen werden müssen. Jenes Gesetz vom 30. Januar 1862 enthält am Schlusse die Erklärung, daß der Konvention vom 8. April 1857 eine rechtlich verbindende Kraft nicht zukomme. Es ist jedoch schon am 12. Juni 1861 dem Kardinal-Staatssekretär Antonelli als die Absicht der K. Regierung mitgetheilt worden, „daß die Regelung der einschlägigen Verhältnisse nach Maßgabe der in der früheren Konvention enthaltenen Direktive herbeizuführen gesucht und daß, unbeschadet der Rechte und Interessen des Staates und der in demselben befindlichen Konfessionen, der materielle Inhalt der früheren Konvention der beabsichtigten neuen Staatsgesetzgebung zu Grunde gelegt werde." Und da nun diese Zusicherung in loyalster und vollständigster Weise erfüllt, auch die Erfüllung Seitens der Volksvertretung nicht weiter erschwert worden ist, so trifft allerdings bis auf einen gewissen Grad zu, was Rümelin darüber neuerdings bemerkt hat, das Gesetz vom 30. Januar 1862 sei „im wesentlichen nichts anderes, als die Konvention aus dem Kurialstyl in die staatliche Gesetzessprache transponirt." Richtig ist unbedingt, daß das Gesetz ohne jene vorangehende Konvention nicht verständlich, — sehr wahrscheinlich, daß es ohne dieselbe unmöglich gewesen wäre. Diesen Vorgängen aber in Verbindung mit dem Geiste weiser Mäßigung bei allen Theilen, vor allem jedoch dem festen Willen Seiner Majestät des Königs Karl verdankte Württemberg in dem letzten Jahrzehnt seinen konfessionellen Frieden.

Art. 1 des Gesetzes handelt von dem landesherrlichen Placet (vergl. S. 243). Die von dem Erzbischof, dem Bischof und den übrigen kirchlichen Behörden ausgehenden allgemeinen Anordnungen und Kreisschreiben an die Geistlichkeit und Diözesanen, wodurch dieselben zu etwas verbunden werden sollen, was nicht ganz in dem eigenthümlichen Wirkungskreise der Kirche liegt, sowie auch sonstige Erlasse, welche in staatliche oder bürgerliche Verhältnisse eingreifen, unterliegen der Genehmigung des Staats. Solche allgemeine kirchliche Anordnungen und öffentliche Erlasse dagegen, welche rein geistliche Gegenstände betreffen, sind der Staatsbehörde gleichzeitig mit der Verkündigung zur Einsicht mitzutheilen. Denselben Bestimmungen unterliegen die auf Diözesan- und Provinzialsynoden gefaßten Beschlüsse; ebenso die päbstlichen Bullen, Breven und sonstigen Erlasse, welche immer nur von dem Bischof verkündet und angewendet werden dürfen. — Den Beschlüssen des Vatikanischen Konzils in Rom vom 24. April und 18. Juli 1870, insbesondere dem Dogma von der persönlichen Unfehlbarkeit des Pabstes, wird nach einer Bekanntmachung des K. Kultministeriums vom 20. April 1871, keinerlei Rechtswirkung auf staatliche oder bürgerliche Verhältnisse in Württemberg zugestanden.

Nach Art. 20 wird der Verkehr mit den kirchlichen Oberen von Staatswegen nicht gehindert; nach Art. 21 soll dem Bischof ein unmittelbarer Verkehr mit den K. Behörden in der Weise zustehen, daß er keine Befehle oder Weisungen an sie erläßt. —

Art. 2. Das Ernennungsrecht des Staats zu katholischen Kirchenstellen ist, soweit es nicht auf besonderen Rechtstiteln, wie namentlich dem Patronat beruht, aufgehoben. Die vormaligen Patronatsrechte der Gemeinden und Stiftungen bleiben mit dem Patronat der Krone vereinigt. Auf die Anstellung von Geistlichen beim Militär und an öffentlichen Anstalten findet diese Bestimmung keine Anwendung.

Nach der 1858 verkündeten Pfründenausscheidung fallen in das Königliche Patronat 318 Pfründen unbeschränkt, 5 alternirend, 3 beschränkt; sind dagegen in die bischöfliche Kollatur übergegangen 178 Kirchenstellen ausschließlich, 22 alternirend. Die Gesamtzahl der katholischen Geistlichen betrug 1881 auf Pfarreien 668, auf Pfarrkuratien 4, auf Kaplaneien 156, ständigen Pfarrverwesereien 4, Vikariaten 114, zusammen 946. Auf je 1 000 katholische Einw. kommen 1,5 Geistliche, 1 solcher auf 624 Katholiken.

Art. 3. Die Zulassung zu einem Kirchenamt ist durch den Besitz des Staatsbürgerrechts, sowie durch den Nachweis einer vom Staat für entsprechend erkannten wissenschaftlichen Vorbildung bedingt. Art. 4. Die Kirchenämter, welche nicht von der Staatsregierung selbst abhängen, können nur an solche verliehen werden, welche nicht von der Staatsregierung unter Anführung von Thatsachen als ihr in bürgerlicher oder politischer Beziehung mißfällig erklärt werden. — Art. 11. Die für die Heranbildung der Kandidaten des katholisch-geistlichen Standes bestehenden Konvikte in Tübingen, Ehingen und Rottweil sind in Absicht auf die dem Bischof zukommende Leitung der religiösen und der Hausordnung, insoweit sie durch die letztere bedingt ist, der Oberaufsicht der Staatsgewalt unterworfen. In den übrigen Beziehungen stehen dieselben unter der unmittelbaren Leitung der Staatsbehörde. Insbesondere hängt die Aufnahme und Entlassung der Zöglinge von der Staatsbehörde ab. Art. 12. Dem Bischof steht die Ernennung der Vorsteher der 3 Konvikte aus der Zahl der an ihrem Sitz angestellten Professoren oder Kirchendiener, sowie die Ernennung der Repetenten an den genannten Lehranstalten zu. Auf diese Ernennung findet das Recht der Staatsregierung zu Ausschließung mißliebiger Kandidaten Anwendung, — auch dann wenn ein Vorstand oder Repetent der Regierung erst nach seiner Ernennung unangenehm geworden wäre. Art. 14. Gegen einen Lehrer der katholisch-theologischen Fakultät der Universität, dessen Lehrvorträge nach dem Urtheil des Bischofs wider die Grundsätze der katholischen Kirchenlehre verstoßen, kann eine Verfügung nur von der Staatsregierung getroffen werden. [Mit dem bischöflichen Ordinariat steht das Priesterseminar in Verbindung, in welchem die Kandidaten des geistlichen Standes nach vollendeten theologischen Studien und erstandener Prüfung ein Jahr lang auf die praktische Seelsorge vorbereitet werden].

Die Art. 5—7 handeln von der kirchlichen Disziplinarstrafgewalt gegen Kirchendiener und Laien, die Art. 8 und 9 von der kirchlichen Ehegerichtsbarkeit, mit dem Zusatz in Art. 10, daß Disziplinarstraf- und Ehesachen auch im Instanzenzug vor kein außerdeutsches kirchliches Gericht gezogen werden dürfen.

Art. 13. Die Leitung des katholischen Religionsunterrichts in den Volksschulen, sowie in den sonstigen öffentlichen und Privat-Unterrichtsanstalten, einschließlich der Bestimmung der Katechismen und Religionshandbücher, kommt dem

Bischof zu, unbeschadet des dem Staat über alle Lehranstalten zustehenden Oberaufsichtsrechts.

Art. 15. Geistliche Orden und Kongregationen können vom Bischof nur mit ausdrücklicher, stets widerruflicher Genehmigung der Staatsregierung eingeführt werden. Für den Jesuitenorden hätte es hiezu eines Gesetzes bedurft, derselbe wurde aber durch die Reichsgesetzgebung überhaupt ausgeschlossen. (4. Juli 1872.) Die Gelübde der Ordensmitglieder werden von der Staatsregierung nur als widerrufliche behandelt.

Mit der Bildung neuer kirchlicher Gemeinden, der Ordnung der Pfründen, der Verwaltung des kirchlichen Vermögens und insbesondere des **Interkalarfonds** (s. oben VII) beschäftigen sich die Art. 17—19.

Für die Bekenner der **griechisch-russischen** Kirche wird in der Kapelle Ihrer Majestät der Königin im Residenzschlosse, sowie zu bestimmten Zeiten in der Königl. Grabkapelle auf dem Rothenberg; für die Bekenner der **anglikanischen** Kirche wird in 3 Kirchen zu Stuttgart, Cannstatt und Wildbad Gottesdienst gehalten.

9. Die religiösen Dissidenten.

Der §. 27 der Verf.-Urkunde sichert in Württemberg Jedem ungestörte Gewissensfreiheit. Nach dem Gesetze vom 9. April 1872 ist die Bildung religiöser Vereine außerhalb der vom Staat als öffentliche Körperschaften anerkannten Kirchen von einer staatlichen Genehmigung unabhängig, und steht diesen Vereinen das Recht der freien gemeinsamen Religionsübung im häuslichen und öffentlichen Gottesdienst, sowie der selbständigen Ordnung und Verwaltung ihrer Angelegenheiten zu. Nur dürfen dieselben nach ihrem Bekenntnis, ihrer Verfassung oder ihrer Wirksamkeit mit den Geboten der Sittlichkeit, oder mit der öffentlichen Rechtsordnung nicht in Widerspruch treten. Eine besondere Betheuerungsformel an Eidesstatt ist für die Mitglieder des religiösen Vereins der Nazarener durch K. Verordnung vom 12. Oktober 1872 vorgeschrieben worden.

Im Jahr 1868 wurden gezählt 1 470 Baptisten, 298 Deutschkatholiken, 366 Neukirchliche oder Nazarener, 1 591 Jerusalemsfreunde, 106 Irvingianer, 728 Methodisten, 172 Mennoniten; im Ganzen 4 731 Dissidenten, darunter 1 602 männliche, 2 396 weibliche Erwachsene. Damit ist jedoch die Gesamtzahl der Separatisten und die Aufzählung der einzelnen Arten derselben in Württemberg noch nicht erschöpft, wie denn z. B. „die neue Kirche" der Swedenborgianer gleichfalls vertreten ist. Auch haben seit jener Zählung namentlich die **Methodisten** (Wesleyanische M., dann Albrechtsbrüder oder „Evangelische Gemeinschaft") immer mehr Anhänger gewonnen, so daß die evangelische Oberkirchenbehörde im Februar 1880 sich veranlaßt gesehen hat, ihrer den Frieden der Landeskirche bedrohenden Haltung mit Entschiedenheit entgegenzutreten. (Vergl. auch Th. Camerer, Das Wesen des Methodismus in der literarischen Beilage des Staatsanzeigers 1881 S. 209). Andere Richtungen nähern sich dem Bekenntnisse der evangelischen Landeskirche, so Gustav Werner und seine Freunde, wieder andere, wie Michelianer, Pregizerianer haben sich von derselben überhaupt nicht losgesagt.

Auch die beiden 1819 und 1825 errichteten und vom Könige bestätigten, zugleich als politische Gemeinden eigenthümlich gestellten Brüdergemeinden **Kornthal** und **Wilhelmsdorf** stimmen nach ihrem Glaubensbekenntnis in Bezug auf das Dogma, mit Ausschluß der Grundsätze von der Kirche und Kirchengewalt, mit dem Lehrbegriff der evangelischen Kirche überein, wie denn dieselben, nach Palmer, gleichsam als der Extrakt, als der konzentrirte Ausdruck des württembergischen Pietismus betrachtet werden können, der ja seiner Seits in keinem Gegensatz zur Landeskirche steht, vielmehr innerhalb dieser, durchdrungen von den chiliastischen Ideen Bengels und nach dessen Vorbild auf fleißige Schriftforschung sich stützend, in seinen wohl 70 000 Mitglieder zählenden „Gemeinschaften" der Träger eines besonders regen religiösen Lebens geworden ist, außerdem sich berührt mit der Herrnhuter Brüdergemeinde, deren „Losungen" auch sonst im Lande häufig verbreitet sind, und namentlich auf dem Gebiete der werkthätigen Menschenliebe, bei der Gründung und Verwaltung von Rettungsanstalten, in Unterstützung der Zwecke der inneren und äußeren Mission vielfach sich bewährt hat. Bezeichnend für das Verhältnis von Landeskirche und Pietismus ist schon das sog. Pietisten-Edikt vom 10. Oktober 1743.

10. Die israelitische Kirche.

In Gemäßheit des Gesetzes vom 28. April 1828 ist die Aufsicht über das ganze israelitische Kirchenwesen und die Leitung desselben der israelitischen Oberkirchenbehörde übergeben. Zu deren Geschäftskreise gehören insbesondere: die Aufsicht über die Besetzung der Kirchenvorsteher-Aemter; die Begutachtung der für einzelne Rabbinate festzusetzenden Gehalte; die Prüfung und Festsetzung der Vorsänger-Gehalte; die Veranlassung der ersten Dienstprüfung der Rabbinats-Kandidaten durch die damit beauftragte K. Prüfungs-Kommission und die Vornahme der zweiten Dienstprüfung; die Vorschläge zur Besetzung erledigter Rabbinate; die Anordnung und Bestätigung von Vorsänger-Wahlen und, im Falle der Vereinigung des Vorsänger-Dienstes mit dem des Schullehrers, die gemeinschaftliche Besetzung des Amtes mit der betreffenden K. Ober-Schulbehörde; die Aufsicht über die Amtsführung der Rabbinen, Vorsänger und Kirchenvorsteher; alle Anordnungen, die sich auf die Form des israelitischen Gottesdienstes, auf die Herstellung und Unterhaltung seiner Reinheit beziehen oder die Beobachtung der reinen israelitischen Glaubenslehre zum Gegenstande haben; die Festsetzung der Gottesdienst-Ordnung in den Synagogen und der Amts-Obliegenheiten der Rabbinen und Vorsänger; die Entscheidung von Anständen und Zweifeln in Beziehung auf die Anwendung oder Auslegung von Religions-Vorschriften; die Festsetzung des Umlagefußes für die Bedürfnisse der Kirchengemeinden unter Einholung der Genehmigung des Ministeriums und die Oberaufsicht über die Verwaltung der örtlichen Kirchenpflegen, über die Erhaltung und Verwendung der damit verbundenen Stiftungsfonds, sowie über die Herstellung und Erhaltung der Synagogen und anderer Kult-Erfordernisse; endlich die Verwaltung des israelitischen Central-Kirchenfonds, welcher aus den jährlichen Beiträgen aller selbständig lebenden Israeliten gebildet ist und nöthigenfalls das weitere Bedürfnis durch Umlagen auf die sämmtlichen Kirchengemeinden erhält, für deren Einzug und Festsetzung die Stelle zu sorgen hat. Am 31. März 1880 betrug das Vermögen dieses Fonds 165 319 ℳ. Aus der israelitischen Central-Kirchenkasse setzt die israelitische Oberkirchenbehörde auch Lehrgelder und vorübergehende Unterstützungen an arme israelitische Gewerbslehrlinge und Gewerbsgehilfen, sowie an arme israelitische Rabbinats- und Schulamts-Zöglinge aus.

Jeder im Königreich ansäßige Israelite muß Genosse einer israelitischen Kirchengemeinde sein, deren es im Ganzen 49 sind, vertheilt auf 12 Rabbinate. Jede Gemeinde hat ihre eigenen Kirchenvorsteher und ihre Synagoge. Bei jeder Kirchengemeinde, welche nicht für sich allein, sondern mit anderen gemeinschaftlich einen wissenschaftlich gebildeten, in der mosaischen Theologie geprüften, von der Staatsregierung ernannten Rabbiner hat, ist ein Vorsänger angestellt, welcher zugleich Schullehrer sein kann.

Nach dem Gesetz vom 23. Dezember 1873 ist die frühere israelitische für den Centralkirchenfonds bestimmte Personalsteuer aufgehoben erklärt. In allen bürgerlichen Verhältnissen wurden schon durch Gesetz vom 13. August 1864 die im Königreich einheimischen Israeliten den übrigen Staatsangehörigen gleichgestellt. Für den Eid der Israeliten ist eine besondere Betheuerungsformel festgesetzt.

XII. Staat und Schule.

Literatur: Seite 3 und 4; sodann:

Statistik des Unterrichts- und Erziehungswesens im Königreich Württemberg; letzte Veröffentlichung — auf das Schuljahr 1879—80 — in den Württemb. Jahrbüchern 1882.

Zeller, Andr. Chr., Ausführliche Merkwürdigkeiten der Universität und Stadt Tübingen, 1743; Böck, Aug., Friedr., Geschichte der Eberhard-Carls-Universität zu T., 1774; Eisenbach, H. J., Beschreibung und Geschichte der Stadt und Universität T.; Klüpfel, K., Geschichte und Beschreibung der Universität T., 1849; Beschreibung des Oberamts T., herausgegeben von dem K. statist. topogr. Bureau, 1867, S. 200 ff.; [Eßler], Geschichte der Verfassung der Universität T., und — Einfluß der Verfassung vom 25. September 1819 auf die Gestaltung der Landesuniversität, beide Aufsätze in den Württ. Jahrb. 1873 II S. 1 ff.; Dr. Klüpfel, Die Universität T. in ihrer Vergangenheit und Gegenwart, 1877; [Roth], Urkunden zur Geschichte der Universität T. aus den Jahren 1476 bis 1550, 1877; Riecke und Hartmann, Statistik der Universität T., 1877.

Schnurrer, Theologisches Stipendium in den Erläuterungen der Württembergischen Kirchen-, Reformations- und Gelehrten-Geschichte, 1798 S. 417; Julius Klaiber, Hölderlin, Hegel und Schelling in ihren schwäbischen Jugendjahren, 1877.

Schüz, Ueber das Collegium illustre zu Tübingen oder den staatswissenschaftlichen Unterricht in Württemberg besonders im 16. und 17. Jahrhundert; Tübinger Zeitschrift für die gesamte Staatswissenschaft VI S. 243 ff.

Wagner, Geschichte der hohen Karlsschule, 1856; Klaiber, Der Unterricht in der ehemaligen hohen Karlsschule, Schulprogramm des Stuttgarter Realgymnasiums 1873.

Die Königlich Württembergische Lehranstalt für Land- und Forstwirthschaft in Hohenheim, 1842; Beschreibung der land- und forstwirthschaftlichen Akademie H., 1863; Festschrift zum 50jährigen Jubiläum der K. land- und forstwirthschaftlichen Akademie H., 1868.

E. Hering, Ueber die Einrichtung, die Verhältnisse und Leistungen der K. Württemb. Thierarzneischule; 1832; Rueff, Die Königlich Württemb. Thierarzneischule zu Stuttgart nach ihrem 50jährigen Bestehen, 1871; Fricker, Die Entwicklung der Thierheilkunde in Württemberg von der Gründung der Thierarzneischule zu St. an, 1878.

Festschrift zur Feier der Einweihung des Flügelanbaus, sowie des 50jährigen Jubiläums der K. Technischen Hochschule — des Polytechnikums — in Stuttgart, mit einer urkundlichen Geschichte der Entwicklung der Anstalt von Dr. P. Zech, 1879.

Die Entstehung und Entwicklung der gewerblichen Fortbildungs=
schulen in Württemberg, 1873.

Pfaff, Versuch einer Geschichte des gelehrten Unterrichtswesens in Württem=
berg in älteren Zeiten, 1842; Bäumlein, Die niederen evangelischen Seminarien
Württembergs in — Schwaben, wie es war und ist, herausgegeben von Ludwig
Pauer, 1842 S. 107 ff.: K. A. Schmid, Das höhere Schulwesen in Württemberg
(Mittelschulen, Sekundarschulen) in der Pädagog. Encyklopädie X S. 528 ff.

Camerer, Beiträge zur Geschichte des Stuttgarter Gymnasiums, 1834;
Ott, Festrede zur Feier des 50jährigen Jubiläums des Gymnasiums Ehingen, 1875.
Sodann folgende Schulprogramme mit Nachrichten über die Geschichte der betreffenden
Anstalten:

Gymnasium in Stuttgart 1838 (Klumpp), 1864, 1867 und 1868 (Holzer),
 1877 und 1879 (Lamparter), 1881 (Oesterlen);
Karlsgymnasium in Stuttgart, 1881 (Pland);
Seminar in Urach, 1846 (Köstlin) und 1870 (Widmann);
Seminar in Maulbronn, 1859 (Bäumlein);
Seminar in Blaubeuren, 1861 (Sigwart);
Gymnasium in Ehingen, 1835 und 1858 (Oswald);
Gymnasium und Realschule in Ellwangen, 1861 und 1862 (Leonhard);
Gymnasium in Hall, 1878;
Karlsgymnasium in Heilbronn, 1858 und 1863 (Finch);
Gymnasium in Ulm, 1858 und 1863 (Kapff).

K. H. Stirm, Dr. th., Das Volksschulwesen in Württemberg, Sonderabdruck
aus der Pädagogischen Encyklopädie. 1873;

Denkschrift zur Eröffnung des evangelischen Schullehrerseminars in Nagold
1881; darin: Die evangelischen Staatsschullehrerseminare Württembergs nach ihrer
geschichtlichen Entwicklung und ihrem derzeitigen Bestande. In amtlichem Auftrage
dargestellt von Seminarrektor G. F. Pfisterer.

K. Wolff, Denkschrift zu der 50jährigen Jubelfeier des Catharinenstifts in
Stuttgart, 1868.

1. Geschichte.

Auf dem Gebiete des Schulwesens bethätigte sich die staatliche Für=
sorge in Württemberg zuerst, hier aber gleich in hervorragender Weise,
durch die Gründung der Universität Tübingen. Der hochsinnige Graf
Eberhard im Bart war es, der mit Beirath seiner Mutter Mechtild, einer
pfälzischen Fürstin, im Oktober 1477 zu Tübingen eine hohe gemein Schul
und Universität eröffnete, in der edlen Absicht: „zu graben den Brunnen
des Lebens, daraus von allen Enden der Welt unversieglich geschöpft möge
werden tröstliche und heilsame Weisheit zu Erlöschung des verderblichen
Feuers menschlicher Unvernunft und Blindheit." Ein untheilbarer Körper,
mit dem Rektor als Haupt und dem Senat oder summum consilium zu
Berathung der gemeinsamen Angelegenheiten an der Spitze, bestand die
Universität aus 4 Fakultäten: der theologischen, der juridischen, der medi=
zinischen und der im Anfang den andern nicht völlig gleichberechtigten

philosophischen oder Artisten-Fakultät. Kanzler, und bis zur Reformation Vertreter der Kurie, war der Probst der St. Georgenkirche.

Lateinschulen hatte es allerdings früher schon in verschiedenen Städten gegeben. Eine solche hatte z. B. Stuttgart im Schulhofe in der noch heute so benannten Schulgasse. Der erste bekannte Stuttgarter Schulmeister war Burkhard Spieß, gest. 1387.

Indessen fieng man von Staatswegen gleichfalls erst ganz am Ende des Mittelalters und im wesentlichen erst nach der Reformation an, sich für diesen Zweig des Unterrichts zu interessiren. Aus der Stuttgarter Latein=schule wurde unter Herzog Christoph ein Pädagogium, unter Eberhard Ludwig, 1686, ein Gymnasium. Tübingen war schon von Graf Eberhard im Bart mit einem Pädagogium bedacht worden.

In der Großen Kirchenordnung von 1559 hat sodann Herzog Christoph überhaupt die Schulverfassung des Landes in festen, bis auf die Gegenwart herein wirksamen Zügen geordnet. Er war der erste deutsche Landesfürst, welcher vor beinahe 3½ Jahrhunderten den Begriff der Volksschule klar erfaßt hat. Aufs eingehendste ordnete er ferner die Latein= oder Partikularschulen. Ihm verdankt Württemberg seine Klosterschulen, welche zuerst in 12 ehemaligen großen Klöstern einge=richtet, schließlich auf 4 reduzirt, von Christoph die Aufgabe bekamen, die künftigen Religionslehrer bereits vor dem Bezug der Universität auf ihren künftigen Beruf heranzubilden. Er war es, der dem von Herzog Ulrich noch während des Interim in das Augustinerkloster zu Tübingen einge=wiesenen Stift ausdrücklich die Bestimmung zur Erziehung der künftigen Kirchendiener gegeben hat, wodurch es nach dem Landtagsabschied von 1583 „ein rechtes Seminarium und junger Bomsatz der Kirchen Gottes" werden sollte. Auf Kosten des Kirchenguts wurden in den Klosterschulen und dem Stift von da an „beständiglich viertbalbhundert Landeskinder zu Versehung und Besetzung der Ministerien der Kirchen Gottes und der Schulen gottseliglich erzogen." Der erste Eintritt in die Klosterschulen mußte durch das Landexamen errungen werden. Landexamen, Klöster und Stift behielten Jahrhunderte lang den größten Einfluß nicht blos auf die Bildung der Theologen, sondern auf das gesammte humanistische Unter=richtswesen in Württemberg. Der Spruch, welcher früher an dem inneren Thor des Tübinger Stifts zu lesen war, hatte deshalb eine tiefere Be=deutung: „Claustrum hoc cum patria statque caditque sua." Auf die Gewinnung tüchtiger Staatsbeamten hatte Christoph gleichfalls das Ab=sehen gerichtet, und sein Sohn Ludwig und dessen Nachfolger Friedrich I. suchten diese von Christoph wiederholt ausgesprochenen Absichten in dem eine Zeit lang vom ausländischen Adel stark besuchten Collegium illustre zu Tübingen später auch zu verwirklichen. Die interessanteste

Seite dieses von der Universität unabhängigen Instituts bildete wohl seine praktische staatswissenschaftliche Richtung: „der allein sei ein wahrhafter und vollkommener Politikus, der neben andern löblichen Qualitäten rationem status gründlich verstehe."

Einen neuen gewaltigen Impuls gab dem Unterrichtswesen Württembergs die Karlsschule, — nach Rümelin „der erste Strahl des neuen in Europa aufgegangenen Lichts." Am 5. Februar 1770 wurde durch Karl Eugen mit Einrichtung des Unterrichts für 14 Knaben, meist Soldatenkinder, welche daneben als „Garten= und Stuccatorknaben" verwendet wurden, auf Schloß Solitude der Keim gelegt, aus dem 1771 die „militärische Pflanzschule", 1773 die herzogliche „Militärakademie" und, nach Stuttgart verlegt 1775, eine zweite Universität „Karls Hohe Schule" kraft kaiserlicher Verleihung vom 22. Dezember 1781 herausgewachsen ist. Bereits die Pflanzschule, mit dem Lehrplan noch eines mittleren und unteren Gymnasiums, hatte eine Abtheilung behufs der Vorbereitung von Cavaliers= und Offiziersknaben zu künftigen Ministerial= und Kriegsdiensten. Die Militärakademie ferner hatte außer der militärischen eine Abtheilung der Kameralisten, eine Abtheilung der Jäger (Forstwirthe), später auch eine juristische, medizinische und eine Abtheilung für die Handlungswissenschaft. Außerdem hatte sie die seit 1761 bestehende académie des arts in sich aufgenommen. Die hohe Karlsschule endlich zählte 6 Fakultäten: die juristische, medizinische, philosophische, militärische, ökonomische und die der freien Künste. Zu den in der Anstalt selbst wohnenden wurden Stadtstudirende zugelassen. Auch hatte sowohl die Militärakademie, als die hohe Karlsschule die unteren Klassen beibehalten, wie denn von den 1496 Zöglingen, welche von 1770—1793 die Anstalt besuchten, 1099 im Alter von 5—14 Jahren, 323 in dem von 15—18 Jahren eingetreten und ebenso von den 715 Stadtstudirenden 1½ Hundert beim Eintritt noch nicht 14, 200 14—18 Jahre alt gewesen sind. Wohl ist die Karlsschule ebenso schnell, als sie geschaffen worden und in die Höhe gestiegen war, wie ein leuchtendes Meteor erloschen, indem sie wenige Monate nach dem Tode Karls (24. Oktober 1793) an Ostern 1794 geschlossen wurde. „In Wahrheit aber ist kaum eine der vielen Anregungen, welche in ihr lagen, verloren gegangen und fast eine jede in ihrem Kreise der Kern und Mittelpunkt für neue Schöpfungen geworden" (Klaiber).

Unter König Friedrich geschah manches für das Volksschulwesen und datirt aus seiner Zeit z. B. die Errichtung des ersten Schullehrerseminars zu Eßlingen (1811). Auch die humanistischen Bildungsanstalten wurden neu geordnet, an Stelle der 4 Klosterschulen (seit Beginn des 18. Jahrhunderts Blaubeuren, Bebenhausen, Denkendorf und Maulbronn) die 2 Seminare Schönthal (für die beiden niederen Klassen) und Maul=

bronn (für die beiden höheren Klassen) eingerichtet und die ersten Anfänge mit den Realschulen gemacht. Die Universität Tübingen dagegen verlor durch die organischen Gesetze vom 17. September 1811 ihre alten Privilegien und Vorrechte. Nur das akademische Bürgerrecht erhielt sich. Im übrigen war Tübingen jetzt wieder die einzige Landesuniversität. Die im Jahr 1812 zu **Ellwangen** errichtete sogenannte **katholische Landesuniversität** hatte nur die eine katholisch-theologische Fakultät.

Mit dem Regierungsantritt des **Königs Wilhelm** aber begann der frische Aufschwung, dessen sich in Württemberg der Unterricht und die Bildung im ganzen Umfang bis heute erfreuen dürfen. Daß für Erhaltung und Vervollkommnung der höheren und niederen Unterrichtsanstalten jeder Art und namentlich der Landesuniversität auch künftig auf das zweckmäßigste werde gesorgt werden, ist durch §. 84 der Verfassungsurkunde ausdrücklich zugesagt worden.

Die **Universität Tübingen**, schon in dem K. Verfassungsentwurf vom 3. März 1817 berücksichtigt, bildete fortan nach den verschiedensten Richtungen hin den besonderen Gegenstand Königlicher Fürsorge. Die katholischen Lehranstalten der neuen Landestheile vermochten bis dahin weder in ihrer inneren Einrichtung, noch in ihren Hilfsmitteln dem für den Staat und die katholische Kirche gleich wichtigen Bedürfnisse einer gründlichen Bildung der Kandidaten des geistlichen Standes zu entsprechen. Durch K. Verordnung vom 25. Oktober 1817 wurde deshalb die Vereinigung jener katholischen Landesuniversität zu Ellwangen mit der Landesuniversität zu Tübingen in der Eigenschaft einer **katholisch-theologischen Fakultät** verfügt und, in den früher von dem Collegium illustre benützten Gebäuden und Gärten, das höhere katholische Konvikt, das sog. **Wilhelmsstift**, gegründet mit dem Vorbehalt, auch für die in den philologischen Vorstudien begriffenen Kandidaten durch einige niedere Konvikte angemessen zu sorgen. Gleichfalls in den Oktober 1817 fällt die Gründung einer besonderen **staatswirthschaftlichen Fakultät**, — um den künftigen Staatsdienern jeder Klasse Gelegenheit zur wissenschaftlichen Bildung zu verschaffen. Und am Abend seines Lebens, am 4. August 1863, unterzeichnete König Wilhelm noch das Dekret, durch welches in einer siebenten Fakultät den **Naturwissenschaften** gleichfalls eine selbständige Vertretung im akademischen Organismus gesichert wurde. Ein Gesetz vom 30. März 1828 regelte die Rechtsverhältnisse der an der Universität Angestellten, ein solches vom 3. April 1828 die Fundirung der Landesuniversität, und ein organisches Statut vom 18. Januar 1829 brachte in Verbindung mit einer K. Verordnung vom 18. April 1831 der Universität diejenige Organisation, welche im wesentlichen heute noch besteht. Nach Maßgabe der Fortschritte in den ver-

schiedenen Wissenschaften wurden neue Lehrstellen gegründet, die Universitäts=
institute erweitert und vermehrt, zahlreiche Neubauten hergestellt: 1832/35
die Anatomie, 1841/45 das Universitätsgebäude, 1842/46 das akademische
Krankenhaus, überhaupt von Regierung und Ständen die erforderlichen
Gelder in fortgesetzt steigendem Maß bereitwilligst zur Verfügung gestellt.

Es war eines der schwersten Nothjahre unseres Jahrhunderts, in
welchem König Wilhelm seine Regentenlaufbahn begonnen hat. Viele der
Institutionen, welche da von ihm und seiner erlauchten Gemahlin, der
früh verewigten unvergeßlichen Königin Katharina, geschaffen wurden, dem
Nothstande des Augenblicks abzuhelfen, dauern zum Segen des Landes bis
in unsere Tage herein fort. Eine vielseitige Agrarpolitik im besten Sinne
des Worts, die ersten Gedanken an einen Deutschen Zollverein haben hier
ihren Ausgang genommen. Auch für das Unterrichtswesen Württembergs
sollte jene Zeit der Noth sich fruchtbar erweisen. In klarer und richtiger
Erkenntnis der Bedürfnisse seiner Zeit hat König Wilhelm sein Augen=
merk auf die Einführung eines landwirthschaftlichen und gewerb=
lichen Unterrichts gerichtet und ist hiedurch der Gründer von Lehranstalten
geworden, welche damals die ersten, lange Zeit hindurch fast die einzigen
ihrer Art waren und in der Folge das Muster für gleiche oder ähnliche
Anstalten in anderen Ländern geworden sind.

Vor allem ist hier die i. J. 1818 in Hohenheim errichtete land=
wirthschaftliche Lehranstalt zu erwähnen, mit welcher eine Versuchs=
anstalt und Musterwirthschaft, sowie nach dem Vorgang der Wehrli=Anstalt
in Hofwyl eine Ackerbauschule verbunden, im Jahr 1820 auch eine forst=
liche Lehranstalt vereinigt worden ist. Im Jahr 1847 wurde dieselbe
zur land= und forstwirthschaftlichen Akademie erhoben. 1821 folgte die
Gründung der Thierarzneischule, 1842 und 1850 die Errichtung
von 3 weiteren Ackerbauschulen, nach deren Muster in den Sechziger
Jahren auch eine Weinbauschule in Weinsberg eingerichtet wurde.
In dieselbe Zeit fallen die Anfänge der landwirthschaftlichen Fortbil=
dungsschulen und anderer Anstalten für die Weiterbildung der bäuer=
lichen Bevölkerung des Landes.

Hatte sich aus dem Gymnasium in Stuttgart schon 1796 eine reali=
stische Abtheilung desselben herausgebildet und aus letzterer i. J. 1818
eine Realschule in Stuttgart als selbständige Anstalt entwickelt, so ist 1829
zu Beförderung der vaterländischen Industrie für dienlich erachtet worden,
diese Realanstalt mittelst zeitgemäßer Erweiterung ihrer Lehrfächer in eine
vereinigte Real= und Gewerbeschule umzuwandeln und mit der neu geord=
neten Kunstschule in angemessene Verbindung zu setzen. Daraus ist i. J.
1832 die Gewerbeschule in Stuttgart als eine für sich bestehende Anstalt
hervorgegangen, die i. J. 1840 zur polytechnischen Schule erweitert,

1862 und 1870 neu organisirt und 1876 zur technischen Hochschule erhoben worden ist. Von ihr wurde i. J. 1845 die zur Ausbildung von Bauhandwerkern und niederen Architekten bestimmte **Baugewerkschule** abgezweigt. Seit 1853 kommen dazu die gewerblichen Fortbildungsschulen. Ebenso hat die **Kunstschule** 1843 ihre Ausbildung zu einer höheren Kunstlehranstalt erhalten.

Einer gleichen Fürsorge und Entwicklung hatten sich die **vorbereitenden Anstalten** zu erfreuen. In Ausführung des oben S. 260 erwähnten Vorbehalts wurden i. J. 1824 die zwei **niederen katholischen Konvikte** in Ehingen und Rottweil gegründet, mit einer ähnlichen Bestimmung, wie die alten evangelischen Klosterschulen oder jetzigen niederen, wieder auf die Zahl von 4 gebrachten **evangelisch-theologischen Seminare** (Blaubeuren, Maulbronn, Schönthal und Urach). Daneben sind die bestehenden Gymnasien, Lyzeen und Lateinschulen theils erweitert, theils vermehrt und ist eine große Anzahl von höheren und niederen Realschulen ins Leben gerufen worden.

Seit 1863 bildet auch das **Turnwesen** einen organischen Bestandtheil der öffentlichen Erziehung an den Gelehrten- und Realschulen.

Die Verhältnisse der bei den höheren und mittleren öffentlichen Unterrichtsanstalten und den lateinischen und Realschulen angestellten Diener wurden durch ein Gesetz vom 6. Juli 1842 geregelt.

Vorher schon hatte ein Gesetz vom 29. September 1836 das **Volksschulwesen** in einer umfassenden, auch die ökonomische Stellung der Lehrer verbessernden Weise neu geordnet. Neben dem evangelischen Schullehrer-Seminar in Eßlingen wurde i. J. 1824 ein katholisches Schullehrer-Seminar in Gmünd und i. J. 1843 ein zweites evangelisches Schullehrer-Seminar in Nürtingen errichtet. Eine Weiterbildung des Volksschulgesetzes von 1836 durch Einführung von Winterabendschulen, Anstellung von Lehrerinnen an Volksschulen, Verbesserung der Gehaltsverhältnisse der Lehrer ꝛc. enthielt die Novelle vom 6. November 1858.

In dieser Weise ist unter der langen und segensreichen Regierung des Königs Wilhelm recht eigentlich der Grund zu dem heute bestehenden Organismus des Württembergischen Unterrichts- und Erziehungswesens gelegt worden, auf welchem nun fast in jedem einzelnen Zweige **unter der gegenwärtigen Regierung** unausgesetzt weiter gebaut werden konnte.

So bei der **Universität Tübingen**, wo, nach dem bewährten Vorgang des im Jahr 1838 errichteten Seminars für alte klassische Sprachen, im Jahr 1867 ein Seminar für neuere Sprachen, ferner 1869 ein mathematisch-physikalisches Seminar, endlich nach dem Vorbilde anderer Universitäten 1875 auch Seminare für die Studirenden der geschichtlichen Fächer, dann der Rechts- und Staatswissenschaften gegründet wurden, wo als neue Schöpfungen das pathologisch-anatomische Institut, die Frauenklinik und die Augenklinik entstanden, wohin im Frühjahr 1881 von Hohenheim die Verlegung des forstlichen Unterrichts und der 1872 errichteten forstlichen Versuchsstation erfolgte. Die staatswirthschaftliche Fakultät erhielt 1882 die Benennung einer „staatswissenschaftlichen". Zahlreiche Neubauten wurden für Universitätszwecke ausgeführt.

Ganz auf die Stufe der akademischen Lehranstalten wurden gehoben die land- und (bis 1881) forstwirthschaftliche Akademie Hohenheim (1865), das Polytechnikum (1862, 1870 und 1876) und die Kunstschule (1867), beide letztere in Stuttgart. Außerdem erhielt Hohenheim 1869 eine landwirthschaftlich-chemische, 1872 die schon erwähnte forstliche Versuchsstation, 1878 eine Samenprüfungsanstalt. Neu organisirt wurden 1865 die Baugewerkschule in Stuttgart, 1866 die landwirthschaftlichen Fortbildungsschulen, 1867 die Weinbauschule in Weinsberg, 1868, 1872 und 1880 die Thierarzneischule in Stuttgart. Die Mittel zu einer Ausstattung mit Lehrmitteln, zu Herstellung würdiger Lehrgebäude wurden reichlich zur Verfügung gestellt.

Ein Gesetz, betreffend die Aufsicht über die Gelehrten- und Realschulen, erschien am 1. Juli 1876. In Verwirklichung eines älteren Planes schied aus dem Stuttgarter Gymnasium als neue Schöpfung das Realgymnasium aus, welches in dem Ulmer Realgymnasium, den Reallyzeen und Reallateinschulen anderer Städte des Landes, dem realistischen Zuge der Zeit folgend, bald Nachahmung und Genossen gefunden hat. Eine weitere Abzweigung aus dem alten Stamme des Eberhard-Ludwigsgymnasiums bildet das Karlsgymnasium, eine zweite humanistische Lehranstalt in Stuttgart, welche definitiv im Jahr 1881 in Wirksamkeit getreten ist. Die daran geknüpften Berechtigungen für den Militärdienst wurden Veranlassung zu einer neuen Ordnung der Reifeprüfungen von den Gymnasien, Realgymnasien und zehnklassigen Realanstalten; woneben die Rücksicht auf das Institut der Einjährig-Freiwilligen wenigstens mit den Anstoß zu Aenderungen in der Organisation einzelner Gelehrtenschulen des Landes gegeben hat.

Mehr und mehr macht sich jetzt auch die Fürsorge für die Bildung und Fortbildung des weiblichen Geschlechts geltend. Auf dem Gebiete des gewerblichen Fortbildungswesens haben die Frauenarbeitsschulen bereits eine beachtenswerthe Stellung sich errungen; eine Schöpfung der letzten Jahre sind die landwirthschaftlichen Haushaltungsschulen.

Die Rechtsverhältnisse der Lehrer und Lehrerinnen an höheren Mädchenschulen, sowie die Aufsicht über die letzteren hat ein Gesetz vom 30. Dezember 1877 zum Inhalt, nachdem im Jahr 1874 die Mittel zu Errichtung eines höheren Lehrerinnenseminars verwilligt waren. Die

Kommission für die höheren Mädchenschulen bildet die Aufsichtsbehörde über die öffentlichen Schulen und diejenigen Privatschulen, welche eine Staatsunterstützung genießen. Ihre Zuständigkeit erstreckt sich jedoch nicht auf das K. Katharinenstift und das K. Olgastift in Stuttgart, zwei höhere Töchterbildungsanstalten, welche auf Königlicher Stiftung beruhen.

Gegenüber dem Konservatorium für Musik und gegenüber der höheren Handelsschule in Stuttgart bethätigt der Staat durch Geldbeiträge sein Interesse.

Welche Sorgfalt dem Volksschulwesen fortgesetzt zugewendet wird, beweist am besten die Errichtung von 3 weiteren Schullehrerseminarien: 2 evangelischen in Künzelsau und Nagold (neben Eßlingen und Nürtingen) und 1 katholischen in Saulgau (neben Gmünd), sodann die Gründung eines Lehrerinnenseminars in Markgröningen. Die Volksschulgesetze vom 29. September 1836 und 6. November 1858 wurden in einigen Bestimmungen abgeändert durch die Gesetze vom 25. Mai 1865 und 18. April 1872. Von den im Regierungsblatt erlassenen Verfügungen sind zu erwähnen die vom 6. August 1864, betr. die Aufsicht über die Erfüllung der Schulpflicht Seitens der außerhalb ihres Heimatsorts sich aufhaltenden Werktags- und Sonntagsschüler; vom 11. September 1865, betr. die Aufstellung von Oberlehrern u. s. w.; vom 11. November 1865, betr. die Einführung von Bezirksschulversammlungen, und eine zweite vom gleichen Tage, betr. die Zuständigkeit der Bezirksschulinspektoren an den evangelischen Volksschulen; ferner die Verfügungen vom 28. November 1865, betr. die Einführung eines erweiterten Realunterrichts an Volksschulen und die Errichtung sog. Mittelschulen; und vom 3. Mai 1866, betr. den Wirkungskreis der Ortsschulbehörden und Ortsschulinspektoren für die Volksschulen.

In der Einrichtung der Erziehungshäuser endlich hat sich unter der gegenwärtigen Regierung die Aenderung vollzogen, daß seit 1873 das im Jahr 1710 durch Herzog Eberhard Ludwig begründete Waisenhaus in Stuttgart nur noch evangelische Knaben aufnimmt, wogegen die evangelischen Mädchen jetzt in das mit dem dortigen Lehrerinnenseminar verbundene Waisenhaus zu Markgröningen eingewiesen werden, und daß um dieselbe Zeit das Waisenhaus für katholische Kinder beiderlei Geschlechts von Weingarten nach Ochsenhausen verlegt wurde.

2. Statistik.

A. Die Universität Tübingen mit den 7 Fakultäten: 1) der evangelisch-theologischen, 2) der katholisch-theologischen, 3) der juridischen, 4) der medizinischen, 5) der philosophischen, 6) der staatswissenschaftlichen und 7) der naturwissenschaftlichen, jede derselben bestehend aus ordentlichen und den etwa noch ernannten außerordentlichen Professoren, unter dem Vorsitz des unter den ordentlichen Professoren jährlich wechselnden Dekans. Die Gesammtheit der ordentlichen Professoren vereinigt sich zur Berathung in dem akademischen Senat. Auch entscheidet der Senat über Rekurse gegen die Strafekenntnisse der zu Abrügung der bedeutenderen Verfehlungen der Studirenden bestellten Disziplinarkommission. Für die ökonomische Verwaltung der Universität und der mit ihr verbundenen Institute, Stiftungen, Stipendien besteht ein Verwaltungsausschuß. In diesen und in die Disziplinarkommission entsendet jede Fakultät je 1 ordentlichen Professor. Außerdem gehört beiden als vollberechtigtes Mitglied und Referent in Rechts-, Disziplinar- und Verwaltungssachen der **Universitätsamtmann** an, der auch im akademischen Senat Sitz und Stimme und diese Referate hat, ferner die Untersuchungen über die Disziplinarvergehen der Studirenden führt und deren Schuldenwesen besorgt, soweit solches der disziplinären Behandlung unterliegt. An dem Verwaltungsausschuß nimmt mit berathender Stimme auch der **Universitätskassier** Theil.

Vorstand der Universität und Vorsitzender im Senat, in der Disziplinarkommission und dem Verwaltungsausschuß ist der vom König aus 3 durch den Senat vorgeschlagenen ordentlichen Professoren je auf 1 Jahr ernannte Rektor. Dem Rektor zur Seite steht als königlicher Kommissär mit erster Votant in akademischen Senat der **Kanzler**, dazu berufen, über die Vollziehung der Gesetze und die Erhaltung des vorschriftsmäßigen Zustands der Universität zu wachen, bei Verleihung der akademischen Würden in herkömmlicher Weise mitzuwirken und von allem, was die Universität betrifft, Kenntnis zu nehmen.

Unter den Lehrmitteln nehmen die **Vorlesungen** (im Winter 164, im Sommer 180) die erste Stelle ein, mit welchen bei einzelnen Fächern **Exkursionen** verbunden sind. Lehrmittel sind weiter die 39 **Universitäts-Institute**.

Etatmäßige Lehrstellen nach dem Hauptfinanzetat für 1881/83 69, und zwar die des Kanzlers, dann 51 ordentliche, 9 außerordentliche Professuren, 8 für Stellen neuerer Sprachen, Künste und Leibesübungen. Ferner 36 Privatdozenten, Assistenten, Repetenten u. s. w.

Zahl der Studirenden im Winter 1881/82 1 157, im Sommer 1882 1 400 (beides Maximalstände), darunter evangel. Theologen W. 297, S. 374, kathol. Theologen W. 149, S. 144, Juristen W. 182, S. 275, Mediziner W. 170, S. 206, Philosophen W. 108, S. 144, staatswissensch. Fakultät W. 173, S. 167, naturwissensch. Fakultät W. 78, S. 90. — Nichtwürttemberger W. 279, S. 571.

Bei den Universitäts-Instituten wären in erster Linie das höhere evangelisch-theologische Seminar und das katholische Wilhelmsstift mit ihren besonderen Lehrmitteln, Bibliotheken u. s. w. zu nennen, die jedoch in dem Organismus der Unterrichtsanstalten an der Spitze der Gelehrten- und Realschulen und im Hauptfinanzetat unter den kirchlichen Einrichtungen eingetheilt sind; das höhere evangel. Seminar (Kap. 51 Tit. 1—7) mit einem Staatszuschuß von 130 348 ℳ und das kathol. Wilhelmsstift (Kap. 57 Tit. 1—5) mit einem solchen von 96 590,75 ℳ. Die Zöglinge beider: die 184 „Stiftler" und die 148 „Konviktoren", sind in der obigen Frequenzziffer eingerechnet. Die übrigen 39 Institute sind folgende: 1) die Universitäts-Bibliothek, gegründet 1563, 1867 über 300 000 Bände; 2)—8) die mineralogischen, geognostischen, botanischen, pharmakognostischen, zoologischen, vergleichend-anatomischen, land- und forstwirthschaftlichen, technologischen und Baumodell-Sammlungen; 9) der botanische Garten; 10) die forstliche Versuchsstation; 11)—14) die anatomischen, physiologischen, pathologisch-anatomischen und pharmakologischen Institute; 15)—18) die chemischen Laboratorien, das physikalische Kabinet, die Sternwarte und das astronomische Kabinet; 19)—24) die Kliniken und das Kabinet chirurgischer Instrumente; 25) die evangelische Predigeranstalt; 26) u. 27) das philologische Lehrerseminar und das Seminar für neuere Sprachen; 28)—32) das mathematisch-physikalische, das historische, das juristische, das staatswissenschaftliche Seminar und die (Hoffmann'sche) Anstalt für staatswirthschaftliche Uebungen; 33) das Münz- und Antiquitätenkabinet; 34) die Kölle'sche Gemäldesammlung; 35) das Zeichnungsinstitut; 36)—39) Reitschule und Marstall, Fechtboden, Gymnastische Anstalt und Schwimmschule. Die Gesammtausgabe dieser 39 Institute beträgt 332 811 ℳ.

Im Jahr 1875/76 wurde das Kapitalvermögen der Universität zu 386 516 ℳ, das einzelner Fakultäten zu 21 557 ℳ, das einzelner Institute zu 147 574 ℳ angegeben, der Gesammtbetrag der eigenen Einnahmen (Pachtgelder aus den an die Finanzverwaltung verpachteten Fonds und Gefällen, Miethzinse u. s. w.) zu 73 694 ℳ. Staatszuschuß, Hauptfinanzetat für 1881/82 (Kap. 61), 636 386 ℳ.

Dazu kommen 9 514 ℳ Staatsstipendien an Studirende der Universität (Kap. 62) und 4 286 ℳ Unterstützung zu wissenschaftlichen Reisen (Kap. 63). — Familienstiftungen mit einem Vermögen von zus. 2½ Mill. ℳ.

Außerordentliche Verwilligungen für Universitätszwecke. Aus dem Restvermögen seit 1858: für das physiologische Institut 67 500 fl. (1865), für Verbesserung und Erweiterung der chirurgischen Klinik in dem älteren akademischen Krankenhaus 130 600 ℳ (1877), für einen Anbau an das Universitätsgebäude 70 000 ℳ (1881); aus der französischen Kriegsentschädigung: für ein weiteres akademisches Krankenhaus, nebst einem Gebäude für die Augenklinik 1 014 285,71 ℳ, für eine Turnhalle 96 000 ℳ, für 3 Glashäuser in den botanischen Garten 51 428,57 ℳ.

B. Die landwirthschaftlichen Lehranstalten.

a. Das landwirthschaftliche Institut Hohenheim, mit

aa. den Lehranstalten: 1) der landwirthschaftlichen Akademie für die wissenschaftliche Ausbildung von Landwirthen, mit Unterricht in Mathematik, Naturwissenschaften, Nationalökonomie, Rechtskunde, landwirthschaftlicher Baukunde, sowie in den Hauptfächern des Berufs. 1 Direktor und 9 Hauptlehrer, welche den Lehrerkonvent bilden, dazu 1 Kassier und 1 Sekretär, ferner die Fach- und Hilfslehrer, Repetenten u. s. w. Lehrmittel: Vorlesungen, Exkursionen, die Bibliothek, naturwissenschaftliche und landwirthschaftliche, insbesondere auch Modell-Sammlungen, der botanische Garten, die Laboratorien, das mathematisch-physikalische Kabinet, der Krankenstall; — außerdem die praktischen Betriebe. Ein vollständiger Kurs erfordert 4 Semester; doch werden die Hauptfächer und wichtigeren naturwissenschaftlichen Hilfsfächer in 2 Semestern vorgetragen. Aufnahmealter: das zurückgelegte 18. Lebensjahr. Für Wohnung, Mobilien und Bedienung ist gesorgt. Im übrigen dieselben Disziplinarvorschriften, wie für die Universitätsstudirenden. Freiwillige Semestral- und Abgangs- (Diplom-) Prüfungen. Frequenz: im Sommer 1882 67, darunter 25 Württemberger.

2) die Ackerbauschule zu Heranbildung praktischer Landwirthe, 25 Zöglinge auf 3 Jahre in der Gutswirthschaft als Arbeiter verwendet;

3) die Gartenbauschule zur Bildung praktischer Gärtner, 6 Zöglinge;

4) landwirthsch. Lehrkurse im Obstbau, für Schäfer, Wagner, Schmiede.

bb. Die praktischen Betriebe: 1) die Gutswirthschaft auf der über 300 ha großen Staatsdomäne, mit den landwirthschaftlichen Nebengewerben; 2) die von Professoren und einem Chemiker geleitete, durch ein auch mit praktischen Landwirthen besetztes Kuratorium überwachte landwirthschaftlich-chemische Versuchs-

ſtation; 3) die Samenprüfungsanſtalt mit der Beſtimmung, den Gebrauchs=
werth der im Handel vorkommenden landwirthſchaftlichen, forſtlichen und Garten=
ſämereien zu prüfen und dem Samenhandel eine ſichere Grundlage zu verſchaffen;
4) das Forſtrevier Hohenheim zum Zweck von Demonſtrationen durch den Revier=
verwalter, welcher als Lehrer für den forſtlichen Unterricht der Anſtalt beigegeben iſt.

Die allgemeinere Bedeutung Hohenheims für Landeskultur=
zwecke bethätigt ſich in dem Vorbilde für die Landwirthſchaft, ſowie in der Be=
rathung von Regierung und Privaten u. ſ. w.

Nach dem Hauptfinanzetat für 1881/82 (Kap. 64) werden erfordert für das
Inſtitut im allgemeinen 32 781 ℳ, für die Akademie 71 608 ℳ, die Ackerbauſchule
7 286 ℳ, die Gartenbauſchule 1 560 ℳ, Wieſenbau= und Schäferſchule 515 ℳ, die
Verſuchsſtation 12 485 ℳ, die Samenprüfungsanſtalt 2 300 ℳ, zuſammen 128 625 ℳ
und Außerordentliches 6 856 ℳ. Daran ſollen die eigenen Einnahmen 43 175 ℳ
decken. Staatszuſchuß alſo 92 306 ℳ.

Außerordentliche Verwilligungen aus dem Reſtvermögen ſeit 1858 zu Bauten
in Hohenheim 45 500 fl. (1865 und 1868).

b. Die Thierarzneiſchule in Stuttgart hat die Aufgabe, Thierärzte
wiſſenſchaftlich auszubilden. Etatmäßig 1 Vorſtand und 4 Hauptlehrer, daneben mehrere
Hilfslehrer und Aſſiſtenten. Lehrmittel, nächſt den Vorleſungen, die Bibliothek, natur=
wiſſenſchaftliche und thierärztliche Sammlungen, ein botaniſcher Garten, die Anatomie
mit dem Präparierſal, ein chemiſches Laboratorium, die Kliniken, Anſtaltsapotheke
und Beſchlagſchmiede. Frequenz 1880/81 60, im Sommer 1881 46, worunter 16
und 10 Württemberger. Nachweis der erforderlichen wiſſenſchaftlichen Vorbildung durch
das Zeugnis der Reife für die Prima eines Gymnaſiums oder einer Realſchule I
Ordnung, in welcher das Latein obligatoriſch (in Württemberg für den 3. Jahres=
kurs eines oberen Gymnaſiums oder Realgymnaſiums), oder durch die Abgangs=
prüfung von einem Lyzeum. Der Kurs umfaßt 7 Semeſter. Die Thierarzneiſchule
hat die Berechtigung zur Approbation deutſcher Thierärzte.

Gegen Ende des Sommers ein unentgeltlicher 6 wöchiger theoretiſcher und
praktiſcher Kurs für Hufſchmiede (1881: 12 Theilnehmer).

In veterinär=techniſcher Beziehung — Berathung der Gerichts= und Polizeibe=
hörden, wie von Privaten in einſchlagenden Streitſachen.

Hauptfinanzetat Kap. 64. Staatszuſchuß 37 900 ℳ

c. Ackerbauſchulen außer in Hohenheim noch in Ellwangen, Ochſen=
hauſen und Kirchberg. In denſelben ſollen je 12 junge Männer, vornehmlich
aus dem Bauernſtande, durch theoretiſchen Unterricht und Einübung in der mit der
Schule verbundenen Wirthſchaft auf Staatsdomänen von 124,33 ha in Ellwangen,
130,60 ha in Ochſenhauſen, 174,48 ha in Kirchberg inſoweit herangebildet werden,
daß ſie zu beſſerer Bewirthſchaftung des eigenen Grundbeſitzes oder zur Uebernahme
von Pachtungen oder Gutsaufſeherſtellen befähigt würden. Lehrkurs in Kirchberg 2,
ſonſt 3 Jahre. In Ellwangen zugleich Brauereibetrieb, in Ochſenhauſen Schweine=
zucht im großen. Die Schulvorſtände ſind Pächter der Güter, ihre Betriebe Muſter=
wirthſchaften. Hauptfinanzetat Kap. 66. Staatsausgabe für Ellwangen 4 036,57 ℳ,
für Ochſenhauſen 3 999,14 ℳ, für Kirchberg 7 443,48 ℳ, Dispoſitionsfonds 1 220,81 ℳ,
im ganzen 16 700 ℳ

d. Die Weinbauſchule in Weinsberg ſoll junge Männer, vornehmlich aus
dem Weingärtnerſtande, durch theoretiſchen Unterricht und praktiſche Einübung in
dem mit der Schule verbundenen Gutsbetrieb — auf 38,62 ha, worunter 6,69 ha
Weinberg, in Staatsregie — zu tüchtigen Weinbauern heranziehen; zugleich Muſter=

betrieb für Wein-, Obst- und landwirthschaftlichen Gartenbau. 12 Zöglinge mit 2 jähriger Lehrzeit. Ausgabeetat Kap. 67. 13 680 ℳ.

e. In den landwirthschaftlichen Winterschulen erhalten Jünglinge aus bäuerlichen Kreisen vom 15. Lebensjahr an in 2 auf je 5 Monate berechneten Winterkursen Unterricht in der Landwirthschaft, in Geometrie und Feldmessen, Chemie, Physik und Mechanik. Im ersten Winter werden sie zugleich in den Volksschulfächern weitergeführt. Frequenz im Winter 1881/82 100. Etat Kap. 68. 8000 ℳ

f. Die landwirthschaftlichen Fortbildungsschulen und sonstigen Einrichtungen für das landwirthschaftliche Fortbildungswesen bestehen, abgesehen von den durch die Centralstelle für die Landwirthschaft verschickten Wanderlehrern, in den (1880/81)

619 Winterabendschulen, an Stelle der Sonntagsschule, Frequenz 13 119;

82 verlängerten Sonntagsschulen mit landwirthschaftlichem Unterricht, Frequenz 1683;

97 freiwilligen landwirthschaftlichen Fortbildungsschulen mit Unterricht in den Volksschulfächern, einschließlich der in der Volksschule gelehrten Realien, mit besonderer Bezugnahme auf die Landwirthschaft, Frequenz 2201;

28 regelmäßigen landwirthschaftlichen Abendversammlungen Erwachsener zu landwirthschaftlicher Belehrung, Frequenz 924;

57 Lesevereinen zu demselben Zweck, Frequenz 2173;

und 904 Ortsbibliotheken mit 159 259 Büchern.

Frequenz der Schulen im ganzen 17 003; mit Einschluß der übrigen Einrichtungen, ohne die Bibliotheken 20 100.

Etatsatz Kap. 69, 20 000 ℳ

Fortbildungs- und Haushaltungsschulen für erwachsene Mädchen aus ländlichen Kreisen in Stubersheim OA. Geislingen, Erbach OA. Ehingen, Schrozberg OA. Gerabronn, Aulendorf OA. Waldsee und Herrenberg mit starker Betheiligung.

C. Die technischen Lehranstalten.

a) Das Polytechnikum gliedert sich in die 6 Fachschulen für Architektur, für das Ingenieurwesen, für den Maschinenbau, für die chemische Technik, für Mathematik und Naturwissenschaften, und für allgemein bildende Fächer (Geschichte, neuere Sprachen, Aesthetik, Kunstgeschichte, Nationalökonomie, Verwaltungs- und Rechtskunde, Freihandzeichnen). Im Studienjahr 1880/81: 26 Hauptlehrer, 14 Fach- und Hilfslehrer, 4 Repetenten, 5 Assistenten, 16 Privatdozenten, zus. 65. Jahresfrequenz 448 darunter 208 Nichtwürttemberger. Winterfrequenz 1881/82 366, außerdem 179 Hospitirende. Aufnahmealter in der Regel das zurückgelegte 18. Lebensjahr. Als Nachweis der wissenschaftlichen Reife zum Eintritt in die 3 ersten Fachschulen: Abiturientenzeugniß aus einer 10 klassigen württembergischen Realanstalt oder eines Realgymnasiums, für die übrigen Fachschulen auch das Abiturientenzeugniß eines humanistischen Gymnasiums. Studienzeit von 3—3½ Jahre. Gelegenheit zu einer Diplomprüfung.

Lehrmittel: Vorlesungen (128 im Winter, 128 im Sommer), kleinere und größere Exkursionen, die Bibliothek, mathematische, naturwissenschaftliche, technische, künstlerische Sammlungen, der botanische Garten, die Sternwarte, das physikalische Kabinet, das physikalische und die chemischen Laboratorien, Werkstätten u. s. w. Einzelne Stipendien und Befreiungen vom Unterrichtsgeld.

Jede der Fachschulen wird durch ein Kollegium der Hauptlehrer und der besonders dazu berufenen Fach- und Hilfslehrer mit einem je auf 2 Jahre gewählten Vorstande vertreten. Die Leitung der ganzen Anstalt hat der Direktor, auf die Dauer eines Jahrs aus 3 von dem Lehrerkonvent hiezu vorgeschlagenen Hauptlehrern vom König ernannt, dann der Lehrerausschuß, bestehend aus jenem und den Vorständen der 6 Fachschulen, und der Lehrerkonvent.

Hauptfinanzetat Kap. 70. Ausgabe 275 337 ℳ. Eigene Einnahmen 40 526 ℳ, darunter 37 700 ℳ von Studirenden. Zuschuß 234 811 ℳ.

Außerordentliche Verwilligungen aus dem Restvermögen seit 1858: für den Neubau der polytechnischen Schule (1858—1865) 493 200 fl.; ferner aus der französischen Kriegsentschädigung für Erweiterung der Schule 1 187 142,86 ℳ.

In Verbindung mit dem Polytechnikum steht die Kunstgewerbeschule, in welcher für die verschiedenen Zweige der Kunstindustrie solche Kräfte herangebildet werden, die in ihrem Fach einen höheren Grad künstlerischer Ausbildung erstreben, woneben die Schule auch für die Ausbildung der gewerblichen Zeichenlehrer dienen soll. 3 Ateliers für Architektur, Bildhauerei und Malerei. Frequenz im Winter 1881/82 52 Zöglinge. Etat (Kap. 93a) 29 358 ℳ.

b. Die Baugewerkschule zur Ausbildung 1) künftiger Baugewerkmeister (Maurer, Steinhauer, Zimmerleute), 2) niederer Hochbautechniker, 3) niederer Wasserbautechniker und Mühlenbauer, 4) Geometer und landwirthschaftlicher Techniker, 5) Mechaniker und Maschinenbauer, welche die Fachstudien auf Grundlage der elementaren Mathematik machen wollen und 6) Schreiner, Glaser, Schlosser, Flaschner u. s. w. Die Schule zerfällt in eine Vorklasse, 2 mathematisch-naturwissenschaftliche Klassen und 3 Fachschulen: a. für Bauhandwerker, niedere Hoch- und Wasserbautechniker, b. für Geometer und Kulturtechniker, c. für Maschinenbautechniker, und zählte im Winterkurs 1880/81 22, im Sommer 1881 10 Schulabtheilungen — mit 28 Hauptlehrern, 13 Fach- und Hilfslehrern, ferner mit 448 Schülern im Winter, 133 solchen im Sommer, darunter 345 und 95 Württemberger. Von diesen Schülern waren 295 (i. S. 30) Bautechniker, 79 (i. S. 54) Geometer und Kulturtechniker, 37 (i. S. 25) Maschinenbauer, Mechaniker, Schlosser, Müller und dergl.), 23 (i. S. 17) Angehörige sonstiger Gewerbe, 14 (i. S. 7) ohne bestimmten Beruf.

Jede Schulklasse oder Parallelabtheilung hat ihren Vorstand, den Vorstand der Baugewerkschule ernennt der König. Unter seiner Direktion besteht der Lehrerausschuß und der Lehrerkonvent.

Hauptfinanzetat (Kap. 71). Ausgabe 146 400 ℳ, zum größeren Theil persönlicher Art; eigene Einnahmen 22 956 ℳ, darunter 21 000 ℳ Unterrichtsgelder. Rest Staatszuschuß 123 444 ℳ. Außerordentliche Verwilligung aus dem Restvermögen (1865 und 1871) für das Schulgebäude 368 000 fl.

c. Die gewerblichen Fortbildungsschulen sollen der gewerblichen Jugend beiderlei Geschlechts über 14 Jahre in einem freiwillig und unter Bezahlung eines Schulgelds besuchten Unterricht die zu einer rationellen Ausübung der praktischen Thätigkeit in Gewerbe, Handel und Haushalt nöthige theoretische, beziehungsweise artistische Ausbildung ermöglichen. Im Schuljahr 1880/81 bestanden solche an 153 Orten mit einer Gesamt-Einwohnerzahl von 667 905 Seelen. Es waren
7 Fortbildungsschulen mit Sonntags- und Abendunterricht in gewerblichen und kaufmännischen Fächern und mit offenen Zeichensälen,
19 mit gewerblichem Sonntags- und Abendunterricht und mit offenen Zeichensälen,
93 mit gewerblichem Sonntags- und Abendunterricht,
5 mit gewerblichem Abendunterricht,
29 gewerbliche Zeichenschulen ohne weiteren Unterricht.

In 14 (jetzt 15) Städten gab es zugleich weibliche Fortbildungsschulen, in 13 (jetzt 14), darunter Stuttgart mit 2, auch **Frauenarbeitsschulen** (Staatsbeitrag zu Herstellung eines Gebäudes für die Schule in Reutlingen 68 571 ℳ aus der französischen Kriegsentschädigung).

Lehrerzahl 735; Schülerzahl 12 782, darunter 634 Schülerinnen weiblicher Fortbildungsschulen und 2 548 Schülerinnen von Frauenarbeitsschulen. Die besuchtesten Unterrichtsfächer: Freihandzeichnen (6 583), Rechnen (5 316), deutsche Sprache (5 234), Fachzeichnen (3 844), geometrisches Zeichnen (3 122), Buchführung (1 902), Volkswirthschaft (1 131). Die besuchtesten Schulen hatten Stuttgart mit 87 Lehrern und 1 446 Schülern und Schülerinnen; Ulm mit 22 Lehrern und 384 Schülern und Schülerinnen; dann Heilbronn, Eßlingen, Reutlingen ꝛc. ꝛc.

Hauptfinanzetat (Kap. 72). Beiträge an Gemeinden zu gewerblichen Fortbildungsschulen 108 600 ℳ, Beiträge zu weiblichen Fortbildungs- und Frauenarbeitsschulen 20 400 ℳ, Visitationskosten 5 760 ℳ, Ausstellung von Schülerarbeiten 3 400 ℳ, Ausbildung von Lehrern 3 000 ℳ, Beschaffung von Lehrmitteln und Vertheilung von solchen als Prämien 1 500 ℳ, Kosten der Kommission für gewerbliche Fortbildungsschulen 5 100 ℳ; Gesammtbetrag 147 760 ℳ

Die eben gedachte Kommission hat auch die Visitation des gesammten Zeichenunterrichts in den Gelehrten- und Realschulen, den Volks-, Mittel- und höheren Mädchenschulen zu leiten.

Noch sind zu erwähnen die Wanderlehrer der Centralstelle für Gewerbe und Handel, die 4 Webschulen in Reutlingen, Heidenheim, Laichingen und Sindelfingen (Etatsätze für die Betheiligung des Staats dabei Kap. 38 Tit. 13—15a zusammen 18 000 ℳ). Außerdem bestehen Gravir- und Ciselirschulen in Gmünd und Heilbronn, Schulen für Elfenbein- und Gemmenschnitzerei in Geislingen und Rottweil, für Holzschnitzerei in Biberach und Rottweil; — eine höhere Handelsschule in Stuttgart (Staatszuschuß Etat Kap. 96 2 000 ℳ).

D. Die Kunstlehranstalten.

a. Die **Kunstschule** in Stuttgart für die Ausbildung von Künstlern in den Fächern der Bildhauerkunst und der Malerei, mit Gelegenheit zu Erlernung der Kupferstecherkunst. Der vorbereitende Unterricht begreift das Zeichnen nach der Antike und nach dem lebenden Modell, sowie das Landschaftszeichnen. Für den Fachunterricht gliedert die Anstalt sich in eine Bildhauerschule, eine Malerschule mit den Abtheilungen für Landschafts-, Genre- und Historienmalerei, und in eine Kupferstecherschule.

1 Direktor und 5 Hauptlehrer; 5 Hilfslehrer. Frequenz im Winter 1880/81 69, im Sommer 1881: 59; darunter Hospitanten 26 (im Sommer 21). Schülerinnen 23; Nichtwürttemberger 21 (22).

Lehrmittel: Die oben S. 157 aufgezählten Kunstsammlungen.

Hauptfinanzetat für 1881/82 Kap. 93 Tit. 1—6 für die **Kunstschule allein** 47 346 ℳ; Tit. 7—9 für Schule und Sammlungen zugleich 13 900 ℳ; Tit. 10 Einnahme von Eintritts- und Unterrichtsgeldern 2 900 ℳ

Tit. 11—13. Aufwand auf die Kunstsammlungen allein 36 120 ℳ

Außerordentliche Bewilligung aus der französischen Kriegsentschädigung 852 840 ℳ für Bauzwecke.

2. Das **Konservatorium für Musik**, ein Privatinstitut unter dem Protektorat des Königs mit einem Staatsbeitrag von 4 115 ℳ (Kap. 96 Tit. 1 des Hauptfinanzetats). 39 Lehrer, 3 Lehrerinnen; 1880/81 610 Zöglinge, von denen sich 63 Schüler, 122 Schülerinnen der Musik berufsmäßig widmeten.

E. Die Gelehrten- und Realschulen.

a. Die **Gelehrtenschulen:** 4 niedere evangelisch-theologische Seminare, 10 Gymnasien, 2 Realgymnasien, 5 Lyzeen, 3 Reallyzeen, 64 niedere Lateinschulen, 4 Reallateinschulen. Mit den Gymnasien in Ehingen und Rottweil sind die niederen katholischen Konvikte, mit dem Gymnasium in Heilbronn ist ein Pensionat verbunden.

Die 4 niederen evangelisch-theologischen Seminare (Staatszuschuß zus. 137 503 ℳ, Etat Kap. 51 Tit. 8—19) zur Vorbereitung der dem evangel. geistlichen Stand gewidmeten Jünglinge vom 14.—18. Lebensjahr. 30—40 bei dem „Landexamen" in erster Linie als tüchtig erfundene Jünglinge werden zur Verpflegung auf Staatskosten, eine weitere Anzahl wird gegen Kostenvergütung als „Hospites" aufgenommen, das eine Jahr in das Seminar zu Maulbronn, das andere Jahr in das zu Schönthal. Nach zweijährigem Aufenthalt in diesen findet der Uebertritt statt von Maulbronn nach Blaubeuren, von Schönthal nach Urach. Wieder zwei Jahre später, nach erstandener Konkursprüfung, an der auch wieder Schüler der Gymnasien u. s. w. sich betheiligen können, erfolgt die Aufnahme der 30—40 tüchtigsten in das höhere evangelisch-theologische Seminar zu Tübingen für 4 Jahre, mit Einschluß des philosophischen Lehrkurses, und bei denjenigen, welche der Militärpflicht als Einjährig-Freiwillige zu genügen haben, für 5 Jahre mit freier Verpflegung. Einer dem Bedürfnis des Lehrdienstes entsprechenden Zahl von jährlich 5—7 Zöglingen wird gestattet, sich auf ein höheres humanistisches oder realistisches Lehramt methodisch vorzubereiten. (Etatsatz für Landexamen und Konkursprüfung Kap. 51 Tit. 20 1400 ℳ).

Die **katholischen Konvikte** sind zur kostenfreien Bildung und Erziehung der Kandidaten des katholisch-geistlichen Standes errichtet, die 2 niederen berechnet für je 77 Zöglinge vom 14.—18. Lebensjahr, Staatszuschuß 66 727,50 ℳ (Kap. 57), das Wilhelmsstift berechnet für 148 Zöglinge, worunter 20 Einjährig-Freiwillige. Für Aufnahmeprüfungen 1 000 ℳ.

In den **Gymnasien** erhalten diejenigen Jünglinge, welche eine höhere wissenschaftliche Bildung sich verschaffen wollen, vom 8. bis 18. Lebensjahr methodischen Unterricht, so daß sie von diesen Lehranstalten aus nach erstandener Abgangsprüfung die Universität beziehen können. In den **Lyzeen** werden Schüler bis zum 16. Lebensjahr unterrichtet, während die **Lateinschulen** nur bis zum 14. Jahr Unterricht gewähren.

Die **Realgymnasien** sind dazu bestimmt, auf humanistischer Grundlage den Schülern eine weitergehende Ausbildung in modernen Sprachen, Mathematik, Naturkunde und Zeichnen zu verschaffen und sie so für die Universität, das Polytechnikum, den Militärdienst oder eine technische Laufbahn ꝛc. vorzubereiten. Eine ähnliche Bestimmung haben die **Reallyzeen** und die **Reallateinschulen**.

Von den 68 Lateinschulen waren 1879/80 25 1klassige, 31 2klassige, 4 mit 4, 1 mit 1 Klasse.

Am 1. Januar 1881 bestanden an sämmtlichen öffentlichen Gelehrtenschulen 395 Hauptlehrerstellen, darunter an den Seminaren und den oberen Gymnasial- und Lyzealklassen 107, den mittleren und unteren Klassen 159, an den niederen Lateinschulen 129. Die Gesammtzahl der Schüler betrug 9 064, und zwar an den Seminaren, den oberen Gymnasial- und Lyzealklassen 1762, an den mittleren und unteren Klassen und den Lateinschulen 7 302; — nach dem Religionsbekenntnis 6 630 Evangelische, 2 050 Katholiken, 365 Israeliten, 19 Angehörige anderer Konfessionen; und in den oberen Klassen allein 1 210 Evangelische, 493 Katholiken, 55 Israeliten, 4 sonstige; 6 116 Söhne von am Ort der Schule wohnhaften Eltern, 2 948 auswärtige; 312 Nichtwürttemberger. Das (ältere) humanistische Gymnasium in Stuttgart allein zählte 1263, das Realgymnasium 875 Schüler.

b. Die Realschulen: 3 Realanstalten mit 10 Klassen, 10 Realanstalten mit 2 oberen Klassen, 60 Realschulen. Sie sollen zum Eintritt in das Polytechnikum vorbereiten, und sonst zur realistischen Ausbildung der Jugend und Vorbereitung derselben auf das gewerbliche Berufsleben Unterricht ertheilen.

Die Bürgerschule in Stuttgart steht in der Mitte zwischen Real- und Volksschule; sie gewährt einen über die Volksschule hinausgehenden realistischen Unterricht, den Unterricht im Französischen aber nur fakultativ.

Am 1. Januar 1881 270 Lehrstellen, darunter 49 an Oberrealklassen; 6763 Realschüler, darunter 611 Oberrealschüler und von letzteren 399 (56 Proz.) auswärtige. Die Realanstalt in Stuttgart zählt 1109 Schüler (167 an den oberen Klassen), die Bürgerschule daselbst (ohne die Elementarklassen) 788 (mit den letzteren 1116).

c) Die 17 und mit den vorbereitenden Klassen der Bürgerschule in Stuttgart 18 Elementarschulen mit 54 Lehrstellen und 2462 Schülern, mit Unterricht in den Fächern der Volksschule für Schüler von 6—8 Jahren zu deren Vorbereitung auf den Besuch der humanistischen oder der realistischen Lehranstalten.

Im Hauptfinanzetat haben, abgesehen von den schon erwähnten Kap. 51 und 57, die Kap. 73 bis 76 Bezug auf das Gelehrten- und Realschulwesen. Kap. 73 begreift (1881/82 mit 426 490 ℳ) die Besoldungen der Lehrer und Diener an Gymnasien, Lyzeen und andern lateinischen Lehranstalten, sowie die widerruflichen Beiträge an Gemeinden zur Aufbringung der Lehrergehalte an den grundsätzlich nicht vom Staat zu unterhaltenden Schulen. In Kap. 74 folgt der sonstige Aufwand zu Unterrichtszwecken u. s. w. mit 47 709 ℳ. Für das Realschulwesen leistet die Staatskasse nach Kap. 75 des Hauptfinanzetats im Jahr 1881/82 189 280 ℳ, darunter 175 000 ℳ an ständigen, übrigens widerruflichen Beiträgen für Gemeinden, 9030 ℳ zur Heranbildung von Reallehrern u. s. w. Zu Alters- und Ergänzungszulagen und Beiträgen zu Gehaltsaufbesserungen für Lehrer an Gelehrten-, Real- und Bürgerschulen endlich sind in Kap. 76 des Etats für 1881/82 270 500 ℳ verwilligt.

Außerordentliche Verwilligungen, aus dem Restvermögen seit 1858: Staatsbeiträge zu den Kosten der Erwerbung eines Gymnasialgebäudes in Tübingen 10 000 fl. (1862), zu den Kosten der Realschulgebäude in Göppingen und Eßlingen je 10 000 ℳ (1877), zur Erbauung eines zweiten humanistischen Gymnasiums in Stuttgart im Maximum 300 000 ℳ (1881); ferner aus der französischen Kriegsentschädigung — zum Bau eines neuen Gymnasiums in Heilbronn 48 000 ℳ, für das Realgymnasium in Stuttgart 868 800 ℳ.

F. Das Turnwesen.

Das Turnen soll nach der Turnordnung vom 5. Februar 1863 einen organischen Bestandtheil der öffentlichen Erziehung an den Gelehrten- und Realschulen bilden. Lehrer liefert die Turnlehrerbildungsanstalt. Mit derselben ist eine Musterturnanstalt verbunden, als welche zur Zeit die Turnanstalt des (älteren) Stuttgarter Gymnasiums und des Realgymnasiums dient. Etatsatz 1881/82 48 572 ℳ (Kap. 77).

Außerordentliche Verwilligungen aus der Restverwaltung (1862 und 1865) für Turnlokale und Turneinrichtungen 121 514 fl. 9 kr.

Am Turnunterricht haben nach dem Stand vom 1. Januar 1881 5716 Schüler der Gelehrten- und 4170 Schüler der Realschulen theilgenommen, darunter 1397 und 550 Schüler der oberen Abtheilungen.

G. Das höhere Mädchenschulwesen.

a. Höheres Lehrerinnenseminar in Stuttgart. Dasselbe hat den Zweck, der weiblichen Jugend nach den eigentlichen Schuljahren noch eine höhere Bildung und einzelnen Personen dieses Geschlechts die Ausbildung für den höheren Lehrberuf zu ermöglichen. Das Seminar ist mit dem K. Katharinenstift verbunden, welches seine Lokale, Lehrkräfte und Lehrmittel zur Verfügung stellt und dessen Vorsteher unter der unmittelbaren Aufsicht des K. Kultministeriums die Leitung des Seminars besorgen. Der Kurs ist ein zweijähriger. Alljährlich wird nach erstandener Prüfung eine Abtheilung aufgenommen. Das Eintrittsalter ist mindestens das überschrittene 16. Lebensjahr. Die Schülerinnen sind ordentliche (12 in jeder Altersklasse) und außerordentliche (1879/80 12 und 6). Die ersteren (Württembergerinnen) sind frei vom Unterrichtsgeld und genießen unter Umständen noch Stipendien (im Ganzen 12 zu 350 ℳ). Den anderen steht es frei, dem Unterricht nur als Fortbildungsschülerinnen zu folgen oder die Zulassung zu der praktischen Ausbildung für den Lehrberuf sich zu erbitten. Die Schlußprüfung entscheidet über die rechtliche Befähigung zum Unterricht an höheren Mädchenschulen. Im Hauptfinanzetat für 1881/82 sind vorgesehen 18 190 ℳ (Kap. 78).

b. Höhere Mädchenschulen am 31. Dezember 1880: 6 öffentliche Schulen (Gemeindeanstalten), 3 Privatanstalten mit Staatsunterstützung, ferner das Königl. Katharinenstift und das Königl. Olgastift, zusammen 103 Lehrer, 95 Lehrerinnen, 3 305 Schülerinnen, unter den letzteren 735 im Katharinenstift, 391 im Olgastift.

Die Gesammtzahl der Klassen beträgt 94. Unter den Schülerinnen sind 262 Kinder von nicht-landesangehörigen, ferner 258 Kinder von nicht-ortsanwesenden Eltern; 2 776 evangelische, 175 römisch-katholische, 7 griechisch-katholische, 331 israelitische, 16 sonstige; 607 über 16 Jahre, 2 698 unter 14 Jahren alt. Im Hauptfinanzetat (Kap. 78a) sind vorgesehen Staatsbeiträge zu Gründung und Unterhaltung höherer Mädchenschulen 8 500 ℳ, Visitationskosten 500 ℳ, Aufsichtskommission 3 000 ℳ, Staatsbeitrag für das K. Olgastift in Stuttgart 4 000 ℳ.

Zahl der Privattöchterschulen im Jahr 1868 26, 21 evangelische, 5 katholische.

H. Das Volksschulwesen.

Die Verbindlichkeit zum Besuch der Volksschule erstreckt sich auf die Kinder aller Staatsangehörigen, soweit dieselben nicht eine höhere Schule (lit. E. und G.) besuchen oder einen den Unterricht der Volksschule vertretenden oder einen höheren Privatunterricht erhalten. Die Schulpflichtigkeit beginnt nach Art. 1 des Gesetzes vom 6. November 1858 bei jedem Kind in dem 7. und endigt in dem 14. Lebensjahr. Es steht den Eltern frei, ihre Kinder, wenn sie gehörig entwickelt sind, schon im 6. Jahr zur Schule zu schicken; keinem Schüler kann die Erlaubnis versagt werden, nach Erfüllung der Schulpflicht die Volksschule noch ein weiteres Jahr zu besuchen; bei Kindern, welche bei der der Entlassung aus der Volksschule vorangehenden Prüfung ganz ungenügende Kenntnisse und Fertigkeiten zeigen, kann die Schulzeit um 1—2 Jahre verlängert werden. Der Eintritt vor dem 7. Lebensjahr begründet aber keinen Anspruch auf frühere Entlassung. Eine Schulentlassung vor dem 14. Jahr bedarf besonderer Dispensation, welche bei genügenden Kenntnissen mit Rücksicht auf dringende Familienverhältnisse oder geistige Reife ertheilt wird. Mit der Schulentlassung fällt bei den Evangelischen die Konfirmation, bei den Katholiken die erste Kommunion in der Regel zusammen. Nach dem 14. Lebensjahr besteht für die aus der Volksschule Entlassenen bis in das 18. Lebensjahr die Verpflichtung zum Besuch der Sonntagsschule oder einer Winterabendschule, soweit jene nicht eine höhere

Lehranstalt oder eine Sonntagsgewerbschule besuchen oder einen anderen nach dem Ermessen der Ortsschulbehörde genügenden Unterricht erhalten.

Eine im Jahr 1880 vorgenommene Zählung in den Volksschulen hat ergeben:

302449 Schüler, und zwar 143714 Knaben, 158735 Mädchen; also rund 43200 Schüler auf 1 Altersklasse (gegen rund 40000 vor 25 Jahren) und 16,4 Proz. der Gesamtbevölkerung (gegen 17,7 Proz. vor 20 Jahren). 100441 Knaben und 112773 Mädchen gehören der evangelischen, 42567 Knaben und 44998 Mädchen der katholischen Konfession an. 1151 Kinder sind Israeliten. Im J. 1882 bestanden ferner 305 Vorschulen der Volksschule oder Kleinkinderschulen mit über 23000 Kindern.

Die Verbindlichkeit zur Errichtung und Unterhaltung der Volksschulen liegt auf den Gemeinden. Jeder Ort, der für sich eine Gemeinde bildet, muß eine und, wenn es das Bedürfnis fordert, mehrere Volksschulen unterhalten. Auch in jedem einen Theil einer Gemeinde bildenden Ort soll, wenn derselbe 30 Familien begreift, eine eigene Volksschule bestehen. Die Kosten der Volksschulen sind, soweit nicht ein Dritter vermöge Herkommens oder besonderen Rechtstitels dafür aufzukommen hat, aus den für Schulzwecke bestehenden örtlichen Stiftungen, sodann aus besonderen Einnahmen für Schulzwecke, dem Schulgeld und den Schulfonds, endlich aus Gemeindemitteln zu bestreiten und nöthigenfalls als Gemeindelast nach dem Steuerfuß umzulegen. Im Fall der Verschiedenheit des Glaubensbekenntnisses entscheidet im Zweifel die Konfession der Mehrheit der bei einer Schule betheiligten Familien. Jedoch soll es den Angehörigen der Konfession der Minderzahl nicht erschwert werden, wenn sie eine Schule für Kinder ihrer Konfession entweder für sich allein oder in Verbindung mit dem konfessionsverwandten Nachbarort errichten wollen (die freiwillig errichteten Konfessionsschulen). Auch haben die Eltern die Wahl, ob sie ihre Kinder in die Volksschule ihres Wohnorts oder in eine benachbarte Schule ihrer Konfession schicken wollen. Begreift aber in einem Ort die Zahl der Angehörigen der Konfession der Minderheit 60 Familien, so können diese die Errichtung und Unterhaltung einer eigenen Volksschule ihrer Konfession aus örtlichen Mitteln ansprechen. Die Zahl der Schulgemeinden betrug 1873: 2111, darunter 1314 evangelische, 797 katholische.

Als wesentliche Unterrichtsgegenstände sind in dem Volksschulgesetz von 1836 bezeichnet die Religions- und Sittenlehre, Lesen, Schreiben, deutsche Sprache, Rechnen und Singen. Seitdem sind dazu gekommen obligatorisch die Realien (Geschichte, Geographie, Naturlehre und Naturgeschichte) und fakultativ das Zeichnen. In einigen Städten nehmen die Volksschüler auch an den für die Gelehrten- und Realschulen errichteten Turnanstalten Theil. Nach dem Normallehrplan für die einklassige Volksschule vom 21. Mai 1870 soll bei einer Schulzeit von 26 Wochenstunden zur Verwendung kommen 1/3 für Religionsunterricht, einschl. Memoriren; der Rest, sowie die über die Zahl 26 hinaus verfügbaren Stunden werden den übrigen Fächern in der Art zugewiesen, daß 3/7 der Sprache, 3/7 dem Rechnen und der Raumlehre, 2/7 den Realien nebst Singen gehören. Das gleiche Verhältnis gilt auch für mehrklassige Schulen. Unter die Zahl von 26 Wochenstunden darf in keiner Schule heruntergegangen werden. Die Lehrer sind aber zu 30 Wochenstunden verpflichtet, wenn die Ortsschulbehörde so viel Zeit in Anspruch nehmen will. Die Zahl der auf einen Lehrer gerechneten Kinder beträgt 90. Sind es 90—120 und wird kein zweiter Lehrer angestellt, so hat der einzige Lehrer sämmtliche Schüler in 32 Wochenstunden in Abtheilungen zu unterrichten, wobei er für die weiteren 2 Stunden über die ihm obliegenden 30 eine besondere Belohnung erhält. Ebenso ist es in einer Schule mit 2 und mehr Lehrstellen, wenn die auf 1 Lehrer kommende Schülerzahl 90 übersteigt (bis 130). Am 1. Januar 1882 war ein solcher Abtheilungsunterricht in nahezu ⅓ aller Klassen eingerichtet und stieg in einzelnen Schulen die wöchentliche Stundenzahl eines Lehrers bis auf 36. Für die Bildung der Klassen bei mehrklassigen Schulen bestehen keine feste Normen. Von den Volksschulen unterscheiden sich die sogenannten Mittelschulen, eine Art selecta der Volksschule, in der Mitte zwischen Volksschule und Realschule, mit bis auf 30 ansteigenden Wochenstunden, kleinerer Schülerzahl und besonders tüchtigen Volksschullehrern.

Die Lehrer an den Volksschulen sind nach dem Gesetz vom 30. Dez. 1877 Art. 1 (s. Abschn. VII 2) entweder auf Lebenszeit — ständige Lehrer, oder auf jederzeitigen Widerruf angestellt — unständige Lehrer: Schulamtsverweser, Stellvertreter, Unterlehrer, Lehrgehilfen, Hilfslehrer und Fachlehrer. Vorschriftsmäßig geprüfte Lehrerinnen können auf jederzeitigen Widerruf von der Oberschulbehörde an Mädchenschulen, an den untersten Knabenklassen und an den untersten gemischten Schulklassen an der Stelle von Unterlehrern und Lehrgehilfen angestellt werden. — Wegen der Lehrergehalte u. s. w. s. Abschnitt VII 3.

Am 1. Januar 1881 wurden gezählt:

Lehrerstellen	im Geschäftskreis der		
	evangelischen	katholischen	zusammen
	Oberschulbehörde		
ständige	2106	966	3072
Schulamtsverweserstellen	15	11	26
Unterlehrerstellen	297	74	371
Lehrgehilfenstellen	408	209	617
zusammen	2826	1260	4086

Von den evangelischen Schullehrerstellen waren definitiv besetzt 1977; mit Lehrerinnen waren besetzt 3 ständige Lehrerstellen, 1 ständige Schulamtsverweserei, 36 Unterlehrer-, 94 Lehrgehilfenstellen.

Wenn an einer Volksschule nur 1 Lehrerstelle besteht, ist diese mit einem ständigen Lehrer zu besetzen. Bei 2 Lehrerstellen muß jedenfalls die eine mit einem solchen, die andere kann mit 1 Lehrgehilfen oder Unterlehrer besetzt werden. Bei 151—180 Schülern sollen, bei über 180 Schülern müssen 2 Schullehrer vorhanden sein. Wo 3—5 Lehrerstellen bestehen, kann 1 unständig besetzt werden u. s. w. Für jede Schule, welche 5 oder mehr zusammenhängende Klassen umfaßt, wird aus der Mitte der an derselben angestellten ständigen Lehrer in widerruflicher Weise ein Oberlehrer bestimmt. An Schulen mit weniger als 5 Klassen und mindestens 2 Schullehrern fungirt einer derselben als Aufsichtslehrer. Im übrigen kommt die Ortsschulaufsicht dem Pfarrer oder einem der Geistlichen derjenigen Konfession zu, welcher der Schullehrer angehört. Demselben steht die Ortsschulbehörde zur Seite (S. 225). Wegen der höheren Schulaufsichtsbehörden s. Abschnitt VIII 5. Dazu ist nachzutragen, daß das gemeinschaftliche Oberamt in Schulsachen durch den Oberamtmann und den Bezirksschulaufseher gebildet wird.

Für die Heranbildung von Volksschullehrern ist durch die 4 evangelischen Schullehrerseminare zu Eßlingen, Nürtingen, Künzelsau und Nagold, dann durch die 2 katholischen Seminare zu Gmünd und Saulgau gesorgt, in welchen der Unterricht den nach 2jähriger Vorbildung bei einem Musterlehrer oder in einer sonstigen geeigneten Anstalt und nach vorangegangenen Prüfungen mit dem 16. Lebensjahr eintretenden Zöglingen in 3jährigem Kurs unentgeltlich ertheilt wird. Auch erhalten dieselben aus den dazu bestimmten Fonds jährliche Unterstützungen. In gleicher Weise dient zu Heranbildung von Lehrerinnen das Seminar zu Markgröningen. In Eßlingen und Nürtingen ist Gelegenheit zu Erlernung des Taubstummenunterrichts, in Gmünd zur Uebung im Unterricht von Taubstummen und Blinden, in Markgröningen zur Vorbildung von Arbeitslehrerinnen gegeben.

Am 1. Januar 1881 waren vorhanden: 418 Schulpräparanden (Privatschulamtszöglinge); ferner Zöglinge vom 3. bis 5. Bildungsjahr in den Staatsseminaren 537, in den Privatseminaren 215, bei einzelnen Lehrern 5; 70 weibliche Schulamtszöglinge; im ganzen 1 245, von denen 973 im Geschäftskreis der evangelischen, 272 in dem der katholischen Oberschulbehörde. Das Lehrerpersonal an den Staatsseminaren betrug 61, darunter 12 Rektoren und wissenschaftliche Hauptlehrer.

Die Statistik von 1879/80 erwähnt sodann noch 5 Privatschullehrerseminare und 1 Privatpräparandenanstalt mit 17 Lehrern neben 6 Vorständen und 2 Theologen.

Im Hauptfinanzetat für 1881/82 ist das Volksschulwesen bedacht wie folgt: Kap. 79 Schullehrerseminare 227 262 ℳ, Kap. 80 Lehrerinnenseminar 20 719 ℳ, Kap. 81 Unterstützungen von Privatschulamtszöglingen 98 173 ℳ, Kap. 82 Besoldungen der evangel. Schuldiener 75 631 ℳ 43 Pf., Kap. 83 Entschädigungen derselben für Einkommensverluste durch Ablösungen 3 600 ℳ, Kap. 84 Sonstiger Aufwand auf die evangel. Volksschule 64 300 ℳ, Kap. 85 Besoldungen der katholischen Schuldiener 34 920 ℳ 39 Pf., Kap. 86 Entschädigung derselben für Einkommensverluste durch Ablösungen 1 471 ℳ 24 Pf., Kap. 87 Sonstiger Aufwand auf die kathol. Volksschulen 41 871 ℳ 71 Pf., endlich Kap. 88 Alterszulagen für Schullehrer und Beiträge an Gemeinden zu den Gehalten ihrer Schullehrer 769 000 ℳ.

Außerordentliche Verwilligungen aus dem Restvermögen seit 1858: 117 000 fl. für Schullehrerseminare (1871 und 1872), 80 000 fl. Staatsbeiträge an Gemeinden zu Schullehrerwohnungen (1865), ferner 36 000 ℳ (1881) und für das Schullehrerseminar in Saulgau 324 500 ℳ (1877 und 1879); dann aus der französischen Kriegsentschädigung für das Seminar in Künzelsau 68 571,43 ℳ, für das in Nagold 640 000 ℳ.

Von den in Württemberg eingestellten Rekruten sollen 0,02 Proz. weder lesen, noch ihren Namen schreiben können. Aehnlich die Erfahrungen in den Strafanstalten. Als man in den letzteren vor einigen Jahren näher nachforschte, zeigte es sich, daß die betreffenden keine Württemberger waren, und nur 1 derselben zwar aus dem Lande, aber aus der Zeit lange vor Erlassung des Volksschulgesetzes vom 29. Sept. 1836 stammte.

J. Mit den Volksschulen sind vielfach Arbeitsschulen für Mädchen verbunden, in welchen dieselben, meist nur im Winterhalbjahr, in wöchentlich 3—4 Stunden in den nöthigsten weiblichen Arbeiten (Stricken, Häkeln, Nähen, Flicken) Unterricht erhalten. Letztmals 1870/71 wurden gezählt 975 solcher Schulen in evangel. Gemeinden, 564 in katholischen, dort mit 42 949 Mädchen (und 629 Knaben) und 1 272 Lehrerinnen, in den kathol. Gemeinden mit 21 597 Mädchen (und 1 157 Knaben) und 672 Lehrerinnen. Staatsbeiträge 1881/83 Kap. 89 26 000 ℳ und 1 660 ℳ zu Abhaltung kleinerer Lehrkurse. Zu unterscheiden von den Arbeitsschulen sind die Industrieschulen, unter der Fürsorge der Armencommission und zum Erwerb für arme Kinder bestimmt.

K. Die Erziehungsanstalten: die 3 Waisenhäuser in Stuttgart, Markgröningen und Ochsenhausen und die Taubstummen- und Blindenanstalten zu Gmünd, Eßlingen und Nürtingen; jenes öffentliche, zum Theil auf Kosten des Staats unterhaltene Erziehungs- und Unterrichtsanstalten für rund 600 vermögenslose Waisen im Alter von 7—14 Jahren und etliche 60 verwahrloste Kinder, von welchen in Stuttgart 175 evangel. Knaben, in Markgröningen 60 evangel. Mädchen und in Ochsenhausen 130 katholische Kinder aufgenommen, die übrigen 300 aber auf Kosten der Anstalt auswärts bei rechtschaffenen Familien und in Privatanstalten untergebracht sind, für deren weiteres Unterkommen bei Handwerkern oder als Dienstboten oder auch im Fall der Befähigung als Präparanden für den Schulstand vor ihrem Austritt gesorgt wird. Grundstocksvermögen in Stuttgart 453 203 ℳ, in Markgröningen 44 639 ℳ, in Ochsenhausen 132 513 ℳ. Laufende Ausgaben 108 610 ℳ, 31 656 ℳ, 79 568 ℳ, zusammen 219 834 ℳ. Staatsbeitrag Hauptfinanzetat 1881/82 Kap. 90 115 598 ℳ. — Die neben den Waisenhäusern bestehenden Kinderrettungsanstalten für arme und verwahrloste Kinder fallen in das Gebiet der Privatwohlthätigkeit.

Die Taubstummen= und Blindenanstalt zu Gmünd hat die doppelte Bestimmung, taubstummen und blinden Kindern beiderlei Geschlechts die Wohlthat einer planmäßigen Erziehung und eines methodischen Unterrichts zu gewähren, zugleich aber auch als Normalschule für diesen Unterricht zu dienen. Die Zöglinge erhalten Wohnung, Verpflegung und Unterricht in den gewöhnlichen Schul= und Realkenntnissen, auch in passenden, nützlichen Handarbeiten, daneben fähige Taubstumme im Zeichnen, Blinde in der Musik. Ganz unbemittelte werden auf Staatskosten verpflegt. Aufnahme zwischen dem 7. und 12. Lebensjahr. Dauer eines Kurses 6 Jahre. Die Hauptanstalt zählte 1879/80 56 taubstumme Staatszöglinge, 30 Knaben, 26 Mädchen, durchweg evangelischer Konfession. Daneben besteht, in Verbindung mit der Kongregation der barmherzigen Schwestern, eine Filialtaubstummenanstalt, gleichfalls in Gmünd, mit 36 katholischen Staatszöglingen und 7 Privatzöglingen, 20 Knaben und 23 Mädchen. Die wenigen Zöglinge der Gmünder Blindenanstalt sind der Nikolauspflege zu Stuttgart gegen einen Beitrag von 1 286 ℳ jährlich in Verpflegung und Unterricht gegeben, sonst aber im Verband der Hauptanstalt verblieben, deren Grundstock sich auf 36 000 ℳ beläuft. Weitere Taubstummenschulen stehen in Verbindung mit den Lehrerseminaren Eßlingen und Nürtingen, mit zusammen 70 Staatszöglingen und 6 Privatzöglingen, 33 Knaben und 43 Mädchen. Privattaubstummenanstalten befinden sich in Winnenden, Wilhelmsdorf und Heiligenbronn, Privatblindenanstalten in Stuttgart (Nikolauspflege), Lustnau (Sophienpflege) und Heiligenbronn.

In den Taubstummenanstalten sind 272 Kinder untergebracht, in den Blindenanstalten 49. Im Hauptfinanzetat Kap. 92 sind vorgesehen für die Staatsanstalten 57 893 ℳ, für Privatanstalten 1 717 ℳ, für Privatunterricht an Taubstumme 590 ℳ.

Blindenasyl in Gmünd für Blinde nach zurückgelegtem 14. Lebensjahr.

Für die Pflege und für den Unterricht schwachsinniger Kinder ist durch die vom Staat unterstützten und überwachten Privatanstalten zu Stetten, OA. Cannstatt und Mariaberg, OA. Reutlingen gesorgt.

Wegen der wissenschaftlichen Sammlungen, der Kunstsammlungen, der Anstalten zu Erhaltung der vaterländischen Kunst= und Alterthumsdenkmale und der für diese Institute ausgesetzten Etatsmittel ist auf die Seiten 156—158 zu verweisen. Außerordentliche Bewilligungen aus dem Restvermögen für das Naturalienkabinet (1862 und 1865) 174 467 fl. 8 kr. und für den Neubau einer öffentlichen Bibliothek (1865 und 1868) 4 907 fl. 34 kr., sodann aus der französischen Kriegsentschädigung für den Bibliotheksneubau 2 106 045 ℳ, für das Verwaltungsgebäude des Naturalienkabinets 57 290 ℳ.

Anhang.

Die Beziehungen zum Deutschen Reich.

Wenn auch seit Jahrhunderten unser Württemberg einen eigenen staatlichen Körper bildet, mit eigenem Recht und einem ausgeprägten Stammesbewußtsein, so hat es doch nie aufgehört, ein Glied eines größeren politischen Ganzen zu bilden. Ueber den Grafen und Herzogen von Württemberg, über Landschaft und Prälaten ist stets Kaiser und Reich gestanden. Wie schon Karl der Große den Schwaben das Vorrecht zuerkannt haben soll, in der Schlacht als die ersten zu fechten, so führte seit der Erwerbung von Markgröningen im Jahr 1336 Württemberg die Reichssturmfahne, ein goldenes Banner mit dem schwarzen Reichsadler an rother Stange. Auf der Fürstenbank des deutschen Reichstags war Württemberg, zugleich als Besitzer von Mömpelgard, mit 2 Stimmen vertreten. Unter den Schwäbischen und unter den Fränkischen Grafen begegnen wir ihm gleichfalls, unter jenen wegen Justingen, unter diesen mit Antheilen an Limpurg und Welzheim. Im Schwäbischen Kreise hatte Württemberg das Direktorium und theilte sich mit Konstanz in die Ehre der „kreisausschreibenden Fürsten". Im engeren Kreiskonvent nahm der Herzog unter den weltlichen Fürsten die erste Stelle ein. Aber freilich, die Bedeutung und Macht des alten Reichs war zuletzt fast ganz dahin, die Regierungsgewalt hielten die Reichsstände in Händen. Als jedoch alle Rechte der Souveränität, — Gesetzgebung, obere Gerichtsbarkeit und Polizei, militärische Konskription und das Recht der Auflagen, — in dem Vertrag vom 12. Juli 1806 den rheinischen Bundesfürsten zugesprochen worden sind, war selbst dieser unter fremdem Protektorat stehende Bund in gewissem Sinn ein Beweis des Bedürfnisses, mit anderen sich zusammen zu schließen. Am 8. Juli 1815 unterzeichnete der Bevollmächtigte des Königs Friedrich die Deutsche Bundesakte und auch in der Landesverfassung vom 25. September 1819 §. 3 wird Württemberg als ein Theil des Deutschen Bundes erklärt. Nachdem dieser im Jahr 1866 sich gelöst, aber auch in der kurzen Uebergangszeit von 1866 bis 1870 wenigstens ein Schutz- und Trutzbündnis, sowie die Zollvereinsverträge noch unsere Verbindung mit der Mehrzahl der früheren Bundesgenossen erhalten hatten, ist am 1./18. Januar 1871 das neue Deutsche Reich ins Leben getreten, an seiner Spitze als Deutscher Kaiser der König von Preußen, dessen Stammburg Hohenzollern in der Sehweite des Hohenstaufen, zwar außerhalb der württembergischen Grenzen, aber immer noch in Schwaben auf hohem Felsen sich erhebt.

Die durch Reichsgesetz vom 16. April 1871 verkündete Verfassung des Deutschen Reichs bezeichnet als den Zweck und die Aufgabe des neu geschlossenen „ewigen

Bundes" den Schutz des Reichsgebiets und des innerhalb desselben giltigen Rechtes, sowie die Wohlfahrt des deutschen Volkes. Das Königreich Württemberg bildet einen Bestandtheil des deutschen Reichsgebiets; nach seiner Bevölkerungszahl nimmt es unter den Bundesstaaten die vierte Stelle ein (Art. 1). Innerhalb seines Gebiets übt das Reich die Gesetzgebung nach Maßgabe des Inhalts der Verfassung mit der Wirkung aus, daß die Reichsgesetze den Landesgesetzen, und zwar selbst den Landesverfassungen, vorgehen (Art. 2). Für ganz Teutschland besteht ein gemeinsames Indigenat, in Kraft dessen der Angehörige eines jeden Bundesstaats in jedem andern Bundesstaate als Inländer zu behandeln und demgemäß zum festen Wohnsitz, zum Gewerbebetrieb, zu öffentlichen Aemtern, zur Erwerbung von Grundstücken, zur Erlangung des Staatsbürgerrechts und zum Genusse aller sonstigen bürgerlichen Rechte unter denselben Voraussetzungen wie der Einheimische zuzulassen, auch in Betreff der Rechtsverfolgung und des Rechtsschutzes demselben gleich zu behandeln ist. — Dem Auslande gegenüber haben alle Deutschen gleichmäßig Anspruch auf den Schutz des Reichs (Art. 3). Die Angelegenheiten, welche in Gemäßheit des Art. 4 der Reichsverfassung der Beaufsichtigung Seitens des Reichs und der Gesetzgebung desselben unterliegen, sind bereits Seite 39 und 40 aufgeführt worden. — Die Reichsgesetzgebung wird ausgeübt durch den Bundesrath und den Reichstag (Art. 5). In dem Bundesrath sind die 25 Mitglieder des Bundes vertreten, Württemberg mit 4 Stimmen von 58 (Art. 6). Ein ständiger Sitz in dem Ausschuß des Bundesraths für das Landheer und die Festungen kommt Württemberg zu auf Grund des Art. 15 der Militärkonvention vom 21./25. November 1870, ein ebensolcher in dem Ausschuß für auswärtige Angelegenheiten auf Grund des Art. 8 der Reichsverfassung. Der Bundesrath beschließt über die beim Reichstag zu machenden Vorlagen und über die von demselben gefaßten Beschlüsse, über die zur Ausführung der Reichsgesetze erforderlichen allgemeinen Verwaltungsvorschriften und Einrichtungen, endlich über Mängel, welche bei der Ausführung der Reichsgesetze hervortreten (Art. 7). — Der Reichstag geht aus allgemeinen und direkten Wahlen mit geheimer Abstimmung hervor. Die Gesammtzahl der Abgeordneten ist 397; in Württemberg werden 17 derselben gewählt (Art. 20). Wähler ist jeder Deutsche, welcher das 25. Lebensjahr zurückgelegt hat und nicht unter Vormundschaft oder Kuratel steht, nicht im Konkurs- oder Fallitzustand sich befindet, keine Armenunterstützung genießt oder im Vorjahr genossen hat, endlich den Vollgenuß der staatsbürgerlichen Rechte nicht verloren hat. Jeder Wahlberechtigte, welcher einem zum Reich gehörigen Staat seit mindestens einem Jahr angehört, kann im ganzen Reichsgebiet auch gewählt werden (Wahlgesetz vom 31. Mai 1869). Der Reichstag hat das Recht, innerhalb der Kompetenz des Reichs Gesetze vorzuschlagen und an ihn gerichtete Petitionen dem Bundesrath oder dem Reichskanzler zu überweisen (Art. 23). Seine Legislaturperiode dauert 3 Jahre (Art. 24).

Das Präsidium des Bundes steht dem König von Preußen zu, welcher den Namen Deutscher Kaiser führt. Derselbe vertritt das Reich völkerrechtlich, hat im Namen des Reichs Krieg zu erklären (mit Zustimmung des Bundesraths, wofern nicht das Reich oder dessen Küsten angegriffen werden), und Frieden zu schließen, Bündnisse und andere Verträge mit fremden Staaten einzugehen, Gesandte zu beglaubigen und zu empfangen. Insoweit solche Verträge sich auf Gegenstände beziehen, welche in den Bereich der Reichsgesetzgebung gehören, ist zu ihrem Abschluß die Zustimmung des Bundesraths und zu ihrer Giltigkeit die Genehmigung des Reichstags erforderlich (Art. 11). Der Kaiser beruft, eröffnet, vertagt und schließt den Bundesrath und Reichstag (Art. 12). Der letztere kann jedoch nicht für sich allein ohne den Bundesrath berufen werden (Art. 13). Im Namen des Kaisers werden die Vorlagen nach Maßgabe der Beschlüsse des Bundesraths an den Reichstag gebracht (§. 16). Dem Kaiser steht die Ausfertigung und Verkündigung der Reichsgesetze und die Ueberwachung der Ausführung derselben zu (Art. 17). Der Kaiser ernennt die Reichsbeamten (Art. 18), stellt, nach Vernehmung des Bundesrathsausschusses für Handel und Verkehr, die Konsuln an und hat die Aufsicht über das gesammte Konsulatwesen des Reichs (Art. 56 — vergl. oben S. 48). Unter dem Oberbefehl des Kaisers steht die einheitliche **Kriegsmarine** (Art. 53), deren Flagge schwarz-weiß-roth ist (Art. 55. Eine Verbindung der preußischen und der hanseatischen Farben). Die gesammte **Landmacht** des Reichs, gegründet auf die allgemeine Wehrpflicht (Art. 57), soll ein einheitliches Heer bilden, welches im Krieg und Frieden unter dem Oberbefehl des Kaisers steht (Art. 63), — in Württemberg nach Maßgabe der näheren Bestimmungen der Militärkonvention vom 21./25. November 1870 (Schlußbestimmung zu Art. 57 bis 68 — vergl. oben S. 48).

Der Vorsitz im Bundesrath und die Leitung der Geschäfte ist Aufgabe des **Reichskanzlers**, welchen der Kaiser ernennt (Art. 15). Die Verfügungen des Kaisers werden im Namen des Reichs erlassen und bedürfen zu ihrer Giltigkeit der Gegenzeichnung des verantwortlichen Reichskanzlers (Art. 17).

Die Reichsverfassung sichert in den Art. 41—47 dem Reich einen wesentlichen Einfluß auf das **Eisenbahnwesen**, erklärt in Art. 48 die **Posten** und **Telegraphen** zu einheitlichen Staatsverkehrsanstalten, deren obere Leitung dem Kaiser gehören soll (Art. 50), mit der Wirkung, daß die Einnahmen daraus für das ganze Reich gemeinschaftlich seien (Art. 49). Für Bayern und Württemberg gilt hier jedoch nach Art. 52 das Besondere, daß dem Reich zwar die Gesetzgebung und die Regelung des Post- und Telegraphenverkehrs mit dem Auslande zusteht, die reglementarischen und Tarifbestimmungen für den internen Verkehr dagegen, sowie die Regelung des eigenen unmittelbaren Verkehrs mit ihren dem Reiche nicht angehörenden Nachbarstaaten Bayern und Württemberg verblieben sind, welche auch an den in den übrigen Bundesstaaten zur Reichskasse fließenden Einnahmen des Post- und Telegraphenwesens keinen Theil haben (Schlußprotokoll vom 25. November 1870).

Zu diesem einen Reservatrechte gesellt sich das folgende zweite: Deutschland bildet ein **Zoll- und Handelsgebiet** (Art. 33). Das Reich ausschließlich soll die Gesetzgebung haben über das gesammte Zollwesen, über die Besteuerung des im Bundesgebiet gewonnenen Salzes und Tabaks, bereiteten Branntweins und Biers und aus Rüben oder anderen inländischen Erzeugnissen dargestellten Zuckers oder Syrups, über den gegenseitigen Schutz der Verbrauchsabgaben gegen Hinterziehungen, sowie über die Maßregeln, welche in den Zollausschlüssen zur Sicherung der gemeinsamen Zollgrenze erforderlich sind (Art. 35). Die Erhebung und Verwaltung der Zölle und Verbrauchssteuern verbleibt jedem Bundesstaate (Art. 36), ihr Ertrag aber soll in die Reichskasse fließen (Art. 38). Kraft besonderen Rechts ist nun in Bayern, Württemberg und Baden die Besteuerung des inländischen Branntweins und Biers der Landesgesetzgebung vorbehalten und haben diese Staaten auch keinen Theil an dem in die Reichskasse fließenden Ertrag der Steuern von Branntwein und Bier in den übrigen Bundesstaaten. Das Bestreben soll aber darauf gerichtet werden, eine Uebereinstimmung der Gesetzgebung über die Besteuerung dieser Gegenstände herbeizuführen (Art. 35).

Zur Bestreitung aller gemeinschaftlichen Ausgaben des Reichs dienen zunächst die etwaigen Ueberschüsse der Vorjahre, sowie die aus den Zöllen, den gemeinschaftlichen Verbrauchssteuern und aus dem Post- und Telegraphenwesen fließenden ge-

meinschaftlichen Einnahmen. Insoweit diese nicht ausreichen, sind sie, solange Reichs=
steuern nicht eingeführt sind, durch Beiträge der einzelnen Bundesstaaten
nach Maßgabe ihrer Bevölkerung aufzubringen (Art. 70). An Reichssteuern sind,
außer den bereits genannten Zöllen und Verbrauchssteuern, jetzt eingeführt: die Wechsel=
stempelsteuer (Gesetz vom 10. Juni 1869 und 4. Juni 1879), der Spielkartenstempel
(Gesetz vom 3. Juli 1878) und die Reichsstempelabgaben von den für den Handels=
verkehr bestimmten Renten= und Schuldverschreibungen, von Schlußnoten und Rech=
nungen und von Lotterieloosen nach dem Gesetz vom 1. Juli 1881; außerdem die
statistische Gebühr auf Grund des Gesetzes vom 20. Juli 1879, betreffend die Statistik
des Waarenverkehrs des deutschen Zollgebiets mit dem Auslande. Die württem=
bergischen Matrikularbeiträge haben seit 1872 im Minimum 5½ Mill. ℳ (1874),
und sollen für 1882/83 (Maximum) 7 670 015 ℳ betragen. Man darf aber nicht
übersehen, daß darunter nach Anlage XIX zum Reichshaushalt=Etat für 1882/83
S. 5 die Aequivalente enthalten sind für das, was die Mehrzahl der übrigen Bun=
desstaaten einwirft an Einnahmen der Post= und Telegraphenverwaltung (nahezu
1 Mill. ℳ), sowie an Einnahmen von der Bier= und Branntweinsteuer (mit gegen
900 000 ℳ an der Brausteuer und nahezu 2 Mill. ℳ an der Branntweinsteuer);
auch daß den Matrikularbeiträgen in Gemäßheit des Zolltarifgesetzes vom 15. Juli
1879 §. 8 der nach dem Maßstab der Bevölkerung zu berechnende Antheil Württem=
bergs an demjenigen Ertrag der Zölle und der Tabaksteuer, welche die Summe von
130 Mill. ℳ übersteigt, nach Anlage VIII des Reichshaushalts=Etats für 1882/83
S. 12 mit 3 144 330 ℳ, ferner in Gemäßheit des Reichsgesetzes vom 1. Juli 1881
§. 32 der Antheil an dem Ertrag der Reichsstempelabgaben mit 531 330 ℳ gegen=
über steht.

Der vor Beginn des Etatsjahrs durch ein Gesetz festzustellende Reichshaus=
halts=Etat ist ein einjähriger (Art. 69). Ueber die Verwendung aller Einnahmen
des Reichs ist durch den Reichskanzler dem Bundesrath und dem Reichstag zur Ent=
lastung jährlich Rechnung zu legen (Art. 72).

Veränderungen der Verfassung erfolgen im Wege der Gesetzgebung.
Sie gelten als abgelehnt, wenn sie im Bundesrath 14 Stimmen gegen sich haben.
Diejenigen Vorschriften der Verfassung, durch welche bestimmte Rechte einzelner
Bundesstaaten in deren Verhältnis zur Gesammtheit festgestellt sind, können nur
mit Zustimmung des berechtigten Bundesstaats abgeändert werden (Art. 78). Bei
Gesetzesvorschlägen über das Militärwesen, die Kriegsmarine, die Zölle und die
in Art. 35 der Reichsverfassung bezeichneten Verbrauchssteuern gibt im Bundesrath
die Stimme des Präsidiums dann den Ausschlag, wenn sie sich für die Aufrecht=
haltung des Bestehenden ausspricht (Art. 5 und 37). Sonst entscheidet im Bundes=
rath die einfache Mehrheit der Stimmen, was im Reichstag ausnahmslos der Fall
ist (Art. 5). Um beschlußfähig zu sein, ist für letzteren die Anwesenheit der Mehr=
heit der gesetzlichen Mitgliederzahl erforderlich (Art. 28).

Die völkerrechtliche Vertretung des Reichs nach außen, der Ober=
befehl über das Landheer und die Kriegsmarine, die wesentlichen Präsidial=
befugnisse, in einzelnen bestimmten Fragen ein Veto — stehen dem Kaiser
zu, welcher auch den verantwortlichen Reichskanzler ernennt. Auf wichtigen
Gebieten des Rechts und der Volkswirthschaft, des politischen, sozialen und
bürgerlichen Lebens ist dem Reich die Gesetzgebung und die Oberaufsicht
vorbehalten. Für den Reichshaushalt sind die erforderlichen Einnahmen

vorweg sicher gestellt. Auf der andern Seite nehmen aber auch die Bundesregierungen durch ihre Bevollmächtigten zum Bundesrath fortgesetzt ernstlich Theil am Regiment und an der Gesetzgebung für ganz Deutschland, und daß dies von Seiten Württembergs mit Erfolg geschieht, daß die Stellung der württembergischen Regierung im Reich eine festbegründete, ihr Einfluß ein beachteter ist, wird jeder, der in die Verhältnisse Einsicht hat, unumwunden anerkennen. In Kraft der Reichsverfassung genießt der Württemberger in jedem deutschen Bundesstaat wesentlich die gleichen Rechte wie der Landesangehörige; er kann überall im Reichsgebiet von seinem Wahlrecht zum Reichstag Gebrauch machen, kann von jedem deutschen Wahlkreis ein Mandat für den Reichstag erhalten.

In einer großen, erhebenden Zeit ist, von Vielen lange ersehnt, im Stillen gereift, fast plötzlich das **Deutsche Reich** erstanden, wieder als ein **Bund deutscher Staaten** und auf föderative Grundlagen gestellt, aber jetzt mit kräftigeren Organen ausgestattet und dadurch befähigt, in Europa eine führende Rolle zu übernehmen. Was die Deutschen zu leisten vermögen, wenn sie einig sind, haben die Thaten von 1870 und 1871, haben die reichen Erlebnisse seither bewiesen. Württemberg darf auf seinen Antheil an jenen Leistungen und Opfern mit Genugthuung zurückblicken; die Größe und Macht Deutschlands gewährt ihm den festesten Rückhalt.

Weitumfassend sind, wie der Inhalt dieses Buchs gezeigt haben wird, die **Aufgaben des württembergischen Staats**, einzelne schon seit Jahrhunderten ergriffen, andere erst von der Neuzeit gestellt, wieder andere durch die Anforderungen der unmittelbaren Gegenwart vor kurzem noch hervorgerufen. Die verschiedenartigsten Beziehungen machen sich dabei geltend, zahllose Fäden sollen zu einem einheitlichen Ganzen verknüpft bleiben und weiter verbunden werden. Dem sachkundigen Verständnisse und einem besonnenen Maßhalten an den entscheidenden Stellen vor allem ist die weise Ordnung zu verdanken, deren wir uns in unserem staatlichen Leben zu erfreuen haben. **Frieden** herrscht in Folge dessen zwischen Fürst und Volk, gegenseitige Verträglichkeit, die Frucht eines altgewohnten politischen Lebens, selbst unter den sonst weit auseinandergehenden Parteien, freundliche Duldung auch zwischen den Konfessionen.

Möge es immer so bleiben! Möge die Zukunft Württembergs eine glückliche sein!

Personen-Register.

Die Regenten von Württemberg.

Die Grafen.

Ulrich I. (1240—1265) S. 5. 99.
Ulrich II. (1265—1279).
Eberhard I. der Erlauchte (1265—1325) S. 8.
Ulrich III. (1325—1344).
Eberhard II. der Greiner (1344—1392) S. 5.
Ulrich IV. (1344—1363) S. 5.
Eberhard III. der Milde (1392—1417) S. 5.
Eberhard IV. (1417—1419) S. 5. 6.
Ludwig I. (1419—1450) S. 6.
Ulrich V. der Vielgeliebte (1419—1480) S. 6.
1441—1482 Theilung des Landes S. 6.
Ludwig II. (1450—1457).
Eberhard V. im Bart (1450—1496) S. 6. 168. 232. 257. 258.
Eberhard VI. der jüngere (1480—1482) S. 6.

Die Herzoge.

Eberhard I. im Bart (s. oben) S. 6. 13. 82. 99.
Eberhard II. der jüngere (1496—1498) S. 6. 13.
Ulrich (1498—1550) S. 6. 7. 8. 13. 15. 29. 75. 82. 168. 191. 216. 232. 234. 235. 258.
Christoph (1550—1568) S. 7. 11. 15. 17. 27. 28. 39. 45. 62. 64. 75. 83. 97. 99. 115. 168. 169. 190. 216. 233. 234. 235. 237. 258.
Ludwig (1568—1593) S. 216. 234. 258.
Friedrich I. (1593—1608) S. 7. 16. 61. 83. 99. 156. 216. 258.
Johann Friedrich (1608—1628) S. 58. 216.
Eberhard III. (1628—1674) S. 8. 58. 59. 100. 119. 216.
Wilhelm Ludwig (1674—1677).
Eberhard Ludwig (1677—1733) S. 8. 76. 216. 258. 263. 264.
Karl Alexander (1733—1737) S. 8. 58. 59. 61. 83. 195. 237.
Karl Eugen (1737—1793) S. 8. 9. 14. 18. 51. 61. 67. 156. 216. 259.
Ludwig Eugen (1793—1795) S. 9. 61.
Friedrich Eugen (1795—1797) S. 9. 29. 61.
Friedrich II. (1797—1816) S. 9. 29.
Kurfürst (1803—1805) S. 9. 29. 239.

Die Könige.

Friedrich I. (s. oben) S. 9. 17. 18. 23. 29. 30. 31. 51. 52. 56. 57. 59. 66. 67. 108. 156. 170. 191. 201. 204. 216. 239. 259. 278.
Wilhelm S. 11. 21. 31—39. 51. 55. 67. 70. 78. 97. 99. 100. 102. 109. 156. 157. 158. 170. 172. 191. 260. 261. 262.
Karl S. 11. 39—45. 51. 58. 61. 72. 102. 126. 141. 146. 172. 263.

Weitere Mitglieder des regierenden Hauses.

Königin Olga S. 51. 58. 61. 126. 146. 156. 264.
Königin Katharina S. 61. 146. 156. 257. 261. 264.
Henriette von Mömpelgard S. 5.
Mechthild, Mutter Eberhards im Bart, S. 257.
Wera, Herzogin S. 55.

Friedrich, Königlicher Prinz S. 96.
Wilhelm, Königl. Prinz S. 55. 61.
Friedrich Eugen, Herzog, Bruder des Königs Friedrich S. 59.
Friedrich Karl, Vater des Herzogs Karl Alexander S. 59.
Heinrich, Graf, Vater des Herzogs Ulrich S. 6. 62.
Wilhelm, Herzog von Württemb. S. 61.

(Die Ziffern bedeuten die Seitenzahlen.)

Abel, Prälat 96. 270.
Alber, Matth. 232.
Andreä, Joh. Val. 64.
Autenrieth, Kanzler 96.
Barth, Dr. theol. 156.
Bätzner 221. 223. 227.
Bauer, Ludwig 257.
Baumgärtner 96.
Bäumlein 257.
Baur, v., General 96.
Bayrhammer 96.
Beck-Klüchtzner, E. v. d. 74.
Bertschin, Kilian 99.
Beutelsbach, Herren, v. 4.
Bezzenberger 96.
Bismarck, Graf v., Generall. u. Gesandter 76.
Bitzer 85.
Blarer, Ambrosius 29.
Böck 256.
Bolley 96. 98.
Bonifacius 230.
Brenz, Joh. 232. 237.
Bülow, Barthold v., Geheimer-Rath 76.
Burkardt, Geh.-Rath. 99.
Calw, Grafen von 5.
Camerer, Rektor 257.
Camerer, Obertrib.-Rath 96.
Camerer, Fin.Rath 146. 221.
Canova 157.
Cavallo 96.
Cotta von Cottendorf, Joh. Friedrich, Freih. 96.
Cotta, Georg, Freih. 96.
Danneker 157.
Dauphin von Frankreich (1693) 8.
Dessner, Karl, Vater und Sohn 96.
Dettinger, Prälat 96.
Dörtenbach 96.

Eberhard, Alt 99.
Ehingen, Georg v., 75.
Eisenbach 256.
Eisenlohr, Theob. 3. 96. 231.
Engel, E. 199.
Ensslin, Matth., 99.
Ferdinand, Erzherzog von Oesterreich, später deutsch. Kaiser 7. 75.
Fessler, Kanzler 99.
Feuerlein 96.
Finck 257.
Fox 12.
Frider, K. B. 3. 12. 16. 17. 19. 22. 95.
Frider, Prof. d. Thierheilkunde 256.
Frisch 96.
Gaisberg, Freiherr v. 95.
Gärtner 96. 171.
Gaupp, E. E. 229.
Gaupp, Robert 4. 79. 127.
Geißkofler 100.
Gemmingen, Eberhard Friedrich, Freih., v. 100.
Georgii-Georgenau E. v. 74. 99.
Georgii, Eberhard Friedrich 242.
Gerhardt, Vizekanzler 99.
Gerstfeldt 219.
Gervinus 21.
Geßler, Theodor 3. 16. 17. 19. 22. 95. 256.
Gmelin, mehrere, Abg. 96.
Goethe 128.
Golther, Ludw., 79. 103. 229. 245.
Goppelt, 96. 172.
Grathwohl 96.
Grävenitz, Fräul. v. 28. 83.
Grävenitz, Graf v. 100.

Griesinger, Landschaftskonsulent 96. 98.
Gültlingen, Heinrich, v., Landhofmeister (1409) 75.
Gültlingen, Balthasar, v., desgl. (1551) 99.
Gutbrod 96.
Hardenberg, v. (1752) 76.
Harpprecht 96.
Hartmann, Kommerzien-Rath 96.
Hartmann, Professor 256.
Haßler 96.
Hauber 229. 233. 238. 245. 246.
Hegel 21. 98.
Herdegen 103. 168. 171. 172. 188.
Hering 256.
Herzog, Staatsrath 103. 168. 171. 240.
Heußgen 232.
Hirzel 3.
Hofacker 96.
Hoffmann, Gründer von Kornthal 96.
Hoffmann, Karl, Professor 3. 168. 266.
Hohenlohe-Langenburg, Fürst Ernst 95.
Hohenlohe-Oehringen, Fürst August 95.
Hohenstaufen, Friedrich II., Konrad IV. und Konradin 5.
Hölder 95.
Holzer 257.
Holzinger 96.
Holzschuher, Emil, Freiherr, v. 96.
Hornstein-Bußmannshausen, Freih., v. 96.

Huber, Oberamtmann 65. 66. 100.
Hud 96.
Jbler 96.
Jäger, J. G. 186.
Jäger, K. F. 12.
Jäger, Melchior 99.
Jäger von Jägersberg 99. 100.
Jasmund 108.
Jaumann 96.
Jetter 229.
Kapff, Oberkriegsrath 3.
Kapff, Prälat 96.
Kapff, Professor 257.
Kappler 3.
Karl der Große 231. 278.
Karl IV., deutscher Kaiser 5.
Karl V., deutscher Kaiser 7.
Keller, Landesbischof 96.
Khuen 96.
Klaiber 256. 259.
Klumpp 257.
Klüpfel 256.
Knapp, Finanzminister 103. 172.
Knapp, Studienrathsdirektor, Abg. 96.
Koch 145.
Kölle 266.
Köstlin 257.
Kübel 96.
Kurz, Franz 16. 99.
Labaub 72.
Lamparter 257.
Lang 3.
Lemcke, Paul 3.
Leonhard 257.
Lichtenstein 96.
List, Friedrich 96. 98.
Löffler 99.
Solme, be 65.
Ludwig, Frhr. v. (Kap) 156.
Malchus 103.
Mannteuffel 76.
Mantel, Augustiner 232.
Maucler, Freiherr v. 96. 103.
Maximilian I., deutscher Kaiser 6.

Mayer, F. J. 3. 221.
Melac 8.
Menzel, Wolfgang 96.
Metternich, Fürst v. 70.
Mohl, Konsistorialpräsident 96.
Mohl, Robert 3. 12. 14. 22. 57. 59. 60. 61. 96. 216.
Montmartin, Graf v. 100.
Moreau 9.
Moser, Joh. Jak. 65.
Moser, Rudolf 3.
Mosthaf 96.
Müller, Adolf 4.
Müller, Gustav 96.
Müller, Freiherr v. (Melbourne) 156.
Murschel 95.
Nägele, 96.
Nauclerus 99.
Nellenburg, Grafen von 4.
Neurath, Freih. v. 96. 103.
Nickel 96.
Nothaft 99.
Oekolampadius 232.
Oesterlen 257.
Oswald 257.
Ott 257.
Oettingen-Wallerstein, Fürst Karl 96.
Oettingen-Wallerstein, Prinz Karl 96.
Orstien 100.
Pahl 96. 242.
Palmer 96. 229.
Pfaff 186. 257.
Pfeifer 96.
Pfister 12. 96.
Pfisterer 257.
Pfizer, Gustav 98.
Pfizer, Karl, Obertribunaldirektor 98.
Pfizer, Paul 96. 98. 103.
Planck 257.
Rauch 157.
Rechberg und Rothenlöwen, Graf Albert 95.
Reischach, Graf, Staatsminister 96.

Rettenmaier 96.
Renscher, A. L. 3. 96.
Richter-Tode 248.
Rieke, Chr. Heinr. 3.
Rieke, K. V. 4. 247. 256.
Rieger, Oberst 65.
Röder, Freiherr v. 75.
Röbinger 96.
Römer, Fr. 37. 93. 95. 103.
Römer, Robert 96.
Roth 256.
Rueff 256.
Rümelin 3. 17. 19. 126. 168. 229. 259.
Rummel 96.
Rüpplin, v. 96.
Sam, Konrad 232.
Sauter 230.
Scheurlen, Konsistorialdirektor, 96.
Scheurlen, Minister 96. 103.
Schiller, 65.
Schlaper 96. 103. 240.
Schmid, K. A. 257.
Schmid, Prälat 96. 240.
Schmid, Professor 96.
Schmidlin 103. 240.
Schmoller 128.
Schnepf, Erhard 29. 232.
Schneider 220.
Schnitzer 96.
Schnurrer 256.
Schober 95.
Schott, Albert 96.
Schubart 65.
Schüz 256.
Schwandner 96.
Schwanthaler 157.
Seeger, Adolf 96.
Seeger, Friedrich 96.
Seeger, Ludwig 96.
Seybold 96.
Sick 96. 103.
Sigel 96. 172.
Sigwart 257.
Spieß, Burkhard 258.
Spittler 3. 12. 16. 99. 100.
Stälin, Christ. Friedr. 3. 5. 233. 235.

Stälin, P., Archivrath 229.
Stirm 257.
Stockmayer 96.
Strauß, D. Fr. 96.
Süßkind 96.
Süß, Jud 75. 83.
Tafel 96.
Teck, Herzoge v. 5.
Teck, Herzog v. 52.
Theobald 96.
Thorwaldsen 157.
Treitschke 22.
Tübingen, Pfalzgrafen v. 5.
Uebelen 12. 222.
Uhland, Ludwig 21. 22. 23. 96.
Urach, die Grafen v. 5.
Urach, Herzog v. 52.
Urslingen, Herzog v. 75.
Varnbüler, Joh. Konr. 76. 99.
Varnbüler, Karl Friedr. Eberh. 96. 171.
Bergenhans 99.
Veringen, Grafen v. 4.
Villars 8.
Wächter(-Spittler), Karl 3. 27. 96. 103.
Wächter, Karl Georg, Kanzler 3. 11. 28. 30. 32. 45. 66. 83. 95. 98.
Wagner 256.
Waldburg-Wolfegg-Waldsee, Fürst Josef 96.
Waldburg-Zeil-Trauchburg, Fürst Franz 96.
Waldburg-Zeil-Trauchburg, Fürst Wilhelm 96.
Walz, Abg. 96.
Wangenheim 21. 103.
Weber 95.
Weckherlin 103. 171.
Weishaar 95. 103. 240.
Weiß, Adam 232.
Werner, Abg. 96.
Werner, Gustav 254.
Wernher zu Grüningen 4.
Wibenmann 96.
Wibmann 257.
Wiest, Abg. 96.
Wilb, Kaspar 99.
Wildermuth, Ottilie 97.
Wintterlin 207.
Wolff 257.
Wöllwarth, Freiherr K. L. Chr. 96.
Zahn, Dr. 21. 96. 240.
Zech 256.
Zeller, Andr. Casp. 256.
Zeller, G. 3.
Zimmermann, Abg. 96.
Zwerger, v. 96.